财经类院校重点学科系列教材

成本会计学

庞碧霞　主　编
文孟婵　副主编

经济科学出版社

图书在版编目（CIP）数据

成本会计学／庞碧霞主编．—北京：经济科学出版社，2014.11

财经类院校重点学科系列教材

ISBN 978－7－5141－5171－8

Ⅰ.①成… Ⅱ.①庞… Ⅲ.①成本会计－高等学校－教材 Ⅳ.①F234.2

中国版本图书馆CIP数据核字（2014）第261817号

责任编辑：侯晓霞　刘殿和
责任校对：隗立娜　杨晓莹
责任印制：李　鹏

成本会计学
庞碧霞　主　编
文孟婵　副主编
经济科学出版社出版、发行　新华书店经销
社址：北京市海淀区阜成路甲28号　邮编：100142
教材分社电话：010－88191345　发行部电话：010－88191522
网址：www.esp.com.cn
电子邮箱：houxiaoxia@esp.com.cn
天猫网店：经济科学出版社旗舰店
网址：http://jjkxcbs.tmall.com
北京密兴印刷有限公司印装
787×1092　16开　21.75印张　380000字
2015年1月第1版　2015年1月第1次印刷
ISBN 978－7－5141－5171－8　定价：46.00元
（图书出现印装问题，本社负责调换。电话：010－88191502）

前　　言

我们正处于一个由工业社会向信息社会转变的大时代。在市场经济浪潮中搏击的企业最先感受到这种变化的冲击。信息技术的广泛运用，使企业的制造环境从劳动密集型向资本密集型和技术密集型转化，这不仅改变了原有的产品成本结构，也迫使企业管理当局要更新成本管理的理念和方法，不断提高企业的成本管理水平。

为了适应客观经济环境的变化，培养满足社会需要的、具备一定管理水平的成本会计人才，我们紧密结合应用型本科院校人才培养目标的要求，以培养学生对成本会计实务的理解能力和操作能力为宗旨，根据最新会计准则编写了《成本会计学》教材。本教材的特点：

一是条理清晰、体系完整。本教材以产品制造企业的成本核算为主线，兼顾其他制造行业成本核算，在此基础上我们还系统地介绍了成本管理的基本理论和方法。通过本课程的学习，使学生对成本会计的基本理论和方法有一个系统完整的认知，明确成本会计不仅要进行成本核算，而且要在此基础上进行成本管理，满足内部经营管理的需要。

二是力求创新，与时俱进。成本会计教材必须紧扣国家最新的法律法规，我们以新修订的《劳动法》、《会计法》和新会计准则以及最新成本会计制度（财政部印发的《企业产品成本核算制度（试行）》（财会［2013］17 号）为依据编写；同时结合我国会计领域的新变化，还介绍了成本管理的前沿理论，让学生在全面熟知成本会计现有理论的基础上，能了解成本会计发展的最新动态。

三是重点突出，主次分明。本教材有 2/3 的部分都是在介绍成本核算的基本理论与方法，先重点地介绍产品制造业的成本核算，再一般介绍其他行业的成本核算。使学生通过各类企业成本核算的学习、比较、思考，做到触类旁通。

四是案例导入、同步思考。教材每一章的开头都有学习目标和案例导入，内容中还有同步链接及同步思考，形式新颖活泼，便于引导学生积极思考，有利于增强教学过程中的互动性，从而使学生进一步理解所学内容。同步链接是注重课程内容的前后联系及各门课程之间的内在关联，以便更好地帮助学生把握相关专业知识的系统性和整体性，努力避免局部知识之间的相互隔离、彼此割裂的状况。

五是学练结合、强调能力。《成本会计学》是一门实务性很强的课程，为了锻炼学生的动手能力，我们还编写了与之配套的《成本会计学》习题集，内容丰富、题型多样，便于学生练习，巩固所学知识，并学会举一反三，灵活运用。

本教材共15章，第1、第4、第5、第7、第8、第11、第14章由庞碧霞教授编写，第2、第3、第10、第12章由文孟婵老师编写，第6、第15章由李震老师编写，第13章由张毅老师编写，第9章由王萍老师编写。全书由庞碧霞教授担任主编，负责教材提纲的拟定及对全书定稿前的修改、补充和总纂。

本教材是湖南财政经济学院重点建设学科会计学专业系列特色教材之一，同样适用于其他高等院校的会计教学，也可作为会计实务工作者培训和自学的参考资料。

在编写本教材的过程中，我们参考了许多专家、学者和同行的研究成果和文献资料，在此一并表示感谢。

由于经济发展日新月异，相关会计理论和实务也在不断发展，而我们的学识和水平有限，加之编写时间仓促，本书很可能在安排和表述上有不妥当的地方，甚至某些错误也在所难免。希望同行和读者不吝赐教，以便我们日后不断修改完善。

为方便教学需要，凡是使用本教材的老师均可免费取得PPT及配套习题的参考答案。交流信箱：pangbixia@163.com。

编者

2014年10月于长沙

目　录

第1章 总 论

【学习目标】

1. 了解成本会计的产生与发展历程；
2. 理解成本的经济内涵；
3. 熟悉成本会计的职能和成本会计工作组织；
4. 了解成本会计工作的制度规范。

【案例导入】

张强、彭江和王原大学毕业后自己创业，合伙开办了一家儿童服装厂，共投资280万元（其中资本金180万元、借款100万元）。

他们聘请了30名技术工人和10名管理人员。经过4个月的筹建，服装开始投产进入生产经营。其中，筹建期内所发生的员工薪酬6万元，购入了一批新型的生产设备120万元（可用5年）、办公设备10万元（可用5年）、办公费2万元、差旅费2万元、业务费3万元、支付借款利息2.5万元、注册登记费1万元；当年生产经营6个月，购入材料70万元（其中服装生产已耗用材料50万元）、支付服装设计费5万元、职工薪酬50万元（其中行政管理人员20万元）产品广告费3万元，支付罚款2万元、产品销售收入200万元。

思考：1. 如果你是该厂一名成本会计管理人员，你认为该厂应该如何设置成本核算岗位？

2. 该厂服装的成本应该包括哪些内容？

3. 如何区分该厂的支出、费用和成本？

4. 该厂投产的这半年是否有盈利？

5. 认为该厂服装应该如何定价？

1.1 成本的意义

1.1.1 成本的经济内涵

成本（Cost）是商品经济的价值范畴，随着商品生产的不断发展，社会经济管理水平的不断提高以及会计管理体制改革的不断深化，成本不断拓宽其发挥作用的领域，成本的内涵在不断丰富，人们对成本的认识也在不断深入。

1. 成本的一般概念

要准确地理解什么是成本，首先要了解什么是支出、什么是费用。支出、费用、成本是相互联系而又相区别的概念。在这三个概念中，“支出”这个概念的范围最为宽泛，一个会计主体在一定时期内发生的资源因消耗或偿付等原因而流出企业，从而导致企业经济资源总量减少的、能以货币表现的一切开支及耗费，统称为支出，一般地说，企业的支出有收益性支出、资本性支出、营业外支出、利润分配支出和偿债性支出。收益性支出是指支出的效益只与本会计年度相关的支出，如企业购买材料支出、支付的职工薪酬、水电费、办公费等。资本性支出是指支出的效益与几个会计年度相关的支出，如企业购建固定资产、无形资产和其他长期资产的支出以及对外投资支出等。营业外支出是指与企业生产经营活动没有直接关系的支出，一般不经常发生，如支付的赔款及滞纳金等。利润分配支出是指在利润分配环节发生的支出，如支付的现金股利等。偿债性支出是指为偿还各种债务而发生的支出，如偿还银行借款、偿付应付账款等。

费用是某个会计主体在一定时期内为取得营业收入而发生的各种资金耗费。根据美国财务会计准则委员会第6号概念公告，将费用定义为：“某一个体在其持续的、主要或核心业务中，因交付或生产了货品，提供了劳务，或进行了其他活动，而付出的或其他耗用资产，或因而承担的负债（或两者兼而有之）。”按照我国的《企业会计准则》，将费用定义为：“企业在日常活动中发生的、会导致所有者权益减少的、与向所有者分配利润无关的经济利益的总流出。”显然，这两个定义都强调费用是正常经营活动中发生的各种资金耗费，通常表现为资产的减少或负债的增加，不能产生营业收入的耗费不是费用，而是损失。可见，费用的范围比支出要窄一些，利润分配支出、偿债性支出和营业外支出都不属于费用，只有收益性支出可直接表现为费用，资本性支出中有一部分如购建固定资产、无形资产和其他长期资产的支出等可随着生产经营活动的不断进行而逐渐地分期地转化为费用，而资本性支出中的另一部分如对外投资支出则不属于企业生产经营活动的资金耗费，因而不能作为费用处理。因此，费用又称为生产经营费用。

成本有广义和狭义之分。根据美国会计学会（AAA）1951年在《成本概念与标准》报告中给成本所下的定义为：“成本是为了实现一定的目的而付出的（或可能要付出的），用货币测定的价值牺牲。”美国会计师协会（AICPA）1957年发布的《第4号会计名词公报》对成本的定义为：“成本是指为获取资产或劳务而支付的现金或以货币衡量的转移其他资产、发行股票、提供劳务、承担债务的数额。”美国财务会计准则委员会1980年发布的《第3号财务会计概念公告》对成本的定义为：“成本是指经济活动中发生的价值牺牲，即为了消费、储蓄、交换、生产等所放弃的资源。”上述这些概念通常被认为是广义的成本概念，表现为费用目的化或费用对象化。如购买机器设备、原材料等而发生的资金耗费构成了资产的采购成本；企业为筹集资金而发生的资金耗费形成了筹资成本；教育部门的资金耗费对象化后，可以计算出培养一个学生的平均成本；科研部门的资金耗费对象化后，可以计算出科研课题的研究成本；物质生产部门为生产产品而发生的资金耗费，可以计算出产品的制造成本。成本会计所要研究和探讨的是具有典型意义的物质生产部门为制造产品而发生的资金耗费，即产品成本。

产品成本是企业为生产（制造）一定种类和数量的产品所发生的各项耗费的总和。这个概念一般认为是狭义的成本概念。产品成本的内容随着企业采用的成本核算制度的不同而有所区别。在完全成本法下，产品成本是产品在生产经营过程中因产品制造、生产组织和管理而发生的全部生产经营费用的总和，此时产品成本和费用所包含的内容基本是一致的，所不同的是费用强调的是发生期间，产品成本则强调费用对象化于产品。在制造成本法下，产品成本是与企业产品生产活动有最直接、最密切关系的费用，也就是说企业在产品生产（制造）过程中各个生产单位（车间或分厂）所发生的生产费用。因此产品成本也称为产品生产成本或产品制造成本。而与企业产品生产活动没有直接关系或关系不很密切的生产经营费用作为期间费用，直接计入当期损益。目前，我国采用的是世界各国普遍采用的制造成本法。

2. 成本的理论概念

成本作为一个价值范畴，是商品生产发展到一定阶段的产物。马克思在对资本主义经济条件下的商品生产进行分析时指出“按照资本主义方式生产的每一个商品 W 的价值，用公式表示是 W = C + V + M，如果从这个产品价值中减去剩余价值 M，那么在商品中剩下的，只是一个在生产要素上耗费的资本价值 C + V 的等价物或补偿价值”“商品价值的这个部分，即补偿所消耗的生产资料价格和所使用的劳动力价格的部分，只是补偿商品使资本家自身耗费的东西，所以对资本家来说，这就是商品的成本价格”。马克思在这里称为商品的“成本价格”的那部分商品价值，指的就是商品成本，我们称之为理论成本。

我国实行的是社会主义市场经济体制。社会主义市场经济与资本主义市场经济有着本质的区别，但两者都是商品经济。在社会主义市场经济条件下，企业作为自主经营、自负盈亏的商品生产者和经营者，一方面要向社会提供必要的商品来满足社会的一定需要，另一方面要以产品的销售收入来补偿企业在商品生产过程中所发生的各种劳动耗费，并取得盈利，只有这样，企业才能得以发展，社会才能进步。因此在社会主义市场经济中，商品价值、成本、利润等这些经济范畴，仍然有其存在的客观必然性，只是他们所体现的社会经济关系与资本主义市场经济有所不同。

根据马克思关于商品经济的理论，社会主义市场经济条件下产品的价值仍然由三部分组成：①在生产过程中耗费的生产资料（包括劳动资料和劳动对象），即物化劳动的转移价值（C）；②劳动者活劳动消耗所创造的价值中归个人支配、主要以工资薪酬形式支付给劳动者的劳动报酬（V）；③劳动者活劳动消耗所创造的价值中归社会支配、主要以利润形式进行分配的部分（M）。从理论上讲上述的前两部分，即 C + V，是商品价值中的补偿部分，它构成商品的成本。因此产品成本是指生产一定种类和数量的产品所耗费的物化劳动和劳动者为自己的劳动所创造的价值的货币表现。这个概念反映了产品成本的经济性质。

需要指出的是，马克思的成本理论界定出来的成本只是一个抽象的理论成本。理论成本不考虑生产经营活动中偶然因素和异常情况的发生，只对正常的物化劳动和活劳动消耗进行货币计量。然而，社会经济现象是纷繁复杂的，企业在成本核算和成本管理中需要考虑的因素也是多种多样的。在现实经济活动中，是以理论成本为指导，根据国家宏观调控和微观管理的要求来选择确定成本内容的范围的。从国家宏观管理的角度考虑，它是为了保证企业成本核算口径一致，保证成本的可比性，由国家通过有关法规制度确定成本开支范围。在成本开支范围中，明确规定了哪些费用允许计入产品成本，哪些费用不允许计入产品成本。从微观管理的角度考虑，为了简化成本核算，对于某些难以按产品归集，但又属于企业物化劳动和活劳动耗费的部分，如管理费用、财务费用、销售费用作为期间费用不计入产品成本，而是计入当期损益。同时为了加强经济核算，节约生产耗费，减少生产损失，对某些不形成商品价值的损失性支出（如工业企业的废品损失、季节性和修理期间的停工损失等），以及劳动者为社会劳动所创造的某些价值（如财产保险费等），也作为生产费用计入产品成本，一方面可以理解为资金补偿的需要，另一方面也有利于企业改进生产技术，改善经营管理，合理使用资金，减少废品，降低成本，提高经济效益。可见，实际成本可以像商品价格背离价值一样背离理论成本。当然实际成本与理论成本的这种背离，必须严格加以限制，否则，产品成本的计算就失去了理论依据。

【同步链接 1－1】

成本开支范围

现行财务制度规定，应计入产品成本的包括下列各项：

（1）生产经营过程中为制造产品所消耗的原材料、辅助材料、备品配件、外购半成品、燃料、包装物的原价和运输、装卸、整理等费用；

（2）企业直接从事产品生产人员的工资、奖金、津贴和其他职工薪酬费用；

（3）生产性固定资产的折旧费、租赁费（不包含融资租赁费）、修理费以及低值易耗品等周转材料的摊销费；

（4）因生产原因发生的废品损失、季节性和修理期间的停工损失等损失行费用；

（5）为组织和管理生产而发生的办公费、取暖费、水电费、差旅费、运输费、保险费、设计制图费、实验检验费、劳动保护费等；

（6）其他为组织、管理生产活动所发生的制造费用。

3. 成本的多维概念

我国著名会计学家杨纪琬教授认为：会计学的成本又可分为财务成本和管理成本，财务成本就是前面所论述的狭义成本概念，管理成本则是“企业内部为了提高经营管理水平，由企业自行计算的成本”。管理成本的目的性十分强烈，“不同的目的，不同的成本”观念将构建起一个多维成本的概念体系。如变动成本与固定成本、直接成本与间接成本、产品成本与期间成本、定额成本与标准成本、计划成本与历史成本、差别成本与边际成本、机会成本与应负成本、沉没成本、重置成本与付现成本、责任成本、可控成本与不可控成本、可避免成本与不可避免成本、可延缓成本与不可延缓成本、相关成本与无关成本等。

20 世纪 80 年代末期，又出现了作业成本、质量成本、目标成本、资本成本、环境成本、战略成本等新的成本概念。

可以说，这些成本概念都是微观经济领域的管理者们为适应某一管理要求而运用的成本概念。现在，成本的概念还广泛应用于宏观经济领域，如我们常说的经济改革成本、社会责任成本、产业结构调整成本、环境治理成本、人力资源发展成本、教育成本等。这一系列的成本概念，组成了多元化的成本概念体系。随着经济的发展，人们还会提出更多的成本概念，以满足不同的需要。

1.1.2 成本的作用

成本的经济性质，决定了成本在社会主义市场经济条件下具有十分重要的作用。

1. 成本是生产耗费的补偿尺度

成本是以货币形式表现的为生产一定种类和数量的产品而发生的资金耗费，这种耗费，必须通过产品销售过程实现产品价值后，从产品销售收入中获得补偿。产品成本的高低，是衡量这一补偿份额大小的重要尺度。企业只有按照这个标准补偿了生产中的资金耗费，其简单再生产才能顺利进行，否则，企业资金就会短缺，再生产就无法维持原有的生产规模。成本也是划分生产经营耗费和企业利润的依据，在产品销售收入一定的情况下，成本越低，企业利润就越高。可见成本起着衡量生产经营耗费尺度的作用，对经济发展有着重要影响。

【同步链接 1－2】

值得注意的是，成本的价值补偿和实物补偿有时不一致。上述成本只是成本价格，在商品经济条件下，由于价格是价值的货币表现，价格总是围绕价值上下波动，经常发生背离，因此成本价格作为补偿价值的货币表现，与其补偿价值也会不一致。例如，材料费用并非所费材料的价值，而是它的价格。在物价不变的情况下，其价格与价值一致。在物价发生较大变化尤其是上涨时，按成本价格确定的补偿量与其价值的补偿就会产生较大的差异，出现补偿不足的现象，这时，按成本价格确定的补偿量就无法满足其实物补偿。同时会计上还有一些无法精确计算的因素使成本价格同客观的补偿价值发生背离，如固定资产磨损价值的计算带有很大的主观性，也使成本中固定资产折旧费用与固定资产实际损耗的价值不一致。所以，产品价值中的补偿价值只构成产品成本的基础，补偿价值与补偿价值的货币表现在量上也允许发生差异。认识到这一点，对理解成本作为生产耗费的补偿尺度，并正确计算企业损益，有重要意义。

2. 成本是综合反映企业工作质量的重要指标

成本是用货币表现的资金耗费，是一项综合性的经济指标。企业生产经营管理中各方面的工作业绩，如产品设计的好坏，生产工艺的合理程度，固定资产的利用程度，原材料消耗是否合理和节约，劳动生产率的高低，产品质量的优劣，产品产量的增减以及供、产、销各环节是否衔接协调等，都可以通过成本直接或间接地反映出来。通过对成本的考核和分析，可以发现企业在管理中的成功经验和存在的问题，从而有的放矢地加强对企业的管理，充分挖掘潜在的力量，以尽可能少的劳动耗费，取得尽可能多的劳动成果。

3. 成本是制定产品价格的重要因素

在商品经济条件下，产品价格是产品价值的货币表现，产品价格的制定，应体现价值规律的要求，使其大体上符合其价值。由于目前人们还无法精确计算产品价值，但却有可能比较准确地计算产品成本，即计算出产品价值中的 C + V，这样就可以间接地、相对地反映产品价值。因此产品成本就成为制定产品价格的重要因素。

当然，产品的定价是一项复杂的工作，应考虑的因素很多，如国家价格政策及其他经济政策、各种产品的比价关系、产品在市场上的供求情况以及市场竞争态势等。所以，产品成本只是制定产品价格必须参考的因素之一。

4. 成本是企业进行决策的重要依据

在市场经济条件下，每一个企业都是在激烈的市场竞争中谋生存、求发展，企业生存发展的关键是能否向社会提供既符合社会需要且质优低耗的产品。而要做到这一点，企业首先必须进行正确的生产经营决策。进行生产经营决策需要考虑的因素很多，成本是其中应考虑的主要因素之一。因为在产品价格和税收等因素一定的情况下，成本的高低，直接影响着企业盈利的多少和决定着产品在市场上竞争能力的大小，而较低的成本，可以使企业在竞争中处于有利地位。企业运用有关的成本资料，可以为扩大产量、增加品种、选择加工方式等决策提供依据。

1.2 成本会计的形成与发展

成本会计是现代会计学科的一个重要分支，它是随着商品经济特别是工业生产的产生、发展而逐渐形成，并在与外部经济环境的相互作用中不断发展完善的。成本会计的产生和发展大体经历了以下几个阶段：

1.2.1 成本会计的萌芽阶段

据史书记载，成本会计最早起源于中世纪的意大利，它是成本计算与复式簿记相结合而产生的。当复式簿记随着资本主义生产方式由商业领域渗透到工业领域时，工业簿记中的简单成本计算就预示着成本会计的萌芽。如意大利著名银行家梅迪奇（Medici）与其合伙人在佛罗伦萨经营的两个毛纺制品工场采用的工业簿记中，开始分步骤（如挑选、清洗、梳刷等）设置纺织品账户，计算纺织品成本。16 世纪中期，著名的荷兰出版商普拉廷（Plantin）在他的账簿中设立了“用纸”账户，该账户类似于现在的原材料账，并为每一本书设立一个账户，记录印刷该书耗用的纸张、工资及其他一切费用。印刷过程结束后，账户中记录的全部费用就是印刷该书的全部成本。由于当时的工业资本仍处于工场手工业时期，固定资产在工业和商业中并不是很重要，这时的成本会计还只是非常粗简的成本计算，也没有形成一套较为成熟的成本计算理论和方法体系，成本资料主要借助于统计方法取得。因此我们认为这只是成本会计的雏形。

1.2.2 成本会计的发展

成本会计萌芽以后，在整整几百年的时间里，一直没有引起人们足够的重视。那时，人们仍然看重商业贸易，工业发展较为缓慢，工业基本上还局限于手工作业，因而成本会计并未有突破性地发展。

成本会计作为一个完整的理论和方法体系，形成于工业革命之后，大致经历了以下几个发展阶段。

1. 早期成本会计阶段（1880～1920 年）

19 世纪的英国工业革命给成本会计注入了新的活力，使其飞跃般发展。工业革命后，机器大生产取代了传统的手工劳动，工厂取代了工场手工作坊，产业规模逐渐扩大，需要大量资金购买昂贵的生产设备，生产效率迅速提高，企业数量增多，产品日趋多样化，使得折旧费用及其他间接费用在各种产品之间的分配成为成本计算的一大难题。同时，由于企业间竞争日益加剧，企业管理当局需要提供比较准确的成本数据，生产成本受到重视，成本计算的一系列方法也应运而生。如在当时的代表人物巴特比所著的《优秀的复式簿记人员》一书中，出现了“主要成本”概念，并把主要成本划分为直接材料费用与直接人工费用两个部分，还提出了直接费用与间接费用的划分方法及“正规折旧制”的方法、概念。在卡克和费尔斯（Kak and Faires）合著的《工厂会计》一书中，出现了材料、工资、设备、产品等工业成本计算的特有账户。诺顿（Norton）编著的《纺织工厂簿记》一书中，在对费用的分类和摊配探讨的基础上提出了制造成本与非制造成本的划分。刘易斯（Lewis）在《工厂的商业组织》一书中进一步提出将制造成本按产品进行分配、非制造成本直接转到损益账户。英国汤姆逊（Thompson）以亚麻织袜为例，最早介绍了分步成本计算方法；英国的克朗赫尔姆（F. W. Cromhelm）在《簿记新法》一书中以毛纺厂为例，较全面地叙述了成本计算方法，并最早介绍了永续盘存制；佩恩（Payen）在 1817 年介绍了车辆制造厂的分批成本计算法和胶水制造商的分步成本法。这一时期的成本会计的特点是建立了材料核算和管理办法；建立了工时记录和人工成本计算方法；确立了间接费用的分配方法；明确了制造成本的内容以及核算方法；采用分批法和分步法计算产品成本；出现了专门的成本会计组织，如 1919 年美国成立了全国成本会计师联合会，同年英国也成立了成本和管理会计师协会，他们对成本会计进行了一系列研究，为奠定成本会计的理论基础和完善成本会计方法作出了重大贡献。

早期研究成本会计的专家劳伦斯（W. B. Lawrence）对成本会计作过如下定义：“成本会计就是应用普通会计的原理、原则，系统地记录某一工厂生产和销售产品时所发生的一切费用，并确认各种产品或劳务的单位成本和总成本，以供工厂管理当局制定经济的、有效的和有利的产销政策时参考。”不过，早期成本会计阶段的特点仍局限于成本核算，提供的是历史成本数据，还只能说是财务会计的一个组成部分。

2. 近代成本会计阶段（1921～1945 年）

20 世纪初叶，随着工业生产规模的进一步扩大和企业间的竞争加剧，业主们在追求产品产量的同时，还追求较低的成本，认为生产过程的管理不仅仅是对已发生的费用进行核算，更重要的是对这些费用的发生施加有利的影响，于是开始重视科学管理，特别是生产过程的成本控制，成本计量由“先干后算”的成本核算模式发展为“先算后干”的成本控制和核算模式。标准成本制度（standard costing）和预算控制（budget control）正是在此背景下产生的。标准成本制度的核心在于强调提高工作效率，通过对一项工作的时间研究和动作研究，制定在一定客观条件下既可以实现又有效率的标准。标准制定出来以后，要求严格按标准执行，不允许一切不合理的差异。标准成本制度的诞生是企业成本会计发展史上的一个里程碑，它标志着成本会计的发展已经进入了一个新的阶段，标志着企业成本会计已经摆脱了传统的、完全是事后反映的状况，实现了成本核算与成本管理的有机结合，形成了成本管理的雏形。

在近代成本会计的后期，美国尼科尔森（J. L. Nicholson）和罗尔巴克（F. D. Rohrback）合著的《成本会计》，陀耳（J. L. Dohr）所著的《成本会计原理和实务》，J. M. 克拉克所著的《制造费用成本经济》，既精通会计又具有管理经验的工程师哈里逊出版了他的专著《标准成本》等，从而使成本会计具备了完整的理论和方法，形成了独立的成本会计学科。

这一时期成本会计的定义，可引用英国会计学家杰．贝蒂（J. Batty）的表述：“成本会计是用来详细地描述企业在预算和控制它的资源（指资产、设备、人员及所耗的各种材料和劳动）利用情况方面的原理、惯例、技术和制度的一种综合术语。”因此，近代成本会计主要采用标准成本制度和成本预测，为生产过程的成本控制创造条件。

3. 现代成本会计阶段（1945～1980年）

20世纪40年代，特别是第二次世界大战以后，西方国家的社会经济进入了新的发展时期。一方面，社会资本高度集中，企业的生产规模进一步扩大，生产经营日益多元化；另一方面，在战争中发展起来的军用科学技术向民用工业转移，新产品开发日新月异，市场竞争更加激烈。到了20世纪50年代，跨国公司大量涌现，科学技术的日新月异，企业的生产和经营面临着更加复杂的环境，致使资本利润率不断下降；再加上通货膨胀、银根紧缩、筹资不易，给企业经营带来了严重的困难。在激烈的市场竞争中，企业管理当局为了能战胜竞争对手，增强其竞争能力，广泛推行职能管理与行为科学管理，借以提高产品质量，降低产品成本，扩大企业利润。1960～1975年，系统管理学派、决策学派、数量经济学派对会计界的影响较大，数学、控制学、运筹学等技术方法向成本会计领域大量渗透，出现了大量的数学模型来描述成本计算和进行成本预测，形成了预测型成本会计理论，同时精确化成本计量数学模型的研究达到了鼎盛时期，形成了与管理现代化相适应的成本会计体系，使成本会计发展到了一个新的阶段。

这时专门配合职能管理与行为科学管理的“责任成本”（Responsibility Cost），以及“目标成本”（Target Cost）等成本方法也应运而生。1952年美国会计学家希琴斯（J. A. Higgins）倡导了责任会计，提出了建立成本中心、利润中心和投资中心相结合的会计制度，将成本目标进一步分解为各级责任单位的责任成本，进行责任成本核算，使成本控制更为有效。目标管理是由美国管理学家德鲁克（R. Drnker）在20世纪50年代所著的《管理实务》一书中首次提出，1965年乔治·奥迪奥恩（George odio）在《目标管理》一书中又作了较为全面的论述。随着目标管理理论的应用，成本会计有了新的发展。在产品设计之前，按照客户所能接受的价格确定产品售价和目标利润，然后确定目标成本；用目标成本控制产品设计，使产品设计方案达到技术上适用、经济上合理的要求。

综上所述，现代成本会计是成本会计与成本管理的直接结合，它是根据成本核算和其他资料，采用现代数学和数理统计的原理和方法，建立起数量化的管理技术，用来帮助人们按照成本最优化的要求，对企业的生产经营活动，不仅要做好成本核算和成本控制，还要做好成本预测、决策和计划，加强成本的事前管理；同时还要注重成本的考核与分析，为成本事前管理提供信息。

现代成本会计注重成本管理的全过程，这种成本管理的显著特征仍是以“产品”为中心，从企业内部进行成本管理，是就成本论成本，是立足于企业的短期成本管理，而未从长远持续地降低成本的策略上考虑，属于战术性的成本管理，所提供的会计信息已经越来越不能满足企业生产发展的需要。

4. 成本会计发展的新趋势

20 世纪 80 年代以来，高新技术飞速发展，尤其是网络技术和信息技术的崛起，极大地提高了社会生产力，促进了社会经济的发展。人们的生活方式、交流方式、随之而来的是市场运作模式、运作规律以及组织机构的经营方式、管理方式等都在发生变革，在市场浪潮中搏击的企业最先感受到环境变革的冲击。社会的进步和生活质量的提高使得消费者的需求更加多样化、个性化，企业的新产品层出不穷，又由于国际间的分工合作日趋密切，顾客对产品质量也日益苛求，市场竞争近似残酷。这种冲击既影响着产品的制造环境，也动摇了现有企业的管理理论和管理方法以及现行成本会计的理论基础和计量模式，但同时也对成本会计的发展提供了机遇。

（1）新的制造环境具体包括以下几个方面：

① 弹性制造系统（FMS），是指使用机器人及电脑控制的材料处置系统并结合各种独立的电脑程式机器工具进行生产，它有益于产品制造程序的弹性化。使用 FMS 的最大好处，是可以从事多样化产品的生产，解决对产品多样化、个性化和精致化的需求。

② 电脑辅助设计（CAD）、电脑辅助工程（CAE）及电脑辅助制造（CAM）系统。电脑辅助系统不但提高了电脑的辅助功能，并且为厂商提供了更为宽广的发展空间。使用电脑辅助系统，可以减少人工成本，节省时间并提高工作效率。

③ 制造资源规划（MRPⅡ），是指制造业采用的电脑管理信息系统。目前流行的材料需求规划（MRPⅠ）是（MRPⅡ）的前身。MRPⅡ有助于管理当局进行及时有效的投资与生产经营决策。

④ 电脑整合制造系统（CIM），是指以电脑为核心，结合 FMS、CAD、CAE、CAM 等所有新科技的系统，以形成自动化的制造程序，实行工厂无人化管理。

⑤ 敏捷制造（AM），是指基于对产品和用户的综合分析，具体包括：市场/用户是谁；市场/用户需要什么；企业对市场做出快速响应是否值得；如果企业做出快速响应，能否获取利益？敏捷制造的战略着眼点在于快速响应市场（用户）的需要，使产品设计、开发、生产等各项工作并行进行，不断改进老产品，迅速设计和制造能灵活改变结构的高质量的新产品，以满足市场（用户）不断提高的要求。敏捷制造强调“竞争—合作/协同”原则，采用灵活多变的动态组织结构，改变了过去以固定专业部门为基础的静态不变的组织结构，以

最快的速度从企业内部某些部门和企业外部不同公司中选出设计、制造该产品的优势部分，组成一个单一的经营实体。敏捷企业在纷繁复杂的商务环境中具有极强的应变能力，能够以最快的速度、最好的质量和最低的成本，迅速、灵活地响应市场（用户）需求，从而赢得竞争优势。

（2）传统成本会计的缺陷。面对企业新制造环境的冲击，传统的成本会计理论和计量模式暴露出以下几个方面的问题。

① 成本重心前移，使传统的成本信息出现“时滞”。有资料表明，制造产品的75%以上的成本在研发阶段已经确定，只注重生产过程核算和控制的成本计量模式容易导致会计信息失真。

② 传统的成本会计过分追求量，而忽略了质，从而对核心竞争力关心不够，与现代管理思想不符。

③ 传统的成本管理基准点是短期的，反映企业短期的成本信息，将固定成本进行短期的期间化处理，淹没了大量战略信息，企业业绩难以真正体现。

④ 产品成本计算不正确。随着计算机辅助设计、计算机辅助制造、计算机辅助测试手段的大量应用，以及电脑一体化制造系统的形成，使企业的制造环境从劳动密集型向资本密集型和技术密集型转化，改变了产品成本结构，机器人和电脑辅助制造系统在某些工作上已经取代了人工，使得直接人工成本比重下降，而制造费用比重却大幅度上升。人工成本比重从传统制造环境下的20% ~40%降到现在的不足5%。而传统成本会计对间接费用的分配，多是在以人工费用或工时为标准，因人工费用的大量减少，造成分配标准的不合理，导致费用的分配不真实，更为重要的是制造费用的发生与直接人工成本逐渐失去了相关性。例如，在高新技术环境下，出现了一种完全自动化，所有的灯都可以熄灭的所谓“无灯工厂”，根本就没有直接人工成本，取而代之的是大量的制造费用。此时不论从提高产品成本计算的正确性，还是从提高成本控制的有效性来看，都要求把产品成本核算的工作重点放在制造费用的分配上，否则就难以正确反映各种产品的成本。

（3）成本会计的创新。成本会计必须进行变革，以适应新的制造环境和经营管理的需要，协助管理者在新的制造环境下进行有效的成本控制和决策。环境造就了成本会计的发展，随着新技术、新工艺不断涌现，管理理论和方法也在不断创新，大大促进了成本会计学科的发展并丰富了其内容。主要包括：

①战略成本管理（Strategic Cost Management，SCM）。SCM是以战略的眼光将成本管理的视角由单纯的生产经营过程管理和重股东财富，扩展到与顾客需求及利益直接相关的、包括产品设计和产品使用环节的产品生命周期管理，更加关注产品的顾客可察觉价值。战略成本管理的目标，不再是由利润最大化这一直接动因决定，而是定位于更具广度和深度的“用户满意”层面上。“用户满意”包括依赖性、质量、交货期和售后服务等方面。只有立足于用户的满意度，才能取得更高的市场占有率，企业才会不断发展壮大。而要取得用户满意度，一方面，要研究企业内部的价值链，将成本管理从企业内部向外部延伸，向前延伸到采购、规划、设计环节，向后扩展到售后服务环节；另一方面，要研究分析企业所在行业的价值链及竞争对手的价值链，形成知己知彼，主动把握全局的态势，才能在竞争中立于不败之地。

② 环境成本管理（Enviromental Cost Management，ECM）。ECM是基于环境保护的目

的，将成本会计的方法程序，运用于与环境相关的成本管理。目前，大气污染越来越严重，人们的环保意识在不断增强，每个企业都必须履行好环保的责任，因此环境成本管理受到重视。环境成本是与破坏环境和环境保护有关的全部成本，包括外部成本和内部成本。企业环境成本管理的目标是以最优的环境成本取得最佳的环境效益与经济效益。企业不能盲目地为追求经济效益，忽视了企业经济活动所产生的环境污染及破坏的“外部成本”，企业应对环境污染及环境破坏所带来的“外部不经济成本”进行合理估计确认和计量。目前外部成本内部化是一个亟待解决的难题。企业环境成本管理的目标不是简单地增加与减少的问题，而是一个不断优化的过程。

③ 适时制（Just in Timesystem，JIT）。JIT 是一种严格的需求带动生产制度，要求企业生产经营管理各环节紧密协调配合，原材料、零部件、产成品保质、保量并适时地送到后一加工（或销售）环节。其目的是使原材料、在产品及产成品等各类存货保持在最低水平，尽可能实现“零存货”，以降低存货成本。在存货水平很低的情况下，会计人员为简化存货计价，可能采用倒推成本法，就是当产品完工或销售时，倒过来计算在产品、产成品等生产成本。因为采用 JIT 的企业，从收到原材料到产品制成所耗用的时间大幅缩短，而且期末存货量也变得很小，使得传统的分批或分步成本法详细记录各类存货的必要性受到怀疑。由成本—效益原则，对少量的存货做详尽精确的追溯，无疑得不偿失，这样倒推成本法便应运而生。

④ 全面质量管理（Totai Quality Management，TQM）。TQM 是 20 世纪 60 年代从传统质量管理发展起来的，随着国际国内市场环境的变化，TQM 已经发展成为一种企业竞争的战略武器，一种由顾客的需要和期望驱动的、持续的改进产品质量的管理科学。TQM 的目标是公司在生产的各个环节追求产品的“零缺陷”，并由顾客最终鉴定质量。TQM 对计量和报告员工业绩的会计来讲，就是产生了质量会计这一新学科。但是由于提高质量所产生的收益难以计量，质量会计发展的重点就放在了质量成本的确认、计量和报告上。一般认为质量成本由五大类构成：（1）预防成本；（2）检验成本；（3）内部失败成本；（4）外部失败成本；（5）外部质量保证成本。另外，在 TQM 情况下，会计人员绩效衡量标准包括了产品的可靠度、服务的及时性等促使管理人员努力提高产品质量的非货币性指标。

⑤ 基准管理（Benchmarking Management）和持续改进（Continuous Improvement）。所谓基准就是以公司外部或内部最优的业绩标准来衡量自身的生产活动；持续改进意味着管理人员不是一次性地确定基准，而是不断改进提高的过程。管理方法的新趋势就是基准与持续改进的结合。日本丰田公司是贯彻基准管理与持续改进的典型。基准和持续改进被称为“永无终点”的比赛。基准管理与持续改进对成本会计系统的影响主要表现在管理人员和会计师们认识到降低成本要向本行业最好的公司学习，以同质产品的最低成本作为基准，了解自身与最优者的差距并分析其原因，进而实行企业再造工程以增强竞争力。

⑥ 限制理论（Theoty of Congtraints，TOC）。根据 TOC，每个公司至少有一个瓶颈制约着它的发展，否则无论公司定下什么目标都会实现（如利润最大化）。企业限制因素通常分为资源、市场、政策、原材料和后勤五类。限制理论把企业看成一系列链状相连的过程，如果薄弱的联结处得到了加强，那么整个链也就得到了加强，但是如果加强了其他的联结处，整个链就不会得到加强。限制理论对成本会计系统的影响是，管理人员和会计人员认识到，在有些情况下不能一味强调降低成本和费用，要有逆向思维，要在企业的薄弱环节加大投入

量，“为了省钱而花钱”，如果企业待解决的瓶颈是更新设备，引进新型设备会发生一笔较大的支出，但在今后设备的使用期间，因设备利用效率的提高而增加的产出加上设备维修费用的降低的综合效益，可能抵补支出而有余，就总体而言，效益有所增加。

需要说明的是，尽管近年来不断涌现出了许多新的成本会计方法和思想，但迄今为止仍未能形成一套公认的行之有效的成本会计体系，在成本管理会计领域出现了传统学派和创新学派之争。创新学派认为传统学派过于守旧，所研究的成本会计理论落后于现实企业的管理需要，而传统学派则批判创新学派缺乏系统理论体系，只是停留在对相关学科成果的“拼凑”性的介绍上，缺乏新的理论成本。因此，建立一个立足于信息社会，满足不断发展的现代管理需求的系统的新的成本会计理论体系，是当前乃至今后很长一段时期面对的紧迫课题。

1.2.3 成本会计的含义

1. 成本会计的概念

成本会计是以货币为主要计量单位，运用会计的基本原理和一般原则，采用一定的技术方法，对企业生产经营过程中发生的各项耗费进行连续、系统、全面、综合地核算和监督的一种管理活动。由于成本有广义和狭义之分，成本会计也可分为狭义成本会计和广义成本会计。狭义成本会计是对生产经营过程中发生的费用进行归集、分配，计算出有关成本计算对象的总成本和单位成本，并加以分析和考核。狭义成本会计侧重于产品成本的核算。广义成本会计是成本会计与管理的直接结合，它按照成本最优化的要求，采用现代数学和数理统计的原理和方法，建立起数量化的管理技术，对企业生产经营过程中发生的资源耗费进行预测、决策、计划、控制、核算、分析和考核等一系列价值管理，旨在提高经济效益的一种管理活动，即现代成本会计。现代成本会计从经营着眼，从技术着手，着眼与规划未来，控制现在，核算与考核过去。它贯穿了成本管理的全过程，促使企业合理利用内部有限资源，降低成本，以便企业生产经营实现最优化运转，提高企业的市场竞争能力。

2. 财务会计、管理会计与成本会计

会计作为信息系统，其提供的信息为关心企业经营管理活动的各方关系人所使用。会计信息的使用者，从企业组织的角度可分为内部使用者和外部使用者。企业管理部门是会计信息的内部使用者，利用相关的会计信息达到计划、控制企业的日常经营活动和决定企业重大会计事项，为企业未来发展制定重要的规划和方针服务。投资者、债权人、社会公众等是会计信息的外部使用者，国家作为社会管理者，利用相关的会计信息，满足国家宏观经济管理的需要。对于国有企业，又以投资者的身份同其他投资者、债权人、企业职工等，关注企业的财务状况和经营成果，为其本身的投资、贷款、交易作出决策。

为了满足以上两类会计信息使用者的要求，企业会计又分为两大会计门类：财务会计和管理会计。财务会计的主要目标是通过定期编制对外会计报表，为企业外部同企业有经济利益关系的各方信息使用者服务。股东通过定期的会计报表了解投入资本的运行情况和企业财务成果的分配情况，以其对所投资金进行效益评价，潜在的投资人也通过会计报表确定是否进行投资，企业的债权人通过会计报表了解企业的偿债能力和盈利能力，以便确定是否提供

贷款、如何确定贷款的利率等对策和措施。财政、税务等部门通过企业的会计报表，了解企业是否遵守财经纪律，是否及时、足额上交国家税收等方面的情况。又由于企业所有权与经营权的分离，企业的这些外部信息使用者一般不直接参与企业的经营管理，只能从企业提供的会计报表获得相关信息。因此为保障外部信息使用者的利益，就要求财务会计所反映的信息必须公正、客观、真实；必须严格遵循“公认的会计准则”以统一的货币形式按照一套固有的程序反映企业的经济活动。

管理会计的主要目标侧重于为企业的内部经营管理者服务。企业的内部管理部门是使用管理会计信息的主要单位，管理会计主要提供各种具有前瞻性的预报信息，它的理论基础是经济学、数学、预测和决策学以及行为科学等，因此管理会计可以采用灵活多样的方法和手段，无须受“公认会计准则”的约束。

成本会计与财务会计、管理会计既有区别又有联系。狭义成本会计由于侧重于产品成本的计算，被认为是财务会计的有机组成部分。财务会计的两大课题，存货的计价和收益的确定，都与成本计算的正确与否有着密切的联系，这种联系具体表现在：正确计算产品成本，是正确划分本期已销产品成本和期末存货成本的基础。我们知道，产品成本在发生时，就被认定是现有存货的一部分，只有销售时，“产品成本”才转化为“销售成本”。销售成本应列入利润表，使之与本期实现的销售收入相配比，据以确定本期的净利润；而期末未销售产品的成本属于期末存货成本，应列入资产负债表，作为流动资产的一部分结转到下期。因此成本会计对产品成本的计算正确与否，决定着本期收益的计算和期末存货计价是否正确，最终表现为据以编制的资产负债表、利润表及现金流量表是否正确、真实地反映企业的财务状况和经营成果，从而关系到对外编制的会计报表的可信程度和质量。企业在成本核算中，对费用成本的确认、计量，要遵循“公认会计准则”。

广义的成本会计，除了产品成本核算以外，还包括成本的预测、决策、计划和控制。从这个角度讲，成本会计与管理会计相互交叉，成本会计又可以被看作是管理会计的有机组成部分。同时管理会计在实施预测、决策、预算、控制等方法和手段过程中所使用的成本资料，又必须以狭义成本会计提供的资料为基础，再根据企业内部管理的不同要求和目的进行加工、改制和延伸，以充分发挥管理会计的作用。因此广义的成本会计除了具有狭义成本会计的作用外，还为管理会计提供基础资料，服务于企业内部经营管理的功能，为企业内部经营管理制定经营战术和战略，而后者不受“公认会计准则”的约束。

1.3 成本会计的内容

1.3.1 成本会计的职能

1. 成本会计的基本职能

成本会计的职能，是指成本会计在经济管理中所具有的功能。成本会计是会计的一个分支，其基本职能同会计一样，具有反映和监督两项基本职能。

(1) 反映职能。反映职能是成本会计的首要职能。成本会计的反映职能，就是从价值补偿的角度出发，反映生产经营过程中各种费用的发生，以及生产经营业务成本和期间费用等的形成情况，正确计算产品成本，为经营管理提供各种成本信息的功能。

（2）监督职能。成本会计的监督职能，是指按照一定的目标和要求，通过控制、调节、指导和考核等，监督各项生产经营耗费的合理性、合法性和有效性，以达到预期的成本管理目标的功能。

2. 成本会计职能的扩展

随着企业生产经营环境的变化，成本会计的职能也在发生变化。从成本会计产生和发展的历程来看，早期的成本会计主要是将企业生产经营过程中发生的各种资源消耗按照一定的方法、程序进行归集和汇总，分配给各种产品，最后计算出各种产品的总成本和单位成本，以便为企业存货计价和损益计算提供成本资料。早期成本会计附属于财务会计之中，并纳入会计账簿体系，成本会计的重点是成本核算，实际上只具有反映的职能；近代成本会计是在成本核算的基础上进行成本分析，以便进行成本控制；现代成本会计是管理科学与成本会计的结合，包括成本预测、成本决策、成本计划、成本核算、成本控制、成本分析和成本考核等七项职能，其中成本核算是最基本的职能。

（1）成本预测。成本预测是根据成本的有关资料和数据，运用成本特性和定性分析、定量分析的方法，对企业未来成本水平及其变动趋势进行科学的推测，以便为成本决策、成本计划提供及时有效的信息，提高成本管理的科学性和预见性。

企业在成本管理的许多环节都存在预测问题。如企业在建厂、改建、扩建、产品设计时的成本预测；编制成本计划前需要对目标成本和成本降低幅度的预测；成本执行过程中需要对成本发展趋势的预测等。成本预测是成本决策的基础，是进行成本管理和控制的前提。

（2）成本决策。成本决策是在成本预测的基础上，按照既定的目标和要求，根据成本的有关资料和企业的具体情况，制定优化成本的各种可行性方案，运用一定的决策理论和方法，对各种备选方案进行分析、比较，从中选择最优的成本方案。

企业在生产经营过程中，存在许多方面的成本决策。在产品投产前，需要对新产品设计成本、试制成本进行决策，以确定投产后的成本水平。在产品生产过程中，对于合理生产批量、产品组合、零配件是自制还是外购、是否接受追加订货、亏损产品是否停产、产品是否转产等一系列成本问题进行决策。通过成本决策，选择最优方案，确定成本目标，从而为编制成本计划提供了前提条件。

（3）成本计划。成本计划是在成本预测和决策的基础上，具体规定计划期内企业生产费用数额，各种产品的成本水平和降低任务。企业成本计划一般包括：生产费用预算、主要产品单位成本计划、全部商品产品成本计划、可比产品成本降低额和降低率等。成本计划是企业进行成本控制、成本分析和成本考核的重要依据。

（4）成本控制。成本控制是指根据预先制定的成本标准和目标，对成本形成过程及影响成本的各种因素进行计算、约束、调节、监督，将其严格地限制在规定的范围和标准之内，并随时揭示和反馈实际与标准之间的差异，分析差异产生的原因，采取措施纠正偏差，保证成本目标的实现。

（5）成本核算。成本核算是指对生产经营过程中发生的各种费用，按照一定的成本核算对象和标准进行归集和分配，采用恰当的方法计算出各成本核算对象的总成本和单位成本，也就是对费用的发生和成本形成过程进行核算。它是成本计算与会计相结合的一种处理程序和方法。

成本核算有广义和狭义之分。广义成本核算是按各行各业、各单位的各种成本进行的核算，如工业企业成本核算、商业企业成本核算、交通运输企业成本核算、施工企业成本核算、农业企业成本核算、房地产企业成本核算等行业成本核算，以及责任成本核算、变动成本核算、质量成本核算、目标成本核算等专项成本核算；狭义成本核算仅指制造业成本核算。成本核算是成本信息的生成过程，是成本会计的基础。成本核算提供的资料，可以反映企业成本计划的完成情况，为存货的计价和企业损益的计算提供直接资料。它也是制定产品价格的重要依据。

（6）成本分析。成本分析是指利用成本核算资料和其他相关资料，运用一系列专门方法，揭示影响产品成本水平变动的各种因素以及各种因素变化对产品成本的影响程度，以寻求降低成本的途径的过程。成本分析的内容一般包括全部产品成本计划完成情况的分析、主要产品成本计划完成情况的分析、技术经济指标对产品成本影响的分析、车间班组成本分析等。

通过成本分析，人们可以深入、细致地了解成本变动的规律，查明影响成本升降的因素，不断地挖掘企业内部降低成本的潜力；可以将成本核算资料与计划成本、上年历史成本、同类产品或服务的国内先进水平进行比较，了解成本计划的完成情况和成本变动趋势，为改进成本管理工作，降低成本水平提供依据和建议；成本分析还可以为下一会计期间成本预测、决策和计划的编制提供必需的资料。

（7）成本考核。成本考核是根据成本核算资料和成本计划，并结合成本分析及其他有关资料，对企业成本计划指标的完成情况，进行定期的考查和考核，以评价企业成本管理工作的绩效。成本考核是以各责任者（单位或个人）为对象，以各责任者的可控成本为界线，并按责任的归属来核算和考核其成本指标的完成情况，评价其工作业绩并决定奖惩。成本考核是对成本实行目标管理的重要手段，其目的在于加强成本管理责任制，提高成本管理水平。

上述七个方面的职能是相互联系、相互依存而构成了一个完成的职能体系。在这个体系中，成本预测是成本决策的前提，成本决策是成本预测的结果。成本计划是成本预测所确定的成本目标的具体化，同时又是成本控制、成本分析和成本考核的依据。成本控制是对产品成本的形成及成本计划的执行情况进行监督，是保证决策目标实现的手段。成本控制是成本会计的核心，贯穿于成本会计的整个内容，因为从成本管理的时序看，成本预测、决策、计划属于成本的事前控制，成本核算和日常成本管理属于成本的事中控制，成本的分析和考核属于成本的事后控制。成本核算是成本会计最基本的内容，它反映成本的生成过程，是成本计划的实施结果，是对成本决策目标是否实现的检验。成本分析和成本考核是对成本计划执行结果和成本控制业绩的事后评价。

成本会计的各项职能之间的相互关系可以用图 1－1 表示。

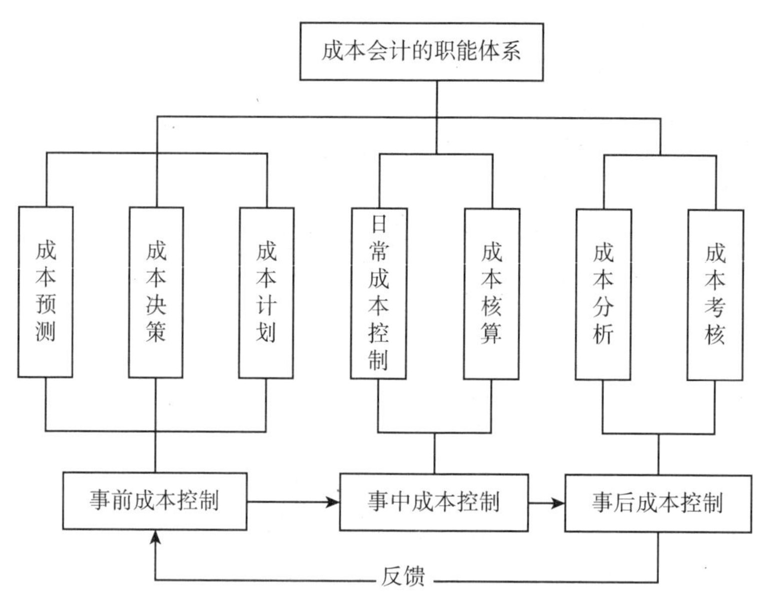

图1－1　成本会计的各项职能之间的相互关系

1.3.2　成本会计的对象

成本会计的对象就是成本会计反映和监督的内容，由于成本会计的反映和监督的职能可以细化为以上七项职能，因此成本会计的对象就是成本会计各职能所要发挥作用的客体。明确成本会计的对象对于确定成本会计的任务，研究和运用成本会计的方法，更好地发挥成本会计在经济管理中的作用，有着重要意义。

从理论上讲，成本所包括的内容，也就是成本会计反映和监督的内容。但为了更为详细、具体地了解成本会计的对象，还必须结合企业的具体生产经营过程和现行企业会计制度的有关规定加以说明。下面以工业企业为例，说明成本会计反映和监督的内容。

工业企业的基本生产经营活动是生产和销售工业产品。在产品的直接生产过程中，即从原材料投入生产到产成品制成的产品制造过程中，一方面制造出产品；另一方面要发生各种各样的生产耗费。这一过程中的生产耗费，概括地讲，包括劳动资料与劳动对象等物化劳动和活劳动耗费两大部分。其中房屋、机器设备等作为固定资产的劳动资料，可以在生产过程中长期发挥作用，直至报废而不改变其原有实物形态，但其价值则随着固定资产的磨损，以折旧的方式，逐渐地、部分地转移到所制造的产品中去，构成产品生产成本的一部分；原材料等劳动对象，在生产过程中或者被消耗掉，或者改变其实物形态，其价值也随之一次性地全部转移到新产品中去，也构成产品生产成本的一部分；生产过程是劳动者借助于劳动资料对劳动对象进行加工、制造产品的过程，通过劳动者对劳动对象的加工，才能改变原有劳动对象的使用价值，并且创造出新的价值。其中劳动者为自己劳动所创造的那部分价值，则以工资薪酬形式支付给劳动者，用于个人消费，因此，这部分薪酬也构成产品生产成本的一部分。具体来说，在产品的制造过程中发生的各种生产耗费，主要包括原料及主要材料、辅助材料、燃料等的支出，生产单位（如分厂、车间）固定资产的折旧，直接生产人员及生产单位管理人员的薪酬以及其他一些货币性支出等。所有这些支出，就构成了企业在产品制造过程中的全部生产费用，而为生产一定种类、一定数量产品而发生的各种生产费用的总和就构成了产品的生产成本。上述产品制造过程中各种生产费用的发生和产品生产成本的形成，是成本会计应反映和监督的主要内容。

在产品的销售过程中，企业为销售产品也会发生各种各样的费用支出，例如，应由企业发生的运输费、装卸费、包装费、保险费、展览费、差旅费、广告费，以及为销售本企业商品而专设销售机构的职工薪酬、业务费用等。所有这些销售本企业产品而发生的费用，构成了企业的销售费用。销售费用也是企业生产经营过程中所发生的一项重要费用，它的支出及归集过程，也应该成为成本会计所要反映和监督的内容。

企业的行政管理部门为组织和管理生产经营活动，也会发生各种各样的费用。例如，企业行政管理人员的薪酬、固定资产折旧、工会经费、业务招待费用等。这些费用统称为管理费用。企业的管理费用，也是企业在生产经营过程中所发生的一项重要费用，其支出及归集过程，也应该成为成本会计所反映和监督的内容。

此外，企业为筹集生产经营所需资金也会发生一些费用。例如，利息净支出、汇兑净损失、金融机构的手续费等。这些费用统称为财务费用。财务费用也是企业生产经营过程中发生的费用，它的支出及归集过程也应该属于成本会计反映和监督的内容。

上述的销售费用、管理费用和财务费用，与产品生产没有直接联系，而是按发生的期间归集，直接计入当期损益的，因此它们构成了企业的期间费用。

综上所述，按照工业企业会计制度的有关规定，可以把工业企业成本会计的对象概括为：工业企业生产经营过程中发生的产品生产成本和期间费用。

商品流通企业、交通运输企业、施工企业、房地产开发企业、农业企业等其他行业的生产经营过程虽然各有其特点，但按照现行企业会计制度的有关规定，从总体上看，它们在生产经营过程中所发生的各种费用，同样是部分形成企业的生产经营业务成本，部分作为期间费用直接计入当期损益。因此，从现行企业会计制度的有关规定出发，可以把成本会计的对象概括为：企业生产经营过程汇总发生的生产经营业务成本和期间费用。

以上按照现行企业会计制度的有关规定，对成本会计的对象进行了概括性的阐述。但成本会计不仅应该按照现行企业会计制度的有关规定为企业正确确定利润和进行成本管理提供可靠的生产经营业务成本和期间费用信息，而且应该从企业内部经营管理的需要出发，提供多方面的成本信息。例如，为了进行短期的生产经营预测和决策，应计算变动成本、固定成本、机会成本和差别成本等；为了加强企业内部的成本控制和考核，应计算可控成本和不可控成本，还有责任成本和质量成本等；为了进一步提高成本信息的决策相关性，还可以计算作业成本，等等。上述按照现行企业会计制度的有关规定所计算的成本（包括生产经营成本和期间费用），可称为财务成本；企业为内部经营管理的需要所计算的成本，可称为管理成本。因此成本会计的对象，总体地说应该包括各行业企业的财务成本和管理成本。

1.4 成本会计工作组织

为了有效发挥成本会计的职能作用，实现成本会计的目标，必须科学地组织成本会计工作。成本会计工作的组织，主要包括建立健全成本会计的组织机构，配备适当的成本会计人员，制定和推行科学合理的成本会计制度。

1.4.1 成本会计组织机构

成本会计组织机构是指组织、领导并从事成本会计工作的职能部门或岗位。总体说来企业应根据本单位生产经营的特点，生产规模的大小和成本管理的要求等具体情况来组织成本会计工作。具体说来，由于成本会计是会计的一个分支，在实际工作中成本会计机构一般设在企业会计机构内部，是企业会计机构的组成部分。一般地，大中型企业应在专设的会计部门（会计处）中单独设置成本会计机构（如成本会计科或成本科），专门从事成本会计工作；在小型企业，可在企业会计机构（会计科）内部设置成本会计组或配备专职的成本会计人员，负责本企业的成本会计工作。另外企业内部有关职能部门和生产车间，也应根据成本管理的要求设置成本会计组或配备专职或兼职的成本会计人员，负责本车间的成本会计工作。

成本会计机构内部，可以按成本会计的职能分工，如将厂部成本会计科分为成本预测决策组、成本计划控制组、成本核算组、成本分析考核组等。也可以按成本会计的对象分工，如分为产品成本组、经营管理费用组和专项成本组。为了科学地组织成本会计工作，企业还应在分工的基础上建立岗位责任制，使每一个成本会计人员都明确自己的职责，每一项成本会计工作都有人负责。

企业内部各级成本会计机构之间的组织分工，有集中核算和分级（散）核算两种基本方式。企业应根据自身规模的大小和管理体制的要求选用。

1. 集中核算方式

集中核算方式，是指成本会计工作中的预测、决策、计划、控制、核算、分析和考核等方面的工作，都集中在厂部成本会计机构来完成。各生产单位和其他有关部门中的成本会计机构或人员只负责登记原始记录和填制原始凭证，并对它们进行初步的审核、整理和汇总，为厂部会计机构进一步工作提供基础资料。这种核算方式的优点是：便于厂部成本会计机构及时掌握整个企业与成本有关的全面信息；便于集中使用计算机进行数据处理，还可以减少成本会计机构的层次和成本会计人员的数量。但这种核算方式不便于直接从事生产经营活动的各单位和职工及时掌握本单位的成本信息，从而不便于成本的及时控制和责任成本核算。

2. 分级核算方式

分级核算方式又称分散核算或非集中核算方式，是指成本会计工作中的计划、控制、核算和分析等工作，由生产单位或其他有关部门的成本会计机构或人员分别进行，成本考核工作由上一级成本会计机构对下一级成本会计机构逐级进行。厂部成本会计机构负责对各下级成本会计机构或人员进行业务上的指导和监督，并对全厂成本进行综合的预测、决策、计划、控制、核算、分析、考核和检查。

与集中核算的优缺点相反，采用分散核算方式有利于开展和加强责任成本核算，有利于调动各车间、各部门及职工群众参与成本管理和降低产品成本的积极性。但是由于许多成本、费用的原始资料都分散在各车间、各部门，厂部成本会计机构不便于了解各车间、各部门的成本费用信息，难以掌握全厂生产经营活动的第一手资料，很难及时、有效地进行监督和控制。同时，也必然增加成本会计人员和工作层次，势必增加管理费用。

无论采用哪种核算方式，厂部成本会计机构应在总会计师的直接领导下负责全厂成本的预测、决策、计划、分析，以及对成本责任者的考核工作。实行分级核算的各车间、部门的成本会计机构或成本核算员，都应在业务上接受厂部成本会计机构的指导和监督，并努力完成本岗位的各项成本会计工作，做好对下一级成本会计机构或成本核算员及员工个人的成本考核工作，分清成本责任，最大限度地调动广大员工参加成本管理的积极性，不断改善经营管理，提高企业经济效益。

1.4.2 成本会计人员

成本会计人员是指在企业成本会计机构配备的成本会计工作人员。成本会计人员应该根据成本会计的要求，搞好成本预测和决策，编制有关成本计划，加强日常成本控制，做好成本的核算、分析和考核工作，参与和制定企业的生产经营决策，提出改进生产经营管理、降低成本、节约费用的建议和措施，当好企业领导者的参谋，及时提供成本信息。

成本会计机构的负责人应该在企业总会计师或财务副总经理的领导下，按照有关财经政策和法规，结合企业本身的实际情况，组织全厂的成本会计工作，执行本企业成本会计制度和核算办法，并督促成本会计人员履行其职责，组织成本会计人员学习专业知识，不断提高成本会计人员的业务水平，定期考核成本会计人员的工作情况，合理选任成本会计人员，以保证企业成本会计机构有一支知识水平高、业务能力强的成本会计队伍。

1.4.3 成本会计制度

成本会计制度是组织和从事成本会计工作必须遵循的规范，是会计法规和制度的重要组成部分，可以分为以下四个层次：

第一，《中华人民共和国会计法》（以下简称《会计法》），是经全国人民代表大会常务委员会通过，由国家主席发布施行的，它是我国会计工作的基本法。《中华人民共和国劳动合同法》（以下简称《劳动法》），是经全国人民代表大会常务委员会第二十八次会议通过，于 2008 年 1 月 1 日开始实施的，它是保障劳动者应享有的劳动权利和得到相应劳动报酬的法律依据。各专业会计，包括成本会计的一切法规、制度，都应按照《会计法》和《劳动法》的要求制定。

第二，《企业会计准则》。它包括基本会计准则和具体会计准则。其中，基本会计准则是依据《中华人民共和国会计法》，经国务院批准，由财政部发布施行的，是企业进行财务会计工作的基本准则。“基本准则”的制定和实施，会使企业的财务、成本、会计工作规范化、标准化，并与国际惯例接轨，提高企业信息披露的透明度和可靠性。财政部在《企业会计准则》的基础上还陆续颁布了一系列具体会计准则，以进一步规范各类经济业务的会计处理程序和方法。其中与成本会计有关的具体准则，也是规范成本会计工作的重要法规。

第三，企业内部会计制度。它是各企业依据《企业会计准则》的要求，结合本企业生产经营的特点自主制定的会计制度。企业成本会计工作是企业整个会计工作的重要组成部分，企业成本会计工作也应符合本企业会计制度的有关规定和要求。

第四，企业的成本会计制度、规程和办法。各企业为了具体规范本企业的成本会计工作，还应根据上述各种法规和制度，结合本企业生产经营的特点和成本管理的要求，具体制定本企业的成本会计制度，以此作为开展本企业成本会计工作的直接依据。

企业的成本会计制度包括对成本预测、决策、计划、控制、核算、分析和考核等作出的规定，通常包括以下几个方面的规定：

（1）关于成本预测、决策的制度。

（2）关于成本定额、成本计划编制的制度。

（3）关于成本控制的制度。

（4）关于成本核算的制度。

① 关于成本开支范围的规定；

② 关于成本会计科目、成本项目的设置；

③ 关于成本计算方法的规定；

④ 关于内部转移价格的制定和结算办法的规定；

⑤ 关于成本报表的规定。

（5）关于成本分析的制度。

（6）关于成本考核的制度。

（7）其他有关成本会计的规定和制度。

制定本企业的成本会计制度是一项工作量大、技术性强的工作，在制定之前应深入实际，进行广泛的调查研究，反复试点，总结经验教训。成本会计制度一经制定，应认真、严格执行，并保持相对的稳定性。只有在企业的生产经营环境和工艺技术条件发生明显变化的情况下，才能进行补充、修改和调整，使之不断完善，适应新的管理要求。

复习思考题

1. 支出、费用与成本的含义？
2. 现代成本会计的职能有哪些？它们之间的关系如何？
3. 什么是企业的成本会计规范？
4. 企业成本会计工作组织包括哪些内容？如何设置企业成本会计机构？

第2章
制造成本核算概述

【学习目标】

1. 掌握生产费用的分类及其与产品成本的关系；
2. 掌握制造业成本核算的要求；
3. 理解正确划分各种费用支出界线的意义；
4. 掌握制造业成本核算的一般流程及应设置的主要账户。

【案例导入】

暑假里，会计专业学生李浩到某水泥厂财务部实习。该水泥厂设有供应部、生产部、销售部以及管理部等职能部门。生产部分为四个车间：原料车间、烧成车间、成品车间、包装车间。车间技术人员介绍，水泥的生产过程中，原材料（石灰石、黏土、耐火材料等）、人工、煤、电、折旧均为主要费用。

思考：1. 该厂的费用要素有哪些?

2. 产品成本项目有哪些?

3. 应如何设计产品成本核算的基本程序?

2.1 费用的分类

费用（Expense）是一项重要的会计要素，也是成本会计核算的主要内容。由于计入产品成本的费用种类繁多、用途各异，为了科学地进行成本管理，便于归集、分配、计算各项费用，正确分析和考核生产费用计划和产品成本计划的执行情况，有必要对这些费用进行合理的分类。

2.1.1 费用按照经济内容分类

费用按照经济内容划分，可分为劳动对象消耗的费用、劳动手段消耗的费用和活劳动中必要劳动消耗（或构成成本的活劳动）的费用。费用按经济内容进行的分类在会计上称为费用要素（或要素费用)，主要有以下各项：

（1）外购材料：指企业为进行产品生产经营而耗用的一切从外部购进的原材料、主要材料、辅助材料、半成品、包装物、修理用备件和低值易耗品等。

（2）外购燃料：指企业为进行产品生产经营而耗用的一切从外部购进的各种燃料，包括固体燃料、液体燃料和气体燃料。

（3）外购动力：指企业为进行产品生产经营而耗用的一切从外部购进的各种动力，包括电力、热力和蒸汽等。

（4）职工薪酬：指企业为获得职工提供的服务而给予各种形式的报酬以及其他相关支出，主要包括工资、奖金、工会经费、职工教育经费、职工福利费、医疗保险费、养老保险费、失业保险费、生育保险费、工伤保险费、住房公积金等。

（5）折旧费及摊销费：折旧费是指企业对各项固定资产按照规定的折旧方法计提的折旧费。摊销费是指对各项无形资产按照规定的摊销方法计算的固定资产摊销。

（6）利息支出：是指企业应计入财务费用的借入款项的利息支出减去利息收入后的净额。

（7）税金：是指计入企业管理费用的各种税金，如房产税、车船税、土地使用税、印花税等。

（8）其他支出：指不属于以上各项要素的费用支出，如邮电费、旅差费、租赁费、外部加工费和保险费等。

按照费用的经济内容进行分类，可以反映企业在一定时期内发生了哪些费用，各要素的比重是多少，借以分析企业各个时期各种要素费用支出的水平。这种费用的划分，能将物化劳动的耗费明显地从劳动耗费中划分出来，进行单独地反映，为企业计算工业净产值和国家计算国民收入提供资料，也可为企业控制流动资金占用及编制材料采购计划提供依据。但仅按此划分不能说明费用的用途，即材料的耗费在哪些方面、人工的耗费在哪些方面等，不便于分析费用支出在产品成本的构成中是否合理。

2.1.2 费用按经济用途的分类

企业在生产经营过程中发生的费用，按其经济用途不同，可以分为产品生产费用和期间费用两大类。

1. 生产费用

生产费用是指企业为生产各种产品所发生的应计入产品成本的各项费用，形成产品生产成本或产品制造成本或产品成本。但生产费用强调的是会计期间，而产品成本则强调对象化于产品，产品成本可能是几个会计期间的生产费用对象化到产品上的部分，而某一时期的生产费用也不一定全部计入该期的产品成本，按权责发生制也可能计入以后各期产品成本。由于生产费用有的直接用于产品生产，有的间接用于产品生产，为了具体反映计入产品成本的生产费用的各种用途、提供产品成本构成情况的资料，还需将其进一步划分为若干个成本项目。成本项目是指生产费用按其经济用途分类核算的项目。工业企业的产品成本项目通常有以下几项：

（1）直接材料。是指直接用于产品生产，构成产品实体的原材料、主要材料、辅助材料、备品备件、外购半成品、包装物、低值易耗品以及其他直接材料。另外，如有自制半成品，也可单独设置项目。

（2）直接燃料和动力。是指直接用于产品生产的燃料和动力。

（3）直接人工。是指直接从事产品生产人员的职工薪酬。

（4）制造费用。是指在生产单位为组织和管理生产所发生的各项间接费用，或者是生产中发生的不便于直接计入产品成本的费用。包括各生产单位管理人员（如车间主任等）工资和福利费、生产单位折旧费、机物料消耗、办公费、水电费、保险费等。

我们习惯上将直接用于产品生产的费用项目称为直接费用，如直接材料、直接人工、直接燃料及动力等。而将在生产单位发生的非直接性的生产费用称为间接费用，即制造费用。

另外，企业可根据生产特点和管理要求对上述成本项目做适当调整。例如，如果企业耗用的燃料和动力在产品成本中所占比重较小，根据重要性原则，也可不单独开设“直接燃料及动力”成本项目，而是将其并入“直接材料”成本项目。企业在生产过程中可能发生废品或停工，倘若废品损失或停工损失在产品成本中所占比重较大，需要单独核算和管理，可以增设“废品损失”或“停工损失”等成本项目。但在确定或调整成本项目时，应注意考虑：费用在管理上有无单列的必要；费用在产品成本中所占比重的大小；为某种费用专设成本项目所增加的核算工作量的大小。

2. 期间费用

工业企业的期间费用按照经济用途可以分为管理费用、销售费用和财务费用。

（1）管理费用。管理费用是指企业为组织和管理生产经营所发生的各项费用，包括企业的董事会和行政管理部门在企业的经营管理中发生的或者应由企业统一负担的公司经费（行政管理部门职工薪酬费用、修理费、机物料消耗、低值易耗品摊销、办公费、差旅费等）、工会经费、社会保险费、劳动保险费、董事会费（董事会成员津贴、会议费和差旅费等）、聘请中介机构费、咨询费（含顾问费）、业务招待费、诉讼费、无形资产摊销、职工教育经费、研究与开发费、排污费、存货盘亏或盘盈（不包括应计入营业外支出的存货损失）等。

（2）销售费用。销售费用是指企业在产品销售过程中发生的费用，以及为销售本企业产品而专设的销售机构的各项经费。包括运输费、装卸费、包装费、保险费、广告费、展览费，以及为销售本企业商品而专设的销售机构（含销售网点、售后服务网点等）的职工薪酬费用、类似职工薪酬性质的费用、业务费等销售费用。

（3）财务费用。财务费用是指企业为筹集生产经营所需资金而发生的各项费用，包括利息支出（减利息收入）、汇兑损失（减汇兑收益）以及相关的手续费等。

以上两种分类是费用的基本分类，这两种分类方法具有密切的联系：要素费用的发生过程也是产品成本的形成过程。要素费用是构成产品成本的基础。

【例2－1】某企业2014年11月按费用要素和按成本项目归集的费用，如表2－1所示。

表 2－1　　　　　　　　　　**按费用要素、成本项目归集的费用表**　　　　　　　　　　单位：元

<table>
<tr><th colspan="2">按费用要素归集的费用</th><th colspan="2">用　途</th><th colspan="2">按成本项目归集的费用</th></tr>
<tr><td rowspan="3">外购材料</td><td rowspan="3">240 000</td><td>产品用</td><td>180 000</td><td rowspan="3">直接材料
制造费用</td><td rowspan="3">180 000
35 000</td></tr>
<tr><td>车间一般消耗</td><td>35 000</td></tr>
<tr><td>厂部管理部门用</td><td>25 000</td></tr>
<tr><td rowspan="2">外购燃料</td><td rowspan="2">12 000</td><td>产品用</td><td>10 800</td><td>燃料及动力</td><td>10 800</td></tr>
<tr><td>车间一般取暖</td><td>1 200</td><td>制造费用</td><td>1 200</td></tr>
<tr><td rowspan="3">外购动力</td><td rowspan="3">18 000</td><td>产品用</td><td>14 000</td><td rowspan="3">燃料及动力
制造费用</td><td rowspan="3">14 000
2 500</td></tr>
<tr><td>车间一般用</td><td>2 500</td></tr>
<tr><td>厂部管理部门用</td><td>1 500</td></tr>
<tr><td rowspan="4">职工薪酬</td><td rowspan="4">159 000</td><td>生产工人薪酬</td><td>90 000</td><td rowspan="4">直接人工
制造费用</td><td rowspan="4">90 000
34 000</td></tr>
<tr><td>车间管理人员薪酬</td><td>34 000</td></tr>
<tr><td>厂部管理人员薪酬</td><td>24 000</td></tr>
<tr><td>专设销售机构人员薪酬</td><td>11 000</td></tr>
<tr><td rowspan="2">折旧费</td><td rowspan="2">7 000</td><td>车间固定资产</td><td>5 000</td><td rowspan="2">制造费用</td><td rowspan="2">5 000</td></tr>
<tr><td>厂部管理部门</td><td>2 000</td></tr>
<tr><td>摊销费</td><td>3 500</td><td>企业无形资产的摊销费</td><td>3 500</td><td></td><td></td></tr>
<tr><td>利息支出</td><td>2 000</td><td>企业借款利息</td><td>2 000</td><td></td><td></td></tr>
<tr><td rowspan="2">其他</td><td rowspan="2">3 500</td><td>车间</td><td>2 000</td><td rowspan="2">制造费用</td><td rowspan="2">2 000</td></tr>
<tr><td>厂部管理部门</td><td>1 500</td></tr>
<tr><td>合　计</td><td>445 000</td><td colspan="2"></td><td>合计</td><td>374 500</td></tr>
</table>

从表 2－1 的计算结果可以看出，按费用要素归集的费用为 445 000 元，按成本项目归集的费用为 374 500 元，两者相差 70 500 元。这是因为，计入管理费用的要素费用有 57 500 元（25 000＋1 500＋24 000＋2 000＋3 500＋1 500），计入销售费用的要素费用有 11 000 元，计入财务费用的要素费用有 2 000 元。而计入产品成本的要素费用为 347 500 元，分别由直接材料 180 000 元、直接燃料和动力 24 800 元、直接人工 90 000 元和制造费用 79 700 元构成。

2.1.3　生产费用的其他分类

1. 按照计入产品成本的方法分类，生产费用可以分为直接计入费用和间接计入费用

（1）直接计入费用：指生产某种产品而发生的，可以根据原始凭证直接计入某种产品成本的费用。如生产某种产品直接耗用的原料及主要材料以及生产工人的计件工资等。

（2）间接计入费用：指生产几种产品共同发生的、不能根据原始凭证直接计入某种产品成本，需要采用适当的分配方法在这些产品之间进行分配的费用。如同时生产几种产品的生产工人的计时工资和制造费用等。

直接计入费用一般是直接计入产品成本，而间接计入费用则是分配计入产品成本。但是对于某些零星的可以直接计入产品成本的生产费用，如辅助材料或机物料消耗，尽管归属明确，也未必能将其直接计入产品成本。习惯的做法是先将其归入“制造费用”，然后随“制造费用”一起分配转入产品成本，这样做可以简化成本核算工作，又不失会计信息的真实性。

【同步链接 2－1】

值得注意的是，不可将直接费用与直接计入费用混为一谈。产品成本中的直接材料、直接人工都是直接费用，但不一定都是直接计入某种产品成本，有些也是分配计入的。同理，也不可将间接费用与间接计入费用混为一谈，间接费用可以是间接计入费用，也可以不是间接计入费用。如产品成本中的制造费用是间接费用，通常也是间接计入费用，但当企业只生产一种产品时，又可直接计入该种产品成本。

这种分类的目的是为了合理地选择费用的分配方法，正确计算产品成本。

2. 按照与产品产量的关系分类，生产费用可以分为变动费用与固定费用

（1）变动费用：指当产品产量变化时，其费用总额随产品产量成比例增减变动的费用。如原材料、燃料和动力、生产工人的计件工资等。所谓“变动”，是指费用总额随产量变化而成比例变化，就单位产品所负担的变动费用来说，则不随产量的增减而变动。

（2）固定费用：指当产品产量变化时，其费用总额相对固定的费用。如生产车间固定资产的折旧费、管理人员的工资等。所谓“固定”，是指在一定时期和一定产量范围内，会计上称为“相关范围”内，其费用总额不变，不是指单位产品中应负担的该项费用的数额不变。事实上，随着产量的增加，单位产品应负担的固定费用数额将随之减少。

这种分类，有利于进行成本预测和决策分析，寻求降低成本的途径。降低固定费用，应从提高产品产量和减少费用的绝对额着手；降低变动费用，应从降低单位产品的消耗着手。

3. 按照与生产工艺的关系分类，生产费用可以分为基本费用和一般费用

（1）基本费用：指由于生产工艺本身所引起的费用，如生产工艺过程耗用的原材料、燃料及动力、生产工人工资及福利费、机器设备折旧费等；

（2）一般费用：指生产工艺过程之外，由于管理和组织生产所发生的各项费用，如车间管理人员工资、办公费等。

将产品生产费用划分为基本费用与一般费用有助于考核和分析企业经营管理水平。一般来说，管理水平越高，产品成本中一般费用的比重越低。

2.2 成本核算对象

2.2.1 成本核算对象的概念及特点

成本会计的一个中心内容是计算产品成本，为对内成本管理决策和对外形成财务报告服务。成本核算是在汇集一定时期发生的费用的基础上，运用一定的计算程序和方法，将费用按照确定的成本核算对象进行归集和分配，最终计算出各个成本核算对象的总成本和单位成本的一种方法。

成本核算对象是确定归集和分配生产费用的具体对象，即生产费用承担的客体，如产品、服务、客户、部门、项目或作业，等等。例如，如果我们想知道生产一双鞋子得花多少钱，那么，成本对象是鞋子；如果我们想知道餐馆里某道成品菜的成本，那么，成本对象是该道成品菜；如果我们想知道银行里每次顾客取款业务的成本，那么，成本对象就是取款业务（作业）。因此，成本核算对象是为了计算经营业务成本而确定的归集经营费用的各个对象，也是成本的承担者。成本对象可以是一种产品、一项服务、一位顾客、一张订单、一纸合同、一个作业或是一个部门。

成本会计的主要目的在于计量各项成本，并将之分配到每个实体即成本对象。因此，确认及选择成本对象是成本会计工作的基础。

2.2.2 成本核算对象的确定

产品成本是在生产过程中形成的，因此生产的特点在很大程度上影响着成本核算对象的确定；另外，成本核算是为成本管理提供资料的，提供哪些资料，必须考虑成本管理的要求。当然，成本管理的要求也脱离不了企业生产的特点。以上两个方面的关系说明，企业成本核算对象的选择，必须从具体情况出发，同时考虑企业生产的特点和成本管理的要求。生产特点与成本管理要求组合不同，其成本核算对象也不同。

1. 生产特点

（1）按生产工艺的特点分类。工业企业的生产，按其生产工艺过程的特点，可以分为单步骤生产和多步骤生产两种类型。

① 单步骤生产，又称简单生产，是指生产工艺过程不能间断，不可能或不需要划分为几个生产步骤的生产，如发电、采掘等工业生产。这类生产由于技术上的不可间断（如发电），或由于工作地点的限制（如采煤），通常只能由一个企业整体进行，而不能由几个企业协作进行。

② 多步骤生产，又称复杂生产，是指生产工艺过程由若干个可以间断的、分散在不同地点、分别在不同时间进行的生产步骤所组成的生产，如纺织、钢铁、机械、造纸、服装等工业生产。

多步骤生产按其产品的加工方式又可分为连续式多步骤生产和装配式多步骤生产。连续式多步骤生产是指原材料投入生产后，要依次经过若干个生产步骤的连续加工，才能成为产品的生产，如纺织、钢铁等工业生产。装配式多步骤生产是指先将原材料分别在各个加工车间平行加工为零件、部件，然后再将零件、部件装配成产品的生产，如机械、车辆、仪表制造等工业生产。

（2）按生产组织的特点分类。工业企业的生产，按其生产组织的特点，可以分为大量生产、成批生产和单件生产。

① 大量生产，是指不断地重复生产相同产品的生产。在进行这种生产的企业或车间中，产品的品种较少，而且比较稳定，如采掘、纺织、面粉、化肥的生产。

② 成批生产，是指按照事先规定的产品批别和数量进行的生产。在进行这种生产的企业和车间中，产品种类繁多，而且具有一定的重复性，如服装、机械的生产。成批生产按照产品批量的大小，又可以分为大批生产和小批生产。大批生产，就是生产产品批量大，往往在几个月内不断地重复生产一种或几种产品，因而其性质近似于大量生产；小批生产，就是生产产品的批量小，一批产品一般可以同时完工，因而其性质类似于单件生产。

③ 单件生产类似于小批生产，是根据订货单位的要求，进行个别的、特殊产品的生产，如重量机械制造和船舶制造等。在进行这种生产的企业或车间中，产品的品种多而且很少重复。

单步骤生产和连续加工式的多步骤生产的生产组织多为大量生产。装配式的多步骤生产的生产组织，则有大量生产、成批生产和单件生产。

2. 生产特点和成本管理要求对成本核算对象的影响

生产特点不同，对成本进行管理的要求也不一样，其成本核算对象也因此而不同。

从产品生产工艺过程看，单步骤生产的工艺过程不能间断，因而不可能也不需要按照生产步骤计算产品成本，只能按照产品的品种计算成本。而在多步骤生产中，为了加强各个生产步骤会有很多成本管理，往往不仅要求按照产品的品种或批别计算成本，而且要求按照产品的生产步骤计算成本。但是如果企业的规模较小，管理上不要求按照生产步骤考核生产费用、计算产品成本，也可以不按照生产步骤计算成本，而只按照产品品种或批别计算成本。

从产品生产组织特点来看，在大量生产的情况下，企业连续不断地重复生产一种或若干种产品，因而管理上只要求（而且也只能）按照产品的品种计算成本。在大批生产的情况下，由于生产产品的批量大，往往在几个月内不断重复生产一种或若干种产品，因而往往也同大量生产一样，只要求按照产品品种计算成本。此外，在大批生产的情况下，产品的品种一般比较稳定，为了经济合理地组织生产，对于耗用量较少的零部件往往集中加以生产，以供几批产品耗用；对于耗用量较多的零部件，也可以另行分批生产。在这种情况下，零部件生产的批别与产品生产的批别往往是不一致的，因而也就不能按照产品的批别计算成本，而只能按照产品的品种计算成本。在小批、单件生产的情况下，由于其生产的产品批量小，一批产品一般可以同时完工，因而有可能按照产品的批别或件别，归集生产费用，计算产品成本。从管理要求看，为了分析和考核各批产品的成本水平，也要求按照产品批别或件别计算成本。

综上所述，在产品成本核算工作中有三种不同的成本核算对象。

（1）以产品品种为成本核算对象；

（2）以产品批别为成本核算对象；

（3）以产品生产步骤为成本核算对象。

成本核算对象的确定，是设置产品成本明细账、归集生产费用、计算产品成本的前提，是构成产品成本计算方法的主要标志，因而也是区别各种成本核算基本方法的主要标志。

2.2.3 产品成本核算的基本方法和辅助方法

1. 产品成本核算的基本方法

为了适应不同类型生产特点和成本管理的要求，在产品成本核算工作中有三种不同的成本核算对象：产品品种、产品批别和产品的生产步骤。因而以成本核算对象为主要标志（或以其命名）的产品成本核算的基本方法也有三种。

（1）以产品品种为成本核算对象的产品成本核算方法，称为品种法。适用于单步骤的大量生产，如发电、采掘等；也可用于不需要分步骤计算成本的多步骤的大量、大批生产，如小型造纸厂、水泥厂等。

（2）以产品批别为成本核算对象的产品成本核算方法，称为分批法。适用于单件、小批的单步骤生产或管理上不要求分步骤计算成本的多步骤生产，如修理作业、专用工具模具制造、重型机械制造、船舶制造等。

（3）以产品生产步骤为成本核算对象的产品成本核算方法，称为分步法。适用于大量、大批多步骤且管理上要求分步骤计算成本的生产，如纺织、冶金、机械制造等。

这三种方法，之所以称为产品成本核算的基本方法，是因为这三种方法与不同生产类型的特点有着直接联系，而且涉及成本核算对象的确定，因而是计算产品实际成本必不可少的方法。概括所有工业企业，不论哪一种生产类型，进行成本核算所采用的基本方法，不外乎这三种。

2. 产品成本核算的辅助方法

实际工作中，在上述成本核算的基本方法基础上，还有几种成本核算的辅助方法，即分类法、定额法、标准成本法和作业成本法。在产品品种、规格繁多的工业企业中，如皮鞋厂、搪瓷制品厂等，为了简化成本核算工作，一般采用分类法；在定额管理基础较好的工业企业中，为了配合和加强定额管理，或者为了实行成本的标准化管理，加强成本控制，一般采用定额法或标准成本法；作业成本法则是为了提高产品成本核算的正确性，将制造费用按作业进行归集和分配的成本核算方法，它是对传统成本核算方法的创新。这些方法与生产类型的特点没有直接联系，不涉及成本核算对象，从计算产品实际成本的角度来看，它们不是必不可少的，产品成本核算的辅助方法必须与产品成本核算的基本方法结合起来使用，不能单独使用。

需要指出的是，产品成本核算的基本方法和辅助方法的划分，是从计算产品实际成本角度考虑的，并不是因为辅助方法不重要；相反，有的辅助方法，如定额法，对于控制生产费用，降低产品成本具有重要作用。

在工业企业中，确定不同的成本核算对象，采用不同的成本核算方法，主要是为了适应企业的生产特点和成本管理要求，正确提供成本核算资料以加强成本管理。但是，不论什么类型的企业，不论采用什么成本核算方法，最终都必须按照产品品种算出产品成本。因此，按照产品品种计算成本，是产品成本核算的最起码的要求，也就是说品种法是上述基本方法中最基本的成本核算方法。

2.3 成本核算的基本要求

2.3.1 严格执行国家规定的成本开支范围和费用开支标准

成本开支范围是根据企业在生产过程中的生产费用的不同性质，根据成本的内容以及加强经济核算的要求，由国家统一规定的成本列支范围。企业在进行成本核算时，首先要根据国家的有关法规和制度，以及企业的成本计划和相应的消耗定额，对企业发生的各项费用进行审核，看应不应该开支，可以开支的，再看是否应该计入产品成本。费用开支标准是指国家对某些费用的开支数额、比例所做的具体规定。例如，业务招待费在一定限额内可以据实列支。成本开支范围和费用开支标准是国家的一项重要财经纪律，每个企业都必须严格执行，这样才能保证成本核算资料的真实性和合法性。

2.3.2 划清各种费用的界限

企业的经济活动是多方面的，费用的用途也是多种多样的。为了正确地计算产品成本和归集期间费用，就必须划清以下五个方面的费用界限。

（1）划清生产经营性支出和非生产经营性支出的界限。企业的支出按照与生产经营活动的关系分类，可以分为生产经营性支出和非生产经营性支出。生产经营性支出是指与企业正常生产经营活动有关的支出，包括收益性支出和部分资本性支出（如购建固定资产、无形资产的支出）。收益性支出在支出时直接表现为费用，而购建固定资产和无形资产的支出，则随着企业生产经营活动的不断进行，资产的投入使用分期地转化为费用。以上支出表现或转化的费用，又称生产经营费用。非生产经营性支出是指与企业生产经营活动无直接关系的各项支出，包括营业外支出、偿债性支出和部分资本性支出（如对外投资支出）。非生产经营支出无论当时还是以后都不能作为费用处理。

企业既不能乱挤生产经营费用，将不属于生产经营的费用计入生产经营费用，也不应少计生产经营费用。乱挤和少计生产经营费用，都会使成本费用不实，不利于企业成本管理。乱挤生产经营费用，还会减少企业利润和国家财政收入；少计生产经营费用，则会虚增企业利润，超额分配，使企业的生产经营耗费得不到应有的补偿，影响企业再生产的顺利进行。因此每一个企业都应正确划分生产经营性支出和非生产经营性支出的界限，进而划清生产经营费用与非生产经营费用的界限，遵守国家关于成本、费用开支范围的规定，防止乱挤和少计生产经营费用的错误做法。

（2）划清各期的生产经营费用界限。《企业会计准则——基本准则》第9条规定，企业应当以权责发生制为基础进行会计确认、计量和报告。企业在生产经营过程中发生的费用，有的应当计入计入当期的成本费用，有的应计入以后各期或以前各期的成本费用。为了按期分析和考核成本，正确计算各期损益，企业必须按照权责发生制，正确划分各期的费用界限。这就要求企业必须正确地进行待摊费用和预提费用的核算。对于本期发生的生产费用，应在本期内入账，不得延至下期入账，企业不应未到期末就提前结账，变相地将本期生产费用的一部分作下期生产费用处理；对于本期已支付，但应由本期和以后各期共同负担的费用，应作为待摊费用进行核算；对于本期虽未支付但应由本期负担的费用，应作为预提费用进行核算。对于数额较小的应该待摊或预提的费用，按照重要性原则，可不作为待摊、预提费用处理，而在发生将其全部计入支付期的成本费用。只有划分各期生产经营费用界限，才能保证成本计算的正确性，防止利用待摊和预提的方法人为调节各期成本、损益的错误行为。

（3）划清产品生产成本与期间费用的界限。工业企业用于生产经营方面的全部费用，有一些与产品生产有直接联系，如产品生产直接消耗的材料费用以及生产单位为管理和组织生产所发生的制造费用，直接形成了产品的生产成本；其中本期销售出去的部分，才能转化为当期损益。另外一些费用，如管理费用、销售费用和财务费用等期间成本，因与会计期间直接相关，而与产品生产无直接联系，要直接计入当期损益。

企业必须划清生产成本和期间费用的界限，防止出现将期间费用作为产品生产成本；或将产品生产成本计入期间费用进而转入当期损益，借以人为调节各期的产品成本和利润的现象。

（4）划清各种产品的费用界限。成本核算的目的是计算各种产品的总成本和单位成本，企业生产两种或两种以上的产品时，就要划清各种产品的费用界限。首先，对于为某种产品生产单独发生属于该种产品成本负担的直接费用，应直接计入该种产品成本；对于为几种产品生产共同发生属于几种产品成本共同负担的间接费用，应采用合理的分配标准分配计入这几种产品成本。其次，应注意划清可比产品与不可比产品的费用界限，不得将应计入可比产品的费用转作不可比产品成本，以保证成本考核和成本分析工作的顺利进行。最后，还应划清盈利产品与亏损产品之间的费用界限，不得将应列入亏损产品的费用列入盈利产品成本中，防止在盈、亏产品之间任意增减生产费用，达到以盈补亏，弄虚作假的目的。

（5）划清完工产品与在产品的费用界限。产品生产周期与会计核算期间经常不一致，各会计期期末往往会有尚未完工的在产品存在。这样，在每期（主要为每月）期末，就应将各种产品成本负担的本期生产费用在完工产品与在产品之间进行分配，划清两者之间的费用界限。当然，如果期末某种产品已经全部完工而没有在产品，那么这种产品所负担的全部生产费用之和，就是这种产品的完工产品成本；如果某种产品月末尚未完工，这种产品的各项费用之和，就是这种产品的月末在产品成本。

企业通过划清完工产品与在产品的费用界限，防止任意提高或降低期末在产品费用从而人为调节完工产品成本水平。

2.3.3 正确确定财产物资的计价和价值结转的方法

产品成本是对象化了的生产费用，是生产经营活动过程中物化劳动和活劳动的货币表现。其中物化劳动绝大部分是生产资料，它们的价值随着生产过程的进行而转移到产品成本中去，因此财产物资的计价和价值结转的方法也是影响产品成本正确性的重要因素。企业财产物资计价和价值结转方法主要包括固定资产原价的计算方法、折旧的计提方法、折旧率的选择，固定资产与低值易耗品的划分标准；材料成本的组成内容、材料按实际成本核算时发出材料成本的计算方法、材料按计划成本核算时材料成本差异率的种类（个别差异率、分类差异率还是综合差异率，本月差异率还是上月差异率）；低值易耗品和包装物价值的摊销方法等。为了正确计算产品成本，对于财产物资的计价和价值结转的方法应做到既合理又简便。企业的各项财产物资应当按取得时的实际成本计价，价值结转方法一经确定，要保持相对稳定，不得任意改变，以保持成本信息在时间上的可比性，应防止任意改变计价和价值结转方法，借以人为调节产品成本的错误做法。

2.3.4 做好成本核算的基础工作

（1）建立健全原始记录制度。原始记录是指按照规定的格式，对企业生产经营活动中的具体事实所做的最初的记载，它是反映企业活动情况的第一手材料，是提供计算数据的主要方式，也是产品成本核算资料的“发源地”。鉴于此，企业应建立健全原始记录制度。

【同步链接2-2】

企业应建立和健全的原始记录主要有：(1) 原材料的验收入库、领用、退库、盘盈、盘亏等记录；(2) 动力消耗、维修费用及其他费用记录；(3) 岗位分配、工时耗费即工资等记录；(4) 设备运转、事故报废等记录；(5) 在产品及半成品的内部转移、交库、废品损失等记录；(6) 产品质量检验记录。

(2) 建立健全计量验收制度。原始记录中的各项数据主要是从数量上反映企业生产经营活动中各项财产物资的变动情况。而计量工作是确定这些变动数量的重要手段。没有准确的计量，便不能提供准确的数量，进而使成本数据失去真实性。因此，企业财产物资的收发、领退，在产品、半成品的内部转移和产成品的入库时，必须经过一定的审批手续，认真计量、验收或交接，并填制相应的凭证，以防任意领发和转移。

要做好计量验收工作，首先要提高对这项工作的认识，根据不同计量对象，配置必要的计量器具。其次，要设专职的质检机构。再次，应建立计量仪器和器具的管理与定期校验制度，确保计量仪器始终处于良好状态。另外，为保证计量的准确性，企业对库存的材料、半成品和产成品，以及车间的在产品和半成品，应按照规定进行盘点、清查，防止丢失、积压、损坏，提高其使用效率。

(3) 建立健全定额管理制度。定额是指企业对生产经营活动过程中消耗的人力、物力和财力所规定应遵守和达到的数量标准。定额管理制度是指以定额为依据，安排生产计划、组织生产和控制消耗的一种科学管理制度。企业制定的各项定额，既要先进合理、又要切实可行。定额既是编制成本计划的依据，又是审核和控制生产费用的标准，同时，在产品成本核算中，也需要按照产品定额消耗量或定额费用的比例进行费用的分配。因此，定额就成为衡量企业工作数量和质量的客观尺度。凡是能够制定定额的各种消耗，都应制定定额。涉及产品成本的定额主要有产量定额、材料消耗定额、动力消耗定额、设备利用定额、工具消耗定额、劳动定额和各种管理费用定额等。

制定定额的方法通常有经验估计法、统计分析法和技术分析法等。经验估计法是指由定额管理人员、技术人员和生产工人根据过去的经验，并参考有关技术文件和资料制定定额的方法。统计分析法是指根据统计调查资料，在分析比较的基础上，制定定额的方法。技术分析法是指通过技术测定和技术计算并充分考虑生产的实践经验，以及可能采用的技术组织措施制定定额的方法。上述几种方法，企业应根据具体情况选用。定额既要保持相对的稳定，又要随着生产的发展、技术的进步和劳动生产率的提高适时地予以修订，保持定额的先进性与合理性，以充分发挥定额管理的作用。

(4) 建立健全费用审批制度。费用的发生直接导致成本的形成，要想降低成本，必须控制费用。鉴于此，成本核算就不能仅仅满足于事后的计算和记录，还应当强调在费用发生之前和发生过程中对其加强审核与控制，建立健全费用审批制度。为了使费用控制有章可循，企业必须事先制定各项经常性费用的开支标准，规定对各项费用的审批权限，设计费用报批和报销的程序，并使之制度化。通过有关规定，明确各级、各部门负责人有权审核何种性质费用及其额度，并形成多层次的分级审核程序，分别把关与逐级把关相结合，严格控制费用的发生，杜绝虚假费用，限制随意费用。明确了费用审批权限并形成制度后，也便于通过费用分析发现问题，追究相应责任，达到有效控制成本的目的。

（5）建立健全内部价格制度。在计划管理基础较好的企业，为了分清企业内部各单位的经济责任，便于分析和考核内部各单位成本计划的执行情况，对各单位之间相互提供产品、材料和劳务等，可采用内部价格进行相互结算或转账，形成内部价格制度。企业内部价格，也称内部结算价格或内部转移价格，它是企业内部各单位之间相互提供服务的计价标准，是内部结算和考核的依据。

企业内部价格制定的方式通常有三种：其一，以生产单位的计划成本作为内部价格；其二，以生产单位的计划成本加上一定的内部利润作为内部价格；其三，以供需双方临时协商的价格作为内部价格。无论采用哪种方式确定的内部价格都应尽可能接近实际并相对稳定（通常一年内不作变更）。另外，对于材料的领用、半成品的转移以及各单位间劳务的提供，都应先按计划价格结算，月末再采用一定的方法确定价格差异，并据以调整计算产品的实际成本。

5. 适应生产特点和管理要求，采用适当的成本计算方法。企业生产特点和组织方式不同，导致不同企业的成本核算对象有所区别。而不同的成本管理要求，其成本计算对象也会不一样。成本会计人员一定要熟悉本企业的生产、组织特点，并结合成本管理的要求，据此确定本企业的成本计算对象，选择不同的成本计算方法。

2.4 成本核算的账户设置和一般程序

2.4.1 成本核算账户的设置

为了将生产过程中发生的费用计入各成本核算对象，计算出各成本核算对象的制造成本，需要建立一个完整的账户体系。在产品制造企业，这个账户体系包括产品成本核算账户和期间费用账户。

1. 产品成本核算的主要账户

为了对生产费用进行正确归集和分配，应设置“生产成本”、“制造费用”的相关总账和明细账户。

（1）“生产成本”账户。“生产成本”账户核算企业进行工业性生产，包括生产各种产品（包括产成品、自制半成品、提供劳务等）、自制材料、自制工具、自制设备等所发生的各项生产费用。本账户下设“基本生产成本”和“辅助生产成本”两个二级账户。

①“生产成本——基本生产成本”账户。该账户核算企业基本生产车间为完成企业主要生产任务而进行产品生产时所发生的各项生产费用。该账户借方登记为生产产品而发生的直接材料、直接人工等直接费用和月末从“制造费用”账户转来的间接费用，贷方登记已经生产完工并已验收入库的产成品及自制半成品的成本，月末借方余额，表示尚未加工完成的各项在产品的成本。该账户应按基本生产车间的产品品种等成本核算对象设置明细账。

②“生产成本——辅助生产成本”账户。该账户核算企业辅助生产车间在为基本生产服务而进行的产品生产和劳务供应时所发生的各项生产费用。该账户借方登记进行辅助生产所发生的各项费用，贷方登记完工入库的产品成本或月末结转的劳务费用，月末借方余额，就

是辅助生产的在产品成本。该账户应按辅助生产车间及其生产的产品、提供的劳务设置明细账。

为了减少二级账户，简化会计分录，也可将“生产成本”总账账户分为“基本生产成本”和“辅助生产成本”两个总账账户。

“生产成本”总分类账户提供了产品生产费用的总括核算资料，为了按用途反映产品生产费用发生的详细情况，并计算各种产品、各批产品或各步骤产品的成本，还必须按产品的品种、批别和生产步骤设置生产成本明细账。账内按成本项目设专栏来登记和归集生产费用，以计算产品总成本和单位成本。产品成本明细分类账，通常又称为产品成本计算单，应根据有关原始凭证和各种费用分配表进行登记，将应由本期各该产品生产负担的全部生产费用记入各自的产品成本明细账中；各该产品负担的这部分本月生产费用，加上期初在产品费用，减去期末在产品费用，即可计算确定各该产品本期完工产品的成本。产品成本明细账即产品成本计算单的基本格式如表 2－2 所示。

表 2－2　　　　产品成本明细账

产品名称：A 产品　　　　（产品成本计算单）

年		摘　要	成本项目				合　计
月	日		直接材料	直接人工	直接燃料及动力	制造费用	
		月初在产品费用					
		本月生产费用					
		生产费用合计					
		转出完工产品成本					
		月末在产品费用					

（2）“制造费用”账户。“制造费用”账户核算企业生产车间或分厂在生产产品和提供劳务时所发生的各项间接费用。包括车间和分厂管理人员的职工薪酬、车间固定资产的折旧费、修理费、办公费、水电费、机物料消耗、劳动保护费、季节性和修理期间的停工损失等。该账户的借方登记各生产单位发生的制造费用，贷方登记按企业成本核算办法的规定分配转入有关成本核算对象的费用。结转之后，除季节性生产的企业外，“制造费用”账户一般无余额。该账户应按不同的车间、部门等生产单位设置明细账，账内按费用项目设专栏组织核算。

2. 期间费用账户

为了进行成本费用的总分类核算，企业除了要设置“生产成本”和“制造费用”这两个成本核算的主要账户外，还应设置“管理费用”、“销售费用”、“财务费用”等账户。

（1）“管理费用”账户。“管理费用”账户核算企业行政管理部门为组织和管理生产经营活动而发生的各项费用。该账户的借方归集企业发生的各项管理费用；贷方登记期末转入“本年利润”账户的各项管理费用；期末结转后该账户应无余额。

“管理费用”账户的明细分类账，一般按费用项目设专栏进行明细登记。

（2）“销售费用”账户。“销售费用”账户核算企业在产品销售过程中发生的各项费用以及为销售本企业产品而专设的销售机构的各项经费。该账户的借方归集发生的各项产品销售费用；贷方登记期末转入“本年利润”账户的产品销售费用；期末结转后该账户应无余额。

“销售费用”账户的明细分类账，一般按费用项目设专栏进行明细登记。

（3）“财务费用”账户。“财务费用”账户核算企业为筹集生产经营所需资金而发生的各项筹资费用。该账户的借方归集发生的各项财务费用；贷方登记期末转入“本年利润”账户的各项财务费用；期末结转后该账户应无余额。

“财务费用”账户的明细分类账，一般按费用项目设专栏进行明细登记。

3. 生产损失账户

在单独核算废品损失和停工损失的企业，还应增设“废品损失”和“停工损失”账户。

2.4.2 成本核算的一般程序

成本核算程序（Cost Accounting Procedure）是指从生产费用发生开始，到算出完工产品总成本和单位成本为止的整个成本核算的步骤。制造企业的成本核算程序可以大致归纳为以下三个步骤：

1. 生产经营费用的审核和控制

对发生的各项生产费用支出，应根据国家、上级主管部门和本企业的有关制度、规定进行严格审核，以便对不符合制度和规定的费用，以及各种浪费、损失等加以制止或追究经济责任。同时，通过对生产经营费用的审核，也能区分其中生产费用和期间费用的界限，为正确计算产品成本做好准备。

2. 生产费用在各个成本核算对象之间进行分配和归集

成本核算对象是企业生产费用的承担者。生产费用发生后，应该确定由哪些成本核算对象负担，以及如何分配的问题。生产费用在各个成本核算对象之间进行分配和归集，实际上就是正确划分各种产品成本的界限。具体来说，又分以下几个方面：

（1）确定成本核算对象和成本项目，开设产品成本明细账。企业的生产类型不同，对成本管理的要求不同，成本核算对象和成本项目也就有所不同，应根据企业生产类型的特点和对成本管理的要求，确定成本核算对象和成本项目，并根据确定的成本核算对象开设产品成本明细账。

（2）进行要素费用的归集与分配。对发生的各项要素费用进行汇总，编制各种要素费用分配表，按其用途分配计入有关的成本明细账。对生产过程中发生的产品直接性生产费用，如产品生产的直接材料、直接人工等，应直接计入或分配计入“生产成本——基本生产成本”账户及其所属的产品成本明细账；对于生产单位发生的其他综合费用，则应按其发生的地点或用途进行归集分配，分别记入“制造费用”、“生产成本——辅助生产成本”和“废品损失”等综合费用账户。

（3）进行综合费用的归集与分配。对记入“制造费用”、“生产成本——辅助生产成本”和“废品损失”等账户的综合费用，月终采用一定的分配方法进行分配，并记入“生产成本——基本生产成本”以及有关的产品成本明细账。

经过费用的审核和控制，以及生产费用在各成本核算对象之间的分配这两个步骤，确定了本期所发生的应计入各成本核算对象的生产费用。如果没有期末在产品，则各成本核算对象所归集的生产费用就是本期完工产品成本；如果本期没有完工产品，则各成本核算对象所归集的生产费用就是期末在产品成本；如果既有本期完工产品，又有期末在产品，则还要进行下面的第三步骤。

3. 生产费用在完工产品和期末在产品之间的分配

通过要素费用和综合费用的归集与分配，所发生的各项生产费用均已归集在“生产成本——基本生产成本”账户及有关的产品本明细账中。在产品部分完工的情况下，就需将产品成本明细账所归集的生产费用按一定的方法在完工产品和月末在产品之间进行划分，从而计算出完工产品成本和月末在产品成本。这里，应当注意以下两点：

（1）生产费用的分配应当分成本项目进行。不同成本项目的费用发生情况不同，有的在生产开始时一次投入，如构成产品实体的原材料；有的在生产过程中陆续发生，如产品生产工人的职工薪酬等。

（2）分配的生产费用数额是该成本核算对象承担的生产费用合计数（或）称作累计生产费用，即期初在产品成本加上本期发生的生产费用。

通过以上几步，可以最终确定各成本核算对象本期完工产品的实际总成本。在品种法、分批法下，产品成本明细账中计算出的完工产品成本即为产品的总成本；分步法下，则需根据各生产步骤成本明细账进行顺序逐步结转或平行汇总，才能计算出产品的总成本。以产品的总成本除以产品的数量，就可以计算出产品的单位成本。

现将产品成本核算程序（扩展）列示如图 2 – 1 所示。

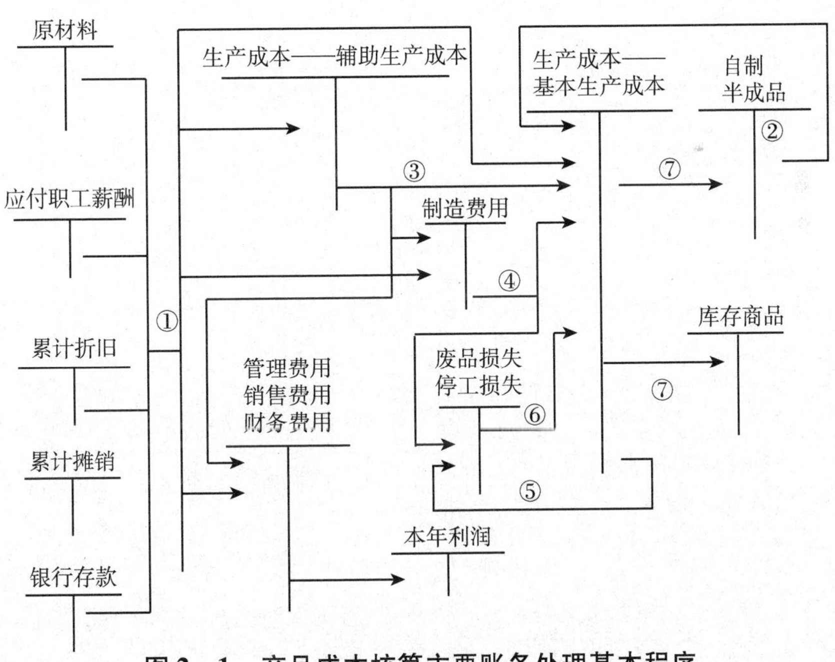

图 2 – 1　产品成本核算主要账务处理基本程序

说明：①分配各项要素费用；②生产领用自制半成品；③分配辅助生产成本；④分配制造费用；⑤结转不可修复废品损失；⑥分配废品损失和停工损失；⑦结转产成品成本和自制半成品成本。

复习思考题

1. 费用有哪些不同分类？
2. 产品成本核算应划分哪些费用界限？为什么？
3. 成本计算对象的确定要考虑哪些要素？
4. 成本核算的一般程序分为哪几步？

第3章 制造企业要素费用的归集与分配

【学习目标】

1. 理解材料费用、燃料费用、人工费用、动力费用等费用要素的归集与分配的原理；

2. 掌握定额耗用量（费用）比例法、生产工时比例法、机器工时比例法等方法的具体应用；

3. 了解薪酬费用的内容及常见的分配方法。

【案例导入】

美扬装修公司下设工程部、设计部、营销部以及人事行政部、财务部等职能部门。随着公司业务发展，公司聘请了两名专业律师负责公司的法律服务，法律服务成本采用一定方法在各业务部门进行分配。各部门也可以选择公司外的律师服务。在公司会议上，财务主管提出以下几种分配方案：其一，根据各部门实际使用量和实际小时分配率进行分配；其二，根据各部门实际使用量和市场小时律师服务价格进行分配；其三，按各业务部门业务量比例分配实际总成本；其四，法律服务成本全部由公司总部承担。方案提出后，各部门主管展开了热烈讨论。

思考：不同的分配方案会有怎样不同的影响呢?

3.1 要素费用核算概述

要素费用的核算是企业正确计算产品成本或期间费用的基础。对企业发生的各项要素费用，应进行审核、控制并按一定方法进行归类，根据其不同的用途在各产品或部门之间进行分配，根据受益的程度计入各产品和部门的成本费用。

要素费用核算的基本程序可以概括为以下两步：

1. 要素费用的归集

费用的归集，就是在要素费用发生后，会计人员进行事后审核，根据有关核算制度，对费用发生的合法性、合理性严格把关，并根据原始凭证记录的用途分类归总各项要素费用的本期发生额。只有经过审核的原始凭证，才能作为核算的依据。当某项费用的用途只有单一受益对象时，该费用的本月发生额都应该由该单一受益对象承担，直接计入该对象的成本或费用。当某项费用的发生存在多个受益对象时，则还需要在这些对象之间进行分配。

2. 要素费用的分配

正确归集好本期各项要素费用的发生额以后，如果存在多个受益对象，则应进一步进行费用的分配，根据用途分别计入各产品和部门的成本或费用。

（1）对于基本生产车间直接用于产品生产，并且有专设成本项目的各项要素费用，如构成产品实体的原材料费用、产品生产工人的薪酬费用等，应记入“生产成本——基本生产成本”总账，并直接记入或分配记入有关产品成本明细账的相关成本项目，即凡是能够根据原始凭证直接认定是某种产品消耗的费用，应直接记入该种产品成本明细账的相关成本项目，凡是几种产品共同耗用，不能直接确认各该产品消耗数额的费用，则应采用适当的方法，在有关产品之间进行分配，根据分配结果登记有关产品成本明细账的相关成本项目。

（2）对于基本生产车间直接用于产品生产，但没有专设成本项目的各项要素费用（如机器设备的折旧费用）以及间接用于产品的费用（如车间管理人员的薪酬费用）应记入“制造费用”账户及其所属明细账有关的费用项目，然后通过一定的分配程序，转入或分配转入“生产成本——基本生产成本”总账及其所属明细账的“制造费用”成本项目。

（3）对于辅助生产的费用，应视不同情况分别进行处理：① 若辅助生产车间设有“制造费用”明细账，则其费用的处理可以比照上述基本生产车间费用的处理办法进行。②若辅助生产车间未设“制造费用”明细账，则对于直接或间接用于辅助生产的各项费用，均记入“生产成本——辅助生产成本”总账及其所属明细账的相关费用项目。对辅助生产费用应按照其用途或受益对象，采用一定的方法进行分配。

（4）对于上述费用中的各项间接计入费用，应当选择适当的方法进行分配。分配方法适当，是指分配所依据的标准与分配对象有较密切的联系，因而分配结果比较合理，而且分配标准的资料比较容易取得，计算比较简便。分配间接计入费用的标准主要有：①成果类，如产品的重量、体积、产量、产值等；②消耗类，如生产工时、生产工人工资、机器工时、原材料消耗量或原材料费用等；③定额类，如定额消耗量、定额工时、定额费用等。分配费用的计算公式可以概括为：

$$费用分配率=\frac{待分配费用总额}{分配标准总数}$$

$$某分配对象应分配的费用=该对象的分配标准数\times费用分配率$$

（5）对于企业经营管理过程中发生的行政管理部门的费用、产品销售方面的费用，以及为筹集生产经营所需资金等而发生的筹资费用等各项期间费用，不计入产品成本，而是分别记入“管理费用”、“销售费用”、“财务费用”的总账科目及其所属明细账的相关费用项目，期末转入“本年利润”账户，计入当期损益。

（6）如果是被在建工程耗用的要素费用，则记入“在建工程”账户，完工时再转入“固定资产”账户，等等。

各项要素费用的分配是通过编制各种费用分配表进行的，根据分配表登记各种成本、费用总账科目及其所属明细账中相应的成本、费用明细项目中。

由于各项要素费用的归集和分配各有特点，以下分别阐述材料费用、燃料费用、动力费用、职工薪酬费用折旧费用等的核算。

3.2 材料费用的归集与分配

产品的生产或劳务的提供过程，也就是资源消耗的过程。对于制造企业来说，产品的制造离不开材料的消耗。在生产经营过程中耗用的各种材料，包括原料及主要材料、自制半成品、外购半成品、辅助材料、包装材料、修理用备品备件等，都是属于材料费用。它们在生产过程中，有的构成产品实体，有的虽不构成产品实体，但有助于产品的形成或生产的正常进行，并且经过一个生产周期就要被消耗掉，改变其原有的实物形态，其价值也随着实物的消耗，一次全部转移到所生产的产品中去，构成产品成本的主要内容。因此材料费用的归集和分配，对产品成本核算的正确性会产生重大影响。

3.2.1 材料费用的计算

材料费用的计算取决于材料的消耗量和材料的单位价格两个因素，企业应正确计算与确定材料的消耗量和单价，以便正确计算材料费用。

1. 材料消耗量的计算

确定材料消耗量的依据是材料消耗的原始记录。记录生产中材料消耗的原始凭证有“领料单”、“限额领料单” 和 “领料登记表” 等。

采用各种领料凭证领到车间或部门的材料，月末如果未用完，应办理退料手续。对于下一月份不再使用的材料，应填制“退料单”，将材料退回仓库；对于下一月份还要继续使用的材料，可办理假退料手续，即填制本月份的“退料单”与下一月份的“领料单”，并在仓库办理退料和领料手续，但材料仍在原车间、部门，并不退回仓库。

消耗材料数量的计算方法有两种：一是连续记录法（永续盘存制）；二是盘存计算法（实地盘存制）。

（1）连续记录法也叫永续盘存制，它是指每次收入、发出材料时，都根据有关收发材料的原始凭证按其数量逐笔记入材料明细账，以实际发出数量作为消耗量的一种方法。采用永续盘存制，可以随时根据账面记录计算出每 种材料的收入、发出和结存数量。采用这种方法，企业应当建立健全原始记录和计量验收制度，严格材料收入和发出的凭证手续，并随时登记材料明细账，提供库存材料变动情况。其优点是核算手续严密，能保证企业财产的安全、完整，同时有利于材料实物的管理。但是，采用这种方法，工作量较大，有时产生账面数与实际数不一致的情况。

（2）盘存计算法也叫实地盘存制，它是指平时在材料明细账上只登记材料的收入，而不登记材料的发出，期末根据实地盘存数，倒挤出本期发出材料数量的一种方法。其材料消耗量的计算公式为：

$$\text{本期消耗材料数量}=\text{期初结存材料数量}+\text{本期收入材料数量}-\text{期末结存材料数量}$$

采用实地盘存制，其优点是手续简便，但这种方法将本期毁损、丢失等原因造成的材料浪费和损失也作为本期发出材料数量，不利于加强材料实物管理。因此，企业一般不能采用实地盘存制计算材料消耗量的方法。此法一般只适用于在领用时不便随时办理领料手续的材料，如黄沙、石子、煤、石灰等。

2. 消耗材料价格的确定

在实际工作中，有的企业按照实际成本计价组织材料的核算，有的企业按照计划成本计价组织材料的核算，无论采用哪种材料核算形式，生产过程中消耗的材料，最终都应当是材料的实际价格（实际成本）。

（1）按实际成本计价组织材料核算。材料采用按实际成本计价核算时，同一品种、规格的材料由于购入的时间和地点不同，各批材料购进的实际价格很可能不一致，因此产生了消耗材料按什么价格来计算的问题。在实际工作中，消耗材料实际价格（实际成本）的计算有先进先出法、加权平均法、移动加权平均法和个别计价法等方法。每种发出材料的计价方法各有利弊，企业可以根据具体情况，对不同的材料选用不同的计价方法。但方法一经确定，一般在一个会计年度不允许随意更改。

（2）按计划成本计价组织材料核算。材料采用按计划成本计价核算时，发出材料的成本是计划成本，需要按期结转发出材料应负担的成本差异，将计划成本调整成实际成本。

为了将发出材料的计划成本调整为实际成本，应该先计算材料成本差异率，以调整发出材料应负担的成本差异。其计算公式如下：

$$\text{材料成本差异率}=\frac{\text{月初结存材料的成本差异}+\text{本月收入材料的成本差异}}{\text{月初结存材料的计划成本}+\text{本月收入材料的计划成本}}\times 100\%$$

$$\text{发出材料应负担的成本差异}=\text{发出材料的计划成本}\times\text{材料成本差异率}$$

$$\text{发出材料实际成本}=\text{发出材料的计划成本}\pm\text{发出材料应负担的成本差异}$$

【例 3-1】某企业当月初结存材料计划成本为 50 000 元，月初结存材料成本差异为 1 000 元，本月收入材料的计划成本为 170 000 元，本月收入材料的成本差异为 -4 300 元，本月发出材料的计划成本为 140 000 元。则：

$$\text{本月材料成本差异率}=\frac{1\ 000-4\ 300}{50\ 000+170\ 000}=-1.5\%$$

发出材料应负担的成本差异 = 140 000 ×（-1.5%）= -2 100（元）

发出材料的实际成本 = 140 000 - 2 100 = 137 900（元）

3.2.2 材料费用的分配

1. 材料费用的分配对象

确定材料费用的分配对象，也就是确定材料费用的承担者，即确定材料费用应分配记入的账户及其有关的成本（费用）项目。原则上，费用的分配是按用途、部门和受益对象来分配的，也就是说“谁受益，谁承担”。一般是按材料费用发生的地点和用途分别记入有关账户。

（1）用于产品生产构成产品实体的原料、主要材料以及有助于产品形成的大额辅助材料，应直接或分配记入“生产成本——基本生产成本”及其所属的产品成本明细账“直接材料”成本项目中。

（2）用于产品生产，或有助于产品形成的小额辅助材料以及基本生产车间一般消耗用的材料，应记入“制造费用”明细账借方的有关项目中。

（3）辅助生产车间消耗的各种材料费用，记入“生产成本——辅助生产成本”账户借方的有关项目。

（4）行政管理部门为组织和管理生产经营活动的而发生的各种材料费用，记入“管理费用”明细账借方的有关项目中。

（5）产品销售机构领用的材料，记入“销售费用”明细账借方的有关项目。

（6）工程项目中耗用的材料，应记入“在建工程”账户。

（7）用材料对外投资，则记入“长期股权投资”账户。

2. 共同耗用材料费用的分配方法

对于几种产品共同耗用的各种材料费用，应选择既合理又简便的方法分配计入各种产品成本。常见的共同耗用材料费用的分配方法有以下几种：

（1）重量（产量、体积）比例法。这是以产品的重量（产量、体积）为分配标准，分配共同耗用材料费用的一种方法。其计算公式如下：

$$直接材料费用分配率=\frac{应分配的直接材料费用}{各种产品的加工重量（或产量、体积）}$$

$$\begin{array}{c}某种产品应分配的\\直接材料费用\end{array}=\begin{array}{c}该种产品的重量\\（或产量、体积）\end{array}\times直接材料费用分配率$$

【例3－2】某厂铸造车间生产两种铸件，本月A铸件产量50 000千克，B铸件产量15 000千克，共耗用生铁58 500元。计算A、B铸件应负担的材料费用。

$$直接材料费用分配率=\frac{58\ 500}{50\ 000+15\ 000}=0.9（元/件）$$

A铸件应分配的直接材料费用＝50 000×0.9＝45 000（元）

B铸件应分配的直接材料费用＝15 000×0.9＝13 500（元）

根据以上分配结果，编制材料费用分配表，如表3－1所示。

表3－1　　　　共同耗用材料费用分配表

车间：铸造车间　　　　2014年11月　　　　单位：元

产品名称	分配标准（产量：千克）	分配率	分配金额
A铸件	50 000		45 000
B铸件	15 000	0.9	13 500

根据各产品的实际产量、重量、体积来分配直接材料费用比较直观，但却不利于进行材料消耗的控制。在有的企业，重量或体积等实际数据采集也存在难度。因此，在材料消耗定额比较准确的情况下，我们也可以按定额比例法来分配材料费用。

材料的消耗定额是材料费用的数量限额，它的货币表现称为费用定额。定额消耗量是指一定产量下产品按消耗定额计算的消耗材料的数量，它的货币表现称为定额费用。因此，定额比例法分为定额耗用量比例法和定额费用比例法。

（2）定额消耗量比例法。这是以产品所耗原材料定额消耗量为标准分配共同耗用材料费用的方法。有两种具体做法：

一是先计算材料消耗量分配率，再计算各种产品应分配的材料费用。其计算分配公式如下：

$$\text{某种产品原材料定额消耗量} = \text{该种产品实际产量} \times \text{单位产品原材料消耗定额}$$

$$\text{原材料消耗量分配率} = \frac{\text{原材料实际消耗量}}{\text{各种产品原材料定额消耗量之和}}$$

$$\begin{matrix}\text{某种产品应分配}\\\text{的材料数量}\end{matrix} = \begin{matrix}\text{该种产品的材料}\\\text{定额消耗量}\end{matrix} \times \text{材料消耗量分配率}$$

$$\begin{matrix}\text{某种产品应分配}\\\text{的材料费用}\end{matrix} = \begin{matrix}\text{该种产品的原材料实}\\\text{际耗用量}\end{matrix} \times \text{材料单价}$$

【例3－3】某厂生产甲、乙两种产品，共同领用A材料19 950千克，每千克5元，共计99 750元。生产甲产品60件，单件甲产品A材料消耗定额为200千克；生产乙产品20件，单件乙产品A材料消耗定额为350千克。计算甲、乙产品应负担的实际原材料费用。

甲产品原材料定额耗用量 $= 60 \times 200 = 12\ 000$（千克）

乙产品原材料定额耗用量 $= 20 \times 350 = 7\ 000$（千克）

材料消耗量分配率 $= \frac{19\ 950}{12\ 000 + 7\ 000} = 1.05$

甲产品应分配的原材料实际消耗量 $= 12\ 000 \times 1.05 = 12\ 600$（千克）

乙产品应分配的原材料实际消耗量 $= 7\ 000 \times 1.05 = 7\ 350$（千克）

甲产品应分配的原材料费用 $= 12\ 600 \times 5 = 63\ 000$（元）

乙产品应分配的原材料费用 $= 7\ 350 \times 5 = 36\ 750$（元）

或 $= 99\ 750 - 63\ 000 = 36\ 750$（元）

根据以上分配结果，编制直接材料费用分配表，如表3－2所示。

表3－2　　共同耗用材料费用分配表

车间：　　　　2014年11月　　　　单位：元

产品名称	产量（件）	单耗（千克）	定额消耗量	消耗量分配率	实际消耗量	材料单价	分配材料费用
甲产品	60	200	12 000		12 600		63 000
乙产品	20	350	7 000		7 350		36 750
合计	80		19 000	1.05	19 950	5	99 750

上述计算分配过程所提供的资料，可以用于考核原材料消耗定额的执行情况，有利于加强原材料消耗量的实物管理，考核原材料消耗的节约与浪费情况，但分配计算的工作量较大。

二是采用按原材料定额消耗量比例直接分配原材料费用。其计算公式：

$$某种产品原材料定额消耗量=该种产品实际产量\times单位产品原材料消耗定额$$

$$原材料费用分配率=\frac{待分配的实际原材料费用}{各种产品的定额耗用量之和}$$

如上例：

原材料费用分配率 $=\frac{99\ 750}{12\ 000+7\ 000}=5.25$（元/千克）

甲产品应分配的原材料费用 $=12\ 000\times5.25=63\ 000$（元）

乙产品应分配的原材料费用 $=7\ 000\times5.25=36\ 750$（元）

计算结果如表 3－3 所示。

表 3－3　　　　共同耗用材料分配表

车间：　　　　2014 年 11 月　　　　单位：元

产品名称	产量（件）	单耗（千克）	定额消耗量	材料费用分配率	分配材料费用
甲产品	60	200	12 000		63 000
乙产品	20	350	7 000		36 750
合计	80		19 000	5.25	99 750

以上两种分配方法计算结果相同，后一种分配方法计算较简便，但不能提供各种产品原材料的实际消耗量资料，不利于加强原材料消耗的实物管理。

（3）定额费用比例法。这是指以各种产品的材料定额费用为分配标准，计算出单位定额费用应负担的实际材料费用（也就是分配率），据以在各种产品之间分配共同耗用材料费用的方法。其计算公式如下：

$$\begin{aligned}\begin{matrix}某种产品的某种\\材料定额费用\end{matrix}&=\begin{matrix}该种产品\\实际产量\end{matrix}\times\begin{matrix}单位产品该种\\材料费用定额\end{matrix}\\&=\begin{matrix}该种产品\\实际产量\end{matrix}\times\begin{matrix}单位产品该种\\材料消耗定额\end{matrix}\times\begin{matrix}该种材料\\计划单价\end{matrix}\end{aligned}$$

$$原材料费用分配率=\frac{待分配的材料费用总额}{各种产品的定额材料费用之和}$$

$$某种产品应分配的实际材料费用=该种产品的定额费用\times原材料费用分配率$$

【例 3－4】 假定上例甲、乙两种产品除共同耗用 A 材料外，还共同耗用了辅助材料 B 材料 19 875 元。甲、乙两种产品产量不变，A 材料的单耗不变。甲、乙两产品所耗 B 材料的单位消耗定额分别为 10 千克和 4 千克，A、B 材料的计划单价分别为 4.5 元和 15 元。材料分配如下：

甲产品材料定额费用 $=60\times200\times4.5+60\times10\times15=63\ 000$（元）

乙产品材料定额费用 $=20\times350\times4.5+20\times4\times15=32\ 700$（元）

$$材料费用分配率 = \frac{99\ 750 + 19\ 875}{63\ 000 + 32\ 700} = 1.25$$

甲产品应分配的材料费用 = 63 000 × 1.25 = 78 750（元）

乙产品应分配的材料费用 = 32 700 × 1.25 = 40 875（元）

定额费用比例法适用于产品消耗原材料品种较多，材料消耗定额制定比较准确的企业。

（4）标准产量比例法（系数法）。这是将各种产品的产量按系数折算成标准产量，再按标准产量的比例分配材料费用。该方法适用于不同规格的系列产品，且规格较多的情况。一般情况下，我们选择产量较大、生产比较稳定、规格适中的产品作为标准产品，将其系数定为1，其他产品按其定额消耗与标准产品定额消耗相比确定其系数，并按其系数将各产品实际产量折算成标准产量。最后，按标准产量的比例来分配各产品应负担的共同耗用的材料费用。

【例3－5】某玩具厂生产同系列不同型号的某种玩具产品甲、乙、丙。本月三种产品的实际投产量分别为2 000件、10 000件、8 000件。本月三种产品共同耗用原材料44 943元，原材料在生产开始时一次性投入。甲、乙、丙三产品的单位产品材料费用定额分别为1.8元、2.3元、2元。选择丙产品作为标准产品，按标准产量计算各产品本月应负担的原材料费用。

分配过程如表3－4所示。

表3－4 **材料费用分配表**

2014年×月

单位：元

产品	投产量（件）	单位消耗定额	系数	标准产量	分配率	分配金额
甲产品	2 000	1.8	0.9	1 800		3 798
乙产品	10 000	2.3	1.15	11 500		24 265
丙产品	8 000	2	1	8 000		16 880
合计	—	—	—	21 300	2.11	44 943

3. 账务处理

在实际工作中，材料费用分配过程可以直接通过编制“材料费用分配表”来进行。仓库保管人员依据原材料发料凭证（领料单、限额领料单等）及退料凭证确定实际的原材料发料数量，填制“发出材料明细表”；财会部门根据仓库保管部门提供的“发出材料明细表”结合生产部门的产量记录、定额资料、投料记录等分配材料费用，定期编制“材料费用分配汇总表”，作为账务处理的原始凭证之一；最后，成本核算人员根据上述原始凭证编制记账凭证，进行账务处理。

材料费用分配的账务处理是根据材料费用的用途，借记相关受益对象的成本或费用，贷记“原材料”等科目。

【例3－6】接〖例3－4〗，某企业本月材料费用分配汇总如表3－5所示。根据该表数据编制会计分录。

表3－5　　　　　　　　　　　　　　**材料费用分配汇总表**

2014年×月　　　　　　　　　　　　　　单位：元

受益对象和对应科目			共同耗用材料的分配				直接领用材料	材料费用总额
总账及二级科目	明细科目	用途	产量（件）	定额费用	分配率	分配的材料费用		
生产成本—基本生产成本	甲产品	产品耗用	60	63 000		78 750	15 000	93 750
	乙产品	产品耗用	20	32 700		40 875	25 000	65 875
	小计	—	—	95 700	1.25	119 625	40 000	159 625
生产成本——辅助生产成本	供电	供电耗用					800	800
	供水	供水耗用					500	500
	小计	—					1 300	1 300
制造费用	基本车间	机物料消耗					500	500
管理费用		维修用料					1 800	1 800
在建工程		工程耗用					1 500	1 500
合计						119625	45 100	164 725

借：生产成本——基本生产成本——甲产品　　93 750

——乙产品　　65 875

——辅助生产成本——供电　　800

——供水　　500

制造费用　　500

管理费用　　1 800

在建工程　　1 500

贷：原材料　　164 725

3.3　燃料和动力费用的归集与分配

制造企业在对材料进行加工的过程中，往往需要耗用燃料和动力，因此燃料费用和动力费用的核算也是生产费用核算中的一个不可忽略的部分。本节所介绍动力仅限于外购动力，企业内部辅助生产车间生产的动力费用核算在“辅助生产费用的归集与分配”内容中介绍。

3.3.1　燃料费用的核算

燃料也是材料，燃料费用的核算与原材料费用基本相同。燃料费用在产品成本中比重较小时，可以并入原材料费用统一核算。如果燃料费用发生额较大，企业需要对其加强管理，则可单独设置“燃料”账户，并在产品成本明细账中设置“直接燃料”项目进行核算。如果产品生产所耗的燃料及动力费用较多，根据重要性原则，在产品成本明细账中可合并增设“燃料及动力”项目进行核算。

【例3－7】某企业燃料费用发生额较大，为了对其加强管理，单独设置“燃料”账户，并在成本项目中设置“直接燃料及动力”项目进行核算。本月生产甲、乙两种产品，直接耗用燃料费用共计63 850元，按产品实际耗用原材料费用的比例进行分配。假设本月甲、乙产品分别耗用原材料的费用为93 750元、65 875元。分配过程如下：

$$费用分配率 = \frac{63\ 850}{93\ 750 + 65\ 875} = 0.4$$

甲产品应分配的燃料费用 = 93 750 × 0.4 = 37 500（元）

乙产品应分配的燃料费用 = 63 850 − 37 500 = 26 350（元）

编制会计分录如下：

借：生产成本——基本生产成本——甲产品　　37 500

　　　　　　　　　　　　　　——乙产品　　26 350

　贷：燃料　　63 850

3.3.2 外购动力费用的核算

制造企业耗用的动力包括水、电、汽、气、风等，这些动力有的是从外部购入的，也有的是企业自己生产的。企业的辅助生产车间自行制造动力，其成本应在“生产成本——辅助生产成本”账户核算，并且按照受益部门受益的大小，将动力费用分配给受益部门，这些内容将在第4章4.1节作专门介绍。

外购动力费用，有的直接用于产品生产，有的用于照明，有的用于取暖。外购动力费用应根据各车间、部门安装的计量仪表记录的实际耗用量和动力的单位成本计算分配。生产工艺过程中直接耗用的外购动力费，记入“生产成本——基本生产成本”账户借方的“直接材料”成本项目；辅助生产车间耗用的外购动力费，记入“生产成本——辅助生产成本”账户借方的有关项目；基本生产车间一般耗用的外购动力费，记入“制造费用”账户的有关项目；产品销售机构耗用的外购动力费，记入“销售费用”账户借方的有关项目；企业行政管理部门耗用的外购动力费，记入“管理费用”账户借方的有关项目，等等。

为了加强对能源的核算和控制，生产工艺用动力也可与生产工艺用燃料合设一个成本项目，即“燃料及动力”成本项目。对于记入“生产成本——基本生产成本”账户的外购动力费，如果车间只生产一种产品，或者企业能分产品安装仪表的情况下，其费用属于直接计入费用，可直接记入该种产品成本明细账的“直接材料”或“燃料和动力”成本项目；如果车间生产多种产品或者企业没有分产品安装仪表的情况下，其费用属于间接计入费用，应按一定的方法在有关产品之间进行分配。常用的分配方法有生产工时比例法、机器工时比例法和定额耗用量比例法。下面仅介绍定额耗用量比例法分配外购动力费用。

定额耗用量比例法，是以产品电力耗用定额为标准分配动力费用的方法。其计算公式如下：

$$动力费用分配率 = \frac{车间应分配的动力费用}{该车间各种产品的定额耗电量之和}$$

$$某种产品应分配的动力费用 = 该种产品的定额耗电量 \times 动力费用分配率$$

【例3-8】某企业生产A、B两种产品，本月实耗电力81 500千瓦时，每千瓦小时电费0.60元，共支付电费48 900元。该企业在厂部管理部门、车间管理部门、辅助生产车间和基本生产车间分别装有电表。据当月电表数据，企业管理部门耗电4 600千瓦时，车间管理部门耗电8 900千瓦时，辅助生产车间耗电3 000千瓦时，基本生产车间生产产品耗电

65 000 千瓦时。本月 A 产品定额耗电量 45 000 千瓦时，B 产品定额耗电量 30 000 千瓦时。动力费用分配计算如下：

管理部门耗用电费 = 4 600 × 0.60 = 2 760（元）

车间一般耗用电费 = 8 900 × 0.60 = 5 340（元）

辅助生产车间耗电 = 3 000 × 0.60 = 1 800（元）

产品生产耗用电费 = 65 000 × 0.6 = 39 000（元）

电力费用分配率 = 39 000/(45 000 + 30 000) = 0.52

A 产品应分配的电费 = 45 000 × 0.52 = 23 400（元）

B 产品应分配的电费 = 30 000 × 0.52 = 15 600（元）

根据以上计算结果，编制动力费用分配汇总如表 3 – 6 所示。

表 3 – 6 **外购动力费用分配汇总表**

2014 年 × 月 单位：元

应借账户		成本或费用项目	耗电量		动力费分配		应分配动力费
			千瓦时	单价	定额耗电量	分配率	
生产成本——基本生产成本	A 产品	直接材料			45 000		23 400
	B 产品	直接材料			30 000		15 600
	小计		65 000	0.60	75 000	0.52	39 000
生产成本——辅助生产成本		电费	3 000	0.60			1 800
制造费用		电费	8 900	0.60			5 340
管理费用		电费	4 600	0.60			2 760
合　计			81 500				48 900

根据外购动力费用分配表，编制会计分录如下，并据以登记有关产品成本明细账和费用明细账。

借：生产成本——基本生产成本——A 产品　　23 400

　　　　　　　　　　　　　——B 产品　　15 600

　　　　　——辅助生产成本　　1 800

　　制造费用　　5 340

　　管理费用　　2 760

　　贷：银行存款（或应付账款）　　48 900

3.4 薪酬费用的归集与分配

3.4.1 职工薪酬费用的归集

1. 职工薪酬的内容

职工薪酬是企业为获取职工提供的服务而给予的各种形式的报酬以及其他相关支出。职工薪酬包括：

（1）职工工资、奖金、津贴和补贴。这部分职工薪酬是指按构成工资总额的计时工资、计件工资、超额劳动报酬和增收节支劳动报酬、岗位津贴，以及为保证职工工资水平不受物价影响支付给职工的物价补贴等。

【同步链接 3－1】

根据新《劳动法》的规定，劳动者的以下收入不属于工资范围：（1）单位支付给劳动者个人的社会保险福利费用，如丧葬抚恤救济费、生活困难补助、计划生育补贴等；（2）劳动保护方面的费用，如用人单位支付给劳动者的工作服、消毒剂、清凉饮料费用等；（3）按规定未列入总额的各种劳动报酬及其他收入，如根据国家规定发放的创造发明奖、国家星火奖、自然科学奖、科学技术进步奖、合理化建议和科技改进奖、中华技能大奖等。

（2）职工福利费。

（3）社会保险费。包括医疗保险费、养老保险费、失业保险费、工伤保险费和生育保险费等。

（4）住房公积金。

（5）工会经费和职工教育经费。

（6）非货币性福利。

（7）因解除与职工的劳动关系给予的补偿。

（8）其他与获得职工提供的服务相关的支出。

其中（3）（4）两项即通常所说“五险一金”。

2. 职工薪酬核算的原始记录

进行职工薪酬的核算，必须以原始记录为依据。职工薪酬——工资核算的原始记录主要有工资卡、考勤记录和产量记录。不同的工资制度所依据的原始记录不同。计时工资制度下，应以工资卡和考勤记录中的工作时间记录为依据；计件工资制度下，应以工资卡和产量记录中的产品数量和质量记录为依据。

（1）工资卡。工资卡是反映企业职工就职、离职、调动、职务变动、工资级别、工资标准与各种津贴变动的原始记录。它是计算职工工资的重要原始依据。

（2）考勤记录。考勤记录是登记出勤和缺勤时间和情况的原始记录。企业考勤记录要如实反映职工的出勤日数和事假、病假、旷工、迟到、早退、加班加点等情况。考勤记录可以根据企业的具体情况采用考勤簿、考勤卡片等方式。对上述考勤记录，考勤员应该在月底将其经过车间、部门负责人检查、签章以后交人事部门审核。经过人事部门审核的考勤记录，即可据以计算每一个职工的工资。

（3）产量记录。产量记录包括工作通知单、工序进程单、工作班组产量记录等形式。产量记录是登记工人或生产小组在出勤时间内完成产品的数量、质量和生产产品所用工时数量的原始记录。它不仅可以为计算计件工资费用提供原始依据，而且还为在各种产品之间分配与工时有关的费用提供合理的依据。

此外，停工单、废品通知单也是计算工资的原始记录。在停工单上，注明停工时间和停工原因，用于计算计件工资制度下的停工工资。废品通知单记录废品数量和废品产生原因，用于计算计件工资制度下的废品工资。

会计部门应该对相应原始记录进行审核。经过审核的考勤记录和产量记录等才能据以计算工资。

3. 职工薪酬的计量

计量职工薪酬时，国家规定了计提基础和计提比例的，应当按照国家规定的标准计提；没有规定计提基础和计提比例的，企业应当根据历史经验数据和实际情况，合理预计当期应付职工薪酬。制造企业可以根据具体情况采用不同的工资制度，其中最基本的工资制度是计时工资制度和计件工资制度。

（1）计时工资。计时工资是根据考勤记录和规定的工资标准计算每个职工应得的工资额。按具体的计算方法不同，计时工资的计算又分为日薪制和月薪制两种。不管哪种计算方法都涉及日工资率的折算。

按照现行劳动法规定，法定节假日用人单位应当依法支付工资，即折算日工资、小时工资时不剔除国定规定的 11 天法定节假日。也就是说，法定节假日为带薪假日，故月计薪天数为 21.75 天（即全年 365 天扣除 104 天的双休日后，得全年计薪天数 261 天，平均月计薪天数 21.75 天）。

据此，日工资计算如下：月工资收入 ÷ 月计薪天数；小时工资计算如下：月工资收入 ÷（月计薪天数 ×8 小时）。

① 日薪制。日薪制是根据职工每月实际出勤天数和日工资率计算其应得工资额的方法。其计算公式为：

月工资额 =（出勤天数 + 本月节假日天数）× 日工资率 + 病假应发工资

② 月薪制。在月薪制下，不管各月日历天数多少，职工每月的全勤工资相同。将每月全勤工资扣除缺勤工资即是应付工资额。

月工资额 = 月标准工资 − 缺勤工资

缺勤工资 = 缺勤天数 × 日工资率 × 扣款比例

公式中的扣款比例由企业按照国家有关规定执行。

【例 3－9】 车间工人王强月标准工资为 2 100 元，8 月份出勤 18 天，病假 2 天，事假 1 天，本月无法定节假日，双休日 10 天，其病假工资按 80% 计发。分别按日薪制和月薪制计算其本月应得工资额。

日薪制。按 21.75 天算日工资率：

日工资率 = 2 100 ÷ 21.75 ≈ 97（元）

月应付工资额 = 18 × 97 + 2 × 97 × 80% = 1 901.2（元）

月薪制。按 21.75 天算日工资率：

日工资率 = 2 100 ÷ 21.75 ≈ 97（元）

月应付工资额 = 2 100 − 1 × 97 − 2 × 97 × 20% = 1 964（元）

另外，职工在制度工作时间外加班的，应计算和支付加班工资。按现行劳动法规定，正常工作日延长工作时间的，应当支付不低于 150% 的工资；休息日安排加班而没有补休的，应当支付不低于200%的工资；法定节假日安排加班的，应当支付不低于300%的工资。

【同步链接3－2】

制度工作日数平均每月20.83天，其计算方法如下：年工作日：365天－104天（休息日）－11天（法定节假日）＝250天；季工作日：250天÷4季＝62.5天/季；月工作日：250天÷12月＝20.83天/月；工作小时数的计算：以月、季、年的工作日乘以每日的8小时。可以说每月平均制度工作日数20.83天与计算工资没有直接关系，但是确定加班天数的基准。

如果职工出满勤，同时还有加班，则应付职工的工资包括满勤工资和加班工资两部分。

【例3－10】车间工人王强月标准工资为2 100元，9月份实际出勤24天，其中2天为双休日加班，1天为中秋节加班。

9月份制度工作日为21天，王强本月实际出勤达到24天，即其中制度工作天数21天，加班3天，没有缺勤。其9月份工资计算如下：

按21.75天算日工资率：日工资率＝2 100÷21.75≈97（元）

月应付工资额＝2 100＋2×97×200%＋1×97×300%＝2 100＋388＋291＝2 779（元）

（2）计件工资。计件工资是根据有关产量记录和规定的计件单价计算的工资额。按照结算对象的不同，可分为个人计件工资和集体计件工资两种。

① 个人计件工资的计算。工人的计件工资，是根据产量记录中登记的每一工人的产品产量，乘以规定的计件单价计算的。其计算公式为：

$$\text{应付工人计件工资总额} = \sum[(\text{合格品数量} + \text{料废品数量}) \times \text{计件单价}]$$

其中料废品数量是指因材料质量不合格造成的废品数量，不是由工人本人过失造成的。

【例3－11】工人张强本月加工甲产品共计387件，其中合格品380件，料废品3件，工废品4件。该产品计件单价为3元。

则张强本月应得计件工资＝(380＋3)×3＝1 149（元）

② 集体计件工资的计算。在实行集体计件工资的班组，工人计件工资的计算分两步进行。第一步，计算出集体的计件工资，计算方法与上述个人计件工资方法相同；第二步，在集体内部按每人贡献大小进行分配，一般可综合工人的级别和实际出勤时间计算出一个综合性的分配标准，并依此进行集体工资的分配。

$$\text{班组内工资分配率} = \frac{\text{班组集体计件工资}}{\sum(\text{每人级别系数} \times \text{实际出勤时间})}$$

$$\text{某工人应得计件工资} = \text{该工人级别系数} \times \text{实际出勤时间} \times \text{班组内工资分配率}$$

【例3－12】某生产小组有A、B、C三名工人，实行集体计件工资。本月共完成乙产品1 013件，均为合格品，计件单价4元，集体计件工资为4 052元。有关资料及计件工资计算如表3－7所示。

表 3－7　　计件工资分配表

车间：一车间　　20××年×月　　单位：元

姓名	级别系数	出勤工时	级别系数×出勤时间	分配率	工资分配
A	1.5	120	144		1 428.71
B	1.2	122	146.4		1 452.52
C	1	118	118		1 170.77
合计	—	—	408.4	9.9216	4 052

（3）职工福利费的计算。职工福利费一般按实际发生额列支，不超过工资总额14%的部分准予税前扣除，应付福利费是企业准备用于职工福利方面的资金，是企业对职工的一项负债。

（4）工会经费、职工教育经费和“五险一金”的计算。工会经费一般按应付工资总额的2%计提；职工教育经费一般按应付工资总额的1.5%计提；对于医疗保险费、养老保险费、失业保险费、工伤保险费、生育保险费和住房公积金，企业应当按照国务院、所在地政府或企业年金计划规定的标准计量。

4. 工资费用的汇总

工资费用的汇总和工资的结算均以工资结算单为基础。工资费用的汇总可以用工资结算凭证代替，不必单独编制工资费用汇总表。

工资结算凭证分为工资结算单和工资结算汇总表。工资结算单是分车间、部门编制的，用以反映企业与每一职工的工资结算情况，它是按车间、部门进行的工资费用汇总，其一般格式如表3－8所示；工资结算汇总表是根据工资结算单编制的，用以反映全厂工资结算的总括情况，它是企业全部工资的汇总。工资结算汇总表的一般格式如表3－9所示。

3.4.2　职工薪酬的分配

在职工为企业提供服务的会计期间，企业应根据职工提供服务的受益对象，将应确认的职工薪酬（包括货币性薪酬和非货币性薪酬）计入相关资产成本或当期损益。

1. 工资费用的分配

工资费用的分配，即确定工资费用应分配记入的账户及其有关的成本（费用）项目。一般是按工资费用发生的地点和用途分别记入有关账户。对于直接从事产品生产的生产工人的工资费用，应直接记入或分配记入产品成本明细账的“直接人工”成本项目；车间管理人员的工资费用记入“制造费用”明细账的有关项目；企业行政管理人员的工资费用记入“管理费用”明细账的有关项目；专设销售机构人员的工资费用记入“销售费用”明细账的有关项目；医务福利人员的工资费用记入“应付职工薪酬——职工福利”账户；在建工程人员的工资费用记入“在建工程”账户。

表 3－8

工资结算单

生产车间：第一车间　　　　20××年9月　　　　单位：元

组别	姓名	级别	应付工资											代发款项	代扣款项					实发工资	签收盖章
			月标准工资	日标准工资	奖金	津贴和补贴		扣缺勤工资					应付工资合计	交通补贴	养老保险	医疗保险	失业保险	住房公积金	合计		
						工龄津贴	夜班补贴	病假			事假										
								天数	%	金额	天数	金额									
1	王芳	2	1 720	79	180	60	45	4	10%	31.6			1 973.40	45	20	28	14	60	92	1 926.4	
1	李力	3	1 810	83	200	60							2 070	45	25	30	15	55	125	1 990	
1	郭平	4	1 900	87	160	60					2	174	1 946	45	30	35	18	70	153	1 838	
			⋮	⋮	⋮	⋮	⋮	⋮	⋮	⋮	⋮	⋮	⋮	⋮	⋮	⋮	⋮	⋮	⋮	⋮	
生产工人小计			51 250		7 180	3 000	1 275			90		425	62 190	6 300	4 500	1 980	1 515	4 900	12 895	55 595	
			⋮	⋮	⋮	⋮	⋮	⋮	⋮	⋮	⋮	⋮	⋮	⋮	⋮	⋮	⋮	⋮	⋮	⋮	
管理人员小计			4 870		840	460	75			6		44	6 195	380	320	160	130	380	990	5 585	
合　计			56 120		8 020	3 460	1 350			96		469	68 385	6 680	4 820	2 140	1 645	5 280	13 885	61 180	

表 3－9

工资结算汇总表

湘园工厂　　20××年9月　　单位：元

车间或部门	职工类别	应付工资							代发款项	代扣款项					实发工资
		月标准工资	奖金	津贴和补贴		扣缺勤工资		应付工资合计	交通补贴	养老保险	医疗保险	失业保险	住房公积金	合计	
				津贴	补贴	病假	事假								
第一车间	生产工人	51 250	7 180	3 000	1 275	90	425	62 190	6 300	4 500	1 980	1 515	4 900	12 895	55 595
第一车间	管理人员	4 870	840	460	75	6	44	6 195	380	320	160	130	380	990	5 585
	小计	56 120	8 020	3 460	1 350	96	469	68 385	6 680	4 820	2 140	1 645	5 280	13 885	61 180
辅助生产修理车间	生产工人	6 950	820	525	220	25	140	8 350	380	260	154	100	426	940	7 790
辅助生产供水车间	生产工人	5 960	750	350	200		25	7 235	350	240	140	90	380	850	6 735
	小计	12 910	1 570	875	420	25	165	15 585	730	500	294	190	806	1 790	14 525
行政部门	管理人员	7 600	950	650			50	9 150	530	350	260	180	410	1 200	8 480
销售机构	管理人员	3 500	980	720			30	5 170	280	150	140	70	210	570	4 880
福利部门		2 700	460	270		15	20	3 395	170	140	110	60	155	465	3 100
合　计		82 830	11 980	5 975	1 770	136	734	101 685	8 390	5 960	2 944	2 145	6 861	17 910	92 165

由于工资结算制度不同，直接工资费用的分配方法也各不相同。在计件工资制下，可直接根据各种产量记录所记合格品数乘以计件单价求得的工资直接记入各有关产品成本明细账的“直接人工”成本项目。在计时工资制下，如果基本生产车间只生产一种产品，则可以将该项工资直接记入该产品成本明细账的“直接人工”成本项目；如果生产几种产品而共同发生的生产工人工资，应采用一定的分配方法在有关产品之间进行分配。常见的方法是按产品的生产工时比例进行分配，计算公式如下：

$$\text{工资费用分配率} = \frac{\text{应分配的生产工人工资数额}}{\text{各种产品生产工时(实际、定额)之和}}$$

$$\begin{array}{c}\text{某种产品应分配}\\\text{的工资费用}\end{array} = \begin{array}{c}\text{该种产品生产工时}\\\text{(实际、定额)}\end{array} \times \text{工资费用分配率}$$

【例3－13】根据表3－9的资料，假定湘园工厂第一基本生产车间生产A、B两种产品，其生产工人工资为62 190元，其中计件工资为A产品5 800元，B产品4 120元，计时工资为52 270元。根据该车间产量工时记录，该车间A产品生产工时为3 500小时，B产品生产工时为1 500小时，则计时工资部分分配如表3－10所示。

表3－10　　　　直接工资费用分配表

生产车间：第一车间　　　　20××年9月　　　　单位：元

产品名称	直接计入	分配计入			合计
		生产工时	分配率	分配金额	
A产品	5 800	3 500		36 589	42 389
B产品	4 120	1 500		15 681	19 801
合　计	9 920	5 000	10.454	52 270	62 190

月末，会计部门应根据工资结算汇总表和直接工资分配表编制“工资费用分配汇总表”，如表3－11所示。

表3－11　　　　工资费用分配汇总表

湘园工厂　　　　20××年9月　　　　单位：元

应借账户		成本或费用项目	直接计入	分配计入	工资费用合计
生产成本——基本生产成本	A产品	直接人工	5 800	36 589	42 389
	B产品	直接人工	4 120	15 681	19 801
	小计		9 920	52 270	62 190
制造费用	第一车间	工资	6 195		6 195
生产成本——辅助生产成本	修理车间	工资	8 350		8 350
	供水车间	工资	7 235		7 235
	小计		15 585		15 585
管理费用		工资	9 150		9 150
销售费用		工资	5 170		5 170
应付职工薪酬——福利费		工资	3 395		3 395
合　计			49 415	52 270	101 685

根据“工资费用分配汇总表”编制会计分录如下：

借：生产成本——基本生产成本——A 产品　　42 389

　　　　　　　　　　　　　——B 产品　　19 801

　　生产成本——辅助生产成本——修理车间　　8 350

　　　　　　　　　　　　　——供水车间　　7 235

　　制造费用　　6 195

　　管理费用　　9 150

　　销售费用　　5 170

　　应付职工薪酬——福利费　　3 395

　　贷：应付职工薪酬——工资　　101 685

2. 其他货币性职工薪酬费用的计算与分配

其他货币性职工薪酬费用是指职工福利费、工会经费、职工教育经费以及“五险一金”的统称。一般是根据国务院和地方政府的相关规定，按职工工资总额的一定比例提取支用。虽然原来的14%的计提职工福利费的比例已经废止，但仍然是按照工资总额的一定比例计提开支，在核算上与工资同步。除生活福利部门人员工资所计提的其他货币性职工薪酬费用外，一般是工资费用分配记入哪一总账及其所属明细账，计提的其他货币性职工薪酬费用也相应记入该总账及其所属明细账。需要注意的是，生活福利部门人员计提的福利费不由“应付职工薪酬”开支而将其记入“管理费用”，这是因为生活福利部门人员计提的福利费如果也像工资一样由“应付职工薪酬”开支，是减少福利费，而计提福利费是增加福利费，这样一增一减，实际上福利费并没有增加。而生活福利部门人员有权像企业其他职工一样享受职工福利待遇。因此，为了足额计提职工福利费，在实际工作中，按照生活福利部门人员工资总额的一定比例计提福利费时，借记“管理费用”账户，贷记“应付职工薪酬——职工福利费”账户。

【例 3 - 14】 湘园工厂根据表 3 - 11 资料，按照工资总额的一定比例计提其他职工薪酬费用，其中：工会经费 2%、职工教育经费 1.5%、社会保险费 16%（其中 6% 职工医疗保险费、8% 养老保险费、2% 失业保险费）、住房公积金 12%；企业根据实际情况按 8% 提取职工福利费，年末按多退少补进行调整。编制其他职工薪酬费用分配表，如表 3 - 12 所示。

表 3 - 12　　其他职工薪酬费用分配表

湘园工厂　　20××年 9 月　　单位：元

应借账户		成本或费用项目	应付工资总额	工会经费 2%	职工教育经费 1.5%	社会保险费 16%	住房公积金 12%	职工福利 8%	合计
生产成本——基本生产成本	A 产品	直接人工	42 389	847.78	635.84	6 782.24	5 086.68	3 391.12	16 743.66
	B 产品	直接人工	19 801	396.02	297.01	3 168.16	2 376.12	1 584.08	7 821.39
	小计		62 190	1 243.8	932.85	9 950.4	7 462.8	4 975.2	24 565.05
制造费用	第一车间	其他薪酬	6 195	123.9	92.93	991.2	743.4	495.6	2 447.02
生产成本——辅助生产成本	修理车间	其他薪酬	8 350	167	125.25	1 336	1 002	668	3 298.25
	供水车间	其他薪酬	7 235	144.7	108.52	1 157.6	868.2	578.8	2 857.82
	小计		15 585	311.7	233.77	2 493.6	1 870.2	1 246.8	6 156.07

续表

应借账户	成本或费用项目	应付工资总额	工会经费 2%	职工教育经费 1.5%	社会保险费 16%	住房公积金 12%	职工福利 8%	合计
管理费用	其他薪酬	9 150	183	137.25	1 464	1 098	732	3 614.25
销售费用	其他薪酬	5 170	103.4	77.55	827.2	620.4	413.6	2 042.15
应付职工薪酬——福利费	其他薪酬	3 395	67.9	50.93	543.2	407.4	271.6	1 341.03
合　　计		101 685	2 033.7	1 525.28	16 269.6	12 202.2	8 134.8	40 165.58

根据“其他职工薪酬费用分配表”，编制会计分录：

借：生产成本——基本生产成本——A 产品　　16 743.66
　　　　　　　　　　　　　　——B 产品　　7 821.39
　　生产成本——辅助生产成本——机修车间　　3 298.25
　　　　　　　　　　　　　　——供水车间　　2 857.82
　　制造费用　　2 447.02
　　管理费用（3 614.25 +271.6）　　3 885.85
　　销售费用　　2 042.15
　　应付职工薪酬——福利费（1 341.03 -271.6）　　1 069.43
　　贷：应付职工薪酬——工会经费　　2 033.7
　　　　　　　　　　——职工教育经费　　1 525.28
　　　　　　　　　　——社会保险费　　16 269.6
　　　　　　　　　　——住房公积金　　12 202.2
　　　　　　　　　　——职工福利　　8 134.8

3. 非货币性职工薪酬的分配

企业向职工提供的非货币性职工薪酬，应当分别情况处理：

（1）以自己生产的产品作为非货币性福利提供给职工的，根据受益对象，按照该产品的公允价值和相关税费，计入相关资产成本或当期损益，同时确认应付职工薪酬。即生产工人受益的借记“生产成本——基本生产成本”账户，车间管理人员受益的借记“制造费用”账户，企业行政管理人员受益的借记“管理费用”账户，专设销售机构人员受益的借记“销售费用”账户，在建工程人员受益的借记“在建工程”账户等，贷记“应付职工薪酬——非货币性福利”账户。

（2）以外购商品作为非货币性职工薪酬提供给职工的，应当按照该商品的公允价值和相关税费，计量应计入成本费用的职工薪酬金额。

（3）将拥有的房屋等资产无偿提供给职工使用的，应当根据受益对象，将住房每期应计提的折旧费计入相关资产成本或费用，同时确认应付职工薪酬。如果是企业租赁住房等资产供职工无偿使用的，应当根据受益对象，将每期应付的租金计入相关资产成本或当期费用，并确认应付职工薪酬。难以确认受益对象的，直接计入当期损益。详见《中级财务会计》教材相关内容。

3.5 折旧费用的归集与分配

固定资产折旧（Fixed-assets Depreciation）是指固定资产由于使用而逐渐磨损所减少的那部分价值。固定资产的损耗有两种：有形损耗和无形损耗。有形损耗，是由于使用而发生的机械磨损，以及由于自然力的作用所引起的自然损耗。无形损耗，是指科学技术进步以及劳动生产率提高等原因而引起的固定资产价值的损失。一般情况下，计算固定资产折旧时，要同时考虑这两种损耗。

折旧的核算就是一个成本分摊过程，其目的在于将固定资产的所得成本按合理而系统的方式，在它的估计有效使用期内进行摊销，将折旧费用从销售商品的收入中及时地提取并积累起来，以备将来更新和恢复固定资本之用，最终保证企业再生产的正常进行。随着经济的发展和科技进步的加快，固定资产的更新周期大大缩短，对固定资产更新改造的速度提出了更高的要求。

3.5.1 折旧费用的计算（归集）

企业应当根据与固定资产有关的经济利益的预期实现方式，合理选择折旧方法。我国会计准则中可选用的折旧方法包括年限平均法、工作量法、双倍余额递减法和年数总和法。其折旧方法的具体内容，已在《中级财务会计》课程中做了详细介绍，在此不再赘述。固定资产的折旧方法一经确定，不得随意变更。

3.5.2 折旧费用的分配

按照“谁受益，谁负担”的原则，在生产车间使用固定资产的折旧费用，记入“制造费用”账户；行政管理部门使用固定资产的折旧费用，记入“管理费用”账户；销售部门使用固定资产的折旧费用，记入“销售费用”账户，出租固定资产的折旧费用，记入“其他业务成本”账户，依此类推。

【例 3-15】某企业本月固定资产折旧费用计算汇总表如表 3-13 所示。

表 3-13　固定资产折旧计算表　　单位：元

使用部门	固定资产项目	本月折旧额
基本生产车间	厂房	8 000
	设备	12 000
	小计	20 000
辅助生产车间	厂房	2 600
	设备	800
	小计	3 400
行政管理部门	办公楼	7 600
	电脑	2 380
	小计	9 980
销售部门	车辆	1 800
合计		35 180

借：制造费用——基本生产车间　20 000
　　　　　　——辅助生产车间　3 400
　　管理费用　9 980
　　销售费用　1 800
　　贷：累计折旧　35 180

3.6 其他要素费用的归集与分配

3.6.1 利息费用核算

要素费用中的利息费用，不是产品成本的组成部分，而是期间费用中的财务费用的组成部分。短期借款的利息一般按季结算支付。按照权责发生制原则，可以采用分月按计划计提的方法，季末实际支付利息时冲减已经计提的利息，实际支付的利息费用与预提利息之间的差额，调整计入季末月份的财务费用。

每月计提利息费用时，借记“财务费用”账户，贷记“应付利息”账户，季末实际支付利息费用时，借记“应付利息”账户，贷记“银行存款”账户。季末调整实际利息费用与按计划预提利息费用的差额。如果利息费用数额不大，为了简化核算也可以不采用预提利息费用的办法，而将季末实际支付的利息全部计入当月的财务费用，借记“财务费用”账户，贷记“银行存款”账户。长期借款及其利息费用的核算较为复杂，请参见《中级财务会计》的相关内容，这里不再赘述。

3.6.2 税金

要素费用中的税金，如印花税、房产税、车船税和土地使用税等，也不是产品成本的组成部分，而是期间费用中管理费用的组成部分。对于上述税金可以在“管理费用”明细账中设置“税金”费用项目予以反映。

对于印花税，购买时一般直接记入“管理费用”账户，贷记“银行存款”账户；对于房产税、车船税和土地使用税，应当按照规定的方法计算其金额，借记“管理费用”账户，贷记“应交税费”账户；实际缴纳时，借记“应交税费”账户，贷记“银行存款”账户。

3.6.3 其他要素费用

其他要素费用是指除上述各项要素费用以外的其他费用，包括办公费、差旅费、保险费、租赁费、劳动保护费、技术转让费、广告费、交通费、业务招待费等。这些费用有的是产品成本的组成部分，有的则是期间费用的组成部分，即使是应计入产品成本的，也没有单独设立成本项目。因此这些费用零星且种类繁多，发生频繁、额度不大，一般不专设成本项目，而是在发生时按部门、用途进行归集，分别借记“制造费用”、“生产成本——辅助生产成本”、“管理费用”、“销售费用”等账户，贷记“银行存款”等账户。

思考题

1. 分配原材料费用的方法有哪几种？各在何种情况下使用？
2. 分配人工费用时，计时工资和计件工资的分配有何不同？
3. 什么叫消耗定额？什么是定额消耗量？
4. 折旧的计算方法有哪些？各有什么优缺点？

第4章
制造企业综合费用的归集与分配

【学习目标】

1. 了解综合费用的含义及内容；

2. 理解辅助生产费用、制造费用、生产损失的归集与分配；

3. 掌握辅助生产费用的分配方法，特别掌握直接分配法、一次交互分配法、计划成本分配法和代数分配法；

4. 掌握生产成本在完工产品和期末在产品之间的分配方法，重点掌握约当产量法、定额成本法和定额比例法。

【案例导入】

湘岭公司设有第一、第二两个基本生产车间，第一车间生产甲、乙两种产品，第二车间生产丙产品。为保证基本生产顺利进行，该公司还设有供电和供水两个辅助生产车间。供电车间的规模较大，而供水车间的规模较小。供电与供水车间所生产的水、电，除满足甲、乙、丙三种产品的生产外，还相互提供服务，并为公司管理部门和专设销售部门服务。

思考：

1. 供水与供电车间所生产的水、电，是否应该单独核算成本？

2. 供水与供电车间所生产的水、电，在企业中是否应该是成本核算的最终对象？

3. 辅助生产车间的成本核算应如何设账？为什么？

4. 各车间的制造费用应如何归集和分配？

通过上一章对各种要素费用的归集与分配，已经将这些费用分别借记有关总账账户及其所属明细账户。这就是说，在成本、费用核算中，已经划分了生产经营性支出与非生产经营性支出的界限，对于生产经营性支出又进一步划分了应计入产品成本和期间费用与不计入产品成本和期间费用的界限，同时还划分了应计入产品成本还是计入期间费用的界限。而对于计入产品成本的除了“直接材料”、“直接燃料和动力”、“直接人工”成本项目的直接费用以外，还有各项间接费用，需要通过其他账户先集中起来，再分配转入“生产成本——基本生产成本”账户的相应成本项目。

综合费用是在外购材料费用、外购燃料费、外购动力费用、职工薪酬费用、折旧费用以及其他要素费用归集和分配的基础上汇总得到的，是由多种要素费用构成的费用，包括辅助生产费用、制造费用、生产损失等。这些费用由于不是企业原始形态的费用，而是一种间接费用，因此不能在发生后直接计入产品成本或者作为经营管理费用，而是需要经过一定的程序，采用一定的方法进行归集与分配。这种归集与分配不会使企业产生新的费用支出，增加费用总额，而是在企业内部成本核算账户之间进行的一种“内部结转”。其目的是明确成本费用的最终归属，分清各种产品成本、费用界限，为最终计算产品成本创造条件。

4.1 辅助生产费用的归集与分配

4.1.1 辅助生产费用核算的特点

辅助生产是指为基本生产车间、行政管理部门等单位服务而进行的产品生产和劳务供应。这些为基本生产车间、行政管理部门提供产品和劳务的部门称为辅助生产车间。辅助生产车间有的只生产一种产品或提供一种劳务，如供电、供水、供汽、运输等，这类辅助生产车间称为单一性辅助生产车间；有的则生产多种产品或提供多种劳务，如从事工具、模具、夹具生产的辅助生产车间，也称为多样性辅助生产车间。辅助生产车间提供的产品和劳务，有时也对外销售，但这不是辅助生产的主要任务。辅助生产车间在提供产品或劳务过程中发生的各项耗费称为辅助生产费用。

由于辅助生产部门主要是为基本生产车间和管理部门服务的，辅助生产费用有一大部分最终应计入产品制造成本，一部分计入当期损益。因此辅助生产费用的高低，对产品制造成本水平有直接影响，这就决定了辅助生产车间所发生的费用必须单独进行归集，然后在各个受益车间、部门之间进行合理分配。

4.1.2 辅助生产费用的归集

辅助生产车间为生产产品或提供劳务而发生的各种费用，构成了这些产品或劳务的成本。为了核算辅助生产车间发生的费用，计算所产产品或劳务的成本，辅助生产车间应设置“生产成本——辅助生产成本”账户，据此进行辅助生产费用的归集和分配。辅助生产车间发生的各项费用，应根据材料、职工薪酬等要素费用分配表和有关凭证，记入该账户的借方，该账户的贷方登记辅助生产费用的分配数以及完工入库的工具、模具、夹具等产品生产成本的转出数。一般情况下，该账户期末无余额。期末如有余额则为辅助生产车间的在产品成本。在“生产成本——辅助生产成本”账户下，应按辅助生产车间和产品品种、劳务设置明细账，账内按成本项目或费用项目设置专栏进行明细核算。辅助生产成本明细账的格式见表4－1。

辅助生产车间发生的制造费用，一般有两种处理方法：一是直接计入“生产成本——辅助生产成本”账户，如表4－1所示；二是先通过“制造费用——某辅助生产车间”账户归集，月末再分配转入“生产成本——辅助生产成本——某辅助生产车间”账户。对于辅助生产车间的制造费用是否通过“制造费用”账户归集核算，虽然属于各企业自身的选择，但也有着一般的规律性。一般来说，它与企业辅助生产所生产的产品种类、与企业组织成本核算形式以及辅助车间的制造费用的多少有关。

如果企业辅助生产全都是为生产车间和管理部门提供被直接消耗且不易储存的产品或

表 4 - 1　**辅助生产成本明细账**

车间：供水车间　　20××年9月　　单位：元

日期		摘　　要	费用明细项目									合　计
月	日		原材料	燃料及动力	薪酬费用	折旧费	修理费	办公费	保险费	运输费	其他	
9	30	根据原材料费用分配表	4 370									4 370
	30	根据燃料费用分配表		2 050								2 050
	30	根据外购动力费用分配表		3 850								3 850
	30	根据薪酬费用分配表			8 200							8 200
	30	根据折旧费用分配表				6 540						6 540
	30	支付修理费					1 950					1 950
	30	支付办公费						400				400
	30	支付运输费								490		490
	30	支付保险费							280			280
	30	支付其他费用									370	370
	30	本月合计	4 370	5 900	8 200	6 540	1 950	400	280	490	370	28 500
	30	月末转出	4 370	5 900	8 200	6 540	1 950	400	280	490	370	28 500

表 4－2

制造费用明细账

车间：机修车间　　　　20××年9月　　　　单位：元

日期		摘　　要	费用明细项目									合　计
月	日		机物料消耗	燃料及动力	薪酬费用	折旧费	修理费	办公费	保险费	运输费	其他	
9	30	根据原材料费用分配表	2 150									2 150
	30	根据燃料动力费用分配表		2 050								2 050
	30	根据薪酬费用分配表			4 200							4 200
	30	根据折旧费用分配表				3 650						3 650
	30	支付修理费					950					950
	30	支付办公费						400				400
	30	支付运输费								430		430
	30	支付保险费							200			200
	30	支付其他费用									270	270
	30	本月合计	2 150	2 050	4 200	3 650	950	400	200	430	270	14 300
	30	月末转出	2 150	2 050	4 200	3 650	950	400	200	430	270	14 300

劳务，如电、水、气、修理修配、运输等，且辅助生产车间规模小，产品或劳务单一，发生的制造费用较少。一般情况下，企业的辅助生产车间都是单品种辅助生产车间，其所发生的生产费用都可被视为直接费用，可全部按成本项目直接归集计入所生产的产品或劳务的成本，发生的制造费用可直接记入“辅助生产成本明细账”，而不必通过按辅助生产车间设置的制造费用明细账核算。

如果企业辅助生产车间所生产的产品可以储存，是被用作企业生产的劳动资料，如修理用备件和工具、模具等产品，辅助生产车间发生的制造费用较多的情况下，其辅助生产的制造费用一般先通过“制造费用——某辅助生产车间”账户归集，再分配转入“生产成本——某辅助生产成本”账户。

如果辅助生产车间设置了“制造费用——某辅助车间”明细账，账内应按费用明细项目设专栏登记，如表4－2所示，而“生产成本——辅助生产成本（某辅助车间）”明细账，则按成本项目设专栏登记，如表4－3所示，月末将“制造费用——某辅助车间”明细账归集的费用总额分配转入“生产成本——辅助生产成本（某辅助车间）”明细账中。

表4－3　　辅助生产成本明细账

车间：机修车间　　20××年9月　　单位：元

日期		摘　　要	成本项目					月末转出
月	日		直接材料	燃料及动力	直接人工	制造费用	合计	
9	30	根据原材料费用分配表	12 750				12 750	
	30	根据燃料动力费用分配表		2 650			2 650	
	30	根据工资费用分配表			12 300		12 300	
	30	根据其他职工薪酬费用分配表			4 800		4 800	
	30	根据制造费用分配表4－2				14 300	14 300	
	30	根据辅助生产费用表分配转出						46 800
	30	本月合计	12 750	2 650	17 100	14 300	46 800	46 800

4.1.3　辅助生产费用的分配

由于辅助生产车间是为企业基本生产车间、行政管理部门等单位提供产品或劳务的，所以，辅助生产车间发生的费用，应由各受益的基本生产车间或行政管理部门负担。

1. 辅助生产费用分配的特点

辅助生产车间发生的各种费用计入成本费用的方法，是由辅助生产车间生产产品或提供劳务的情形以及它在生产中的作用决定的。

如果辅助生产车间是生产产品的，如自制材料、工具、模具等，在这些产品完工后，应将其成本从“生产成本——辅助生产成本”账户转入到“原材料”或“周转材料——低值易耗品”等账户中。各车间、部门领用时，再按照存货的核算方法，根据其具体的用途和数量，一次或分次转入有关成本费用账户。

如果辅助生产车间是提供电、水、蒸汽、修理、运输等产品或劳务的，辅助生产车间发生的费用在归集后，应根据各受益单位的耗用量，在各受益单位之间进行分配。在这种情况下，辅助生产车间除主要向基本生产车间和行政管理部门等单位提供产品或劳务外，辅助生产车间之间也相互提供产品或劳务，如供水车间向机修车间提供水，机修车间向供水车间提供修理劳务等。这样，要计算水的成本，首先应计算修理劳务的成本；而要计算修理劳务的成本，又必须先计算出水的成本，两者之间形成一种相互制约的关系。因此，在分配辅助生产费用时，在将辅助生产费用对外分配之前，首先应在辅助生产车间之间进行费用的交互分配，这就是辅助生产费用分配的特点。

2. 辅助生产费用的分配方法

根据辅助生产费用分配的特点，提供水、电、蒸汽、修理、运输等产品或劳务的辅助生产车间，将辅助生产费用分配给各受益单位时，常用的分配方法有直接分配法、顺序分配法、一次交互分配法、代数分配法、计划成本分配法等。

（1）直接分配法。直接分配法是将各辅助生产车间发生的费用直接分配给辅助生产车间以外的各受益单位，辅助生产车间之间相互提供的产品或劳务不进行交互分配的一种辅助生产费用分配方法。其计算公式如下：

$$\begin{array}{c}\text{某辅助生产车间}\\\text{费用分配率}\end{array}=\frac{\text{该辅助车间待分配费用总额}}{\begin{array}{c}\text{该辅助车间提供}\\\text{劳务(产品)数量}\end{array}-\begin{array}{c}\text{给其他辅助车间提供}\\\text{的劳务(或产品)数量}\end{array}}$$

$$\begin{array}{c}\text{某受益单位应分配的}\\\text{辅助生产费用}\end{array}=\begin{array}{c}\text{该受益单位耗用的}\\\text{劳务(产品)数量}\end{array}\times\begin{array}{c}\text{辅助生产车间}\\\text{费用分配率}\end{array}$$

【例 4－1】宏达工厂有供水、机修两个辅助生产车间，20××年 9 月两个辅助生产车间发生的辅助生产费用及向受益单位提供劳务的资料如表 4－4 所示。

表 4－4　　各部门发生的辅助生产费用及向受益单位提供劳务量

受益单位	机修车间（工时）	供水车间（吨）
供水车间	400	
机修车间		3 000
基本生产车间产品生产耗用		48 000
基本生产车间一般耗用	3 000	5 000
企业管理部门	600	4 000
劳务供应量合计	4 000	60 000
本月发生费用合计（元）	46 800	28 500

根据上述资料，采用直接分配法计算各辅助生产车间费用分配率如下：

机修车间费用分配率＝46 800÷(4 000－400)＝13（元/工时）

供水车间费用分配率＝28 500÷(60 000－3 000)＝0.5（元/吨）

根据各车间的辅助生产费用分配率，计算各受益部门应负担的辅助生产费用，并编制辅助生产费用分配表，如表4－5所示。

表4－5　　　　　　　　辅助生产费用分配表（直接分配法）

宏达工厂　　　　　　　　　　20××年9月　　　　　　　　　　单位：元

项　目		机修车间		供水车间		金额合计
		耗用数量	分配金额	耗用数量	分配金额	
待分配的辅助生产费用			46 800		28 500	75 300
分配数量		3 600		57 000		
分配率（单位成本）			13		0.5	
受益单位	基本车间产品生产耗用			48 000	24 000	24 000
	基本车间一般耗用	3 000	39 000	5 000	2 500	41 500
	企业管理部门耗用	600	7 800	4 000	2 000	9 800
合　　计		3 600	46 800	57 000	28 500	75 300

根据辅助生产费用分配表，编制会计分录如下：

借：生产成本——基本生产成本　　24 000

　　制造费用　　41 500

　　管理费用　　9 800

　　贷：生产成本——辅助生产成本——机修车间　　46 800

　　　　　　　　　　　　　　　　——供水车间　　28 500

采用直接分配法，由于不考虑各辅助生产车间之间相互提供产品或劳务的情况，辅助生产车间发生的费用仅对外分配一次，计算手续简便。但由于各辅助生产车间之间相互提供的产品或劳务不相互分配费用，影响了辅助生产成本计算的准确性。因此，这种方法一般只适用于在辅助生产车间之间相互提供产品或劳务较少的情况下采用。

（2）顺序分配法。顺序分配法又称为阶梯分配法，是指各辅助生产车间按受益的多少排序，受益少的排在最前面，先将费用分配出去，受益多的排在后面，后将费用分配出去。其特点是排在前面的辅助生产车间不负担排在后面的辅助生产车间的费用。

具体计算程序如下：

① 确定分配顺序。各辅助生产车间按照受益量的大小排序，受益最小的排在第一位，受益最大的排在最后一位。

② 分配排列在前的辅助生产车间发生的费用。先计算分配率，再计算分配额。计算公式如下：

$$\begin{array}{c}\text{某辅助生产车间}\\\text{费用分配率}\end{array}=\frac{\text{该辅助生产车间待分配费用总额}}{\text{该辅助生产车间提供的劳务(产品)总量}}$$

$$\begin{array}{c}\text{某受益单位应分配}\\\text{的辅助生产费用}\end{array}=\begin{array}{c}\text{该受益单位耗用的}\\\text{劳务(产品)数量}\end{array}\times\begin{array}{c}\text{辅助生产车间}\\\text{费用分配率}\end{array}$$

③ 分配排列在后的辅助生产车间发生的费用。先计算分配率，再计算分配额。计算公式如下：

$$\text{某辅助生产车间费用分配率}=\frac{\text{该辅助车间发生的费用总额}+\text{排在前面的辅助车间分入的费用}}{\text{该辅助车间提供的劳务（产品）总量}-\text{排在前面的辅助车间耗用的劳务（产品）数量}}$$

$$\text{某受益单位应分配的辅助生产费用}=\text{该受益单位耗用的劳务（产品）数量}\times\text{辅助生产车间费用分配率}$$

【例4－2】仍沿用例4－1的资料，采用顺序分配法计算分配的辅助生产费用如表4－6所示。假定修理车间受益少，排在前面先分配；供水车间受益多，后分配。

表4－6　　辅助生产费用分配表（顺序分配法）

宏达工厂　　20××年9月　　单位：元

项目 \ 辅助生产车间			机修车间		供水车间	
			数量	金额	数量	金额
待分配的辅助生产费用				46 800		33 180
提供的劳务总量			4000		57 000	
辅助生产费用分配率				11.7		0.5821
受益单位	辅助生产车间内部顺序分配	机修车间				
		供水车间	400	4 680		
	对外分配	产品生产耗用			48 000	27 940.8
		车间一般耗用	3 000	35 100	5 000	2 910.5
		管理部门耗用	600	7 020*	4 000	2 328.7*
分配金额合计				46 800		33 180

*7 020＝46 800－4 680－35 100

*2 328.7＝33 180－27 940.8－2 910.5

根据上述资料，采用顺序分配法计算各辅助生产车间费用分配率如下：

机修车间费用分配率＝46 800/4 000＝11.7（元/工时）

供水车间费用分配率＝(28 500＋4 680)/(60 000－3 000)＝0.5821（元/吨）

根据表4－6“辅助生产费用分配表”，编制会计分录如下：

借：生产成本——辅助生产成本——供水车间　　4 680
　　　　　　——基本生产成本　　27 940.8
　　制造费用　　38 010.5
　　管理费用　　9 348.7
　　贷：生产成本——辅助生产成本——机修车间　　46 800
　　　　　　　　　　　　　　　——供水车间　　33 180

采用顺序分配法能有重点地反映辅助生产车间交互提供劳务的关系，分配结果比直接分配法要合理些。但是由于这种方法使得排在前面的辅助生产车间不负担排在后面的辅助生产车间的费用，费用归集不完整，导致辅助生产车间之间交互服务的关系反映不全面，影响了分配结果的正确性。另外，在辅助生产车间较多的情况下，很难准确排定辅助生产车间受益多少的顺序。因而，顺序分配法只适用于各辅助生产车间之间相互受益程度有明显顺序的企业，并且分配顺序一经排定，一般不宜经常变动。

（3）一次交互分配法。一次交互分配法是先根据各辅助生产车间之间相互提供产品或劳务数量和交互分配前的费用分配率，在各辅助生产车间之间进行一次交互分配费用，再将各辅助生产车间交互分配后的实际费用（即交互分配前的待分配费用加上交互分配转入的费用，减去交互分配转出的费用）分配给辅助生产车间以外的各受益单位的一种辅助生产费用分配方法。其计算步骤如下：

① 根据各辅助生产车间提供的劳务总量以及所发生的辅助生产费用总额，计算交互分配单位成本（交互分配率），公式为：

$$\frac{\text{某辅助生产费用}}{\text{交互分配率}}=\frac{\text{该辅助车间发生的费用总额}}{\text{该辅助生产车间提供的劳务(产品)总量}}$$

② 以该交互分配率在辅助生产车间内部进行一次交互分配。

③ 计算交互分配后的实际费用，即对外分配费用总额，公式为：

$$\begin{matrix}\text{某辅助车间交互分配}\\\text{后的实际费用}\end{matrix}=\begin{matrix}\text{该辅助车间发生的}\\\text{辅助生产费用}\end{matrix}+\begin{matrix}\text{交互分配}\\\text{转入费用}\end{matrix}-\begin{matrix}\text{交互分配}\\\text{转出费用}\end{matrix}$$

④ 根据交互分配后的实际费用和辅助生产车间以外的各受益单位的受益量，计算交互分配后的单位成本（对外分配率），公式为：

$$\frac{\text{某辅助生产车间费用}}{\text{对外分配率}}=\frac{\text{该辅助车间交互分配后的费用总额}}{\text{该辅助车间对外部各受益单位提供劳务(产品)总量}}$$

⑤ 根据辅助生产车间以外的各单位受益量，以对外分配率计算分配外部各受益单位应负担的辅助生产费用。

⑥ 根据计算分配的结果，编制辅助生产费用分配表，并据以编制会计分录，登记总账和明细账。

【例 4－3】 仍沿用例 4－1 的资料，采用一次交互分配法编制辅助生产费用分配表，如表 4－7 所示。

表 4－7　　辅助生产费用分配表（一次交互分配法）

宏达工厂　　20××年 9 月　　单位：元

项　目			交互分配		对外分配		合计
辅助生产车间			机修车间	供水车间	机修车间	供水车间	
待分配费用（元）			46 800	28 500	43 545	31 755	
劳务供应总量			4 000（工时）	60 000（吨）	3 600	57 000	
费用分配率			11.7	0.475	12.096	0.5571	
辅助生产车间	机修车间	数量		3 000			
		金额		1 425			1 425
	供水车间	数量	400				
		金额	4 680				4 680

续表

项目			交互分配		对外分配		合计
辅助生产车间			机修车间	供水车间	机修车间	供水车间	
基本生产车间	产品生产耗用	数量				48 000	
		金额				26 740. 8	26 740. 8
	车间一般耗用	数量			3 000	5 000	
		金额			36 288	2 785. 5	39 073. 5
企业管理部门		数量			600	4 000	
		金额			7 257*	2 228. 7*	9 485. 7

＊7 257 =43 545 －36 288。

＊2 228. 7 =31 755 －26 740. 8 －2 785. 5。

根据上述资料，采用一次交互分配法计算各辅助生产车间费用分配率如下：

先计算交互分配率：

机修车间交互分配率 =46 800/4 000 =11. 7（元/工时）

供水车间交互分配率 =28 500/60 000 =0. 475（元/吨）

注意：交互分配率只在辅助生产车间之间交互分配费用。

再计算对外分配率：

机修车间对外分配率 =（46 800 +1 425 －4 680）/（4 000 －400）=12. 096（元/工时）

供水车间对外分配率 =（28 500 +4 680 －1 425）/（60 000 －3 000）=0. 5571（元/吨）

根据“辅助生产费用分配表”4 －7，编制会计分录：

① 交互分配：

借：生产成本——辅助生产成本——供水车间　　4 680

　　　　　　　　　　　　　　——机修车间　　1 425

　贷：生产成本——辅助生产成本——机修车间　　4 680

　　　　　　　　　　　　　　　——供水车间　　1 425

② 对外分配：

借：生产成本——基本生产成本　　26 740. 8

　　制造费用　　39 073. 5

　　管理费用　　9 485. 7

　贷：生产成本——辅助生产成本——机修车间　　43 545

　　　　　　　　　　　　　　　　供水车间　　31 755

采用一次交互分配法分配辅助生产费用，克服了直接分配法不能反映辅助生产车间之间相互提供产品和劳务而不相互分配费用的不足，提高了辅助生产费用分配的正确性；同时，也能促使各辅助生产车间降低相互之间的消耗，加强经济核算。但由于各辅助生产费用的分配都要计算两个费用分配率，增加了计算的工作量。因此，交互分配法一般适用于辅助生产车间不多，或相互提供产品或劳务量较多且不均衡的企业。

（4）代数分配法。代数分配法是运用代数中建立多元一次方程组的方法，计算出各辅助生产车间提供产品或劳务的单位成本，然后，再按各受益单位（包括辅助生产车间内部）耗用辅助生产车间产品或劳务的数量计算应分配的辅助生产费用的一种方法。在建立多元一次方程组时，每一组方程都是按下列公式的基本原理建立的：

$$\frac{\text{某辅助生产车间提供}}{\text{产品或劳务的数量}}\times\frac{\text{该产品或劳务}}{\text{的单位成本}}=\frac{\text{该辅助生产车间}}{\text{待分费用总额}}+\frac{\text{该辅助生产车间耗用其他辅助}}{\text{生产车间产品或劳务的数量}}\times\frac{\text{其他辅助生产车间产品}}{\text{或劳务的单位成本}}$$

只要将上式中产品或劳务的单位成本分别用未知数代替，建立一个方程组，并解出未知数，即可计算出每一种产品或劳务的单位成本。然后，按下式将辅助生产费用分配出去：

$$\frac{\text{某受益单位应分配}}{\text{的辅助生产费用}}=\frac{\text{该受益单位耗用的}}{\text{劳务或产品数量}}\times\frac{\text{该劳务或产品}}{\text{的单位成本}}$$

【例4－4】 仍沿用例4－1的资料，并假设机修车间每一修理工时的单位成本为X，供水车间每吨水的单位成本为Y，根据它们的关系，建立二元一次联立方程如下：

$$\begin{cases}4\,000X=46\,800+3\,000Y & \cdots\cdots(1)\\60\,000Y=28\,500+400X & \cdots\cdots(2)\end{cases}$$

解上述联立方程得：$\begin{cases}X=12.117\\Y=0.5558\end{cases}$

根据上述计算结果，编制辅助生产费用分配表，如表4－8所示。

表4－8　　　　辅助生产费用分配表（代数分配法）

宏达工厂　　　　20××年9月　　　　单位：元

项　　目			机修车间	供水车间	金额合计
待分配费用			46 800	28 500	
劳务供应总量			4 000（工时）	60 000（吨）	
实际分配率（单位成本）			12.117	0.5558	
辅助生产车间	机修车间	数量		3 000	
		金额		1 667.4	1 667.4
	供水车间	数量	400		
		金额	4 846.8		4 846.8
基本生产车间	产品生产耗用	数量		48 000	
		金额		26 678.4	26 678.4
	车间一般耗用	数量	3 000	5 000	
		金额	36 351	2 779	39 130
企业管理部门耗用		数量	600	4 000	
		金额	7 269.6*	2 222*	9 491.6

＊7 269.6＝46 800＋1 667.4－4 846.8－36 351。

＊2 222＝28 500＋4 846.8－1 667.4－26 678.4－2 779。

根据“辅助生产费用分配表”4－8，编制会计分录：

借：生产成本——辅助生产成本——机修车间　　　　1 667.4

　　　　　　　　　　　　　　——供水车间　　　　4 846.8

　　　　　——基本生产成本　　　　26 678.4

制造费用　　　　　　　　　　　　　　　　　　　　39 130
管理费用　　　　　　　　　　　　　　　　　　　　9 491.6
贷：生产成本——辅助生产成本——供水车间　　　　　48 467.4
——机修车间　　　　　　　　33 346.8

采用代数分配法分配辅助生产费用，分配结果最准确，但在辅助生产车间较多的情况下，需设的未知数较多，计算工作就比较复杂。因此这种方法一般适用于辅助生产车间较少或会计工作实现了电算化的企业。

（5）计划成本分配法。采用计划成本分配法，是先按事先确定的辅助生产车间提供的产品或劳务的计划单位成本和各受益单位的耗用数量，计算各受益单位应分配的辅助生产费用，再计算和分配辅助生产车间实际发生费用与按计划成本计算的分配金额之间的差额，即辅助生产成本差异。其计算步骤如下：

① 计划分配：按事先确定的计划单位成本和各受益单位的耗用数量进行分配。

② 计算辅助生产车间实际成本：

$$\text{某辅助生产车间的实际成本}=\text{该辅助生产车间实际发生的费用}+\text{计划分配转入的费用}$$

③ 计算各辅助生产成本差异：

$$\text{某辅助生产成本差异}=\text{该辅助生产实际成本}-\text{按计划分配金额合计}$$

对于辅助生产成本差异有两种处理方法：一是采用直接分配法直接分配给辅助生产车间以外的车间、部门；二是直接计入管理费用。为了简化分配工作，辅助生产成本差异通常全部调整计入管理费用，不再分配给辅助生产以外的其他受益车间、部门。

【例4-5】仍沿用例4-1的资料，假定机修的计划单位成本为12.5元，水的计划单位成本为0.52元，按计划单位成本分配辅助生产费用，编制辅助生产费用分配表，如表4-9所示。

表4-9　　　　辅助生产费用分配表（计划成本分配法）

宏达工厂　　　　　　　　20××年9月　　　　　　　　单位：元

项　目			机修车间	供水车间	合计
待分配的辅助生产费用（元）			46 800	28 500	75 300
劳务供应总量			4 000（工时）	60 000（吨）	
计划单位成本			12.5	0.52	
辅助生产车间	机修车间	数量		3 000	
		金额		1 560	1 560
	供水车间	数量	400		
		金额	5 000		5 000
基本生产车间	产品生产耗用	数量		48 000	
		金额		24 960	24 960
	车间一般耗用	数量	3 000	5 000	
		金额	37 500	2 600	40 100

续表

项　目		机修车间	供水车间	合计
企业管理部门耗用	数量	600	4 000	
	金额	7 500	2 080	9 580
按计划成本分配金额合计		50 000	31 200	81 200
辅助生产实际成本		48 360	33 500	81 860
辅助生产成本差异额		－1 640	＋2 300	＋660

注：辅助生产的实际成本计算如下：
机修车间实际成本＝46 800＋1 560＝48 360（元）。
供水车间实际成本＝28 500＋5 000＝33 500（元）。

根据“辅助生产费用分配表”4－9，编制会计分录：

① 按计划成本分配：

借：生产成本——辅助生产成本——机修车间　　1 560
　　　　　　　　　　　　　　——供水车间　　5 000
　　　　　——基本生产成本　　24 960
　　制造费用　　40 100
　　管理费用　　9 580
　　贷：生产成本——辅助生产成本——供水车间　　31 200
　　　　　　　　　　　　　　　——机修车间　　50 000

② 分配结转辅助生产成本差异：

借：管理费用　　660
　　贷：生产成本——辅助生产成本——机修车间　　1 640
　　　　　　　　　　　　　　　——供水车间　　2 300

采用计划成本分配法分配辅助生产费用，由于是按事先确定的辅助生产车间提供产品或劳务的计划单位成本分配费用，计算手续简化，各种辅助生产费用只计算分配一次，而且不是在辅助生产车间实际费用计算后再分配，加快了会计核算的速度，并且能考核各辅助生产车间成本计划的执行情况，有利于厂内经济核算。但如果辅助生产车间生产的产品或劳务的计划单位成本制定得不准确，会影响成本计算的正确性。因此这种方法一般适用于辅助生产车间产品或劳务的计划单位成本制定得比较准确的情况下采用。

【同步思考4－1】

1. 采用计划成本分配法，为什么辅助生产实际成本是以辅助生产车间实际发生的费用为基础加上计划分配转入的费用，而没有减去计划分配转出的费用？

2. 以上辅助生产费用的分配方法中哪些方法体现了交互分配的内容？

4.2 制造费用的归集与分配

4.2.1 制造费用的归集

制造费用是企业生产单位（分厂、车间）为组织和管理生产而发生的各项间接费用，包括生产单位管理人员的职工薪酬、生产单位房屋、建筑物、机器设备等的折旧费、办公费、水电费、差旅费、设计制图费、试验检验费、机物料消耗、劳动保护费、季节性停工损失和固定资产大修理期间的停工损失等。制造费用是产品成本的重要组成部分，正确合理地组织制造费用的核算，对于准确计算产品成本，控制各分厂、车间费用的开支，考核费用预算的执行情况，不断降低产品成本具有重要的作用。

为了总括反映企业一定时期内发生的制造费用及其分配情况，应设置“制造费用”账户，该账户的借方归集企业在一定时期内发生的全部制造费用，贷方反映分配计入有关成本核算对象的制造费用数额，除季节性生产的企业或采用累计分配率法分配制造费用的企业外，“制造费用”账户期末一般应无余额。制造费用应分别各分厂、车间设置明细账，账内按费用明细项目设专栏或专户进行明细核算。“制造费用明细账”的格式如表4－10所示。

企业发生各项制造费用时，应按其用途和地点进行归集，根据各种费用分配表以及有关费用凭证，借记“制造费用”账户，贷记“原材料”、“应付职工薪酬——工资”、“应付职工薪酬——职工福利”、“应付职工薪酬——社会保险费”、“累计折旧”、“银行存款”、“库存现金”等账户，月末应全部分配转入“生产成本——基本生产成本”账户，计入产品制造成本。

4.2.2 制造费用的分配

1. 制造费用分配的程序

对辅助生产车间的间接费用通过“制造费用”账户核算的企业，应先分配辅助生产车间的制造费用，将其计入辅助生产制造成本，然后分配辅助生产费用，将其中应由基本生产车间负担的费用计入基本生产车间的产品成本，最后再分配基本生产车间的制造费用。

由于各车间的制造费用水平不同，制造费用的分配应该按照车间分别进行，而不应将各车间的制造费用汇总起来，在整个企业范围内统一分配。各车间制造费用的分配对象应是本车间当期生产的各种产品或提供的劳务。在生产单一产品的车间或分厂，归集的制造费用可直接计入该种产品的制造成本；在生产多种产品的车间或分厂，应采用一定的方法，在各成本核算对象之间进行分配。

表 4－10

制造费用明细账

车间：第一基本生产车间

20××年9月

单位：元

年		摘　要	明细项目											合　计
月	日		材料费	工资	福利费	工会经费	职工教育经费	折旧费	办公费	修理费	劳保费	保险费	其他	
9	30	分配材料费用	9 000											9 000
	30	分配工资费用		7 800										7 800
	30	分配福利费用			1 650									1 650
	30	分配折旧费用						4 500						4 500
	30	支付办公费							545					545
	30	支付修理费								875				875
	30	支付劳动保护费									3 500			3 500
	30	摊销保险费										1 400		1 400
	30	支付其他费用				800	750						680	680
	30	本月合计	9 000	7 800	1 650	800	750	4 500	545	875	3 500	1 400	680	31 500
	30	月末转出	9 000	7 800	1 650	800	750	4 500	545	875	3 500	1 400	680	31 500

2. 制造费用分配的原则

合理分配制造费用的关键在于正确选择分配标准。一般情况下，选择制造费用分配标准应遵循以下几个原则：（1）分配标准与被分配的费用要有因果关系；（2）计算简便；（3）分配标准要相对稳定。

【同步思考 4－2】

不同基本生产车间发生的制造费用能集中起来分配给全厂生产的每一种产品吗？为什么？

3. 制造费用的分配方法

制造费用的分配方法很多，常见的有以下几种：

（1）生产工时比例法。生产工时比例法是按照各种产品所用生产工时的比例分配制造费用的方法。其生产工时可以是实际工时，也可以是定额工时。在工时记录齐全的情况下，采用实际工时较为准确。其计算公式如下：

$$制造费用分配率=\frac{制造费用总额}{各种产品实际(定额)工时之和}$$

$$某种产品应分配的制造费用=该产品实际(定额)工时\times制造费用分配率$$

【例 4－6】某企业第一基本生产车间生产甲、乙两种产品，该车间本月“制造费用明细账”（见表 4－10）归集的制造费用为 31 500 元，该车间本月实际生产工时为 10 000 小时，其中甲产品 6 000 小时，乙产品 4 000 小时。采用生产工时比例法，编制“制造费用分配表”，如表 4－11 所示。

表 4－11　　制造费用分配表

车间：第一基本生产车间　　20××年×月　　单位：元

产品名称	生产工时	分配率	分配金额
甲产品	6 000		18 900
乙产品	4 000		12 600
合　计	10 000	3.15	31 500

按生产工时分配制造费用，可以使各种产品负担的制造费用与劳动生产率结合起来，分配结果比较合理。同时该分配标准的资料容易取得，使分配计算工作较为简便，因而被企业广泛采用。但是如果固定资产的折旧费在制造费用中占的比例较大，且各种产品的机械化程度不同，按此标准分配制造费用，就会使机械化程度较高的产品少负担固定资产折旧费，导致分配结果与费用的实际发生情况不相符合，因此这种方法适用于各种产品生产的机械化程度大致相同的情况。

（2）机器工时比例法。机器工时比例法是以各种产品所用机器设备运转工作时数为标准分配制造费用的一种方法。其计算公式如下：

$$制造费用分配率=\frac{制造费用总额}{各种产品机器工时总数}$$

$$\begin{matrix}某种产品应分配\\的制造费用\end{matrix}=\begin{matrix}该产品耗用机器\\工时数\end{matrix}\times 制造费用分配率$$

如果企业生产单位存在着不同类型的机器设备，而且其折旧费用差别较大，如一件产品在高级精密或大型机器设备上加工 1 小时所应负担的费用，与在小型机器设备上加工 1 小时所应负担的费用，应当有所区别。为使其合理，还应将机器设备进行分类，按其类别确定机器工时系数，用工时系数折算出标准机器工时，再按标准机器工时分配制造费用。

【例 4 -7】某企业生产车间用 A、B 两类设备生产甲、乙、丙三种产品，本月制造费用总额为 99 750 元，机器工时总数为 48 500 小时。A 设备为一般设备，工时总数为 21 500 小时，其中甲产品加工 8 000 小时，乙产品加工 10 000 小时，丙产品加工 3 500 小时，工时系数定为 1；B 设备为高级精密设备，工时总数为 30 000 小时，其中甲产品加工 8 000 小时，乙产品加工 9 000 小时，丙产品加工 13 000 小时，工时系数为 1.5。采用机器工时比例法，编制"制造费用分配表"，如表 4 -12 所示。

表 4 -12　　制造费用分配表

车间：　　20××年×月　　单位：元

产品名称	标准机器工时（小时）				分配率	分配金额
	A 设备标准机器工时	B 设备标准机器工时（系数 1.5）		小计		
		实际机器工时	标准机器工时			
甲产品	8 000	8 000	12 000	20 000		30 000
乙产品	10 000	9 000	13 500	23 500		35 250
丙产品	3 500	13 000	19 500	23 000		34 500
合计	21 500	30 000	45 000	66 500	1.5	99 750

采用机器工时比例法分配制造费用，当机器设备差别较大，制造费用的发生与机器设备运转的时间有密切关系时，能够提高分配结果的合理性。这种方法适用于各种产品所耗机器工时的原始记录资料比较完备的生产单位。

（3）生产工人比例法。生产工人工资比例法又称直接工资比例法，是按照直接计入各种产品成本的生产工人实际工资的比例分配制造费用的方法。其计算公式为：

$$制造费用分配率=\frac{制造费用总额}{各种产品生产工人工资总额}$$

$$\begin{matrix}某种产品应分配\\的制造费用\end{matrix}=\begin{matrix}该种产品生产工人\\工资数额\end{matrix}\times 制造费用分配率$$

【例 4 -8】某企业生产车间生产甲、乙两种产品，本月发生制造费用总额为 46 150 元，生产工人工资为 71 000 元，其中，用于生产甲产品 53 500 元，用于生产乙产品 17 500 元。采用生产工人工资比例法分配制造费用如表 4 -13 所示。

表 4－13　　　　　　　　　　　　**制造费用分配表**

车间：　　　　　　　　　　　　　20××年×月　　　　　　　　　　　　单位：元

产品名称	生产工人工资	分配率	分配金额
甲产品	53 500		34 775
乙产品	17 500		11 375
合　　计	71 000	0.65	46 150

采用直接工资分配制造费用，分配标准容易取得，计算工作比较简便。但采用这种方法时，各种产品生产的机械化程度或产品的加工技术等级不能相差悬殊，否则，机械化程度高、产品加工技术等级低的产品，由于工资费用少，负担较少的制造费用；而机械化程度低、产品加工技术等级高的产品，由于工资费用多，负担较多的制造费用。这样影响费用分配的合理性，从而影响成本计算的正确性。因此这种方法适用于各种产品生产的机械化程度大致相同和产品加工技术等级大致相同的情况。

（4）直接费用比例法。直接费用比例法是以计入各种产品的各项直接费用，即直接材料费用和直接人工费用之和为标准来分配制造费用的方法。其计算公式如下：

$$制造费用分配率=\frac{制造费用总额}{各种产品的直接费用总额}$$

$$\begin{matrix}某种产品应分配\\的制造费用\end{matrix}=\begin{matrix}该种产品的直接\\费用总额\end{matrix}\times 制造费用分配率$$

【例 4－9】某基本生产车间生产甲、乙、丙三种产品，本月制造费用总额为 77 568 元，甲、乙、丙三种产品的直接费用及制造费用的计算分配如表 4－14 所示。

表 4－14　　　　　　　　　　　　**制造费用分配表**

车间：　　　　　　　　　　　　　20××年×月　　　　　　　　　　　　单位：元

产品名称	直接材料	直接人工	直接费用总数		分配金额
甲产品	68 500	17 500	86 000		41 280
乙产品	35 000	11 600	46 600		22 368
丙产品	19 500	9 500	29 000		13 920
合　　计	123 000	38 600	161 600	0.48	77 568

采用这种方法分配制造费用，应以产品的直接费用与制造费用的发生有关系为前提，并且各项直接费用对制造费用的影响程度必须大体一致。否则分配结果就不合理。

（5）计划分配率分配法。计划分配率分配法是根据企业正常经营条件下的年度制造费用预算和预计产量的定额标准（一般为定额工时）计算分配率，再根据预计分配率分配制造费用的方法。其计算公式为：

$$计划分配率=\frac{全年制造费用计划总额}{全年各种产品计划产量的定额工时之和}$$

$$\begin{matrix}某月某种产品应分\\配的制造费用\end{matrix}=\begin{matrix}本月该种产品实际产量\\的定额工时数\end{matrix}\times 计划分配率$$

采用这种分配方法，不管各月实际发生的制造费用是多少，每月各种产品所负担的制造费用都按年度计划分配率分配。但在年度内如果发现全年的制造费用实际数和产量实际数与计划数发生较大的差额时，应及时调整计划分配率。

【例 4-10】 某企业生产车间全年制造费用计划总额为 79 300 元，全年计划生产 A 产品 3 600 件，B 产品 2 000 件；A 产品工时定额为 4 小时，B 产品工时定额为 5 小时。9 月份 A 产品实际产量为 310 件，B 产品实际产量为 170 件，实际制造费用发生数 6 600 元。采用计划分配率法，制造费用分配计算如下：

$$\text{计划分配率} = \frac{79\ 300}{3\ 600 \times 4 + 2\ 000 \times 5} = 3.25$$

本月 A 产品应负担的制造费用 $= 310 \times 4 \times 3.25 = 4\ 030$（元）

本月 B 产品应负担的制造费用 $= 170 \times 5 \times 3.25 = 2\ 762.5$（元）

该车间本月应分配转出的制造费用 $= 4\ 030 + 2\ 762.5 = 6\ 792.5$（元）

采用这种方法分配，“制造费用”账户月末一般都有余额，余额既可能出现在借方，也可能出现在贷方。本例“制造费用”账户贷方分配数额为 6 792.5 元。而借方归集数只有 6 600 元，本月出现贷方余额 192.5 元。贷方余额表示按照计划已预先计入产品成本但尚未支付的费用；借方余额表示超过计划预付的费用。年末，一般将“制造费用”账户的余额调整计入 12 月份的产品成本，借记“生产成本——基本生产成本”账户，贷记“制造费用”账户，如果实际发生额大于计划分配额，用蓝字补加；反之用红字冲减。年末，制造费用差额分配结转后，“制造费用”账户应无余额。

采用计划分配率法分配制造费用，不必每月计算制造费用分配率，简化和加快了制造费用的分配工作，并能均衡各期产品负担的制造费用，还能及时反映各月制造费用预算数与实际数的差异，有利于考核和检查制造费用预算的执行情况。在季节性生产的企业或车间里，由于生产淡季和旺季的产品产量相差悬殊，但每月发生的制造费用却大体相同，如果按实际分配率分配，各月份产品生产成本中的制造费用会相差很大，淡季成本水平偏高，旺季则偏低，影响产品成本的准确性，不利于成本分析。因而季节性生产的企业或车间特别适用于采用计划分配率法分配制造费用。但是，采用这种分配方法时，要求企业有较高的计划和定额管理水平，否则计划分配额与实际发生额差异过大，就会影响分配结果的准确性。

（6）累计分配率法。累计分配率法是将当月完工批次的产品应负担的制造费用，在其完工时一次进行分配，而对当月未完工批次产品应负担的制造费用保留在“制造费用”账户中，暂不分配，待其完工后连同新发生的制造费用一并分配的一种方法。其计算公式如下：

$$\text{某生产单位制造费用累计分配率} = \frac{\text{制造费用期初余额} + \text{本期制造费用发生额}}{\text{期初未完工产品分配标准的累计数} + \text{本期发生的分配标准数}}$$

$$\text{已完工产品应分配的制造费用} = \text{该批完工产品分配标准的累计数} \times \text{该生产单位制造费用累计分配率}$$

（产品的分配标准一般应为产品的生产工时）

如果企业生产周期较长，产品生产批次较多，每月完工产品批次只占全部产品批次的一小部分，采用累计分配率法分配制造费用，可以简化分配工作。但在产品完工前，生产成本账户只有直接费用和累计分配标准，不能完整地反映未完工产品成本。累计分配率法的具体运用，将在第 5 章产品成本计算的分批法中进一步介绍，在此不再详述。

4. 制造费用分配的账务处理

月末，企业应根据制造费用计算分配的结果进行账务处理。基本生产车间所归集的制造费用分配转入“生产成本——基本生产成本”账户；辅助生产车间的制造费用分配转入“生产成本——辅助生产成本”账户。如果属于可修复废品应负担的制造费用计入“废品损失”账户。现根据表 4 - 14 制造费用分配表编制会计分录如下：

借：生产成本——基本生产成本——甲产品　　41 280
　　　　　　　　　　　　　　——乙产品　　22 368
　　　　　　　　　　　　　　——丙产品　　13 920
　贷：制造费用　　77 568

【同步思考 4 -3】

什么情况下“制造费用”账户年内可能有余额，但年末一定无余额，为什么？

4.3 生产损失的归集与分配

以上各节对生产过程各项费用的核算都是以这些费用是合格产品的生产耗费为假定。实际上，生产过程中由于生产工艺，生产外部条件，原材料质量，工人技术水平，生产管理水平等诸多因素的影响，常常发生各种生产损失。在现有条件下，一定的损失是不可避免的，可以将其理解为生产一定合格产品而连带发生的费用。这些费用大多构成生产性支出，并且由产品成本负担，这类损失越多，产品成本越高，企业经济效益也越低。因此，企业应加强对生产损失的核算与控制，及时分析损失原因并加以防范。

生产损失主要包括废品损失和停工损失。

4.3.1 废品损失的归集与分配

1. 废品损失的概念

废品是指不符合规定的技术标准，不能按原定用途使用，或者需要经过加工修复后才能使用的在产品、半成品和产成品。不论它们是生产过程中发现的，还是入库后或销售后发现的，只要属于生产原因造成的，都是生产中的废品。但是如果产品入库时为合格品，而后因保管不善等原因而发生的变质、损坏，不能按原定用途使用，则属管理上的问题，不属于废品之列。销售后发现的废品也不包括在废品中。

废品按是否可修复分为可修复废品和不可修复废品两种。可修复废品是指经过加工修复后仍可以使用，而且修复费用在经济上合算的废品；不可修复废品是指技术上无法修复，或者所花费的修复费用在经济上不合算的废品。废品按其形成原因又可分为工废和料废两种。工废是由于工人操作上的原因造成的废品，属于操作人员的责任；料废是由于被加工的原材料或半成品的质量不符合要求所造成的废品，不属于操作人员的责任。

废品损失是指由于产生废品而造成的损失，包括可修复废品的修复费用，以及在生产过程中出现的和完工后发现的不可修复废品的生产成本扣除回收的残料和应收赔偿款后的净损失。

【同步链接4-1】

下列不属于废品损失：

经过质量检验部门鉴定不需要返修，可以降价出售的不合格品的成本与合格品的成本相同，其降价损失不应作为废品损失处理。产成品入库后，由于保管不善等原因而损坏变质的损失，属于管理上的问题，应作为管理费用处理。实行“三包”的企业，在产品出售以后发现的废品所发生的一切损失，应计入销售费用，不包括在废品损失内。

废品发现后，应由质检部门填制“废品通知单”，并列明废品的种类、数量、产生废品的原因和过失人等，成本会计人员应根据审核后的“废品通知单”，进行核算。

2. 废品损失的归集与分配

在单独核算废品损失的企业，为了归集和分配企业发生的废品损失，应设置“废品损失”账户，并在产品生产成本明细账中增设“废品损失”成本项目专栏。“废品损失”账户应按车间和废品的种类设置明细账，账内按成本项目登记废品损失的详细资料。该账户的借方归集不可修复废品的生产成本和可修复废品的修复费用；贷方登记废品回收残值和应收的赔款。该账户借贷双方上述内容相抵后的差额，即为本月发生的废品净损失，应由本期同种产品的成本负担。月终，将废品净损失从“废品损失”账户的贷方转入“生产成本——基本生产成本”账户的借方（记入本月同种产品生产成本明细账的“废品损失”项目）。在实行车间经济核算制的企业中，属于料废的损失，还应转入责任车间，归由责任车间的产品成本负担。结转后“废品损失”账户月末没有余额。

（1）不可修复废品损失的归集和分配。归集不可修复废品的损失，首先要计算不可修复废品已耗的生产成本，从“生产成本——基本生产成本”账户中转出，转入到“废品损失”账户。由于不可修复废品的成本与合格品成本往往同时形成，废品的成本包含在合格品成本中，因此还需要根据废品的已加工程度，采用一定的方法，将产品的各成本项目费用在合格品与废品之间进行分配，计算出不可修复废品的已耗成本，然后再减去不可修复废品的残值和责任人的赔偿款后，即可计算出不可修复废品的损失。

不可修复废品已耗成本的计算，可按实际成本计算，也可按计划成本（或定额成本）计算。

① 按实际成本计算。根据合格产品和不可修复废品实际耗用的总成本，按合格产品和不可修复废品的数量或实际生产工时的比例计算。

如果废品是在完工后发现的，则废品应负担的费用与合格品相同，可按废品数量和合格品数量分配各项生产费用。如果废品是在加工过程中发现的，由于不可修复废品应负担的费用受其加工程度的影响，与合格品有所区别，所以需要分别计算。一般情况下，废品应负担的直接人工费用和制造费用与完工程度直接相关，可按生产工时分配标准进行分配，直接材料费用在生产开始时一次投料的情况下，可直接按废品数量和合格品数量分配。计算公式为：

$$废品应负担的直接材料费用=\frac{某种产品直接材料成本总额}{合格品数量+废品数量}\times 废品数量$$

$$废品应负担的直接人工费用=\frac{某种产品直接人工费用总额}{合格品生产工时+废品生产工时}\times 废品生产工时$$

$$废品应负担的制造费用=\frac{某种产品制造费用总额}{合格品生产工时+废品生产工时}\times 废品生产工时$$

【例 4－11】红星工厂加工车间生产甲产品，2014 年 9 月共生产 5 000 件，生产过程中发现废品 200 件，合格品和废品的全部生产工时为 30 000 小时，其中废品生产工时为 500 小时。甲产品的生产成本明细账所列合格品和废品的全部生产费用为：直接材料 85 800 元，直接人工 55 500 元，制造费用 36 000 元。废品残料回收价值为 1 200 元。原材料是在生产开始时一次投入的，原材料费用应按合格品产量和废品数量的比例分配；其他费用按生产工时比例分配。根据以上资料编制废品损失计算表，如表 4－15 所示。

表 4－15　　废品损失计算表

车间名称：加工车间　　2014 年 9 月　　产品名称：乙　　单位：元

项　目	数量（件）	生产工时	直接材料	直接人工	制造费用	成本合计
费用总额	5 200	30 000	85 800	55 500	36 000	177 300
费用分配率			16.5	1.85	1.2	
废品成本	200	500	3 300	925	600	4 825
减：废品残值			1 200			1 200
废品净损失			2 100	925	600	3 625

根据废品损失计算表，编制会计分录如下：

A. 计算不可修复废品成本，结转废品成本到“废品损失”账户：

借：废品损失——甲产品　　4 825

　　贷：生产成本——基本生产成本——甲产品　　4 825

B. 回收废品残料价值：

借：原材料　　1 200

　　贷：废品损失——甲产品　　1 200

C. 将废品净损失转入合格产品成本：

借：生产成本——基本生产成本——甲产品　　3 625

　　贷：废品损失——甲产品　　3 625

根据以上资料登记废品损失明细账和生产成本明细账，如表 4－16 和表 4－17 所示。

表 4-16　　废品损失明细账

车间：加工车间　　2014 年 9 月　　产品名称：甲产品　　单位：元

年		凭证字号	摘　要	明细项目			合计
月	日			直接材料	直接人工	制造费用	
9	30		转入废品成本	3 300	925	600	4 825
	30		回收残料价值	-1 200			-1 200
	30		废品净损失	2 100	925	600	3 625
	30		结转废品净损失	2 100	925	600	3 625

表 4-17　　生产成本明细账

车间：加工车间　　2014 年 9 月　　产品名称：甲产品　　单位：元

年		凭证字号	摘　要	直接材料	直接人工	制造费用	废品损失	成本合计
月	日							
9	30		合 计	85 800	55 500	36 000		177 300
	30		转出废品成本	3 300	925	600		4 825
	30		转入废品净损失				3 625	3 625
	30		合计	82 500	54 575	35 400	3 625	176 100

按废品的实际成本计算和分配废品损失，符合实际情况，但必须等到“生产成本——基本生产成本”账户的实际生产费用全部汇总后才能计算和结转废品的实际成本，影响成本核算的及时性。

② 按定额成本计算。根据单位产品的计划或定额成本和废品的数量，以及发现废品时已投料和已加工的程度计算废品成本，不考虑废品实际发生的生产费用是多少，即废品只负担定额费用，定额费用与实际费用的差额全部由合格品负担。

【例 4-12】 某企业第一基本生产车间 2014 年 9 月在 B 产品的生产过程中，发现不可修复废品 20 件，材料已全部投入，加工程度为 60%，B 产品单位费用定额为 345 元，其中直接材料 205 元，直接人工 90 元，制造费用 50 元。废品残料回收价值 480 元，应收责任人的赔偿款 1 000 元。

根据上述资料，编制“废品损失计算表”，如表 4-18 所示。

表 4-18　　废品损失计算表

车间：第一基本生产车间　　2014 年 9 月　　产品：B 产品　　单位：元

项　目	直接材料	直接人工	制造费用	合　计
单位产品费用定额	205	90	50	345
不可修复废品数量	20	12	12	
不可修复废品损失	4 100	1 080	600	5 780
减：废品残值	480			480
减：应收赔偿款				1 000
废品净损失	3 620	1 080	600	4 300

根据废品损失计算表，编制会计分录如下：

A. 计算废品成本，结转废品成本到“废品损失”账户：

借：废品损失——B 产品　　5 780

　　贷：生产成本——基本生产成本　　5 780

B. 回收废品残料价值和应收的赔款：

借：原材料　　480

　　其他应收款——×责任人　　1 000

　　贷：废品损失——B 产品　　1 480

C. 将废品净损失转入合格产品成本：

借：生产成本——基本生产成本——B 产品　　4 300

　　贷：废品损失——B 产品　　4 300

采用这种方法，废品的成本按废品的数量和各项费用定额计算，而不考虑废品实际发生的费用是多少，不仅核算工作简便，而且还可以使计入产品成本的废品损失数额不受废品实际水平高低的影响，从而有利于废品损失和产品成本的考核与分析。在具备比较准确的定额成本资料的情况下，大多采用这种方法。

（2）可修复废品损失的归集与分配。可修复废品的损失是指废品在修复过程中发生的修复费用，包括修复过程中发生的材料费用、工资费用和制造费用。可修复废品返修以前发生的费用不是废品损失，应保留在“生产成本”账户及有关产品成本明细账中，不必转出。返修时发生的修复费用，可根据原材料、工资、制造费用等分配表及有关凭证，借记“废品损失”账户，贷记“原材料”、“应付职工薪酬——工资”、“制造费用”等账户，如有回收残料，应从修复费用中扣除，然后将废品净损失从“废品损失”账户的贷方转入“生产成本——基本生产成本”账户的借方。

【例 4－13】 某企业第二基本生产车间 2014 年 9 月在丙产品入库时，发现可修复废品 10 件，当即进行修理，发生修理用材料 485 元，应分配的工资为 630 元，应负担的制造费用为 315 元，修复过程中回收残料 50 元。根据所给资料，编制会计分录如下：

① 返修时发生的修复费用：

借：废品损失——丙产品　　1 430

　　贷：原材料　　485

　　　　应付职工薪酬——工资　　630

　　　　制造费用　　315

② 回收废品的残料价值：

借：原材料　　50

　　贷：废品损失——丙产品　　50

③ 计算并结转废品净损失：

废品净损失＝1 430－50＝1 380（元）

借：生产成本——基本生产成本——丙产品　　1 380

　　贷：废品损失——丙产品　　1 380

【同步思考 4 -4】

在不单独核算废品损失的企业中，如果出现废品，应该如何核算？

4.3.2 停工损失的归集与分配

停工损失是指企业生产车间或车间内某个班组在停工期内发生的各项费用，包括停工期内支付的生产工人工资和其他职工薪酬费用、所耗用的燃料和动力费，以及应负担的制造费用等。应由过失单位或个人负担的赔款，应从停工损失中扣除。计算停工损失的时间界限，由企业主管部门规定，或由企业主管部门授权企业自行规定。为了简化核算，停工不满一个工作日的，可以不计算停工损失。

发生停工的原因很多，如电力中断，原材料供应不足，机器设备发生故障或进行大修理，发生非常灾害，以及计划减产等。企业应区别不同情况进行处理。由于自然灾害引起的停工损失，应按规定转作营业外支出；由于计划减产造成的主要车间连续停工一个月以上，或全厂连续停产 10 天以上的停工损失，按制度规定也应转作营业外支出；其他停工损失，都应计入产品成本。

在停工时，车间应填列停工报告单，并在考勤记录中进行登记。会计部门和车间核算人员应对停工报告单所列停工范围、时数及其原因和过失单位等事项进行审核。只有经过审核的停工报告单，才能作为停工损失核算的依据。

为了单独核算停工损失，应设置“停工损失”账户，该账户的借方归集停工期间发生的、应该列作停工损失的各项费用，该账户的贷方登记应由过失单位或个人的赔款以及结转的停工净损失，该账户月末一般无余额。对于停工净损失，应根据停工原因分别转入不同的账户。因非常灾害和由于计划减产使主要生产车间连续停工一个月以上或整个企业连续停工 10 天以上造成的停工损失，应从“停工损失”账户的贷方转入“营业外支出”账户的借方；对于其他计划外的停工损失，应全部计入当月生产的产品成本中（单独核算停工损失时，产品成本项目应增设“停工损失”项目），如果生产几种产品，还应采用适当的分配方法（一般采用与制造费用相同的分配方法），分配计入各该车间各种产品成本的“停工损失”项目，借记“生产成本——基本生产成本——×产品”账户，贷记“停工损失”账户。

对于季节性生产企业的季节性停工和大修理期间的停工，是生产经营过程中的正常现象，停工期内发生的费用不属于停工损失，不应作为停工损失核算。其中季节性生产企业的制造费用可按计划分配率法分配计入各月产品成本；其他费用可以采用待摊或预提的方法计入各期产品成本。

为了简化核算工作，辅助生产车间通常不单独核算停工损失。

在不单独核算停工损失的企业中，不设置“停工损失”账户，停工期间发生的属于停工损失的各种费用，直接记入“制造费用”和“营业外支出”等账户分别反映。这种核算方法简便，但对于停工损失的分析和控制会产生一定的不利影响。

复习思考题

1. 什么是综合费用?
2. 辅助生产费用有哪些分配方法？各有何特点和适用范围?
3. 反映各辅助生产车间交互分配内容的辅助生产费用分配方法有哪些?
4. 常见的制造费用分配方法有哪些?
5. 制造费用分配后一定无余额吗？为什么?
6. 单独核算废品损失和不单独核算废品损失有何区别?

第5章
生产费用在完工产品和期末在产品之间的分配

【学习目标】

1. 熟悉在产品的数量核算；
2. 掌握生产费用在完工产品和期末在产品之间分配的方法；
3. 重点掌握约当产量法、定额成本法和定额比例法。

【案例导入】

华南公司第一生产车间生产甲、乙两种产品，设有直接材料、直接人工、直接燃料和动力和制造费用四个成本项目，每个成本项目的费用均已在两种产品之间进行了分配。月末甲产品已经全部完工，而乙产品的完工产品和月末在产品数量均较多，各月末在产品数量变化也较大，各成本项目的费用所占比重相差不多，因此企业决定采用约当产量法确定乙产品的完工产品和月末在产品成本。

乙产品所消耗的原材料费用于生产开始时一次投入，燃料动力费用的发生与机器工时相关联，直接人工和制造费用多少则与生产工时相关联。

思考：

1. 在确定约当产量时，应如何选择期末在产品完工程度的衡量标准？

2. 各成本项目的费用在乙产品的完工产品和期末在产品之间采用约当产量法分配时，其期末在产品的约当产量有区别吗？

企业在生产经营过程中发生的各项费用，经过上述一系列归集和分配后，已经将应计入产品成本的生产费用都归集进入了“生产成本——基本生产成本”账户和相应的产品成本明细账中，并按成本项目予以反映。月末，如果企业没有在产品或不计算在产品成本时，那么归集在产品成本明细账中的生产费用（包括上月末余额），就是某种完工产品的生产成本；如果没有完工产品，那么归集在产品成本明细账中的生产费用，就是该种在产品成本，仍然保留在“生产成本——基本生产成本”账户中，不作任何分配；如果既有完工产品，又有在产品且需计算在产品成本的情况下，产品成本明细账中归集的生产费用之和，还应在完工产品与月末在产品之间，采用适当的方法进行分配，以便核算完工产品成本。

月初在产品成本、本月生产费用与完工产品成本、月末在产品成本的关系可用下列公式表示：

月初在产品成本 + 本月生产费用 = 本月完工产品成本 + 月末在产品成本

公式前两项是已知数，公式后两项是未知数。公式前两项费用之和，在完工产品与月末在产品之间需要采用一定的方法进行分配。通常有两种模式：

一是先设法确定月末在产品成本，再推算出月末完工产品成本，计算公式如下：

本月完工产品成本 = 月初在产品成本 + 本月生产费用 − 月末在产品成本

二是将月初在产品成本和本月生产费用（均为已知数）之和在完工产品和月末在产品之间采用适当的方法进行分配，同时计算完工产品和月末在产品成本。

无论采用哪种方式，都必须正确组织在产品的数量核算，取得在产品收、发和结存的数量资料。

5.1 在产品及其数量的核算

5.1.1 在产品的含义

在产品又称在制品，是指没有完成全部生产过程，不能作为商品销售的产品。在产品有狭义和广义之分。狭义在产品是指在某一生产车间或某一生产步骤内进行加工的在制品，以及正在返修的废品和已完成本车间生产但尚未验收入库的半成品。而广义在产品是从整个企业范围来定义的，是指从材料投入生产开始，到最后制成产品交验入库等待出售前的一切未完工产品，不仅包括狭义在产品，还包括已经完成部分加工阶段，已由中间仓库验收但还需继续加工的半成品，未验收入库的产成品，以及等待返修的废品。对于不准备在本企业继续加工，等待对外销售的自制半成品，应作为商品产品，不应列入在产品范围之内。不可修复废品也不应列入在产品之内。本节所指的在产品为狭义在产品。

在产品的管理与核算是成本核算的基础工作，在产品的数量与成本的计算是否正确，直接影响产品成本计算的正确性。

5.1.2 在产品数量的核算

在产品数量的核算，主要应做好两项工作：一是在产品收发结存的日常核算工作；二是在产品的清查工作。做好这两项工作，不仅可以从账面上随时掌握在产品的动态情况，还可以查清在产品的实际数量。对于正确计算产品成本，加强生产资金管理和保护企业财产的安全，具有十分重要的意义。

1. 在产品日常收发结存的核算

在产品收发结存的日常核算，通常是在车间内按产品品种和在产品名称（如零件、部件的名称）设置“在产品收发结存账”（也叫在产品台账）进行核算，以便用来反映在产品的收入、发出和结存的数量。根据生产工艺的特点和管理的要求，有的还进一步按加工工序、工艺流程组织在产品的数量核算。各车间应认真做好在产品的计量、验收和交接工作，并在此基础上，根据领料凭证、在产品内部转移凭证、产品检验凭证和产成品、自制半成品的交库凭证，及时登记在产品收发结存账。该账可由车间核算人员登记；也可由各班组工人核算员登记，由车间核算人员审核汇总。其格式如表5－1所示。

表5－1 **在产品收发结存账**

车间名称：第一车间 20××年9月 零件名称：B12

年		摘要	收入		转出			结存	
月	日		凭证号	数量	凭证号	合格品	废品	完工	未完工
9	3		85	100	178	170		25	6
	8		112	80	159	47	1	15	9
	…		…	…	…	…	…	…	…
		合计		490		350	4	85	20

2. 在产品的盘点清查

为了核实在产品的数量，保护在产品的安全完整，企业必须定期或不定期地认真做好在产品的清查工作，以保护在产品的安全完整。在产品清查结束时，应根据盘点结果和账面资料编制在产品盘存表，列明在产品的账面数、实存数、盘盈盘亏数以及盘亏的原因和处理意见等资料；对于报废和毁损的在产品，还要登记残值。成本核算人员应对产品盘存表所列各项资料进行认真的审核，并且根据清查结果进行账务处理。

在产品发生盘盈时，应按计划成本或定额成本借记“生产成本——基本生产成本”账户，贷记“待处理财产损溢”账户；按管理权限报经批准进行处理时，则借记“待处理财产损溢”科目，贷记“管理费用”账户。

在产品发生盘亏和毁损时，应借记“待处理财产损溢”账户，贷记“生产成本——基本生产成本”账户，冲减在产品的账面价值。毁损在产品的残值，借记“原材料”、“银行存款”、“库存现金”等账户，贷记“待处理财产损溢”，账户冲减其损失。按规定核销时应根据查明的原因分别不同情况将损失从“待处理财产损溢”账户的贷方转入有关账户的借方，其中应有自然灾害造成的非常损失中应由保险公司赔偿的部分，记入“银行存款”账户或“其他应收款”账户的借方，其余损失记入“营业外支出”账户的借方；应由过失单位或过失人赔偿的，记入“其他应收款”账户的借方，责成其赔偿；由于管理不善等原因造成而责任人又无法赔偿或赔偿不了的部分，则记入“管理费用”账户的借方。

【例5－1】望达工厂于20××年10月末对基本生产车间的在产品进行了一次清查盘点，其结果如下：甲产品的在产品盘盈8公斤，单件定额成本为35元；乙产品的在产品盘亏12件，单件定额成本为50元；丙产品在产品毁损240件，单件定额成本为20元，残料作价100元。经查，甲产品盘盈为计量器具不准确造成；乙产品盘亏是因为保管员过失造成，责成其赔偿200元；丙产品毁损是由自然灾害事故造成，应由保险公司赔偿3 000元。上述清查结果都已经批准转账。

（1）在产品盘盈的核算。

① 发生盘盈时：

借：生产成本——基本生产成本——甲产品（8×35） 280

　　贷：待处理财产损溢 280

② 批准后转账：

借：待处理财产损溢　　280

　　贷：管理费用　　280

（2）在产品盘亏的核算。

① 发生盘亏时：

借：待处理财产损溢（12 ×50）　　600

　　贷：生产成本——基本生产成本——乙产品　　600

② 批准后转账：

借：其他应收款——责任人　　200

　　管理费用　　400

　　贷：待处理财产损溢　　600

（3）在产品毁损的核算。

① 毁损转账：

借：待处理财产损溢（240 ×20）　　4 800

　　贷：生产成本——基本生产成本——丙产品　　4 800

② 批准处理：

借：原材料　　100

　　其他应收款——保险公司　　3 000

　　营业外支出　　1 700

　　贷：待处理财产损溢　　4 800

如果在产品的盈亏是由于没有办理领料或交接手续，或者由于某种产品的零部件为另一种产品挪用，则应补办手续，及时转账更正。

辅助生产车间的在产品数量核算与基本生产车间相同，不过辅助生产车间在产品清查的结果，应在“生产成本——辅助生产成本”账户核算。

5.2 生产费用在完工产品和月末在产品之间的分配方法

生产费用在完工产品和月末在产品之间的分配，是产品成本计算工作的一个重要而复杂的问题。特别是在产品结构复杂、加工零部件种类和加工工序较多的企业尤其如此。企业应当根据在产品费用的投入程度、月末在产品数量的多少、各月月末在产品数量变化的大小、产品成本中各成本项目费用比重的大小以及企业定额管理基础工作的好坏等具体情况，选择既合理又简便的分配方法。通常，可供选择的分配方法主要有以下几种。

5.2.1 不计算在产品成本法

这种方法是指月末虽然有在产品，但在产品数量很少，价值很低，算不算在产品成本对完工产品成本的影响很小，且各月末在产品数量比较稳定。在这种情况下，为了简化成本计算工作，可以不计算月末在产品成本，即某种产品每月发生的生产费用全部由该种产品的完工产品负担，其每月生产费用之和也就是每月完工产品成本。如自来水生产企业、发电企业、采掘企业等单位都可以采用这种方法确定完工产品成本。其计算公式为：

本月完工产品成本 = 本月发生的生产费用

5.2.2 在产品按年初固定成本计算

这种方法是指年内各月在产品成本按年初在产品成本数计算，固定不变。这样，年内各个月初、月末在产品成本相等，本月该种产品发生的全部生产费用就是当月该种完工产品的实际总成本。

本月完工产品成本 = 本月发生的生产费用

采用这种方法，大大简化了期末成本核算的工作量，但它只适用于月末在产品数量较小，或者在产品数量虽大但比较稳定，各月末在产品数量变化不大，算不算在产品成本的差额，对完工产品成本的影响不大的产品。如冶炼企业和化工的产品，由于高炉和化学反应装置的容器固定，在产品数量较稳定，可采用这种方法。但在年末，应根据实际盘存在产品数量，计算年末在产品成本，并作为下一年度各个月份固定的在产品成本。

5.2.3 在产品按所耗直接材料计价法

这种方法是指月末在产品只计算所耗用的直接材料成本，不分配直接人工费用和制造费用。某产品发生的直接人工和制造费用全部由完工产品负担。这种方法适用于各月在产品数量较多，且直接材料费用在产品成本中所占比重较大的产品，如纺织、造纸、酿酒等企业生产的产品，原材料成本占产品成本的比重在70%左右。在这种情况下，在产品只计算原直接材料成本，对产品成本计算的正确性影响不大。采用这种方法，本月完工产品成本等于月初在产品直接材料成本加上当月发生的生产费用，减去月末在产品直接材料成本。

【例5－2】某企业生产甲产品，月末在产品只计算原材料费用。月初在产品原材料费用为9 580元，本月发生生产费用为43 500元，其中原材料费用32 945元，直接人工5 900元，制造费用4 655元。本月丙产品完工产品760件，月末在产品290件，原材料于生产开工时一次投入。生产费用的分配计算如下：

$$\text{直接材料费用分配率} = \frac{9\ 580 + 32\ 945}{760 + 290} = 40.5$$

月末在产品直接材料成本 $= 290 \times 40.5 = 11\ 745$（元）

完工产品成本 $= 9\ 580 + 43\ 500 - 11\ 745 = 41\ 335$（元）

5.2.4 在产品按完工产品成本计算法

这种方法是将在产品视同完工产品计算、分配生产费用。这种方法适用于月末在产品已接近完工，或产品已经加工完毕但尚未包装或尚未验收入库的产品。因为在这种情况下的在产品成本已经接近完工产品成本，为了简化产品成本计算工作，可以将在产品视同完工产品，按两者的数量比例分配材料费用和各项加工费用。

5.2.5 约当产量比例法

约当产量是指月末在产品数量按其加工（投料）程度折算为相当于完工产品的数量。

约当产量比例法，就是将期初在产品成本和本期生产费用合计数，按完工产品数量和期末在产品约当产量的比例进行分配，以计算本期完工产品成本和期末在产品成本的一种方法。其计算公式如下：

$$月末在产品约当产量 = 月末在产品数量 \times 在产品完工(投料)百分比$$

$$某项费用分配率 = \frac{该项费用总额}{完工产品产品产量 + 月末在产品约当产量}$$

$$完工产品应分配某项费用 = 完工产品产量 \times 该项费用分配率$$

$$月末在产品应分配某项费用 = 月末在产品约当产量 \times 该项费用分配率$$

$$或 = 该项费用总额 - 完工产品应分配的该项费用$$

采用约当产量比例法，在产品约当产量的确定正确与否，对于费用分配的正确性有着决定性的影响。而在产品约当产量计算确定的关键又在于合理确定在产品的投料程度和加工程度。由于月末在产品的投料程度和加工程度可能不一致，直接材料、直接人工和制造费用的投入程度也可能不同，一般来说，产品生产过程中耗用材料费用的多少与投料程度关系密切，耗用工资费用和制造费用的多少与产品的加工程度有直接关系。因此，应分别按产品成本项目计算月末在产品的约当产量并分配相关成本项目的费用。其中，用以分配直接材料费用的在产品约当产量按投料程度计算；用以分配直接人工和制造费用的在产品约当产量按完工程度计算。这样投料程度和完工程度的计算确定就成了约当产量比例法中的核心问题。

1. 在产品加工程度的确定

在产品加工程度又称完工程度或完工率，是指在产品实耗（或定额）工时占完工产品应耗（或定额）工时的百分比。一般而言，可用以下两种方法计算在产品完工程度。

（1）按 50% 计算。如果企业生产进度比较均衡，各工序在产品数量和单位产品在各工序的加工量都相差不多，后面各工序在产品多加工的程度可以抵补前面各工序少加工的程度，则全部在产品完工程度均可按 50% 平均计算。

（2）按工序分别确定。如果各道工序的在产品数量和加工量差别较大时，则应分工序分别计算确定在产品的完工程度。即按照各工序在产品的累计工时定额占完工产品工时定额的比率计算。其计算公式为：

$$\text{某工序在产品的完工率} = \frac{前面各工序工时定额之和 + 本工序工时定额 \times 本工序的完工率}{单位产品工时定额} \times 100\%$$

其中，本工序的完工率应事先确定。由于本工序每件在产品的完工程度不同，为了简化完工率的测算，对本道工序的完工率一般不逐一测定，而平均按 50% 计算。

【例 5－3】 某企业的 A 产品需要经过三道工序陆续加工制成，单位完工产品工时定额为 300 小时，月末结存在产品 400 件。其中，第一道工序有在产品 120 件，单位产品工时定额为 60 小时；第二道工序有在产品 180 件，单位产品工时定额为 150 小时；第三道工序有在产品 100 件，单位产品工时定额为 90 小时。在产品在各道工序的完工程度均为 50%。各道工序在产品完工率和加工约当产量的计算如表 5－2 所示。

表 5－2　　　　　　　　**在产品加工程度及约当产量计算表**

产品名称：A 产品　　　　　　　　2014 年 11 月

工序	单位产品工时定额（工时）	在产品的完工程度（%）	各工序月末在产品数量（件）	在产品约当产量（件）
1	60	10	120	12
2	150	45	180	81
3	90	85	100	85
合计	300	—	400	178

各工序在产品的加工程度：

$$第一道工序在产品完工率=\frac{60\times50\%}{300}\times100\%=10\%$$

$$第二道工序在产品完工率=\frac{60+150\times50\%}{300}\times100\%=45\%$$

$$第三道工序在产品完工率=\frac{60+150+90\times50\%}{300}\times100\%=85\%$$

2. 在产品投料程度的确定

在产品投料程度又称投料进度或投料率，是指在产品已投材料占完工产品应投材料的百分比。材料的投入一般分四种情况：

（1）原材料于生产开始时一次投入，则每件在产品与完工产品消耗的原材料相同，即在产品投料程度为 100%。

（2）原材料虽生产加工进度陆续投入，且原材料的投料程度与加工程度完全一致或基本一致，则在产品的投料程度按其加工程度计算。

（3）原材料随生产加工进度陆续投入，但投料进度与加工进度不一致。此时在产品的投料率应按以下公式计算：

$$\text{某工序在产品的投料率}=\frac{前面各工序投料定额之和+本工序投料定额\times本工序的投料率}{单位产品投料定额}\times100\%$$

其中，本工序的投料率应事先确定，为简化投料率的测算，也可按平均 50% 计算。

（4）原材料于各工序开始时一次投入。由于各道工序在产品在该道工序的投料率为 100%，因而计算在产品投料率的公式变为：

$$某道工序在产品投料率=\frac{到本工序为止的累计材料消耗定额之和}{单位产品投料定额}\times100\%$$

【例 5－4】某企业的 A 产品需经三道工序进行加工，单位产品材料消耗定额为 200 千克，其中第一道工序投料定额为 100 千克，第二道工序投料定额为 80 千克，第三道工序投料定额为 20 千克；月末结存在产品 400 件，其中第一道工序 120 件，第二道工序 180 件，第三道工序 100 件。在产品投料率及投料约当量的计算如下：

（1）当材料于各工序陆续投入，各道工序在产品的投料率均为本工序投料定额的 50% 的情况下：

第一道工序在产品投料率 $= \frac{100 \times 50\%}{200} \times 100\% = 25\%$

第一道工序在产品投料约当量 $= 120 \times 25\% = 30$（件）

第二道工序在产品投料率 $= \frac{100 + 80 \times 50\%}{200} \times 100\% = 70\%$

第二道工序在产品投料约当量 $= 180 \times 70\% = 126$（件）

第三道工序在产品投料率 $= \frac{100 + 80 + 20 \times 50\%}{200} \times 100\% = 95\%$

第三道工序在产品投料约当量 $= 100 \times 95\% = 95$（件）

该产品全部在产品投料约当产量为：$30 + 126 + 95 = 251$（件）

（2）当材料于各工序开始时一次投入的情况下：

第一道工序在产品投料率 $= \frac{100}{200} \times 100\% = 50\%$

第一道工序在产品投料约当量 $= 120 \times 50\% = 60$（件）

第二道工序在产品投料率 $= \frac{100 + 80}{200} \times 100\% = 90\%$

第二道工序在产品投料约当量 $= 180 \times 90\% = 162$（件）

第三道工序在产品投料率 $= \frac{100 + 80 + 20}{200} \times 100\% = 100\%$

第三道工序在产品投料约当量 $= 100 \times 100\% = 100$（件）

A 产品在产品全部投料约当产量为：$60 + 162 + 100 = 322$（件）

以上计算用表列示，如表 5－3 所示。

表 5－3　　在产品投料率及投料约当量计算表

产品名称：A 产品　　2014 年 11 月

工序	在产品数量（件）	单位产品投料定额（千克）	各工序陆续投料		各工序开始时一次投料	
			投料率（%）	投料约当量（件）	投料率（%）	投料约当量（件）
1	120	100	25	30	50	60
2	180	80	70	126	90	162
3	100	20	95	95	100	100
合计	400	200		251		322

（3）若材料 200 千克全部于生产开始时一次投入，则全部在产品的投料率都为 100%，全部在产品的投料约当量就是月末各工序在产品的结存数量 400 件。

【例 5－5】 宏远工厂基本生产车间生产的甲产品经三道工序加工完成，2014 年 11 月份完工产品 1 700 件，月末在产品 300 件，其中分布在第一道工序 100 件，单位产品工时定额为 30 小时；分布在第二道工序 140 件，单位产品工时定额为 20 小时；分布在第三道工序 60 件，单位产品工时定额 50 小时。甲产品月初在产品成本和本月发生费用合计为 114 424 元，其中材料费用 89 000 元，动力费用 5 448 元，薪酬费用 11 804 元，制造费用 8 172 元。材料于生产开始时一次投入，在产品在各工序的完工率均为 50%，按约当产量比例法分配计算甲产品完工产品和月末在产品成本。

（1）计算月末在产品加工约当量和投料约当量，如表5－4所示。

表5－4　　在产品约当产量计算表

产品名称：甲产品　　2014年11月

工序	在产品数量（件）	工时定额	完工率（%）	加工约当量（件）	投料率（%）	投料约当量（件）
1	100	30	15	15	100	100
2	140	20	40	56	100	140
3	60	50	75	45	100	60
合计	300	100		116		300

（2）计算各成本项目的费用分配率：

材料费用分配率＝89 000/（1 700＋300）＝44.5

动力费用分配率＝5 448/（1 700＋116）＝3

薪酬费用分配率＝11 804/（1 700＋116）＝6.5

制造费用分配率＝8 172/（1 700＋116）＝4.5

（3）计算月末在产品成本：

直接材料成本＝300×44.5＋116×3＝13 350＋348＝13 698（元）

直接人工成本＝116×6.5＝754（元）

制造费用成本＝116×4.5＝522（元）

（4）计算本期完工产品成本：

直接材料成本＝（89 000－13 350）＋（5 448－348）＝80 750（元）

直接人工成本＝11 804－754＝11 050（元）

制造费用成本＝8 172－522＝7 650（元）

根据以上计算结果登记甲产品成本明细账如表5－5所示。

表5－5　　产品成本明细账

产品名称：甲　　2014年11月　　月末在产品数量：300件　　完工产量：1700件　　单位：元

成本项目	月初在产品成本	本月生产费用	合计	期末在产品成本	完工产品成本	
					总成本	单位成本
直接材料	10 500	83 948	94 448	13 698	80 750	47.5
直接人工	1 500	10 304	11 804	754	11 050	6.5
制造费用	1 120	7 052	8 172	522	7 650	4.5
合计	13 120	101 304	114 424	14 974	99 450	58.5

采用这种方法，只要企业能正确统计月末在产品结存数量和正确估计月末在产品完工程度，就可以比较客观简便地划分完工产品和月末在产品的成本。因此，约当产量比例法适用范围较广，特别适用于月末在产品数量较大，各月末在产品数量变化也较大，产品成本中直接材料费用和直接人工、制造费用所占比重相差不多的产品。

5.2.6 在产品按定额成本计价法

这种方法是指月末在产品的各项费用按各该费用定额计算，即根据实际结存的在产品数量、投料和加工程度、单位产品各项费用定额求得月末在产品的定额成本，完工产品成本为生产费用累计数减去月末在产品定额成本。计算公式如下：

$$期末在产品直接材料定额成本 = 期末在产品数量 \times 单位产品材料费用定额$$

（材料于生产开始时一次投入，即在产品投料率为100%）

$$\begin{array}{c}期末在产品动力、工资\\制造费用定额成本\end{array} = \begin{array}{c}期末在产品累计\\工时数\end{array} \times \begin{array}{c}单位小时动力、人工\\制造费用定额\end{array}$$

$$本期完工产品成本 = 期初在产品定额成本 + 本期生产费用 - 期末在产品定额成本$$

【同步思考5－1】

如果材料不是在生产开始时一次投料，则期末在产品直接材料的定额成本应该如何确定？

【例5－6】方圆工厂生产B产品，2014年11月初在产品定额成本和本月发生的生产费用如表5－6所示。

表5－6　　产品成本资料

产品名称：B产品　　2014年11月　　单位：元

摘要	直接材料	燃料和动力	直接人工	制造费用	合计
月初在产品定额成本	7 850	5 830	8 950	4 620	27 250
本月生产费用	138 600	27 650	36 785	24 650	227 685

B产品需经二道工序完工，本月完工350件，月末在产品146件，其中第一道工序86件，第二道工序60件；单位产品工时定额为50小时，其中第一道工序30小时，第二道工序20小时。原材料于生产开始时一次投入，单位产品材料费用定额为200元，单位小时燃料动力费用定额为2.5元，直接人工费用定额为4元，制造费用定额为3元，在产品在各工序的完工程度均为50%。按定额成本法计算月末在产品成本并确定完工产品成本。有关计算过程如下：

（1）计算月末在产品定额工时：

第一道工序在产品累计定额工时 $=30\times50\%\times86=1\ 290$（小时）

第二道工序在产品累计定额工时 $=(30+20\times50\%)\times60=2\ 400$（小时）

在产品累计消耗定额工时总数 $=1\ 290+2\ 400=3\ 690$（小时）

（2）计算在产品定额成本：

直接材料 $=146\times200=29\ 200$（元）

燃料和动力 $=3\ 690\times2.5=9\ 225$（元）

直接人工 $=3\ 690\times4=14\ 760$（元）

制造费用 $=3\ 690\times3=11\ 070$（元）

(3) 计算完工产品实际成本：

直接材料 =7 850 +138 600 -29 200 =117 250 (元)

燃料和动力 =5 830 +27 650 -9 225 =24 255 (元)

直接人工 =8 950 +36 785 -14 760 =30 975 (元)

制造费用 =4 620 +24 650 -11 070 =18 200 (元)

根据以上计算结果，登记产品成本明细账如表5 -7 所示。

表5 -7　　　　产品成本明细账

产品名称：B　　2014年11月　　期末在产品数量：146件　　完工产量：350件　　单位：元

摘　　要	直接材料	燃料和动力	直接人工	制造费用	合计
月初在产品成本	7 850	5 830	8 950	4 620	27 250
本月生产费用	138 600	27 650	36 785	24 650	227 685
生产费用累计	146 450	33 480	45 735	29 270	254 935
月末在产品定额成本	29 200	9 225	14 760	11 070	64 255
完工产品成本	117 250	24 255	30 975	18 200	190 680
完工产品单位成本	335	69.3	88.5	52	544.8

采用在产品按定额成本计算法，月末在产品定额成本与实际成本之间的差异，全部由完工产品成本负担。若是定额制定比较接近实际，该方法不失为较为简便的方法。如果定额资料中的某些因素发生变化时，要及时加以修订，否则会影响产品成本计算的正确性。因此，这种方法适用于定额管理基础较好，各项消耗定额比较准确且各月末在产品数量比较稳定的产品。

另外，采用这种分配方法时，如果产品成本中直接材料费用所占比重较大，为了进一步简化成本计算工作，月末在产品成本可以只按定额原材料费用计算。即月末在产品的直接材料费用脱离定额的差异以及其他各项实际费用都可以计入完工产品成本。这是将在产品按所耗直接材料费用计价法与定额成本法两者相结合应用的一种分配方法。

5.2.7 定额比例法

这种方法是指产品的实际生产费用在完工产品与月末在产品之间按照两者的定额消耗量或定额费用比例进行分配的方法。采用这种方法分配费用，必须分成本项目进行。对于直接材料成本项目，如果产品只耗用一种材料，可按直接材料的定额耗用量比例进行分配。对于直接人工和制造费用等各项加工费用一般按定额工时的比例进行分配。其计算公式如下：

$$\text{消耗量分配率} = \frac{\text{月初在产品实际消耗量} + \text{本月实际消耗量}}{\text{完工产品定额消耗量} + \text{月末在产品定额消耗量}}$$

$$\text{完工产品实际消耗量} = \text{完工产品定额消耗量} \times \text{消耗量分配率}$$

$$\begin{matrix}\text{完工产品应分配}\\\text{的某项费用}\end{matrix} = \begin{matrix}\text{完工产品实际}\\\text{消耗量}\end{matrix} \times \begin{matrix}\text{原材料单价(或单位小时人工}\\\text{费、单位小时制造费用)}\end{matrix}$$

$$\text{月末在产品实际消耗量} = \text{月末在产品定额消耗量} \times \text{消耗量分配率}$$

$$\text{月末在产品应分配的某项费用} = \text{月末在产品实际消耗量} \times \text{原材料单价（或单位小时人工费、单位小时制造费用）}$$

$$\text{或} = \text{该项费用总额} - \text{完工产品应分配的该项费用}$$

采用这种分配方法，必须取得完工产品和月末在产品的定额消耗量资料。完工产品的直接材料定额消耗量和工时定额消耗量，可以根据完工产品的实际消耗量乘以单位直接材料消耗定额和工时消耗定额计算求得。月末在产品的直接材料定额消耗量和工时定额消耗量，可以根据月末在产品盘存表或账面所记录的在产品的结存数量，以及相应的消耗定额具体计算。但当在产品的种类和生产工序很多时，其核算工作量较为繁重，因此，在产品定额消耗量可以采用简化的方法计算（即倒轧方法）。其计算公式如下：

$$\text{月末在产品定额消耗量} = \text{月初在产品定额消耗量} + \text{本月投入的定额消耗量} - \text{本月完工产品定额消耗量}$$

这种分配方法，既可以提供完工产品和月末在产品的实际费用资料，还可以提供实际消耗量资料，便于考核分析各项消耗定额的执行情况。但是如果产品耗用的材料为两种或两种以上，由于各种材料的计量单位及单位成本不可能完全一样，则应按定额费用的比例进行分配。对于直接人工和制造费用成本项目，可按定额工时比例分配，也可按定额费用比例分配。其计算公式如下：

$$\text{费用分配率} = \frac{\text{月初在产品成本} + \text{本月实际生产费用}}{\text{完工产品定额费用或定额工时} + \text{月末在产品定额费用或定额工时}}$$

$$\text{完工产品应分配某项费用实际成本} = \text{完工产品该项定额费用或定额工时} \times \text{该项费用分配率}$$

$$\text{月末在产品应分配某项费用实际成本} = \text{月末在产品该项定额费用或定额工时} \times \text{该项费用分配率}$$

$$\text{或} = \text{该项费用总额} - \text{完工产品应分配的该项费用}$$

【例 5－7】宏达工厂生产 C 产品，单位产品直接材料定额成本为 180 元，单位产品工时定额为 50 小时，2014 年 11 月企业生产完工 B 产品 400 件，月末在产品 120 件，原材料于生产开始时一次投入，在产品完工程度 60%。甲产品月初在产品成本和本月生产费用如表 5－8 所示。

表 5－8　　C 产品生产费用资料　　单位：元

摘　要	直接材料	直接人工	制造费用	合计
月初在产品成本	24 430	8 980	6 150	39 560
本月生产费用	78 530	42 940	33 970	155 440

根据以上资料，按定额比例法进行生产费用的分配，如表 5－9 所示。

表 5-9　　产品成本明细账

产品名称：C　　2014 年 11 月　　期末在产品数量：120 件　　完工产量：400 件　　单位：元

项目		直接材料	直接人工	制造费用	合计
月初在产品成本		24 430	8 980	6 150	39 560
本月生产费用		78 530	42 940	33 970	155 440
生产费用合计		102 960	51 920	40 120	195 000
费用分配率		1.1	2.2	1.7	
完工产品成本	定额（分配标准）	72 000	20 000	20 000	
	实际	79 200	44 000	34 000	157 200
月末在产品成本	定额（分配标准）	21 600	3 600	3 600	
	实际	23 760	7 920	6 120	37 800
完工产品单位成本		198	110	85	393

表 5-9 中，直接材料费用分配率 = 102 960/(400×180 + 120×180) = 1.1

直接人工费用分配率 = 51 920/(400×50 + 120×50×60%) = 2.2

制造费用分配率 = 40 120/(400×50 + 120×50×60%) = 1.7

采用定额比例法，可以避免按定额成本法时在产品成本的定额差异全部由完工产品负担的缺陷，分配结果比较合理，而且还便于将实际费用与定额费用比较，分析和考核定额的执行情况。但这种方法必须逐项计算费用的定额比例，再根据定额比例分配完工产品和月末在产品成本，计算工作量较大。这种方法适用于定额管理基础较好，各项消耗定额或费用定额比较准确、稳定，各月末在产品数量变动较大的产品。

【同步思考 5-3】

定额成本法和定额比例法有什么区别？

5.3　完工产品成本的结转

通过上述各种方法的计算，月末，产品成本明细账中归集的生产费用就划分为完工产品成本和月末在产品成本两部分。完工产品的成本应从生产成本总账和所属的产品成本明细账的贷方转出，转入“库存商品”（入库产成品）、“原材料”（完工自制材料）、“周转材料——低值易耗品”（自制工具、模具）等账户的借方。生产成本账户的月末余额就是期末在产品成本，即占用在生产过程中的生产资金，应与其所属各种产品成本明细账中月末在产品成本之和核对相符。

为了便于产品销售成本等的核算，企业还应根据产品成本明细账编制产成品成本汇总表，该表分产品和成本项目编制，并据以编制会计分录。

以【例 5-7】为例，编制结转完工入库 C 产品生产成本如下：

借：库存商品——C 产品　　157 200

　　贷：生产成本——基本生产成本——C 产品　　157 200

复习思考题

1. 在产品的数量核算包括什么内容?
2. 完工产品与月末在产品成本的计算方法有哪些?这些方法各适用于哪些情况?
3. 什么是约当产量?约当产量如何计算?
4. 定额成本法和定额比例法有什么区别?

第6章 产品成本核算的品种法

【学习目标】

1. 了解品种法的含义和适用范围；
2. 理解品种法的特点和成本计算程序；
3. 掌握品种法的具体应用。

【案例导入】

华能造纸厂是一家主要从事文化纸生产和销售的小型造纸厂。该厂主要利用树类、草类、废纸类等植物纤维原料切碎煮烂，制成纸浆，再将制浆处理好的纸浆再一次筛选除渣、稀释、压榨烘干，最后卷成符合客户要求的成品纸。整个生产过程大致分为制浆和造纸两大步骤。该厂设有制浆和造纸两个基本生产车间，制浆车间生产的纸浆全部交造纸车间继续加工成成品纸，管理上不要求核算纸浆的成本。

思考：该厂应采用什么成本计算方法计算产品成本？为什么？

6.1 品种法概述

6.1.1 品种法的含义及分类

品种法，是指以产品品种（不分批次，不分步骤）作为成本核算对象，归集和分配生产成本，计算产品成本的一种方法。品种法是产品成本核算的基本方法，其他成本核算方法都是以品种法为基础发展起来的。

按照品种法应用的不同企业类型，可将品种法分为两类：一类是把生产过程的费用汇总，得出完工产品的总成本，除以产量，即为产品的单位成本。主要适用于大量大批单步骤生产的企业。因为这种企业产品品种单一，生产过程短，通常没有或极少有在产品，成本计算比较简单，所以这类方法也称为简单品种法或简单法（即单品种的品种法）；另一类在计算上复杂一些，要分产品品种来归集生产费用，期末可能还要将生产费用在完工产品和在产品之间进行分配。这类方法称为典型品种法（即多品种的品种法），主要适用于不要求按生产步骤计算成本的大量大批多步骤生产的小型企业。

6.1.2 品种法的特点

与分批法、分步法相比，品种法在成本核算对象、成本计算期以及生产费用在完工产品和在产品之间的分配三个方面具有如下特点：

1. 成本核算对象

品种法的成本核算对象是企业最终生产的某种产成品。品种法既不要求按产品批别计算成本，也不要求按生产步骤计算半成品成本，而是要求按产品品种计算产成品成本。

如果企业或车间只生产一种产品，成本核算对象就是该种产品。计算产品成本时，只需要为该种产品开设一个产品成本明细账，账内按成本项目设立专栏。在这种情况下，生产过程中发生的全部生产费用都是直接计入费用，可以直接计入该产品成本明细账的有关成本项目，无需在各成本核算对象之间进行分配。如果企业或车间生产多种产品，则成本核算对象就是每种产品，产品成本明细账需按照每种产品分别设置，并按成本项目设专栏。生产中发生的各项费用，凡是各种产品直接耗用的费用，可根据有关凭证直接计入各种产品成本明细账；凡是几种产品共同耗用的费用，需采用适当的方法分配计入各种产品成本明细账。

2. 成本计算期

品种法的成本计算期是月份，按月份定期汇集和计算产成品成本。适用品种法的企业，其生产组织方式是大量大批生产，这种类型的生产是连续不断地重复生产一种或几种产品，不可能待产品全部制造完工后才计算其成本，因此人为地划分相同期间核算产品成本，通常按月定期核算。成本计算期与企业会计报告期一致，但与产品生产周期不一定一致。

3. 生产费用在完工产品和在产品之间的分配

（1）简单品种法下，单步骤生产企业在月末计算产品成本时，通常没有月末在产品，或者在产品数量很小，因而可以不计算在产品成本。在这种情况下，产品成本明细账中按成本项目归集的生产费用，就是该月完工产品总成本，无需分配。

（2）典型品种法下，一般存在生产费用在完工产品和在产品之间的分配。在一些规模较小，管理上不要求按生产步骤计算成本的大量大批多步骤生产中，月末一般都有在产品，而且数量较多，这就需要将产品成本明细账中归集的生产费用采用适当的分配方法（如在产品按定额成本计价法、约当产量法、定额比例法等）在完工产品与月末在产品之间进行分配，以便计算每种产品的完工产品成本和月末在产品成本。

6.1.3 品种法的适用范围

品种法主要适用于大量大批单步骤生产的企业，如发电、铸造、采掘等企业。在这种类型的生产中，产品的生产过程不需要或不可能从技术上划分生产步骤，只需要按产品的品种计算产品成本。同样，品种法也适用于管理上不要求计算半成品成本的大量大批多步骤生产的企业，如糖果厂、饼干厂、小型水泥厂、小型化肥厂、小型造纸厂、小型砖瓦厂等企业。这些企业或车间的规模较小，或者车间是封闭的，也就是从材料投入到产品产出的全部生产过程都是在一个车间内进行的，或者生产按流水线组织，管理上不要求按照生产步骤计算产品成本，都可以按照品种计算产品成本。另外，企业内部辅助生产车间的成本计算，如供水、供电、供气等单步骤大量生产的产品或劳务成本计算也可采用品种法。

【同步思考6－1】

品种法只适用于大量大批单步骤生产的企业吗?

6.1.4 品种法成本核算程序

品种法成本核算的一般程序如下：

1. 按产品品种设立产品成本明细账及其他相关账户设置

产品成本明细账是按照产品成本核算对象设置，归集和计算产品成本的明细分类账，也称为产品成本计算单（或基本生产成本明细账）。在品种法下，产品成本明细账按产品品种开设，并按成本项目设置专栏。设账后，需先登记期初余额。上月末在产品成本，即为本期产品成本明细账中的月初在产品成本。同时，还应视企业具体情况而定，按车间、部门设置辅助生产成本明细账、制造费用明细账或其他相关账户。

2. 归集和分配各种要素费用

对生产过程中发生的各项费用，根据费用发生的原始凭证及相关资料编制有关记账凭证并登记有关明细账，同时对各种要素费用根据其受益对象的受益程度进行分配，编制各种费用分配表，据以登记“基本生产成本明细账”（即产品成本明细账）、“辅助生产成本明细账”、“制造费用明细账”等。

3. 归集和分配综合费用

（1）归集和分配辅助生产费用。归集“辅助生产成本明细账”，按照各产品及各受益单位的辅助生产劳务数量，编制“辅助生产成本分配表”，分配辅助生产成本，并登记到各受益产品的产品成本明细账和受益单位的费用明细账中。

（2）归集和分配基本生产车间制造费用。归集基本生产车间“制造费用明细账”，采用一定的方法在基本生产车间生产的各种产品之间进行分配，编制“制造费用分配表”，并据以登记“基本生产成本明细账”（即产品成本明细账）。

（3）计算和结转废品损失。在企业单独核算废品损失的前提下，根据不可修复废品已耗生产成本或可修复废品修复费用等相关资料，编制不可修复废品成本计算单和废品损失明细账，并据此将废品净损失结转登记“基本生产成本明细账”。

4. 分配计算各种完工产品成本和在产品成本

根据各产品成本明细账中登记的各项生产费用按成本项目分别进行汇总，得出各成本项目的费用合计数。月末，选用适当的方法在完工产品和在产品之间进行分配，计算各种完工产品成本和在产品成本。如果月末没有在产品，则本月某产品成本明细账中归集的生产费用合计就是该完工产品总成本。

5. 结转产成品成本

根据各产品成本明细账中计算出来的本月完工产品成本，汇总编制“完工产品成本汇总表”，计算并结转完工产品成本。

品种法成本核算程序如图 6－1 所示。

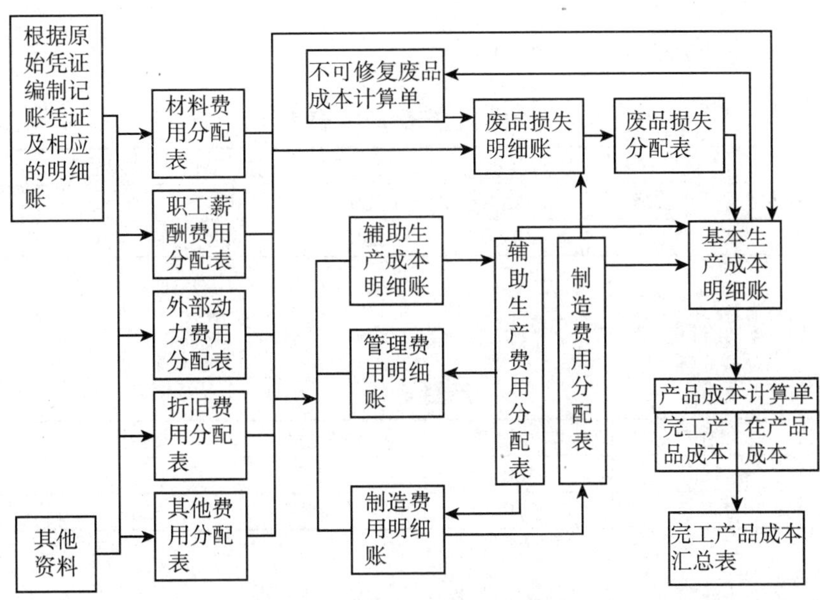

图 6－1　品种法成本核算程序

【同步链接 6－1】

品种法的成本核算程序与第 2 章产品成本核算的一般程序相比有什么异同点?

6.2　品种法举例

下面以某企业 2014 年 11 月各项费用资料为例，说明品种法的成本核算程序和相应的账务处理。

6.2.1　企业基本情况

某企业设有一个基本生产车间，大量大批生产甲、乙两种单步骤生产的产品，采用品种法计算成本。两种产品的原材料均在生产开始时一次投入，月末完工产品和在产品之间分配生产费用的方法：甲产品采用在产品按定额成本计价法，乙产品采用约当产量法。

该企业还设有供电和机修两个辅助生产车间，其中机修车间需单独设置“制造费用”科目核算该辅助生产车间的制造费用。辅助生产费用采用一次交互分配法分配。基本生产车间的制造费用采用实际工时进行分配。废品损失单独核算，专设“废品损失”科目，月末全部由本月同种合格完工产品负担。产品成本包括“直接材料”、“燃料及动力”、“直接人工”、“制造费用”和“废品损失”五个成本项目。

该企业本月甲、乙两种产品共同耗用的材料费用按材料定额耗用量比例进行分配；本月基本生产车间的职工薪酬按产品生产工时比例进行分配；本月基本生产车间外购动力费（电费）按产品机器工时比例进行分配。根据车间产量工时记录，本月甲、乙产品消耗的生产工时分别为 4 000 小时和 6 000 小时，甲、乙产品消耗的机器工时分别为 2 400 小时和 5 600 小时。有关资料如下：

（1）月初在产品成本资料如表 6－1 所示。

表 6－1　　　　　月初在产品成本表　　　　　单位：元

项目	直接材料	燃料及动力	直接人工	制造费用	废品损失	合计
甲在产品定额成本	5 225	185	4 200	2 600	0	12 510
乙在产品成本	1 200	51	1 280	882	0	3 413

（2）本月产量资料如表 6－2 所示。

表 6－2　　　　　产量资料　　　　　单位：件

产品名称	月初在产品	本月投产	本月完工产品	月末在产品	完工程度
甲产品	65	180	195	40	—
乙产品	20	280	180	120	50%

（3）本月发生的材料、人工成本如表 6－3 和表 6－4 所示。

表 6－3　　　　　发出材料汇总表

2014 年 11 月　　　　　单位：元

领料部门和用途	原材料	辅助材料	燃料	其他	合计
基本生产车间					
甲产品耗用	9 650	1 000			10 650
乙产品耗用	13 000	2 600			15 600
甲、乙产品共同耗用		5 400			5 400
车间管理部门耗用		3 200		800	4 000
供电车间					
产品（劳务）生产耗用			5 000		5 000
车间一般耗用				1 000	1 000
机修车间					
产品（劳务）生产耗用		1 492			1 492
车间一般耗用				800	800
厂部管理部门耗用		1 400		600	2 000
销售部门耗用				400	400
合　计	22 650	15 092	5 000	3 600	46 342

表 6-4　　职工工资汇总表

2014 年 11 月　　单位：元

	基本生产车间		供电车间		机修车间		厂部管理人员	销售部门人员	合计
	生产人员	管理人员	生产人员	管理人员	生产人员	管理人员			
工资	18 000	5 800	6 200	1 800	4 600	2 000	3 600	1 200	43 200

（4）该企业接供电局通知，本月应支付外购动力费（电费）17 000 元，本月各部门外购动力（电）消耗量如表 6-5 所示。

表 6-5　　外购动力（电）消耗量汇总表

2014 年 11 月　　单位：千瓦时

	基本生产车间		供电车间用电	机修车间		厂部管理部门用电	销售部门用电	合计
	生产用电	一般用电		生产用电	一般用电			
耗电量	12 000	2 800	2 500	2 300	200	1 000	450	21 250

（5）本月辅助生产车间提供的劳务资料如表 6-6 所示。

表 6-6　　辅助生产车间提供的劳务资料

受益部门	供电车间（供电度数）千瓦时	机修车间（修理工时数）工时
供电车间		300
机修车间	2 000	
基本生产车间产品生产	25 000	
基本生产车间一般耗用	5 000	1 100
行政管理部门	5 000	400
销售部门	3 000	200
合计	40 000	2 000

（6）本月产品消耗定额资料如表 6-7 所示。

表 6-7　　产品消耗定额

产品名称	单位产品材料消耗定额（千克/件）	工时定额（工时/件）
甲产品	26	30
乙产品	20	14

（7）本月不可修复废品费用定额和定额工时资料如表 6-8 所示。

表 6-8　　不可修复废品费用定额和定额工时

产品名称	定额工时（小时）	直接材料（元/件）	燃料及动力（元/工时）	直接人工（元/工时）	制造费用（元/工时）
甲产品	40	85	3	5	5.5

6.2.2 该企业产品成本核算程序

1. 按产品品种开设产品成本明细账及其他相关账户设置

该企业生产甲、乙两种产品。该企业在“生产成本——基本生产成本”总账下按甲、乙产品分别开设明细账，在“生产成本——辅助生产成本”总账下按供电车间、机修车间分别开设明细账，在“制造费用”总账下按基本生产车间、机修车间分别开设明细账。账户设置后，首先登记各账户期初余额。

2. 归集和分配各要素费用

根据本月各项费用的原始凭证和其他有关资料，登记各项费用支出，编制各种费用分配表。并据以登记相关“基本生产成本明细账”、“辅助生产成本明细账”以及“制造费用明细账”等。

（1）材料费用。根据领退料凭证编制材料费用分配表，登记和分配有关材料费用，如表6－9、表6－10所示。

表6－9　　甲、乙产品共同耗用材料分配表

2014年11月

产品名称	投产量（件）	单位消耗定额（千克）	定额消耗量（千克）	分配率	分配金额（元）
甲产品	180	26	4 680		2 458
乙产品	280	20	5 600		2 942
合计			10 280	0.5253	5 400

表6－3中，基本生产耗用原材料5 400元，是为生产甲、乙产品共同耗用，属于间接计入费用，需要在甲、乙两产品之间进行分配。

材料费用分配率 $=\frac{5\ 400}{10\ 280}=0.5253$

甲产品应分配材料成本 $=4\ 680\times 0.5253=2\ 458$（元）

乙产品应分配材料成本 $=5\ 400-2\ 458=2\ 942$（元）

表6－10　　材料费用分配表

2014年11月　　单位：元

应借科目		直接计入	分配计入	合计
基本生产成本	甲产品	10 650	2 458	13 108
	乙产品	15 600	2 942	18 542
	小计	26 250	5 400	31 650
辅助生产成本	供电车间	6 000		6 000
	机修车间	1 492		1 492
	小计	7 492		7 492

续表

应借科目		直接计入	分配计入	合计
制造费用	基本生产车间	4 000		4 000
	机修车间	800		800
	小计	4 800		4 800
管理费用		2 000		2 000
销售费用		400		400
合计		40 942	5 400	46 342

会计分录：

借：生产成本——基本生产成本——甲产品　13 108
　　　　　　　　　　　　　——乙产品　18 542
　　　　　——辅助生产成本——供电车间　6 000
　　　　　　　　　　　　　——机修车间　1 492
　　制造费用——基本生产车间　4 000
　　　　　　——机修车间　800
　　管理费用　2 000
　　销售费用　400
　　贷：原材料　46 342

（2）外购动力费。根据表 6－5 各车间、部门实际耗电数量，编制外购动力（电力）费用分配表，如表 6－11 所示。

表 6－11　　外购动力费用分配表（分配电费）

2014 年 11 月　　单位：元

应借科目		动力费用分配			电费分配		
		机器工时	分配率	分配金额	用电度数	分配率	分配金额
基本生产成本	甲产品	2 400		2 880			
	乙产品	5 600		6 720			
	小计	8 000	1.2	9 600	12 000		9 600
辅助生产成本	供电车间				2 500		2 000
	机修车间				2 300		1 840
	小计				4 800		3 840
制造费用	基本生产车间				2 800		2 240
	机修车间				200		160
	小计				3 000		2 400
管理费用					1 000		800
销售费用					450		360
合计					21 250	0.8	17 000

会计分录：

借：生产成本——基本生产成本——甲产品　2 880
　　　　　　　　　　　　　——乙产品　6 720

——辅助生产成本——供电车间　　2 000
　　　　　　　——机修车间　　1 840
制造费用——基本生产车间　　2 240
　　　——机修车间　　160
管理费用　　800
销售费用　　360
贷：应付账款　　17 000

(3) 工资及福利费。根据本月工资结算汇总表和规定的6%的职工福利费提取比例，编制工资及福利费分配表，如表6－12所示。

表6－12　　工资及福利费分配表

2014年11月　　单位：元

应借科目		生产工人工资			工资费用	应付福利费（工资的6%）
		生产工时	分配率	分配金额		
基本生产成本	甲产品	4 000		7 200	7 200	432
	乙产品	6 000		10 800	10 800	648
	小计	10 000	1.8	18 000	18 000	1 080
辅助生产成本	供电车间				8 000	480
	机修车间				4 600	276
	小计				12 600	756
制造费用	基本生产车间				5 800	348
	机修车间				2 000	120
	小计				7 800	468
管理费用					3 600	216
销售费用					1 200	72
合计					43 200	2 592

表6－4中，基本生产车间生产工人工资18 000元，是为生产甲、乙产品共同耗用，属于间接计入费用，需要在甲、乙两产品之间进行分配。

$$工资费用分配率=\frac{18\ 000}{10\ 000}=1.8$$

甲产品应分配工资＝4 000×1.8＝7 200（元）

乙产品应分配工资＝18 000－7 200＝10 800（元）

会计分录：

① 分配工资费用：

借：生产成本——基本生产成本——甲产品　　7 200
　　　　　　　　　　　　——乙产品　　10 800
　　　——辅助生产成本——供电车间　　8 000
　　　　　　　　　　——机修车间　　4 600
　　制造费用——基本生产车间　　5 800
　　　　——机修车间　　2 000

管理费用 3 600

销售费用 1 200

贷：应付职工薪酬——工资 43 200

② 分配职工福利费：

借：生产成本——基本生产成本——甲产品 432

——乙产品 648

——辅助生产成本——供电车间 480

——机修车间 276

制造费用——基本生产车间 348

——机修车间 120

管理费用 216

销售费用 72

贷：应付职工薪酬——职工福利 2 592

（4）工会经费、职工教育经费及“五险一金”。该企业工会经费按工资总额的2%计提；职工教育经费按工资总额的1.5%计提；各种社会保险费按工资总额的20%计提；住房公积金按工资总额的10%计提。根据本月工资结算汇总表及相关费用计提比例编制工会经费、职工教育经费及“五险一金”费用分配表，如表6－13所示。

表6－13　　其他职工薪酬费用分配表

2014年11月　　单位：元

应借科目		工资总额	工会经费		职工教育经费		五险一金		
			计提比例%	金额	计提比例%	金额	计提比例%	金额	
基本生产成本	甲产品	7 200	2	144	1.5	108	30	2 160	2 412
	乙产品	10 800	2	216	1.5	162	30	3 240	3 618
	小计	18 000	2	360	1.5	270	30	5 400	6 030
辅助生产成本	供电车间	8 000	2	160	1.5	120	30	2 400	2 680
	机修车间	4 600	2	92	1.5	69	30	1 380	1 541
	小计	12 600	2	252	1.5	189	30	3 780	4 221
制造费用	基本生产车间	5 800	2	116	1.5	87	30	1 740	1 943
	机修车间	2 000	2	40	1.5	30	30	600	670
	小计	7 800	2	156	1.5	117	30	2 340	2 613
管理费用		3 600	2	72	1.5	54	30	1 080	1 206
销售费用		1 200	2	24	1.5	18	30	360	402
合计		43 200	2	864	1.5	648	30	12 960	14 472

会计分录：

借：生产成本——基本生产成本——甲产品 2 412

——乙产品 3 618

——辅助生产成本——供电车间 2 680

——机修车间 1 541

制造费用——基本生产车间　　1 943
　　——机修车间　　670
管理费用　　1 206
销售费用　　402
贷：应付职工薪酬——工会经费　　864
　　——职工教育经费　　648
　　——社会保险费　　8 640
　　——住房公积金　　4 320

（5）折旧费用。根据各车间、部门11月份应提取的固定资产折旧额，编制折旧费用分配表，如表6-14所示。

表6-14　　折旧费用分配表

2014年11月　　单位：元

项目	生产车间			厂部管理部门	销售部门	合计
	基本生产车间	供电车间	机修车间			
折旧费用	17 850	1 500	680	400	200	20 630

会计分录：
借：生产成本——辅助生产成本——供电　　1 500
　　制造费用——基本生产车间　　17 850
　　——机修车间　　680
　　管理费用　　400
　　销售费用　　200
　　贷：累计折旧　　20 630

（6）以银行存款支付的其他费用。根据本月银行存款付款凭证汇总各车间、部门发生的其他费用，编制其他费用分配汇总表，如表6-15所示。

表6-15　　其他费用分配汇总表

2014年11月　　单位：元

车间、部门	办公费	水费	运输费	保险费	其他	合计
基本生产车间	1 500	991	496	1 060		4 047
供电车间	1 250	600	830	1 360		4 040
机修车间	1 200	371	570	680		2 821
企业管理部门	2 000	300		480	184	2 964
销售部门	800	200				1 000
合计						14 872

会计分录：
借：生产成本——辅助生产成本——供电车间　　4 040
　　制造费用——基本生产车间　　4 047
　　——机修车间　　2 821

管理费用　　　　　　　　　　　　　　　　　　　　　　2 964
销售费用　　　　　　　　　　　　　　　　　　　　　　1 000
贷：银行存款　　　　　　　　　　　　　　　　　　　　　　14 872

3. 归集和分配辅助生产费用

（1）辅助生产费用的归集。辅助生产费用的归集分两种方式，方式一是不单独归集辅助生产车间的制造费用，如供电车间，如表6－16所示，辅助生产成本明细账按费用项目设专栏进行核算。本月供电车间发生的辅助生产费用就是该月辅助生产成本明细账中各费用项目的汇总。方式二是单独归集辅助生产车间的制造费用，如机修车间，辅助生产成本明细账按成本项目设专栏进行核算。机修车间应先汇总本月发生的制造费用（如表6－17所示），据此结转登记进入该辅助生产车间对应的成本项目，然后根据机修车间辅助生产成本明细账中各成本项目汇总计算出本月辅助生产费用如表6－18所示。

借：生产成本——辅助生产成本——机修车间　　　　　　　　　7 251
　贷：制造费用——机修车间　　　　　　　　　　　　　　　　　7 251

（2）辅助生产费用的分配。辅助生产费用的分配方法有直接分配法、顺序分配法、一次交互分配法、计划成本分配法和代数分配法。根据辅助生产成本明细账中的待分配费用小计数（见表6－16和表6－18）、供电车间的供电度数、机修车间的机修工时数，采用一次交互分配法分配辅助生产费用，并编制辅助生产费用分配表。分配表如表6－19、表6－20所示。

表6－16　　　　辅助生产成本明细账

供电车间　　　　　　2014年11月　　　　　　单位：元

2014年		摘要	机物料消耗	水电费	工资及福利费	折旧费	运输费	保险费	办公费	合计	转出	余额
月	日											
11	30	表6－10	6 000							6 000		
	30	表6－11		2 000						2 000		
	30	表6－12			8 000					8 000		
	30	表6－12			480					480		
	30	表6－13			2 680					2 680		
	30	表6－14				1 500				1 500		
	30	表6－15		600			830	1 360	1 250	4 040		
		待分配费用小计	6 000	2 600	11 160	1 500	830	1 360	1 250	24 700		24 700
	30	表6－19分配转入								2 550		27 250
	30	表6－19分配转出									1 235	26 015
	30	表6－19分配转出									26 015	0

表 6－17 **制造费用明细账**

机修车间 2014 年 11 月 单位：元

2014年 月	日	摘要	机物料消耗	水电费	工资	福利费	其他薪酬费用	折旧费	办公费	运输费	保险费	合计	转出	余额
11	30	表6－10	800									800		
	30	表6－11		160								160		
	30	表6－12			2 000							2 000		
	30	表6－12				120						120		
	30	表6－13					670					670		
	30	表6－14						680				680		
	30	表6－15		371					1 200	570	680	2 821		
		待分配费用小计	800	531	2 000	120	670	680	1 200	570	680	7 251		7 251
	30	转出至辅助生产成本											7 251	0
		本月合计	800	531	2 000	120	670	680	1 200	570	680	7 251	7 251	0

表 6－18 **辅助生产成本明细账**

机修车间 2014 年 11 月 单位：元

2014年 月	日	摘要	原材料	燃料及动力	直接人工	制造费用	合计	转出	余额
11	30	表6－10	1 492				1 492		
	30	表6－11		1 840			1 840		
	30	表6－12			4 600		4 600		
	30	表6－12			276		276		
	30	表6－13			1 541		1 541		
	30	表6－17 制造费用转入				7 251	7 251		
		待分配费用小计	1 492	1 840	6 417	7 251	17 000		17 000
	30	表6－19 分配转出						2 550	14 450
	30	表6－19 分配转入					1 235		15 685
	30	表6－19 分配转出						15 685	0

表 6－19 **辅助生产费用分配表**

2014 年 11 月 单位：元

项　　目	交互分配		对外分配		对外分配金额合计
	供电	机修	供电	机修	
待分配费用	24 700	17 000	26 015	15 685	41 700
劳务供应数量	40 000	2 000	38 000	1 700	
分配率（单位成本）	0.6175	8.5	0.6846	9.2265	

续表

项目			交互分配		对外分配		对外分配金额合计
			供电	机修	供电	机修	
受益对象	供电车间	耗用数量		300			
		分配金额		2 550			
	机修车间	耗用数量	2 000				
		分配金额	1 235				
	基本车间产品生产	耗用数量			25 000		
		分配金额			17 115		17 115
	基本车间一般耗用	耗用数量			5 000	1 100	
		分配金额			3 423	10 149	13 572
	企业管理部门	耗用数量			5 000	400	
		分配金额			3 423	3 691	7 114
	销售部门	耗用数量			3 000	200	
		分配金额			2 054	1 845	3 899
分配金额合计					26 015	15 685	41 700

表 6 - 20 **产品生产用电分配表**

2014 年 11 月 单位：元

产品名称	生产工时	分配率	分配金额
甲产品	4 000		6 846
乙产品	6 000		10 269
合计	10 000	1.7115	17 115

辅助生产费用交互分配时的分配率：

$$供电费用分配率 = \frac{24\ 700}{40\ 000} = 0.6175$$

$$机修费用分配率 = \frac{17\ 000}{2\ 000} = 8.5$$

辅助生产费用对外分配时的分配率：

$$供电费用分配率 = \frac{24\ 700 + 2\ 550 - 1\ 235}{38\ 000} = 0.6846$$

$$机修费用分配率 = \frac{17\ 000 + 1\ 235 - 2\ 550}{1\ 700} = 9.2265$$

交互分配会计分录：

借：生产成本——辅助生产成本——供电车间 2 550

——机修车间 1 235

贷：生产成本——辅助生产成本——供电车间 1 235

——机修车间 2 550

对外分配会计分录：

借：生产成本——基本生产成本——甲产品 6 846

——乙产品 10 269

制造费用——基本生产车间　　13 572
管理费用　　7 114
销售费用　　3 899
贷：生产成本——辅助生产成本——供电车间　　26 015
——机修车间　　15 685

4. 归集和分配基本生产车间制造费用

根据上列各种费用分配表和其他有关资料，登记基本生产的制造费用明细账，归集和分配基本生产车间的制造费用。

第一，归集基本生产车间制造费用，将其本月制造费用明细账中各费用项目进行汇总。如表6－21所示。

表6－21　　制造费用明细账

基本生产车间　　2014年11月　　单位：元

2014年		摘　　要	机物料消耗	水电费	工资	福利费	其他薪酬费用	折旧费	办公费	运输费	保险费	其他	合计	转出	余额
月	日														
11	30	表6－10	4 000										4 000		
	30	表6－11		2 240									2 240		
	30	表6－12			5 800								5 800		
	30	表6－12				348							348		
	30	表6－13					1 943						1 943		
	30	表6－14						17 850					17 850		
	30	表6－15		991					1 500	496	1 060		4 047		
	30	表6－20辅助生产费用转入		3 423								10 149	13 572		49 800
	30	分配转出												49 800	0
		本月合计	4 000	6 654	5 800	348	1 943	17 850	1 500	496	1 060	10 149	49 800	49 800	0

第二，根据甲、乙产品的实际工时分配基本生产车间制造费用，并编制基本生产车间制造费用分配表，如表6－22所示。

表6－22　　基本生产车间制造费用分配表

2014年11月　　单位：元

应借科目		生产工时	分配率	分配金额
基本生产车间	甲产品	4 000		19 920
	乙产品	6 000		29 880
合计		10 000	4.98	49 800

会计分录：

借：生产成本——基本生产成本——甲产品　　19 920
——乙产品　　29 880
贷：制造费用——基本生产车间　　49 800

5. 计算和结转废品损失

该企业本月有甲不可修复废品 10 件，不可修复废品按定额费用计算已耗生产成本。根据不可修复废品费用定额和定额工时资料以及回收残料入库单等，编制不可修复废品损失计算表、废品损失明细账和废品损失分配表，如表 6－23、表 6－24 和表 6－25 所示。并据此登记相关“产品生产成本明细账”。

表 6－23　　不可修复废品损失计算表

（废品损失按定额成本计算）

产品名称：甲　　单位：元

废品数量：10 件　　2014 年 11 月　　废品定额工时：40

项　　目	直接材料	燃料及动力	直接人工	制造费用	合计
单件（小时）费用定额	85	3	5	5.5	
废品定额成本	850	120	200	220	1 390
减：回收残料价值	50				50
废品损失	800	120	200	220	1 340

会计分录：

借：废品损失——甲产品　　1 390

　　贷：生产成本——基本生产成本——甲产品　　1 390

借：原材料　　50

　　贷：废品损失——甲产品　　50

表 6－24　　废品损失明细账

产品名称：甲　　单位：元

2014 年		摘　　要	直接材料	燃料及动力	直接人工	制造费用	合计
月	日						
11	30	根据不可修复废品损失计算表	850	120	200	220	1 390
	30	根据不可修复废品损失计算表	[50]				[50]
	30	废品损失合计	800	120	200	220	1 340
	30	表 6－25 废品损失分配表	[800]	[120]	[200]	[220]	[1 340]

说明：在不设“转出”栏的明细账中，分配转出数可用红字登记。

表 6－25　　废品损失分配表

产品名称：甲　　2014 年 11 月　　单位：元

应借科目	明细科目	成本项目	金额
生产成本——基本生产成本	甲产品	废品损失	1 340

会计分录：

借：生产成本——基本生产成本——甲产品　　1 340

　贷：废品损失——甲产品　　1 340

6. 分配计算完工产品成本和月末在产品成本

根据上列各种费用分配表和其他有关资料，登记产品成本明细账。月初在产品成本加上本月生产费用，即为本月生产费用合计数，应在本月完工产品与月末在产品之间进行分配。

该企业对甲产品有比较准确、稳定的消耗定额资料，而且甲月初、月末在产品数量变化不大，因而规定对甲产品生产费用的分配采用在产品按定额成本计价法，对乙产品采用约当产量法，如表6－26、表6－27和表6－28所示。

表6－26　月末在产品定额成本计算表

2014年11月　单位：元

产品名称	所在工序	在产品数量	直接材料		单件工时定额	定额工时	燃料及动力（单位工时定额3.00）	直接人工（单位工时定额5.00）	制造费用（单位工时定额5.50）	定额成本合计
			单件定额	小计						
甲	一	20	85	1 700	8	160				
	二	20	85	1 700	18	360				
合计		40	85	3 400	—	520	1 560	2 600	2 860	10 420

表6－27　产品生产成本明细账

产品名称：甲　2014年11月　单位：元

2014年		摘要	直接材料	燃料及动力	直接人工	制造费用	废品损失	合计
月	日							
11	1	月初在产品定额成本	5 225	185	4 200	2 600	0	12 510
11	30	表6－10	13 108					13 108
	30	表6－11		2 880				2 880
	30	表6－12			7 200			7 200
	30	表6－12			432			432
	30	表6－13			2 412			2 412
	30	表6－20		6 846				6 846
	30	表6－22				19 920		19 920
	30	表6－23	[850]	[120]	[200]	[220]		[1 390]
	30	表6－25					1 340	1 340
	30	生产费用合计	17 783	9 791	14 044	22 300	1 340	65 258
	30	月末在产品定额成本（40件）（见表6－25）	3 400	1 560	2 600	2 860	0	10 420
	30	完工产品成本（195件）	14 383	8 231	11 444	19 440	1 340	54 838

表 6－28　　产品生产成本明细账

产品名称：乙　　2014 年 11 月　　单位：元

2014 年 月	日	摘要	直接材料	燃料及动力	直接人工	制造费用	废品损失	合计
11	1	月初在产品成本	1 200	51	1 280	882	0	3 413
11	30	表 6－10	18 542					18 542
	30	表 6－11		6 720				6 720
	30	表 6－12			10 800			10 800
	30	表 6－12			648			648
	30	表 6－13			3 618			3 618
	30	表 6－20		10 269				10 269
	30	表 6－22				29 880		29 880
	30	生产费用合计	19 742	17 040	16 346	30 762	0	83 890
		约当总产量	300	240	240	240		
		费用分配率	65.81	71	68.11	128.175		
	30	完工产品成本（180 件）	11 846	12 780	12 260	23 071.5	0	59 957.5
	30	月末在产品成本（120 件）	7 896	4 260	4 086	7 690.5	0	23 932.5

7. 结转产成品成本

根据甲、乙产品成本明细账中的完工产品成本，编制“产成品成本汇总表”，结转产成品成本，如表 6－29 所示。

表 6－29　　产成品成本汇总表

2014 年 11 月　　单位：元

产品名称	产量（件）	成本	直接材料	燃料及动力	直接人工	制造费用	废品损失	成本合计
甲产品	195	总成本	14 383	8 231	11 444	19 440	1 340	54 838
		单位成本	73.76	42.21	58.69	99.69	6.87	281.22
乙产品	180	总成本	11 846	12 780	12 260	23 071.5	0	59 957.5
		单位成本	65.81	71	68.11	128.175	0	333.095
总成本	—	—	26 229	21 011	23 704	42 511.5	1 340	114 795.5

结转产成品成本分录：

借：库存商品——甲产品　　54 838

　　　　　　——乙产品　　59 957.5

　贷：生产成本——基本生产成本——甲产品　　54 838

　　　　　　　　　　　　　　——乙产品　　59 957.5

【同步思考 6－2】

如果期末没有或者很少有在产品，则不存在将生产费用在完工产品和期末在产品之间的分配问题，那么按产品品种归集的生产费用就是该种完工产品的成本。这种品种法就是简单法？为什么？

复习思考题

1. 什么是品种法？品种法的适用范围和特点是什么？
2. 为什么说品种法是最基本的成本核算方法？
3. 试述品种法计算产品成本的一般程序。
4. 什么是简单法？

第7章
产品成本核算的分批法

【学习目标】

1. 了解分批法的含义和适用范围；
2. 理解分批法的特点和成本计算程序；
3. 掌握一般分批法的应用；
4. 重点掌握简化分批法的特点、成本计算程序及其应用。

【案例导入】

红星机械厂生产运输工具和大型设备，产品的生产工艺过程是装配式多步骤生产。该厂根据购货单位的订单来组织生产，产品规格不一，有的是单件生产，有的是小批生产，从生产组织来看，属于小批单件生产的企业。

思考：该厂应采用什么方法计算产品生产成本?

7.1 分批法概述

7.1.1 分批法及其适用范围

产品成本核算的分批法是指按照产品批别来归集生产费用，计算产品成本的一种方法，简称分批法。这种方法适用于单件小批生产的企业，例如，重型机器制造、船舶制造、精密工具仪器制造，以及服装、印刷工业等。在单件小批生产的企业里，生产的组织是按照购买者的订货情况来进行的，每批产品的品种、规格、数量、交货日期、所用原材料和制造方法等往往各不相同，所以需要以生产批别为对象来计算产品成本。分批法主要适用于以下情况：

1. 根据购买者订单组织生产的企业

有些企业专门根据购买者的要求，生产一定数量和特殊规格、型号的产品，如根据订货者要求生产的有专门用途的仪器、设备、大型锅炉等。

2. 产品种类经常变动的小规模制造企业

这类企业的生产组织有较大的灵活性，能够做到根据市场需要不断地变动产品的种类、规格等，如小型五金厂、服装厂、印刷厂等。这种产品一般不重复生产，即便是重复，也是不定期的，因此，适宜采用分批法计算产品成本。

3. 承揽修理业务的工厂

修理业务多种多样，要根据承接的各种修理工作分别计算成本，向客户收取货款如汽车修理厂、船舶修理厂等。这种企业往往要根据合同规定，在生产成本上加上约定利润，这种约定利润可以是在成本的基础上，加一定百分率的利润，或一定数额利润。由于需要计算每次修理业务的成本，因此，也适宜采用分批法计算产品成本。

4. 新产品试制车间

专门试制、开发新产品的车间，要按新产品的种类分别计算成本。新产品的试制往往数量较少，重复性较差，适宜采用分批法计算产品成本。

总之，这些企业的共同特点是一批产品通常不重复生产，即使重复生产，也是不定期的。企业生产计划的编制及日常检查、核算工作都以购货者订货为依据，或以企业事先规定的批量为依据。

在单件小批生产的企业中，产品的品种和每批产品的批量往往是根据客户的订货单来确定的，因此，按照产品批别计算产品成本往往也就是按照客户的订单计算产品成本。所以产品成本核算的分批法又称为订单法。然而产品成本计算的分批与客户的订单并不完全一致。因为企业产品成本计算的分批是以企业生产计划部门开出的生产通知单（也称内部订单、工作命令单、开工通知单）为依据的。客户的订单与企业的生产通知单所规定的内容可以相同，也可以不同。如果在一张订单中只规定生产一种产品，但这种产品数量较大，不便于集中一次投产，或者客户要求分批交货，也可以分成几批组织生产，计算成本；如果在一张订单中只规定生产一种产品，但这种产品属于大型复杂产品，如大型船舶的制造，由于其价值大，生产周期长，也可以按产品的组成部分分批组织生产，计算成本；如果在同一时期内，在几张订单中规定生产相同的产品，为了经济合理地组织生产，也可以将相同产品合为一批组织生产，计算成本；如果在一张订单中规定生产的产品不止一种，为了分析和考核各种产品成本计划的执行情况，并便于生产管理，要按照产品的品种划分批别组织生产，计算成本。总之，根据具体情况，可以将一张订单分为几张生产通知单，也可以将几张订单合并为一张生产通知单。在生产通知单中应对各批生产任务进行编号，这个编号称为产品批别（或批号）。

【同步思考 7－1】

分批法又称为订单法，那么产品成本计算的分批与客户的订单是否完全一致？

7.1.2 分批法的特点

采用分批法计算产品成本，其特点表现在以下三个方面：

1. 成本核算对象

采用分批法计算产品成本的企业，是以产品批次或按订单、生产通知单来组织生产的，其日常成本核算应以批次或订单、生产通知单作为成本核算对象，财会部门就应按批次设置产品成本明细账，并据以归集费用。凡是能直接计入各成本核算对象的直接材料、直接工资、专项费用、废品损失、停工损失，就应该根据其原始凭证，直接记入该批产品成本明细账；凡不能直接计入各批产品成本的共同生产费用，如人工费用、制造费用等，应按照一定的标准进行分配后，记入各有关批次的产品成本明细账。由于分批法下存在多个成本核算对象，间接费用多，为了提高成本核算的正确性，要合理选择分配标准。

2. 成本计算期

为了保证各批产品成本计算的正确性，各批产品成本明细账的设立和结算，应与生产任务通知单的签发和结束密切配合、协调一致，即各批或各订单产品的成本总额，在其完工以后（完工月的月末）计算确定，因而产品成本计算是不定期的；成本计算期与产品生产周期基本一致，而与会计报告期不一致。

3. 生产费用在完工产品与在产品之间的分配

在单件生产的情况下，在产品完工前，所归集的生产费用就是在产品成本；在产品完工后，所归集的生产费用就是完工产品成本。在小批生产的情况下，在月末计算产品成本时，产品往往已经全部完工，或者全部没有完工，这种情况下同单件生产一样，也不需要对所归集的生产费用进行分配。

当某批产品的批量较大，且客户要求分批交货时，就会出现该批别产品跨月陆续完工的情况。在这种情况下，月末需要将产品成本明细账中归集的生产费用在完工产品与在产品之间分配，以计算出完工产品成本与月末在产品成本。如果当月完工产品的数量不多，占投产批量比重较小时，为了简化成本计算工作，可以计划单位成本、定额单位成本或最近一期相同产品的实际单位成本计算完工产品成本，这样，产品成本明细账中归集的累计生产费用减去完工产品成本后，剩余的生产费用即为月末在产品成本；在该批产品全部完工时，应另行计算该批产品的实际成本与单位成本，但对上月已入账的完工产品成本，不再进行调整。如果当月完工产品的数量较多，占投产批量比重较大，为了保证成本计算的准确性，则应采用适当的方法，将所归集的生产费用在完工产品与月末在产品之间进行分配。

为了减少分批交货分配生产费用的工作量，在合理组织生产的前提下，可以适当缩小产品批量，尽量使同一批产品能够在同一个月内完成，避免出现跨月陆续完工的情况。但是，缩小产品批量应有一定限度，如果批量过小，不仅会使生产组织不经济、不合理，反而会使设立的产品成本明细账过多，而加大核算工作量。

7.1.3 分批法成本核算程序

1. 按批别开设产品成本明细账

在开始生产时，会计部门应根据每一份订单或每一批产品生产通知单，开设一张产品成本明细账。产品成本明细账可按车间、成本项目分设专栏，把有关这一张订单的直接成本或间接成本全部记入。除会计部门设置的产品成本明细账外，各车间也可按每一订单或每一批产品开设一张产品成本明细账，记录每一订单在本车间发生的费用。分批法下十分强调按订单或批别归集成本，因此各张订单、各批产品所直接耗用的各种费用，都要在有关的原始凭证上填明订单号及生产通知单号，以便将费用整理、归集记入各产品成本明细账内，间接费用要填明其用途和费用发生地点。

2. 按批别归集和分配各项要素费用

财会部门月终根据费用的原始凭证编制材料、工资等分配表。对于能分清批次的直接费用要根据原始凭证写明订单号、生产通知单、批别号，据以登入有关的产品成本明细账内；对于不能分清批次的几批产品共同耗用的费用，应采用一定方法分配记入各批产品成本明细账。辅助生产成本、各车间制造费用、管理部门有关的费用要按原始凭证填明的发生地点、费用明细项目，通过材料工资等分配表汇总登入辅助生产成本、制造费用、管理费用明细账内。

3. 归集和分配综合费用

(1) 归集和分配辅助生产费用。月末，编制辅助生产费用分配表，采用一定的分配方法，按各批受益产品和各受益部门耗用的辅助生产产品或劳务数量，将辅助生产费用计入有关批别产品的成本，以及制造费用等账户。若辅助生产车间单独设置“制造费用”账户核算制造费用，则应先将所归集的制造费用分配结转计入辅助生产费用。

(2) 归集和分配制造费用。车间所发生的不能直接分清是哪一批产品应负担的制造费用，应按照生产工时、生产工人工资等标准进行合理分配，并分别记入有关批别产品成本明细账。

(3) 归集和分配废品损失。单件、小批生产一般单独计算废品损失。如果要计算的话，可根据废品凭证，计算不可修复废品成本，从各有关产品成本明细账的直接材料、直接工资、燃料及动力和制造费用等成本项目中减除，转入废品损失。在分批法下，废品损失一般能直接归属于各订单，这样就可以从废品损失明细账直接转入各有关订单的产品成本明细账内。

4. 生产费用在完工产品与在产品之间的分配

采用分批法计算产品成本，由于其成本计算期通常与生产周期一致，所以，一般不存在生产费用在完工产品与在产品之间的分配问题。当某批别产品完工后，财会部门可依据产品验收入库凭证、剩余材料退库凭证等会计凭证，直接计算该批别产品的总成本和单位成本。未完工的各批产品，产品成本明细账上所归集的累计生产费用，就是月末在产品成本，仍保留在产品成本明细账上。当有产品陆续完工分期交货的情况时，应在交出货物的月份，按计划成本、定额成本或以往同类产品实际成本等计算出交出货物的成本并予以结转。待该批别产品全部完工时，再结转剩余产品成本，并计算该批别产品的实际生产成本。可见，分批法与品种法成本计算程序基本相同，只是在分批法下，产品成本明细账按产品批别设置，以此为成本计算对象进行费用的归集和分配。

【同步思考7－2】

在分批法下，一般都不存在将生产费用在完工产品和期末在产品之间分配的问题吗？

7.1.4 分批法的种类

由于产品生产周期长短不同，其间接计入费用的分配可以采用“当月分配法”和“累计分配法”。由此产生了一般分批法（典型分批法）和简化分批法两种不同的分批计算成本的方法。

1. 一般分批法

一般分批法，是指在分期按月计算产品成本的情况下，采用当月分配率分配间接计入费用（包括当月完工批次产品与未完工批次产品）的分批法。这是一种计算当月生产的全部批次产品（既包括完工产品也包括未完工的在产品）成本的分批法。

在一般的分批法下，其间接计入费用采用“当月分配法”进行分配。“当月分配法”的特点是不论各批次的产品本月是否完工，都要按照当月分配率计算分配本月的间接计入费用。采用一般分批法，各月末间接计入费用明细账都没有余额。

该方法主要适用于各批次产品生产周期较短，多数产品当月投产当月完工的情况。

2. 简化分批法

简化分批法，是在按产品生产批次设立产品成本明细账计算成本的基础上，同时设置基本生产成本二级账，用以按成本项目平行归集当月所生产的全部各批次产品的原材料费用和加工费用（包括人工费用和制造费用）；在月末计算成本时，只对当月完工批次的产品分配加工费、计算各批完工产品成本；对未完工批次的在产品不分配加工费、不分批计算期末在产品成本，其在产品成本集中反映在基本生产成本二级账上。因而，这种方法也称为不分批计算在产品成本的分批法。

采用简化的分批法计算成本，其间接计入费用一般通过计算累计分配率的方法进行分配，因而该方法又被称为累计分配率分配法。

该方法主要适用于各批次产品的生产周期较长、多数不能当月投产当月完工，在各月份中，在产品批次较多，而完工产品批次较少的情况。

另外，在实际经济生活中，还有一种分批零件法。它是先按产品的构成零部件来确定生产批次、组织安排生产，然后将各零部件进行组装成产品，并计算最终产品成本的分批法。它实际上是分批法与分步法相结合的一种复合性成本核算方法，是分批法的一种特例。

7.2 一般分批法举例

【例7－1】 旺达公司根据客户订单组织生产甲、乙、丙三种产品，该公司某年6月有关资料如下：

1. 本月的产量资料

406号产品——甲产品15台，4月投产，本月全部完工。
504号产品——乙产品10台，5月投产，本月完工6台，未完工4台。
601号产品——丙产品20台，本月投产，计划7月完工，本月提前完工5台。

2. 本月的成本资料

（1）各批产品月初在产品成本，如表7－1所示。

表7－1 **月初在产品成本** 单位：元

批别	直接材料	燃料及动力	直接人工	制造费用	合计
406	61 950	21 300	31 700	25 900	140 850
504	38 950	26 200	17 610	11 670	94 430

（2）本月生产费用已经在各批次产品之间进行了分配（分配方法与品种法相同，分配过程此处略）。根据各种生产费用分配表，汇总各批产品本月发生的生产费用，如表7－2所示。

表7－2 **本月生产费用** 单位：元

批别	直接材料	燃料及动力	直接人工	制造费用	合计
406		31 500	39 400	9 800	80 700
504		14 540	17 250	8 910	40 700
601	55 180	37 150	35 780	19 250	147 360

（3）各批完工产品与在产品之间分配费用的方法。

504号乙产品，本月末完工产品占该批产品比重较大，采用约当产量法将本月累计生产费用在完工产品与月末在产品之间进行分配。原材料在生产开始时一次投入，月末在产品完工程度为60%。

601号丙产品，本月末完工产品占该批产品比重较小，为简化核算，完工产品成本按定额成本结转。每台完工产品定额成本为：原材料3 800元，燃料及动力2 100元，直接人工1 850元，制造费用1 050元，合计8 800元。

根据上述各项资料登记各批产品成本明细账，如表7－3、表7－4和表7－5所示。

表 7－3　　　　　　　　　产品成本明细账

产品批别：406　　　　投产批量：15 台　　　　投产日期：4 月 6 日

产品名称：甲　　　　本月完工批量：15 台　　　完工日期：6 月 18 日　　　　单位：元

项　目	直接材料	燃料及动力	直接人工	制造费用	合计
月初在产品成本	61 950	21 300	31 700	25 900	140 850
本月生产费用		31 500	39 400	9 800	80 700
合计	61 950	52 800	71 100	35 700	221 550
转出完工产品成本	61 950	52 800	71 100	35 700	221 550
单位成本	4 130	3 520	4 740	2 380	14 770

表 7－4　　　　　　　　　产品成本明细账

产品批别：504　　　　投产批量：10 台　　　　投产日期：5 月 4 日

产品名称：乙　　　　本月完工批量：6 台　　　完工日期：6 月 20 日　　　　单位：元

项　目	直接材料	燃料及动力	直接人工	制造费用	合计
月初在产品成本	38 950	26 200	17 610	11 670	94 430
本月生产费用		14 540	17 250	8 910	40 700
合计	38 950	40 740	34 860	20 580	135 130
转出完工产品成本	23 370	29 100	24 900	14 700	92 070
完工产品单位成本	3 895	4 850	4 150	2 450	15 345
月末在产品成本	15 580	11 640	9 960	5 880	43 060

注：表中完工产品单位成本（费用分配率）的计算如下：

$$原材料费用分配率 = \frac{38\ 950}{6+4} = 3\ 895$$

$$燃料及动力费用分配率 = \frac{40\ 740}{6+4\times60\%} = 4\ 850$$

$$直接人工费用分配率 = \frac{34\ 860}{6+4\times60\%} = 4\ 150$$

$$制造费用分配率 = \frac{20\ 580}{6+4\times60\%} = 2\ 450$$

表 7－5　　　　　　　　　产品成本明细账

产品批别：601　　　　投产批量：20 台　　　　投产日期：6 月 1 日

产品名称：丙　　　　本月完工批量：5 台　　　完工日期：6 月 25 日　　　　单位：元

项　目	直接材料	燃料及动力	直接人工	制造费用	合计
本月生产费用	55 180	37 150	35 780	19 250	147 360
单台定额成本	3 800	2 100	1 850	1 050	8 800
转出完工产品成本	19 000	10 500	9 250	5 250	44 000
月末在产品成本	36 180	26 650	26 530	14 000	103 360

根据本月各批产品成本明细账中的本月完工产品成本，编制本月完工产品成本汇总表，如表 7－6 所示。

表 7－6　　　　　　　　　　完工产品成本汇总表

20××年 11 月　　　　　　　　　　单位：元

成本项目	甲产品（产量 15 台）		乙产品（产量 6 台）		丙产品（产量 5 台）	
	总成本	单位成本	总成本	单位成本	总成本	单位成本
直接材料	61 950	4 130	23 370	3 895	19 000	3 800
燃料及动力	52 800	3 520	29 100	4 850	10 500	2 100
直接人工	71 100	4 740	24 900	4 150	9 250	1 850
制造费用	35 700	2 380	14 700	2 450	5 250	1 050
合计	221 550	14 770	92 070	15 345	44 000	8 800

根据本月完工产品成本汇总表结转完工产品成本，会计分录如下：

借：库存商品——甲产品　　221 550
　　　　　　——乙产品　　92 070
　　　　　　——丙产品　　44 000
　贷：生产成本——基本生产成本——406 批别　　221 550
　　　　　　　　　　　　　　——504 批别　　92 070
　　　　　　　　　　　　　　——601 批别　　44 000

7.3 简化分批法

7.3.1 简化分批法的特点

简化分批法，也称不分批计算在产品成本的分批法或间接计入费用累计分配法，是指每月发生的各项间接计入费用（一般指直接人工和制造费用）不是按月在各批产品之间进行分配，而是先分别累计起来，待有产品完工的月份，才分配各批完工产品应负担的各项间接计入费用，并计算出完工产品的总成本和单位成本的一种成本核算方法。在单件小批生产企业或车间中，同一月内投产的产品批数有时特别多，有的多达几十批。在这种情况下，如果将各种间接计入费用在各批产品之间按月进行分配，其工作量极为繁重。因此，在投产批数繁多及月末未完工批数也较多的企业中，可采用一种简化的分批法。

与一般分批法相比，简化分批法的特点是：

1. 企业必须设立基本生产成本二级账

从计算产品实际成本的角度来说，采用其他成本核算方法，可以不设立基本生产成本二级账。但采用简化分批法，必须设立基本生产成本二级账。其作用是按月提供企业或车间发生的包括直接计入费用和间接计入费用在内的全部产品累计生产费用和生产工时资料；在有产品完工的月份，计算和登记全部产品累计间接计入费用分配率；根据完工产品累计生产工时和累计间接计入费用分配率，计算和登记完工产品应负担的累计间接计入费用，计算完工产品总成本；以全部完工产品累计生产总成本减去本月完工产品总成本，计算和登记月末在产品总成本。

2. 间接计入费用在有完工产品的月份才进行分配

采用简化分批法时，每月发生的间接计入费用不是在各批产品之间进行分配的，而是先在基本生产成本二级账中累计起来，在有完工产品的月份才将累计间接计入费用在各批完工产品之间进行分配，计算完工产品成本。对未完工的在产品则不分配间接计入费用，只以总数反映在基本生产成本二级账中，即不分批计算在产品成本。因此，采用这种分批法，可以简化生产费用分配和记账的工作量。月末未完工产品的批数越多，核算工作就越简化。

3. 利用累计间接计入费用分配率分配间接计入费用

间接计入费用的分配是利用基本生产成本二级账中累计的分配率进行的，采用这种方法，各批产品之间分配间接计入费用的工作以及完工产品与月末在产品之间分配间接计入费用的工作，都是利用累计间接计入费用分配率，到产品完工时合并在一起进行分配的。即各批产品之间分配间接计入费用（费用的横向分配）以及某批产品的完工产品与月末在产品之间分配间接计入费用（费用的纵向分配）的工作，都是利用累计间接计入费用分配率，到产品完工时合并在一起进行分配的。

$$\text{某项累计间接计入费用分配率}=\frac{\text{全部产品累计间接计入费用}}{\text{全部产品累计工时}}$$

$$\text{某批完工产品应负担的该项间接计入费用}=\text{该批完工产品累计工时}\times\text{该项累计间接费用分配率}$$

7.3.2 简化分批法的成本核算程序

1. 设置并登记基本生产成本二级账

基本生产成本二级账，是分成本项目登记各批产品所发生的生产费用及生产工时的账簿。在日常成本核算中，将各批产品的直接材料、直接人工和制造费用等生产费用以及累计工时，分别各该项目，在二级账中以总额登记，其中，直接材料、生产工时与按产品批别设置的产品成本明细账平行登记。月终，将二级账内的直接材料、累计工时与产品成本明细账进行核对。

2. 按产品批别设置产品成本明细账

产品成本明细账除按成本项目设专栏外，还设生产工时专栏。与一般分批法不同的是，在产品完工之前，只登记各月所发生的直接材料费用和生产工时，不登记加工费用。待产品完工时再将基本生产成本二级账上所累计的各项加工费用，按照生产工时比例，在完工的各批产品和未完工的产品之间进行分配，并将完工产品应负担的各项加工费用登记在各该产品成本明细账上，以计算确定完工产品的总成本和单位成本。

3. 进行各种要素费用的分配和综合费用的分配

经过各种要素费用的分配以及综合费用的分配，对于可以直接计入某批产品成本的直接材料费用和生产工时以总数计入基本生产成本二级账和各该产品成本明细账，对于直接人工和制造费用等则以总数计入基本生产成本二级账，但不计入产品成本明细账，待有产品完工时，再进行分配。

4. 计算累计间接计入费用分配率

在有完工产品的月份，根据基本生产成本二级账上累计的直接人工、制造费用等和累计的生产工时，计算累计间接计入费用分配率。

5. 月末计算各完工批别产品的成本

在有完工产品的月末，产品成本明细账中除已经登记的直接材料和生产工时外，各完工批别产品应负担的直接人工和制造费用等，是根据基本生产成本二级账上计算的累计间接计入费用分配率和各批完工产品的生产工时计算得出的，并将其填入该批产品成本明细账中。

6. 基本生产成本二级账与明细账核对

根据各批产品成本明细账中登记的完工产品的生产成本（直接材料、直接人工和制造费用）和生产工时数，汇总登记在二级账中应转出的完工产品成本和生产工时数。未完工产品应负担的各项生产费用即是全部批别产品的在产品成本，应与生产工时一并保留在二级账中。

【同步思考7－3】

采用简化分批法，“基本生产成本二级账”的作用是什么？

7.3.3 简化分批法举例

【例7－2】假定某企业小批量生产多种产品，产品批数较多，生产周期较长，每月经常有大量未完工的产品批数。为了简化核算工作，采用简化分批法计算产品成本。2014年9月，有715、810、820、902、916批号五批产品。有关资料如下：

（1）各批产品产量及完成资料如表7－7所示。

表7－7　　各批产品产量及完成情况

批号	产品名称	投产日期	投产数量	完工日期	本月完工数量
715	甲	7月15日	10件	9月20日	10件
810	乙	8月10日	18件		未完工
820	丙	8月20日	15件	9月25日	6件
902	甲	9月2日	20件		未完工
916	丁	9月16日	30件		未完工

（2）以上各批产品所耗材料费用均系生产开始时一次投入，其他费用随加工进度陆续发生。820批号丙产品完工产品单台工时定额为700小时。9月各批产品的生产工时和发生的直接材料费用如表7－8所示。

表 7－8　　各批产品本月发生的直接材料费用和生产工时

批号	产品名称	直接材料（元）	生产工时（小时）
715	甲		800
810	乙		2 900
820	丙		4 000
902	甲	78 000	2 300
916	丁	54 350	1 500
合计		132 350	11 500

（3）本月各批产品发生的全部加工费用如下：直接人工 63 290 元，制造费用34 120 元。

要求：根据上述资料计算 9 月已完工产品成本。

根据上述资料，登记基本生产成本二级账和各批次产品成本明细账，如表 7－9 ~ 表 7－13 所示。

表 7－9　　基本生产成本二级账　　单位：元

××年		摘　　要	直接材料	生产工时	直接人工	制造费用	成本合计
月	日						
7	31	本月发生	54 000	8 200	21 300	12 670	87 970
8	31	本月发生	112 000	13 800	35 340	17 530	164 870
9	30	本月发生	132 350	11 500	63 290	34 120	229 760
9	30	本月累计	298 350	33 500	119 930	64 320	482 600
9	30	费用分配率			3.58	1.92	
9	30	本月完工转出	73 800	17 000	60 860	32 640	167 300
9	30	月末在产品成本	224 550	16 500	59 070	31 480	315 300

表 7－9 中的费用分配率计算如下：

$$直接人工费用分配率=\frac{119\ 930}{33\ 500}=3.58$$

$$制造费用分配率=\frac{64\ 320}{33\ 500}=1.92$$

各批产品成本明细账如表 7－10、表 7－11、表 7－12、表 7－13、表 7－14 所示。在这些明细账中，对于没有完工产品的月份，只登记直接材料费用（一般情况下材料都是根据领料凭证直接计入）和生产该批产品所耗工时。基本生产成本二级账与其所属的各个产品成本明细账中的直接材料项目和生产工时项目，应采用平行登记的方法进行登记，既要登记各个产品成本明细账，同时又要汇总登记基本生产成本二级账。

表 7－10 **产品成本明细账**

生产批号：715　　投产日期：7 月 15 日

产品名称：甲产品　　批量：10 件　　完工日期：9 月 20 日　　单位：元

××年		摘　　要	直接材料	生产工时	直接人工	制造费用	成本合计
月	日						
7	31	本月发生	54 000	8 200			
8	31	本月发生		3 800			
9	30	本月发生		800			
9	30	累计及分配率	54 000	12 800	3. 58	1. 92	
9	30	转出完工产品成本	54 000	12 800	45 824	24 576	124 400
9	30	完工产品单位成本	5 400		4 582. 4	2 457. 6	12 440

表 7－11 **产品成本明细账**

生产批号：810　　投产日期：8 月 10 日

产品名称：乙产品　　批量：18 件　　完工日期：　　单位：元

××年		摘　　要	直接材料	生产工时	直接人工	制造费用	成本合计
月	日						
8	31	本月发生	62 500	4 200			
9	30	本月发生		2 900			

表 7－12 **产品成本明细账**

生产批号：820　　投产日期：8 月 20 日　　单位：元

产品名称：丙产品　　批量：15 件　　完工日期：9 月 25 日　完工 6 件

××年		摘要	直接材料	生产工时	直接人工	制造费用	成本合计
月	日						
8	31	本月发生	49 500	5 800			
9	30	本月发生		4 000			
9	30	累计及分配率	49 500	9 800	3. 58	1. 92	
9	30	转出完工产品成本	19 800	4 200	15 036	8 064	42 900
9	30	月末在产品成本	29 700	5 600			

表 7－13 **产品成本明细账**

生产批号：902　　投产日期：9 月 2 日

产品名称：甲产品　　批量：20 件　　完工日期：　　单位：元

××年		摘要	直接材料	生产工时	直接人工	制造费用	成本合计
月	日						
9	30	本月发生	78 000	2 300			

表 7-14　　　　　　　　　　　　　　　　产品成本明细账

生产批号：916　　　　　　　　　　　　　　　　　　　　　　投产日期：9 月 16 日

产品名称：丁产品　　　　　　　　批量：30 件　　　　　　　完工日期：　　　　　　　单位：元

××年		摘要	直接材料	生产工时	直接人工	制造费用	成本合计
月	日						
9	30	本月发生	54 350	1 500			

7.3.4 简化分批法的优缺点

1. 简化分批法的优点

（1）简化了间接计入费用的分配工作。因为在简化的分批法下，分批计算完工产品成本，而不分批计算在产品成本，只是在有完工产品的月份，才计算各批完工产品应负担的间接计入费用。如果本月完工产品的批数很少，间接计入费用只需在很少的批数中分配；如果本月各批都没有完工产品，就不需要计算分配间接计入费用。

（2）简化了完工产品与在产品之间费用的分配工作。因为在简化的分批法下，累计间接计入费用分配率既是不同批别产品之间分配费用的依据，也是同批产品中完工产品与月末在产品分配费用的依据。这样做将成本计算中费用的横向分配（不同批别产品之间的费用分配）和费用的纵向分配（完工产品与在产品之间的费用分配）有机地结合在一起，大大简化了费用的分配工作。

2. 简化分批法的缺点和应用条件

（1）如果各月间接计入费用悬殊或月末在产品的批数不多的情况下，会影响各月份成本计算的正确性。因为，各月份间接计入费用如果波动很大，各月的累计间接计入费用分配率也会随之忽高忽低，对于那些当月投产、当月完工的产品成本，就会出现不应有的偏高或偏低。例如，前几个月的间接计入费用水平低，本月间接计入费用水平高，而某批产品本月投产，当月完工，由于按累计间接计入费用分配率分配间接计入费用，其间接计入费用就会发生不应有的偏低。

（2）如果大部分批别的产品是在当月投产，当月完工，月末在产品的批数不多，间接计入费用要按累计的间接计入费用分配率在大多数批别之间进行分配，在这种情况下，间接计入费用的分配工作不但没有简化，而且成本计算的正确性也会受到一定的影响。

综上所述，简化的分批法适合于各月份间接计入费用水平相近，而且是各月份投产的批数多、产出的批数较少的企业。

【同步思考 7-4】

在各月投产批次多，完工批次少的企业，如果不采用简化的分批法，而是采用一般分批法，会出现什么情况？简化分批法和一般分批法的主要区别在哪里？

复习思考题

1. 简述分批法的特点和适应范围。
2. 简述一般分批法的成本计算程序。
3. 简述简化分批法的成本计算程序。
4. 简化的分批法有什么特点及优缺点?
5. 一般分批法和简化分批法有什么区别?

第8章
产品成本核算的分步法

【学习目标】

1. 了解分步法的特点、种类及适用范围；

2. 掌握逐步结转分步法的应用，重点掌握按实际成本综合结转分步法的特点及成本核算程序，特别掌握综合逐步结转分步法下的成本还原；

3. 掌握平行结转分步法的含义、特点和成本计算程序；重点掌握平行结转分步法下广义在产品约当量的计算方法；

4. 理解逐步结转分步法和平行结转分步法的区别。

【案例导入】

湘江钢铁厂是连续式的多步骤生产企业，顺序设有炼铁、炼钢和轧钢三个基本生产车间。炼铁车间生产三种生铁：炼钢生铁、铸造生铁和锰铁。其中，炼钢生铁全部供应本厂炼钢耗用，铸造生铁和锰铁全部直接对外出售。炼钢车间对炼钢生铁进行加工生产出高碳钢锭，全部供应本厂轧钢车间轧制钢材；高碳钢轧制盘条，低碳钢轧制圆钢。

思考：

1. 该厂的最终成本计算对象是什么？

2. 该厂应该采用什么成本计算方法？为什么？

8.1 分步法概述

8.1.1 分步法及其适用范围

产品成本核算的分步法，是指以产品的品种及其所经生产步骤作为成本核算对象，归集生产费用，计算产品成本的方法。

分步法主要适用于大量大批多步骤生产的企业，如冶金、纺织、造纸和机械制造业等。在这些企业中产品生产可以划分为若干生产步骤，如冶金企业的生产可以分为炼铁、炼钢、轧钢等生产步骤；纺织企业的生产可以划分为纺纱、织布、印染等生产步骤；造纸企业的生产可以分为制浆、制纸、包装等生产步骤；机械制造企业的生产可以分为铸造、加工、装配等生产步骤等。在这些企业中，为了加强各生产步骤的成本管理，不仅要求按照产品的品种计算各种产品的实际总成本和单位成本，而且还要求按照生产步骤归集生产费用，计算各生产步骤的成本，以便考核产成品及其所经生产步骤的成本计划的执行情况。

8.1.2 分步法的特点

1. 产品成本核算对象及产品生产成本明细账的设置

分步法的成本核算对象是产品品种及其所经过的生产步骤，因此在计算产品成本时，应按照各种产品的生产步骤设立产品生产成本明细账。如果只生产一种产品，成本计算对象就是该种产成品及其所经生产步骤，产品生产成本明细账应当按照生产步骤开立；如果生产多种产品，成本计算对象则是各种产成品及其所经生产步骤，产品生产成本明细账应当按照生产步骤分产品品种开立。例如，某企业生产的甲产品需要经过两个生产步骤，乙产品需要经过三个生产步骤才能完工，采用分步法计算成本，应设五个明细账。即第一步骤甲半成品明细账、第二步骤甲产成品明细账，第一步骤乙半成品明细账、第二步骤乙半成品明细账、第三步骤乙产成品明细账。

企业发生的各种直接材料费用，直接人工费用和其他直接费用，凡能直接计入各成本核算对象的，应当直接记入按成本核算对象设立的产品生产成本明细账中；凡不能直接计入各成本核算对象的，应当先按生产步骤归集，月末再按一定的标准分配记入各成本核算对象的产品生产成本明细账。企业发生的制造费用，应当先按生产单位（车间、分厂）归集，月末再直接记入或者分配记入各成本核算对象的产品生产成本明细账。

应当指出，分步法中作为成本核算对象的生产步骤，是按照企业成本管理的要求来划分的。它与产品的实际生产步骤（加工步骤）可能一致，也可能不完全一致。

在大量大批多步骤生产的企业中，生产单位（分厂、车间）一般是按照生产步骤设立的，为了加强生产单位的成本管理，也要求按照生产单位（分厂，车间）来归集生产费用，计算产品成本。因此，分步计算成本一般也就是分生产单位（车间、分厂）计算成本。但是，当一个生产单位（车间、分厂）的规模比较大，生产单位内部包含几个生产步骤，而企业成本管理上又要求在生产单位内部再分生产步骤计算成本时，成本核算计象中的生产步骤就不应当是生产单位（车间，分厂），而应当是生产单位内部的生产步骤。此外，为了简化成本核算，按照企业成本管理的要求，也可以将几个生产步骤或几个生产车间，合并为一个成本核算对象（成本核算的一个步骤），来归集生产费用，计算生产步骤的成本。

因此，采用分步法计算产品成本，应当根据企业生产特点和成本管理的要求，本着既要加强成本管理，又要简化成本核算的原则，合理确定作为成本核算对象的生产步骤。

2. 成本计算期与会计报告期一致

分步法以产品品种及其所经生产步骤作为成本核算对象，企业生产组织通常又是大量大批生产，因此，成本计算期与生产周期不一致，而与会计报告期一致，即定期按月计算产品成本。

3. 通常需要把生产费用在完工产品与月末在产品之间的分配

由于分步法的成本计算期与生产周期不一致，在大量大批多步骤生产企业，月末通常又有在产品。因此，分步法月末计算产品成本时，通常需要将已记入产品生产成本明细账中的生产费用合计数，在完工产品与月末在产品之间进行分配。

8.1.3 分步法成本核算的一般程序

（1）按照生产步骤和产品品种设立产品成本明细账。

（2）按照生产步骤和产品归集分配各种要素费用。

（3）按照生产步骤和产品归集分配综合费用。

（4）计算各步骤完工产品成本（或计入产成品成本的份额）和在产品成本。

（5）结转各步骤完工产品成本（或计入产成品成本的份额），计算各种产成品的总成本和单位成本。

采用分步法计算产品成本时，由于不同企业对于生产步骤成本管理有不同要求，以及出于简化成本核算工作的考虑，按照产品生产步骤来归集费用，计算产品成本时，各个生产步骤成本的计算和结转，有逐步结转和平行结转两种不同方法。

8.2 逐步结转分步法

8.2.1 逐步结转分步法的适用范围

逐步结转分步法又称计算半成品成本的分步法，是按照产品生产步骤的先后顺序逐步计算并结转半成品成本，直到最后一个生产步骤计算出产成品成本的分步法。即在逐步结转分步法下，按照产品的加工顺序，先计算第一步骤的半成品成本，然后随着半成品实物向第二步骤转移，将第一步骤的半成品成本也结转到第二步骤；第二步骤将第一步骤转来的半成品成本加上本步骤发生的生产费用，计算出第二步骤的半成品成本，再结转到第三步骤，如此顺序结转，直到最后一个步骤计算出产成品成本。

逐步结转分步法的成本核算对象是产成品及其所经生产步骤的半成品，各生产步骤都需要计算所产半成品成本。半成品成本随半成品实物的转移而结转，直到最后生产步骤计算出完工产成品成本。因此，月末各生产步骤将生产费用在完工产品与月末在产品之间进行分配时，生产费用是本生产步骤发生的费用加上上一生产步骤转入的半成品成本；完工产品是指本生产步骤已经完工的半成品（最后生产步骤为产成品）；月末在产品是指本生产步骤正在加工尚未完工的在制品，即狭义的在产品。

逐步结转分步法的完工产成品成本，就是最后生产步骤计算出来的完工产品成本。

计算半成品成本的逐步结转分步法，主要适用于半成品可以加工为不同产品或者有半成品对外销售和需要考核半成品成本的企业，特别是大量大批连续式多步骤生产企业。在这些企业中，从原材料投入生产到产成品制成，中间要顺序经过若干个生产步骤加工，前面各个生产步骤所生产的都是半成品，只有最后生产步骤完工的才是产成品。各生产步骤所产的半成品，既可以转交给下一生产步骤继续加工，耗用在不同产品上；又可以作为商品产品对外出售。例如，纺织企业生产的棉纱，既可以为企业自用，继续加工成各种成品布，又可以作为商品产品，直接对外出售。在这种情况下，为了计算产品销售成本，除了需要计算各种产品成本外，还必须计算各生产步骤所产半成品成本。有的企业自制半成品不一定对外销售，但为了考核半成品成本，也需要计算半成品成本。

8.2.2 逐步结转分步法成本计算的一般程序

采用逐步结转分步法，其成本核算程序是：先计算第一生产步骤所产半成品成本，并将其转入第二生产步骤；然后将第二生产步骤本步发生的各种费用，加上第一生产步骤转入的半成品成本，计算出第二生产步骤所产半成品成本，并将其转入第三生产步骤；这样按照生产步骤逐步计算并且结转半成品成本以后，在最后生产步骤计算出完工产成品成本。在设有半成品仓库的企业，还应当在半成品仓库和有关生产步骤（生产半成品和领用半成品的生产步骤）之间，随着半成品实物的收入（生产完工验收入库）和发出（生产领用）进行半成品成本的结转。

逐步结转分步法的成本计算程序，如图 8－1 和图 8－2 所示。

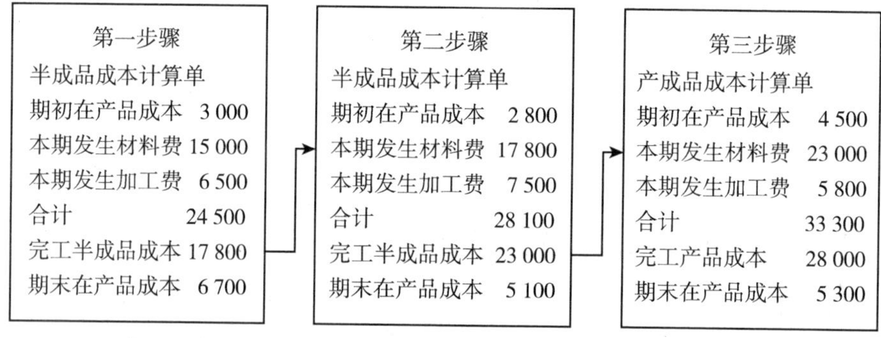

图 8－1　逐步结转分步法成本计算程序（不设自制半成品库）

从图 8－1 和图 8－2 所示成本核算程序可以看到，第一、第二、第三三个生产步骤各自的成本核算方法与品种法是相同的。因此，也有人认为逐步结转分步法就是品种法的多次连续应用。即在采用品种法计算上一生产步骤的半成品成本以后，按照下一生产步骤耗用半成品的数量转入下一生产步骤产品成本明细账；下一生产步骤再次按照品种法的原理归集本生产步骤发生费用和所耗上一生产步骤半成品成本，计算出本步骤半成品成本，再按照下一生产步骤的耗用半成品数量转入再下一生产步骤产品成本明细账；如此逐步计算并结转，直至最后一个生产步骤计算出产成品成本。

在逐步结转分步法下，各生产步骤之间半成品成本的结转，按照半成品成本在下一步骤产品成本明细账（或产品成本计算单）中反映的方法不同，分为综合结转分步法和分项结转分步法两种。

8.2.3 逐步综合结转分步法

综合结转分步法是将上一步骤的半成品成本转入下一步骤时，不分成本项目，全部记入下一步骤产品成本明细账的“直接材料”或专设的“自制半成品”等综合性成本项目，从而综合反映各步骤所耗上一步骤所产半成品成本。

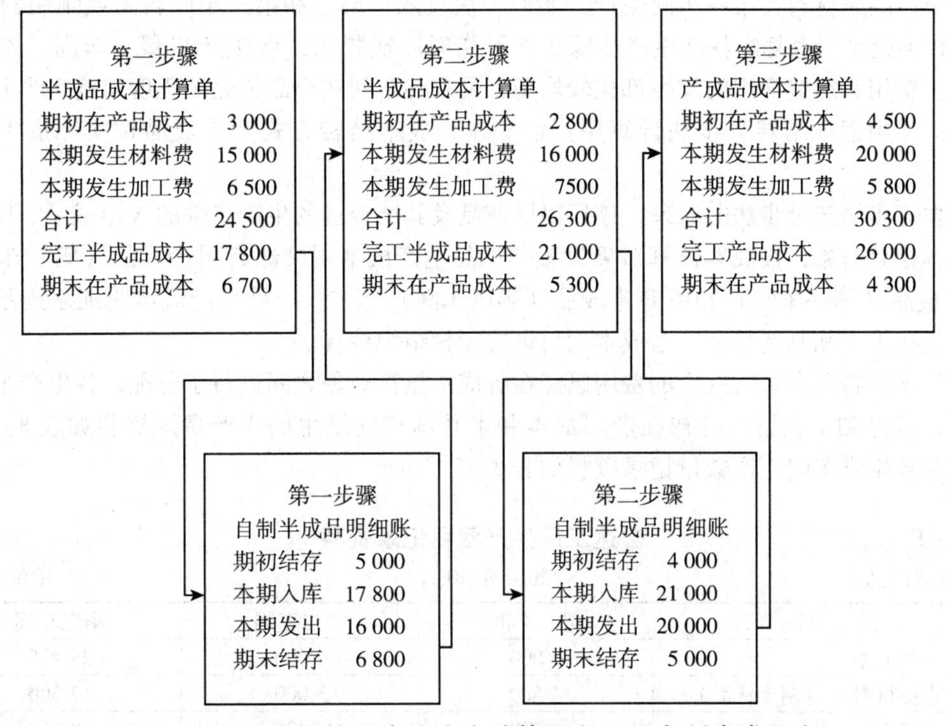

图 8－2 逐步结转分步法成本计算程序（设自制半成品库）

逐步综合结转分步法既可以按照半成品的实际成本结转，也可以按照半成品的计划成本（或定额成本）综合结转。按实际成本结转，对所耗上一步骤的自制半成品成本应根据所耗半成品数量乘以实际单位成本计算。当自制半成品交由半成品库收发时，由于各月入库半成品的单位成本不完全相同，应采用先进先出法或加权平均法等方法计算所耗上一步骤半成品成本。如果自制半成品不通过半成品库收发，而是直接从上一步骤转入下一步骤加工，则下一步骤所耗上一步骤半成品成本按上一步骤本月完工半成品成本数额转入。

按计划成本综合结转半成品成本，对自制半成品日常收发按计划成本核算，在半成品实际成本计算出来以后，再计算半成品的成本差异，然后再调整所耗半成品应负担的半成品成本差异。其具体核算方法与材料按计划成本核算一样。

1. 半成品按实际成本综合结转

【例 8－1】宏达工厂设有第一、第二和第三三个基本生产车间，大量生产甲产品。甲产品顺序经过第一、第二和第三三个车间加工，第一车间生产的产品为甲 A 半成品，完工后不经过半成品仓库，全部直接交给第二车间继续加工，第二车间将甲 A 半成品进一步加工为甲 B 半成品，完工后全部交给半成品仓库；第三车间从半成品仓库领出甲 B 半成品继续加工为甲产成品，完工后全部交产成品仓库。

该厂经过半成品仓库收发的 B 半成品，设置“自制半成品——B 半成品”明细账组织收入、发出和结存的核算。各生产步骤转入下一步或送交半成品仓库的半成品，按实际成本综合结转；半成品仓库发出的 B 半成品采用加权平均法计算其实际成本。

该厂各生产步骤（车间）完工产品和月末在产品之间的费用分配，均采用约当产量比例法。甲产品原材料在第一车间生产开始时一次投入；第二和第三车间转入或领用的A半成品、B半成品，也都在各该生产步骤生产开始时一次投入；各生产步骤（车间）本身的直接人工费用和制造费用的发生都比较均衡，月末各车间在产品的完工程度均按50%计算。

该厂采用逐步结转分步法计算甲产品成本，成本结转方式为半成品按实际成本综合结转。

根据逐步结转分步法的原理，该厂以甲产品及其所经过的生产步骤的A半成品、B半成品为成本核算对象，按成本核算对象设置的产品生产成本明细账有甲产成品（第三车间）、甲A半成品（第一车间）和甲B半成品（第二车间）三个。产品生产成本明细账按照直接材料、直接人工和制造费用三个成本项目设置专栏组织核算。

该厂本月各生产车间发生的费用已经在各成本核算对象之间进行了分配，各生产车间甲产品（产成品和半成品）月初在产品成本和本月本车间发生的生产费用资料如表8－1所示；本月各生产车间生产数量记录资料如表8－2所示。

表8－1　　宏达工厂生产费用记录资料

产品：甲产品　　2014年10月　　单位：元

项　目	第一车间	第二车间	第三车间
月初在产品成本	6 000	4 000	24 475
其中：直接材料（自制半成品）	4 500	3 000	17 500
直接人工	550	480	3 850
制造费用	950	520	3 125
本月本步发生生产费用	43 500	22 500	45 000
其中：直接材料	27 000		
直接人工	6 050	10 800	24 750
制造费用	10 450	11 700	20 250

表8－2　　宏达工厂生产数量记录资料

产品：甲产品　　2014年10月　　单位：件

项　目	第一车间	第二车间	自制半成品库	第三车间
月初在产品	50	20	40	70
本月投入或上步转入	300	250	200	220
本月完工转入下步或交库	250	200	220	260
月末在产品	100	70	20	30

（1）计算第一车间本月所产A半成品的实际成本。第一车间为生产甲产品的第一生产步骤，没有上步转入费用，将A半成品月初在产品成本和本月发生生产费用（见表8－1资料）记入第一车间产品生产成本明细账（见表8－3）后，即可采用约当产量法，将生产费用合计数在完工A半成品和月末在产品之间进行分配，计算出A半成品的实际总成本和单位成本。第一车间产品成本计算结果，如表8－3所示。

表 8-3　　　　　　　　宏达工厂第一车间产品生产成本明细账

产品：A 半成品　　　　　　　　　　2014 年 10 月　　　　　　　　　　单位：元

摘　　要	直接材料	直接人工	制造费用	合计
月初在产品成本	4 500	550	950	6 000
本月本步发生费用	27 000	6 050	10 450	43 500
生产费用合计	31 500	6 600	11 400	49 500
本月完工产品数量	250	250	250	
月末在产品约当量	100	50	50	
约当总产量	350	300	300	
费用分配率（完工半成品单位成本）	90	22	38	150
本月完工 A 半成品总成本	22 500	5 500	9 500	37 500
月末在产品成本	9 000	1 100	1 900	12 000

借：生产成本——基本生产成本——第二车间（B 半成品）　　　37 500

　贷：生产成本——基本生产成本——第一车间（A 半成品）　　　37 500

（2）计算第二车间本月所产 B 半成品的实际成本。按照逐步结转分步法的原理，计算第二车间所产 B 半成品成本时，除了归集本步发生的费用以外，还应加上上一步骤（第一车间）转入的 A 半成品成本。因此，在第二车间产品生产成本明细账（见表 8-4）中登记月初在产品成本和本月本步发生费用以后，还应当登记上步转入的 A 半成品总成本 37 500 元。宏达工厂自制半成品成本采用综合结转方式，登记在第二车间产品生产成本明细账“半成品”（或“直接材料”）成本项目中。

第二车间本步发生的费用，加上第一车间转入的半成品成本，采用约当产量法在本月完工产品（200 件 B 半成品）和月末在产品之间进行分配。第二车间产品成本计算结果在产品生产成本明细账中的登记如表 8-4 所示。

表 8-4　　　　　　　　宏达工厂第二车间产品生产成本明细账

产品：B 半成品　　　　　　　　　　2014 年 10 月　　　　　　　　　　单位：元

摘　　要	直接材料（A 半成品）	直接人工	制造费用	合计
月初在产品成本	3 000	480	520	4 000
本月发生费用	37 500	10 800	11 700	60 000
生产费用合计	40 500	11 280	12 220	64 000
本月完工产品数量	200	200	200	
月末在产品约当量	70	35	35	
约当总产量	270	235	235	
费用分配率（完工半成品单位成本）	150	48	52	250
本月完工 B 半成品总成本	30 000	9 600	10 400	50 000
月末在产品成本	10 500	1 680	1 820	14 000

表 8-4 的计算结果表明，本月第二车间所产 B 半成品完工入库 200 件，实际单位成本为 250 元，实际总成本为 50 000 元。通过半成品库收发的半成品，应编制结转完工入库自制半成品成本的会计分录如下：

借：自制半成品——B 半成品　　50 000

　　贷：生产成本——基本生产成本——第二车间（B 半成品）　　50 000

（3）计算第三车间领用自制半成品成本。宏达工厂本月 B 半成品收入、发出和结存资料如表 8－5 所示。在自制半成品明细账（见表 8－5）中，月初结存半成品数量和金额应根据上月有关资料登记；本月收入和发出的数量应根据有关半成品交库单和领料单登记；本月收入半成品的实际总成本，应根据上述第二车间本月完工 B 半成品成本计算结果及编制的会计分录登记。

表 8－5　　宏达工厂自制半成品明细账

2014 年 10 月　　金额单位：元

品名：B 半成品　　实物单位：件

××年		凭证字号	摘　要	收入		发出			结存	
月	日			数量	金额	数量	单价	金额	数量	金额
10	1		月初结存						40	10 000
	16	4	二车间交库	200	50 000					
	17	5	三车间领用			220	250			
	31		本月合计	200	50 000	220	250	55 000	20	5 000

半成品仓库发出自制半成品的实际成本，采用加权平均法计算，其加权平均单位成本为 250 元[（10 000＋50 000）/（40＋200）]，本月第三车间生产领用 B 半成品 220 件，第三车间领用 B 半成品实际总成本为 55 000 元（220×250），编制结转第三车间本月领用自制半成品成本的会计分录如下：

借：生产成本——基本生产成本——第三车间（甲产品）　　55 000

　　贷：自制半成品——B 半成品　　55 000

（4）计算第三车间本月所产甲产成品的实际成本。第三车间产品生产成本明细账，在登记了月初在产品成本，以及本月本步发生生产费用和从半成品仓库转入的 B 半成品成本以后，就可以按照第一、第二车间成本计算的方法，采用约当产量法计算出月末在产品成本和本月完工入库甲产品成本。第三车间产品成本计算结果如表 8－6 所示。

表 8－6　　宏达工厂第三车间产品生产成本明细账

产品：甲产品　　2014 年 10 月　　单位：元

摘　要	直接材料（B 半成品）	直接人工	制造费用	合计
月初在产品成本	17 500	3 850	3 125	24 475
本月发生费用	55 000	24 750	20 250	100 000
生产费用合计	72 500	28 600	23 375	124 475
本月完工产品数量	260	260	260	
月末在产品约当量	30	15	15	
约当总产量	290	275	275	
费用分配率（完工产品单位成本）	250	104	85	439
本月完工甲产品总成本	65 000	27 040	22 100	114 140
月末在产品成本	7 500	1 560	1 275	10 335

表8－6的计算结果表明，第三车间本月所产甲产品，实际平均单位成本为439元，实际总成本为114 140元。根据完工产品交库单和成本计算结果，编制结转本月完工入库甲产品实际总成本的会计分录如下：

借：库存商品——甲产品　　114 140

　　贷：生产成本——基本生产成本——第三车间（甲产品）　　114 140

2. 半成品按计划成本综合结转

半成品按计划成本综合结转时，半成品的日常收发均按计划单位成本核算，在半成品实际成本计算出以后，再计算半成品的成本差异率和差异额，调整所耗半成品的计划成本。

（1）半成品按计划成本综合结转所用账表的特点：

① 自制半成品明细账不仅要反映半成品收发和结存的数量和实际成本，而且要反映其计划成本，以及成本差异率和差异额。

② 在产品成本明细账中，对于所耗半成品的成本，既可以直接按照调整成本差异后的实际成本登记；也可以按照计划成本和成本差异分别登记，以便于分析上一步骤半成品成本差异对本步骤成本的影响。如采用后一种做法，产品成本明细账中的"半成品"项目或"直接材料"项目，要分设"计划成本"、"成本差异"和"实际成本"三栏。

（2）半成品按计划成本综合结转举例。

【例8－2】 远方工厂经过两个步骤大量生产乙产品，分别由第一车间、第二车间进行，采用逐步综合结转分步法计算产品成本。两个车间产品所耗原材料或半成品均是在生产开始时一次投入，半成品通过半成品库收发（假定乙半成品的计划单位成本为870元），第二车间所耗半成品费用按计划成本综合结转。两个车间的完工产品与月末在产品之间的费用分配采用在产品按定额成本计价法。

乙产品的成本计算过程如下：

① 根据上月第一车间产品成本明细账所记录的月末在产品成本和本月的各种生产费用分配表分别登记第一车间乙产品成本明细账中月初在产品成本和本月费用两行的有关数据，以及生产费用的合计数，并采用在产品按定额成本计价法将生产费用合计数在完工产品与月末在产品之间进行分配（分配计算过程从略）。其登记结果如表8－7所示。

表8－7　　远方工厂第一车间产品成本明细账

产品名称：乙半成品　　单位：元

项　　目	产量（件）	直接材料	直接人工	制造费用	成本合计
月初在产品（定额成本）	100	35 000	12 000	17 000	64 000
本月发生生产费用	1 010	378 500	245 200	265 700	889 400
生产费用合计		413 500	257 200	282 700	953 400
完工转出半成品	1 000	375 000	244 000	264 000	883 000
单位成本		375	244	264	883
月末在产品（定额成本）	110	38 500	13 200	18 700	70 400

② 根据表8－7"第一车间产品成本明细账"计算的本月第一车间完工入库的1 000件半成品成本资料：

实际成本 = 883 000 元

计划成本 = 1 000 × 870 = 870 000（元）

成本差异 = 883 000 - 870 000 = 13 000（元）

结转完工入库半成品成本，编制会计分录如下：

借：自制半成品——乙半成品（计划成本）　　870 000

　　　　　　　——乙半成品（成本差异）　　13 000

　贷：生产成本——基本生产成本——第一车间（半成品乙）　　883 000

③ 根据本月第一车间完工入库的 1 000 件乙半成品凭证，登记“自制半成品”明细账如表 8 - 8 所示。

表 8 - 8　　远方工厂自制半成品明细账

产品名称：乙半成品　　单位：元

摘要	收入			发出			结存			
	数量	计划成本	差异	数量	计划成本	差异	数量	计划成本	差异	差异率%
期初							120	104 400	-3 256	
入库	1 000	870 000	13 000				1 120	974 400	9 744	1%
发出				1 100	957 000	9 570	20	17 400	174	
合计	1 000	870 000	13 000	1 100	957 000	9 570	20	17 400	174	

其中：半成品成本差异率 = (-3 256 + 13 000)/(104 400 + 870 000) × 100% = 1%

第二车间领用半成品 1 100 件，其计划成本 = 1 100 × 870 = 957 000（元）

第二车间领用半成品应负担的成本差异 = 957 000 × 1% = 9 570（元）

将以上结果填入第二车间“产品成本明细账”中，应作如下账务处理：

借：生产成本——基本生产成本——第二车间（乙产品）　　966 570

　贷：自制半成品——乙半成品（计划成本）　　957 000

　　　　　　　　——乙半成品（成本差异）　　9 570

④ 根据上月第二车间产品成本明细账所记录的月末在产品成本和本月的各种生产费用分配表、半成品领用单（包括领用的数量、计划成本、成本差异和实际成本等数据），登记第二车间乙产品成本明细账中月初在产品成本和本月费用两行的有关数据，以及生产费用的合计数，并采用在产品按定额成本计价法将生产费用在完工产品和月末在产品之间进行分配（分配计算过程从略）。其登记结果如表 8 - 9 所示。

表 8 - 9　　远方工厂第二车间产品成本明细账

产品名称：乙产品　　单位：元

项　目	产量（件）	半成品			直接人工	制造费用	成本合计
		计划成本	成本差异	实际成本			
月初在产品（定额成本）	100	87 000	—	87 000	14 000	18 000	119 000
本月生产费用	1 100	957 000	9 570	966 570	236 000	312 000	1 514 570
生产费用合计	1 200	1 044 000	9 570	1 053 570	250 000	330 000	1 633 570

续表

项　　目	产量（件）	半成品			直接人工	制造费用	成本合计
		计划成本	成本差异	实际成本			
完工产品成本	1 100	957 000	9 570	966 570	233 200	308 000	1 507 770
单位成本		870	8.7	878.7	212	280	1 370.7
月末在产品（定额成本）	100	87 000	—	87 000	16 800	22 000	125 800

根据表8－9“第二车间产品成本明细账”，结转完工入库产成品成本，编制会计分录如下：

借：库存商品——乙产品　　　　1 507 770

　　贷：生产成本——基本生产成本——第二车间（乙产品）　　　　1 507 770

（3）半成品按计划成本综合结转的优点。与按实际成本综合结转半成品成本方法相比较，按计划成本综合结转半成品成本具有以下优点：

① 可以简化和加速成本计算工作。由于各步骤耗用的半成品均按事先所确定的计划单位成本结转，各步骤的成本计算工作可同时进行，不必等待前一步骤的成本计算结束后再进行，加快了成本计算的速度。若月初库存半成品结存量超过本月耗用量，本月耗用半成品成本差异可以根据月初库存半成品的成本差异率进行计算调整。这时，更有利于提高成本计算工作的速度。另外，按计划成本结转半成品时，在半成品种类繁多，半成品成本差异计算及分配按类别进行时，还可省去按品种计算半成品实际成本的计算工作，简化了成本计算的手续。

② 便于各步骤进行成本的考核和分析。按计划成本结转半成品成本，在各步骤的产品明细账中，可以分别反映所耗半成品的计划成本、成本差异和实际成本，因而在分析各步骤产品成本时，可以剔除上一步骤半成品成本变动对本步骤产品成本的影响，有利于分清经济责任，考核各步骤的经济效益。如果各步骤所耗半成品的成本差异，不调整计入各步骤的产品成本，而是直接调整计入最后的产成品成本，不仅可以进一步简化和加速各步骤的成本计算工作，而且由于各步骤产品成本中不包括上一步骤半成品成本变动的影响，因而便于分清各步骤的经济责任从而便于各步骤产品成本的考核与分析。

3. 半成品综合结转法下的成本还原

成本还原，是将产品成本构成中的“自制半成品”项目的成本，还原为按“直接材料”、“直接人工”和“制造费用”等原始成本项目反映的成本，从而反映产品成本的原始构成。

逐步结转分步法采用半成品成本综合结转方式时，上一生产步骤转入的自制半成品成本，综合登记在下一步骤产品生产成本明细账中的“半成品”（或“直接材料”）成本项目。综合结转法，虽然可以简化成本核算工作，但是在最后生产步骤计算出的产品成本中，除了本步骤发生的加工费用是按原始成本项目反映的外，前面各步骤发生的各种费用，都集中在“半成品”一个成本项目中。

例如，表 8 -6 计算的甲产品实际总成本为 114 140 元，其中：直接材料（半成品）为 65 000 元，直接人工为 27 040 元，制造费用为 22 100 元。这显然不符合甲产品成本构成的实际情况。因为最后车间的“直接材料（或自制半成品）”项目的成本包含了前面车间完工半成品的加工费用。

也就是说，半成品成本的综合结转，不能提供完工产品按原始成本项目反映的成本资料，不能据以从整个企业的角度来考核和分析产品成本的构成情况。因此，为了能够从整个企业的角度来分析和考核产成品成本的构成，寻求降低产品的途径，必须对产成品成本中“半成品”（或“直接材料”）项目的成本进行“还原”，以反映产成品成本原始构成的实际情况。

成本还原是按照反工艺顺序进行的。即从最后一个生产步骤开始，将其所耗用的上一生产步骤自制半成品的综合成本，按照上一生产步骤所产半成品的成本构成，分解还原为原来成本项目的成本，直到第一生产步骤；然后，将各生产步骤相同成本项目的成本数额加以汇总，就可以求得成本还原以后产成品的实际总成本，即按原始成本项目反映的产成品实际总成本。这一实际总成本与成本还原前产成品的实际总成本一定是相等的。也就是说，成本还原恢复了产成品成本的原始构成情况，但不会增加或减少产成品的实际总成本。

成本还原的方法是从最后步骤开始，将其耗用上一步骤半成品的综合成本逐步分解，还原为原来的成本项目。其具体方法有：成本项目结构百分比法和成本还原分配率法两种方法。

（1）成本项目结构百分比法。是按各步骤完工半成品各成本项目费用占本月完工半成品总成本的百分比，对完工成品成本中“半成品”综合项目进行还原的方法。其还原步骤如下：

① 从倒数第二步骤开始，计算各步骤本月完工半成品中各成本项目占本月完工半成品总成本的百分比。

$$\text{某成本项目结构百分比}=\frac{\text{某步骤完工半成品某成本项目费用}}{\text{该步骤完工半成品总成本}}\times 100\%$$

② 将完工产品成本中的“半成品”综合成本按照成本项目结构率进行分解。

“半成品”综合成本还原为某成本项目费用 = “半成品”综合成本 × 某成本项目结构百分比

③ 重复以上步骤，直至还原至第一步骤为止，计算还原后成本。

还原后成本 = 还原前成本 + “半成品”综合成本还原为各步骤成本

【例 8 -3】 根据表 8 -6 的资料，宏达工厂本月完工入库甲产品产成品 260 件，实际总成本为 114 140 元，其中，B 半成品 65 000 元，直接人工 27 040 元，制造费用 22 100 元。

甲产品实际总成本中“B 半成品”项目的成本 65 000 元，是需要进行成本还原的，它包括第三车间月初在产品中的 B 半成品成本和第二车间本月所产 B 半成品转入的成本（经过半成品仓库转入的）。按照项目结构百分比法，第二车间本月完工入库 B 半成品 200 件，实际总成本为 50 000 元，其中，A 半成品 30 000 元，直接人工 9 600 元，制造费用 10 400 元（见表 8 -4）。B 半成品成本构成的计算如表 8 -10 所示。

表 8-10　　　　宏达工厂半成品成本构成计算表

半成品名称：B 半成品　　　　2014 年 10 月　　　　单位：元

成本项目	本月实际总成本	半成品成本构成（结构百分比）
A 半成品	30 000	30 000 ÷ 50 000 × 100% = 60%
直接人工	9 600	9 600 ÷ 50 000 × 100% = 19.2%
制造费用	10 400	10 400 ÷ 50 000 × 100% = 20.8%
合计	50 000	100%

根据第二车间本月所产 B 半成品成本结构，对第三车间本月完工产品成本中的 B 半成品成本 65 000 元进行还原，计算结果如表 8-11 所示。

表 8-11　　　　宏达工厂半成品成本还原计算表

半成品名称：B 半成品　　　　2014 年 10 月　　　　单位：元

成本项目	还原前 B 半成品成本	B 半成品成本构成	半成品成本还原
B 半成品	65 000		
A 半成品		60%	65 000 × 60% = 39 000
直接人工		19.2%	65 000 × 19.2% = 12 480
制造费用		20.8%	65 000 × 20.8% = 13 520
合计	65 000	100%	65 000

对“B 半成品”项目的成本还原后，仍有自制半成品成本 39 000 元，应当再按第一车间本月所产 A 半成品的成本构成进行成本还原。

第一车间本月完工 A 半成品 250 件，实际总成本为 37 500 元，其中，直接材料 22 500 元，直接人工 5 500 元，制造费用 9 500 元（见表 8-3）。A 半成品的成本构成和成本还原的计算如表 8-12 所示。

表 8-12　　　　宏达工厂半成品成本还原计算表

半成品名称：A 半成品　　　　2014 年 10 月　　　　金额单位：元

成本项目	还原前 A 半成品成本	本月 A 半成品成本构成	半成品成本还原
A 半成品	39 000		
直接材料		22 500 ÷ 37 500 = 60%	39 000 × 60% = 23 400
直接人工		5 500 ÷ 37 500 = 14.667%	39 000 × 14.667% = 5 720
制造费用		9 500 ÷ 37 500 = 25.333%	39 000 × 25.333% = 9 880
合计	39 000	100%	39 000

甲产品顺序经过三个车间加工，因此，成本还原只要进行上述两步。最后，将还原以后各相同成本项目的成本数额相加，就可以计算出甲产品还原以后的总成本（见表 8-13）。

表 8－13 宏达工厂还原以后产品总成本计算表

产品：甲产品 产量：260 件 2014 年 10 月 单位：元

成本项目	还原前总成本	还原后总成本	还原后单位成本
B 半成品	65 000	0	0
直接材料		23 400＋0＋0＝23 400	90
直接人工	27 040	5 720＋12 480＋27 040＝45 240	174
制造费用	22 100	9 880＋13 520＋22 100＝45 500	175
合计	114 140	114 140	439

从表 8－13 可以看到，甲产品成本还原以后的总成本为 114 140 元，与还原前总成本完全相等，说明成本还原不会改变产成品的实际总成本，只是改变了产成品成本的构成。宏达工厂甲产品还原以后的总成本中，直接材料项目为 23 400 元，直接人工项目为 45 240 元，制造费用项目为 45 500 元，反映了产品成本的原始构成。

上述按照上一步骤半成品项目结构百分比法进行的成本还原，在具体计算时，一般可以通过编制“产品成本还原计算表”完成。表 8－14 列示了甲产品成本还原计算表的一般格式和计算过程。

表 8－14 宏达工厂产品成本还原计算表

产品：甲产品 产量：110 件 2014 年 10 月 单位：元

摘　　要	成本项目					
	B 半成品	A 半成品	直接材料	直接人工	制造费用	合计
①原前完工产品总成本	65 000		0	27 040	22 100	114 140
②B 半成品成本构成		60%	0	19.2%	20.8%	100%
③B 半成品成本还原	－65 000	39 000	0	12 480	13 520	0
④A 半成品成本构成			60%	14.667%	25.333%	100%
⑤A 半成品成本还原		－39 000	23 400	5 720	9 880	0
⑥还原后完工产品总成本 ⑥＝①＋③＋⑤	0	0	23 400	45 240	45 500	114 140
⑦还原后完工产品单位成本			900	174	175	439

（2）成本还原分配率法。成本还原分配率是按完工产品成本中的半成品综合成本占上一步骤本月完工半成品总成本的比重对完工产品成本中的“半成品”综合项目进行还原的方法。其还原步骤如下：

① 从倒数第二步骤开始，计算各步骤成本还原率。

$$\text{成本还原分配率}=\frac{\text{完工产品成本中“半成品”综合成本}}{\text{上一步骤本月完工该半成品总成本}}$$

② 将完工产品成本中的“半成品”综合成本按照成本还原率进行分解。

$$\text{“半成品”综合成本还原为某成本项目费用}=\frac{\text{上步完工半成品成本某项目金额}}{}\times\text{还原分配率}$$

③ 重复以上步骤，直至还原至第一步骤。

计算还原后成本 = 还原前成本 +“半成品”综合成本还原为各步骤成本

【例 8 -4】 宏达工厂第三车间本月所产甲产品总成本中，所耗上一步骤（第二车间）B 半成品的成本为65 000 元，第二车间本月完工 B 半成品的总成本为 50 000 元，第一车间本月完工 A 半成品总成本为 37 500 元。

（1）第一次成本还原，是从第三步骤向第二步骤还原。

首先，计算第一次还原分配率，即应计算自制半成品（B 半成品）项目还原分配率。

B 半成品成本还原分配率 = 65 000/50 000 = 1.3

然后，用计算出的 B 半成品成本还原分配率，分别乘以第二车间本月所产 B 半成品成本中各成本项目的成本，就可以求得产成品成本中 B 半成品项目（65 000）的还原以后成本：

A 半成品项目 = 30 000 × 1.3 = 39 000（元）

直接人工项目 = 9 600 × 1.3 = 12 480（元）

制造费用项目 = 10 400 × 1.3 = 13 520（元）

还原以后成本合计 = 39 000 + 12 480 + 13 520 = 65 000（元）

（2）第二次成本还原，是从第二步骤向第一步骤还原。

根据上述计算结果，本月产成品成本中耗用第一车间 A 半成品成本为 39 000 元，仍不是按原始成本构成反映的成本，还需要进行第二次成本还原。宏达工厂第一车间本月所产 A 半成品总成本为 37 500 元，计算第二次还原分配率，即 A 半成品成本还原分配率。

A 半成品成本还原分配率 = 39 000/37 500 = 1.04

用计算出的 A 半成品成本还原分配率，分别乘以第一车间本月完工 A 半成品成本中各成本项目的成本，就可以求得产成品成本中 A 半成品项目（39000 元）还原以后的成本：

直接材料项目 = 22 500 × 1.04 = 23 400（元）

直接人工项目 = 5 500 × 1.04 = 5 720（元）

制造费用项目 = 9 500 × 1.04 = 9 880（元）

还原后成本合计 = 23 400 + 5 720 + 9 880 = 39 000（元）

将成本还原以前和还原以后相同成本项目的成本汇总，就可以求得甲产品还原以后的总成本和单位成本：

直接材料项目 = 23 400（元）

直接人工项目 = 27 040 + 12 480 + 5 720 = 45 240（元）

制造费用项目 = 22 100 + 13 520 + 9 880 = 45 500（元）

还原以后总成本 = 23 400 + 45 240 + 45 500 = 114 140（元）

采用这一方法，与前述成本还原方法的计算结果完全相同。采用这种成本还原方法编制的“产品成本还原计算表”如表 8 - 15 所示。

表 8－15　　宏达工厂产品成本还原计算表

产品：甲产品　　产量：260 件　　2014 年 10 月　　单位：元

摘　要	成本还原分配率	成本项目					
		B 半成品	A 半成品	直接材料	直接人工	制造费用	合计
① 还原前产品总成本		65 000		0	27 040	22 100	114 140
②本月所产 B 半成品成本			30 000		9 600	10 400	50 000
③B 半成品成本还原	1.3	－65 000	39 000	0	12 480	13 520	0
④本月所产 A 半成品成本				22 500	5 500	9 500	37 500
⑤A 半成品成本还原	1.04		－39 000	23 400	5 720	9 880	0
⑥还原后产品总成本 ⑥＝①＋③＋⑤		0	0	23 400	45 240	45 500	114 140
⑦还原后产品单位成本				90	174	175	439

【同步思考 8－1】

成本还原的两种方法，本质上是一样的吗？为什么？

8.2.4 逐步分项结转分步法

逐步分项结转分步法是将上一步骤的半成品成本转入下一步骤时，按其原始成本项目，分别记入下一步骤产品成本明细账对应的成本项目，从而分项反映出各步骤所耗上一步骤所产半成品成本。

【例 8－5】 宏达工厂甲产品月初在产品成本和本月发生生产费用资料如表 8－16 所示，本月生产数量资料如表 8－17 所示，半成品按实际成本分项结转。

表 8－16　　宏达工厂生产费用记录资料

产品：甲产品　　2014 年 10 月　　单位：元

项　目	第一车间	第二车间	第三车间
月初在产品成本	6 000	4 000	24 500
其中：1. 直接材料（或半成品）	4 500	1 800	6 300
（1）本步发生	4 500		
（2）上步转入		1 800	6 300
2. 直接人工	550	920	8 750
（1）本步发生	550	480	3 850
（2）上步转入		440	4 900
3. 制造费用	950	1 280	9 425
（1）本步发生	950	520	3 125
（2）上步转入		760	6 300
本月本步发生生产费用	43 500	22 500	45 000
其中：直接材料	27 000		
直接人工	6 050	10 800	24 750
制造费用	10 450	11 700	20 250

表 8 – 17　　宏达工厂生产数量记录资料

产品：甲产品　　2014 年 10 月　　单位：件

项　　目	第一车间	第二车间	B 半成品库	第三车间
月初在产品	50	20	40	70
本月投入或上步转入	300	250	200	220
本月完工转入下步或交库	250	200	220	260
月末在产品	100	70	20	30

1. 计算第一车间本月所产 A 半成品的实际成本

逐步结转分步法中的半成品按实际成本综合结转与分项结转，在成本核算程序上是完全相同的。第一车间为生产甲产品的第一生产步骤，没有上步转入费用，半成品按实际成本分项结转和综合结转在成本核算方法上也是完全相同的。为使分项结转实例完整，列示宏达工厂第一车间产品生产成本明细账如表 8 – 18 所示，其成本计算过程不再重复。

表 8 – 18　　宏达工厂第一车间产品生产成本明细账

产品：A 半成品　　2014 年 10 月　　单位：元

摘　　要	直接材料	直接人工	制造费用	合计
月初在产品成本	4 500	550	950	6 000
本月本步发生费用	27 000	6 050	10 450	43 500
生产费用合计	31 500	6 600	11 400	49 500
本月完工产品数量	250	250	250	
月末在产品约当量	100	50	50	
约当总产量	350	300	300	
费用分配率（完工半成品单位成本）	90	22	38	150
本月完工 A 半成品总成本	22 500	5 500	9 500	37 500
月末在产品成本	9 000	1 100	1 900	12 000

根据表 8 – 18“产品生产成本明细账”，结转完工半成品成本到下一步骤，应作如下账务处理：

借：生产成本——基本生产成本——第二车间（B 半成品）　　37 500

　　贷：生产成本——基本生产成本——第一车间（A 产品）　　37 500

2. 计算第二车间本月所产 B 半成品的实际成本

采用逐步结转分步法，第二车间所产 B 半成品成本，包括上一生产步骤（第一车间）转入的 A 半成品成本。在半成品按实际成本分项结转的情况下，本月第一车间完工转入 250 件 A 半成品的总成本 37 500 元，应当按其原始成本项目，分别在第二车间产品生产成本明细账中对应的成本项目栏内登记。第二车间上步转入费用和本步发生费用的登记结果如表 8 – 19 所示。

表 8－19　　　　宏达工厂第二车间产品生产成本明细账

产品：B 半成品　　　　2014 年 10 月　　　　单位：元

摘　　要	直接材料		直接人工		制造费用		合计
	上步转入	本步发生	上步转入	本步发生	上步转入	本步发生	
月初在产品成本	1 800		440	480	760	520	4 000
本月本步发生费用				10 800		11 700	22 500
本月上步转入费用	22 500		5 500		9 500		37 500
生产费用合计	24 300		5 940	11 280	10 260	12 220	64 000
完工产品数量	200		200	200	200	200	
月末在产品约当量	70		70	35	70	35	
约当总产量	270		270	235	270	235	
费用分配率	90		22	48	38	52	250
本月完工 B 半成品总成本	18 000		4 400	9 600	7 600	10 400	50 000
月末在产品成本	6 300		1 540	1 680	2 660	1 820	14 000

从表 8－19 可以看到，在登记第一车间转入的 A 半成品成本时，都登记在与 A 半成品原始成本项目相对应的成本项目中的“上步转入”栏内。

为什么一个成本项目内要分为上步转入和本步发生两栏呢？这是因为，对于月末在产品成本来说，上步转入的半成品成本已经全部投入，应当与本月完工产品（半成品或产成品）同等分配生产费用；本步骤发生的生产费用是逐渐发生的费用，尚未全部投入，应当在计算在产品的约当量后，再与本月完工产品一道分配生产费用。这样，在采用分项结转方式时，产品生产成本明细账中的每一个成本项目，都区分为上步转入费用和本步发生费用，有利于正确计算月末在产品成本。

根据第二车间产品成本计算结果，结转本月完工入库 B 半成品的会计分录如下：

借：自制半成品——B 半成品　　　　50 000

　　贷：生产成本——基本生产成本——第二车间（B 半成品）　　　　50 000

3. 计算第三车间本月所产甲产品产成品的实际成本

宏达工厂第三车间生产的甲产品成本，包括本步发生的生产费用和从半成品仓库领用的 B 半成品成本。逐步结转分步法在采用分项结转方式时，自制半成品明细账中的 B 半成品成本，应当分成本项目登记。采用加权平均法计算发出（生产领用）半成品成本时，也应当分成本项目计算。宏达工厂 B 半成品加权平均单位成本的计算和自制半成品明细账的登记如表 8－20 所示。

表 8－20　　　　宏达工厂自制半成品明细账（汇总账页）

品名：B 半成品　　　　2014 年 10 月　　　　单位：元

摘　　要	数量（件）	金额合计	成本项目		
			直接材料	直接人工	制造费用
月初结存	40	10 000	3 600	2 800	3 600
本月第二车间交库	200	50 000	18 000	14 000	18 000
合　　计	240	60 000	21 600	16 800	21 600

续表

摘　　要	数量（件）	金额合计	成本项目		
			直接材料	直接人工	制造费用
加权平均单位成本		250	90	70	90
本月第三车间领用	220	55 000	19 800	15 400	19 800
月末结存	20	5 000	1 800	1 400	1 800

根据自制半成品明细账（见表8－20）的计算结果，编制结转本月第三车间领用B半成品总成本的会计分录如下：

借：生产成本——基本生产成本——第三车间（甲产品）　　55 000

　　贷：自制半成品——B半成品　　55 000

根据上述会计分录，将第三车间领用B半成品的总成本记入其产品生产成本明细账（见表8－21）时，应当分成本项目的登记。

表8－21　　宏达工厂第三车间产品生产成本明细账

产品：甲产品　　2014年10月　　单位：元

摘　　要	直接材料		直接人工		制造费用		合计
	上步转入	本步发生	上步转入	本步发生	上步转入	本步发生	
月初在产品成本	6 300		4 900	3 850	6 300	3 125	24 475
本月本步发生费用				24 750		20 250	45 000
本月领用B半成品成本	19 800		15 400		19 800		55 000
生产费用合计	26 100		20 300	28 600	26 100	23 375	124 475
完工产品数量	260		260	260	260	260	
月末在产品约当量	30		30	15	30	15	
约当总产量	290		290	275	290	275	
费用分配率	90		70	104	90	85	439
本月完工甲产品总成本	23 400		18 200	27 040	23 400	22 100	114 140
月末在产品成本	2 700		2 100	1 560	2 700	1 275	10 335

第三车间产品生产成本明细账（见表8－18）中，有关月末在产品约当量、完工产品单位成本（费用分配率）、完工产品总成本和月末在产品总成本的计算过程，与第二车间相同，不再列示。根据表8－21成本计算结果，编制的“宏达工厂完工产品成本汇总表”，如表8－22所示。

表8－22　　宏达工厂完工产品成本汇总表

产品：甲产品

产量：260件　　2014年10月　　单位：元

项　　目	直接材料	直接人工	制造费用	合计
本月完工产品总成本	23 400	18 200＋27 040＝45 240	23 400＋22 100＝45 500	114 140
本月完工产品单位成本	90	174	175	439

根据完工产品成本汇总表，编制结转本月完工入库甲产品总成本的会计分录如下：

借：库存商品——甲产品　　114 140

　　贷：生产成本——基本生产成本——第三车间（甲产品）　　114 140

表 8 – 22 的计算结果表明，本月完工甲产品 260 件的实际总成本为 114 140 元，其中，直接材料 23 400 元，直接人工 45 240 元，制造费用 45 500 元。这一计算结果与表 8 – 14、表 8 – 15 进行半成品成本还原以后的甲产品总成本及各成本项目的成本完全相同。可见，采用分项结转方式结转半成品成本，可以直接、真实地反映产品成本的原始构成，不需要进行成本还原。但是，这种方式的成本结转工作比较复杂，产品生产成本明细账中各个成本项目都要区分为上步转入费用和本步发生费用；自制半成品明细账登记的生产成本也要分成本项目反映，成本计算、结转和登记的工作量比较大。

【同步思考 8 – 2】

综合结转法和分项结转法的区别主要在哪里？

8.3 平行结转分步法

8.3.1 平行结转分步法的适用范围

平行结转分步法，是指将各生产步骤应计入相同产成品成本的份额平行汇总，以求得产成品成本的方法。采用平行结转分步法，各个生产步骤只归集本步骤发生的生产费用，只计算和结转最终产成品在本生产步骤的成本份额，半成品实物已经转移，但不计算也不结转半成品成本。因此，平行结转分步法也称作不计算半成品成本的分步法。

不计算半成品成本的平行结转分步法，主要适用于在成本管理上要求分步归集费用，但不要求计算半成品成本的多步骤生产企业，特别是没有半成品对外销售的大量大批装配式多步骤生产企业。在这类企业中，各生产步骤所产半成品的种类很多，但半成品对外销售的情况却很少，在管理上不要求计算半成品成本，因而，为了简化和加速成本计算工作，在计算产品成本时，可以不计算各步骤所产半成品成本，也不计算各步骤所耗上一步骤的半成品成本（即各步骤之间不结转所耗半成品成本），只计算本步骤所发生的各项生产费用以及这些费用中应计入产成品成本的“份额”。在某些连续式多步骤生产企业，如果各步骤所产半成品仅供下一步骤继续加工，不准备对外销售，也可以采用平行结转分步法计算结转成本。

8.3.2 平行结转分步法的成本计算程序

采用平行结转分步法，其成本计算程序是：先由各生产步骤计算出某产品在本生产步骤所发生的各种费用；然后将各生产步骤该产品所发生的费用在最终产品与月末在产品（广义在产品）之间进行分配，确定各生产步骤应计入最终产成品成本的“份额”；最后，将各生产步骤应计入相同产成品成本的份额直接相加（汇总），计算出最终产成品的实际总成本。

平行结转分步法的成本计算程序，如图 8 – 3 所示。

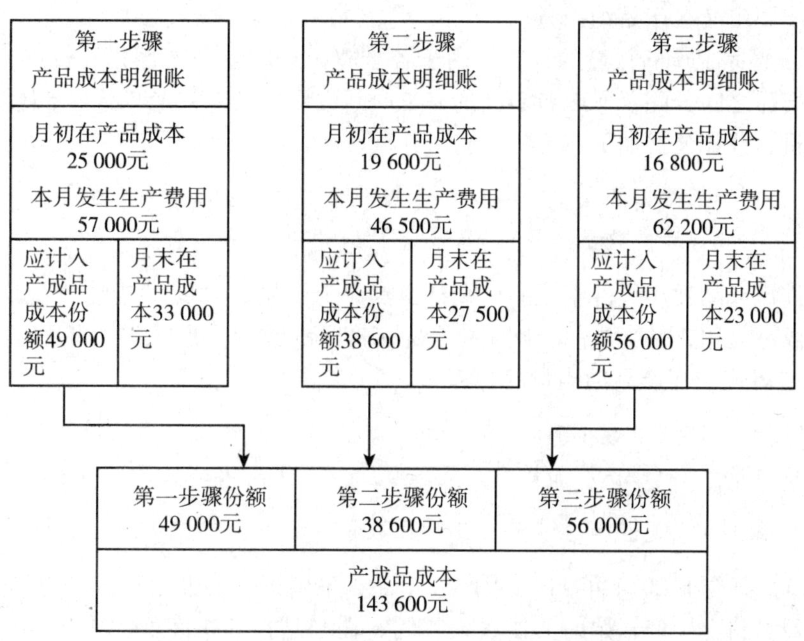

图 8－3　平行结转分步法成本计算程序

8.3.3　平行结转分步法的特点

（1）平行结转分步法不计算半成品成本，只计算本步骤发生的生产费用。平行结转分步法的成本核算对象是产成品及其所经过的生产步骤，各生产步骤只归集本步骤发生的费用，不计算半成品成本。

（2）各生产步骤之间不结转半成品成本。不论半成品实物是在各生产步骤之间直接转移，还是通过半成品库收发，都不进行自制半成品的总分类核算。即半成品成本不随半成品实物的转移而结转，因此各步骤产品成本明细账中不设置“半成品”成本项目。

（3）各生产步骤发生的费用在最终产成品及月末广义在产品之间进行分配。这里的广义在产品包括：本步骤正在加工的在制品（狭义在产品）；本步骤已经加工完成转入半成品仓库的半成品；已经从半成品仓库发出转入以后各生产步骤，但尚未最终制成产成品的在产品。

（4）将各生产步骤发生的生产费用中计入产成品成本的份额平行结转，汇总计算该种产成品的总成本和单位成本。

如何正确确定各生产步骤发生的费用应计入产成品成本的份额，即每一生产步骤的生产费用如何正确地在完工产成品和月末广义在产品之间进行分配，是采用这一方法时能否正确计算产成品成本的关键所在。为此，每家企业应根据具体情况，采用前面第 5 章 5.2 节所述的生产费用在完工产品和月末在产品之间的分配方法进行分配。在实际工作中，通常采用约当产量法。而采用约当产量法时，每个步骤月末广义在产品约当产量的确定最为关键。

8.3.4　完工产品数量与广义在产品约当量的计算

在平行结转分步法下，各步骤约当产量的计算，不仅要计算各步骤完工产品的数量，而且要计算各步骤广义在产品约当量。

（1）各步骤完工产品数量的计算。由于各步骤归集的生产费用是在最终产成品与本步骤的广义在产品之间分配，所以各步骤的完工产品数量是最终完工产品数量耗用本步骤的完工半成品数量，计算公式如下：

$$\text{某步骤的完工产品数量}=\text{最终产成品数量}\times\text{单位产成品耗用本步骤的半成品数量}$$

如果一件产成品耗用一件半成品，则某步骤完工产品的数量就是最终完工产品的数量；如果一件产成品耗用 2 件半成品，则某步骤完工产品的数量就是最终产成品的数量乘以 2。

（2）各步骤广义在产品约当量的计算。

$$\text{某步骤月末（广义）在产品约当产量}=\text{该步骤月末在产品数量}\times\text{在产品完工程度}+\text{该步骤已加工完成转入以后各步骤但尚未最后完工的半成品数量}$$

（3）某步骤的生产总量 = 该步骤完工产品数量 + 该步骤广义在产品约当产量

【例 8 -6】某企业 2014 年 11 月生产 A 产品，采用第一、第二、第三三个车间连续式多步骤生产，原材料在生产开始时一次投入，假定在产品在各车间的完工程度均为 50%。由于第一、第二步骤的半成品很少对外出售，采用平行结转分步法。月末在产品按约当产量法计算。产量资料如表 8 -23 所示。

表 8 -23　　产量记录

2014 年 11 月　　单位：件

项　　目	第一车间	第二车间	第三车间
月初在产品	150	180	120
本月投入或上步骤转入	550	600	700
本月完工转出	600	700	680
月末在产品	100	80	140

根据以上资料，各步骤广义在产品约当产量的计算如表 8 -24 所示。

表 8 -24　　广义在产品约当产量计算表

2014 年 11 月　　单位：件

生产车间	直接材料	直接人工和制造费用项目
第一车间	100 × 100% + 80 + 140 = 320	100 × 50% + 80 + 140 = 270
第二车间		80 × 50% + 140 = 180
第三车间		140 × 50% = 70

【例 8 -7】某企业 2014 年 11 月大量生产甲产品，为装配式多步骤生产，第一车间生产 A 零件，第二车间生产 B 零件，第三车间对 A、B 零件进行装配成甲产品，一个 A 零件和一个 B 零件装配成一件甲产品。第一、第二车间原材料于生产开始时一次投入，第三车间不再发生材料费，各步骤在产品在该步骤的完工程度均为 50%。由于 A、B 零件很少对外出售，采用平行结转分步法计算产品成本。月末在产品按约当产量法计算，产量资料如表 8 -25 所示。

表 8－25　　　　　　　　　　　　**产量记录**

2014 年 11 月　　　　　　　　　　　　单位：件

项　　目	第一车间	第二车间	第三车间
月初在产品	160	200	260
本月投入或上步骤转入	1 560	1 550	1 500
本月完工转出	1 500	1 500	1 600
月末在产品	220	250	160

根据以上资料，用于分配各成本项目的广义在产品约当量的计算如表 8－26 所示。

表 8－26　　　　　　　　　　**广义在产品约当产量计算表**

2014 年 11 月　　　　　　　　　　　　单位：件

生产车间	直接材料	直接人工和制造费用
第一车间	220×100%＋160＝380	220×50%＋160＝270
第二车间	250×100%＋160＝410	250×50%＋160＝285
第三车间		160×50%＝80

【同步思考 8－3】

在连续式多步骤生产的企业和装配式多步骤生产的企业，其广义在产品的计算有什么区别？

8.3.5　平行结转分步法举例

【例 8－8】宏远工厂设有第一、第二和第三三个基本生产车间，大量生产甲产品。第一车间生产的产品为甲产品的 A 半成品，完工后不经过半成品仓库，全部直接交给第二车间继续加工，第二车间将甲产品的 A 半成品进一步加工为甲产品的 B 半成品，完工后全部直接交给第三车间继续加工为甲产品产成品；第三车间生产完工后全部交给产成品仓库。

宏远工厂的生产工艺流程如图 8－4 所示。

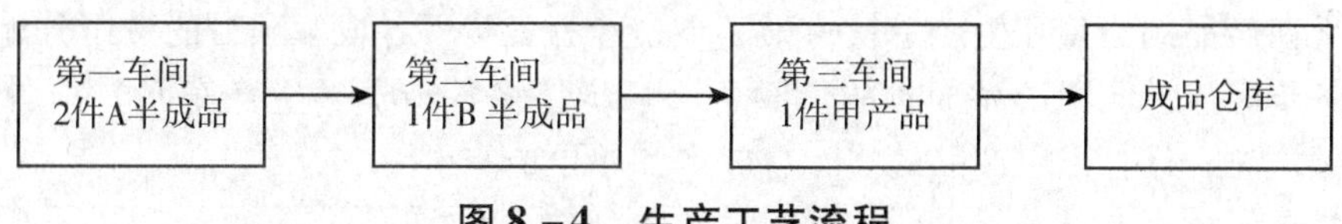

图 8－4　生产工艺流程

宏远工厂需要分生产车间（生产步骤）控制费用，但由于自制的 A 半成品和 B 半成品都全部用于甲产品生产，不对外出售，为了简化计算，不计算半成品成本，成本核算采用平行结转分步法。

宏远工厂生产费用在本月完工产品和月末在产品之间的分配采用约当产量法。甲产品原材料在第一车间生产开始时一次投入；各生产车间的直接人工费用和制造费用发生比较均衡，第一、第二生产车间月末在产品完工程度均为50%；第三车间月末30件在产品中，有20件尚未开始加工，其余10件加工程度为50%。本月各生产车间生产数量资料如表8－27所示。

表8－27　　宏远工厂生产数量记录资料

产品：甲产品　　2014年10月　　单位：件

项　　目	第一车间	第二车间	第三车间
月初在产品数量	30	40	50
本月投入或上步转入数量	230	100	100
本月完工转入下步或交库数量	200	100	120
月末在产品数量	60	40	30
月末在产品投料率	100%	100%	100%
月末在产品完工率	50%	50%	20件：0 10件：50%

宏远工厂本月各生产车间发生的费用已经在各成本核算对象之间进行了分配，各生产车间甲产品月初在产品成本和本月本车间发生的生产费用资料如表8－28所示。

表8－28　　宏远工厂生产费用记录资料

产品：甲产品　　2014年10月　　单位：元

项　　目	第一车间	第二车间	第三车间
月初在产品成本	55 500	38 400	24 000
其中：直接材料	25 000		
直接人工	16 000	20 800	10 500
制造费用	14 500	17 600	13 500
本月本步发生生产费用	131 950	64 450	47 350
其中：直接材料	78 400		
直接人工	29 100	26 800	20 500
制造费用	24 450	37 650	23 250

根据平行结转分步法的原理，宏远工厂甲产品成本的计算分为几个步骤：第一步是计算各步骤广义在产品约当量和生产总量；第二步是计算各步骤各成本项目的费用分配率；第三步是计算各步骤应计入甲产品成本的份额；第四步是将各步骤（生产车间）应计入甲产品成本的份额汇总，计算出甲产品的实际总成本和单位成本。

1. 计算各步骤（生产车间）广义在产品约当量和生产总量

根据表8－27生产数量资料，三个车间月末广义在产品约当量及生产总量计算如表8－29和表8－30所示。

表 8-29　　宏远工厂月末广义在产品约当量计算表

产品：甲产品　　2014 年 10 月　　单位：件

车间	直接材料项目	直接人工和制造费用项目
第一车间	60 + （40 ×2 +30 ×2） =200	60 ×50% + （40 ×2 +30 ×2） =170
第二车间		40 ×50% +30 =50
第三车间		20 ×0 +10 ×50% =5

表 8-30　　宏远工厂生产总量（分配标准）计算表

产品：甲产品　　20× ×年 10 月　　单位：件

车间	直接材料项目	直接人工和制造费用项目
第一车间	120 ×2 +200 =440	120 ×2 +170 =410
第二车间		120 +50 =170
第三车间		120 +5 =125

2. 计算各步骤各成本项目的费用分配率

计算确定分配标准的生产总量以后，将各步骤某成本项目应当分配的费用总额（月初在产品成本加上本月本步发生生产费用，即生产费用合计数），除以该成本项目的分配标准的总量，可以求得费用分配率。宏远工厂各步骤各成本项目的费用分配率计算如表 8-31 所示。

表 8-31　　宏远工厂费用分配率计算表

产品：甲产品　　2014 年 10 月　　单位：元/件

车间	直接材料项目	直接人工项目	制造费用项目
第一车间	(25 000 +78 400)/440 =235	(16 000 +29 100)/410 =110	(14 500 +24 450)/410 =95
第二车间		(20 800 +26 800)/170 =280	(17 600 +37 650)/170 =325
第三车间		(10 500 +20 500)/125 =248	(13 500 +23 250)/125 =294

3. 计算各步骤应计入产成品成本的“份额”

从上述计算公式可以看到，当一件产成品耗用某生产步骤的自制半成品数量也为一件时，该公式计算出的费用分配率，就是单位产成品成本在该步骤、该成本项目应负担的“份额”。如果一件产成品耗用某步半成品数量为多件，则单位产品成本在某步骤、某成本项目应负担的“份额”应按下列公式计算：

$$\text{单位产成品成本在某步应负担的份额} = \text{单位产成品耗用该步半成品数量} \times \text{某成本项目费用分配率}$$

宏远工厂甲产品单位产成品耗用 A 半成品为 2 件，则单位产成品成本应负担第一车间的份额就是第一车间各成本项目的费用分配率乘以 2。

如单位产成品在第一车间直接材料项目应负担的“份额” =2 ×235 =470（元）

单位产成品在第一车间直接人工项目应负担的“份额” =2 ×110 =220（元）

单位产成品在第一车间制造费用项目应负担的“份额” =2×95=190（元）

宏远工厂甲产品单位产成品耗用B半成品为1件，则单位产成品成本应负担的第二车间的份额就是第二车间各成本项目的费用分配率。第三车间也如此。

单位产成品成本在某步应负担的“份额”乘上最终完工的产成品数量，就是产成品成本在该生产步骤应负担的“份额”。用公式表示为：

$$\text{产成品成本在某步应负担的份额}=\text{单位产成品成本在该步应负担的份额}\times\text{最终完工产品数量}$$

宏远工厂本月最终产成品（120件）成本应负担的“份额”计算如表8－32所示。

表8－32　　宏远工厂最终产成品成本应负担的“份额”计算表

产品：甲产品　　20××年10月　　单位：元

车间	直接材料项目	直接人工项目	制造费用项目
第一车间	2×235×120=56 400	2×110×120=26 400	2×95×120=22 800
第二车间		1×280×120=33 600	1×325×120=39 000
第三车间		1×248×120=29 760	1×294×120=35 280

将上述计算结果分别记入各生产车间的产品生产成本明细账（表8－33、表8－34和表8－35）后，可以分别计算出各生产车间月末广义在产品的总成本。

表8－33　　宏远工厂第一车间产品生产成本明细账

产品：甲产品　　20××年10月　　单位：元

摘　　要		直接材料	直接人工	制造费用	合计
月初在产品成本		25 000	16 000	14 500	55 500
本月发生生产费用		78 400	29 100	24 450	131 950
生产费用合计		103 400	45 100	38 950	187 450
分配标准	完工产品数量	240	240	240	
	广义在产品约当量	200	170	170	
	生产总量	440	410	410	
分配率		235	110	95	440
本月产成品成本份额		56 400	26 400	22 800	105 600
月末在产品成本		47 000	18 700	16 150	81 850

表8－34　　宏远工厂第二车间产品生产成本明细账

产品：甲产品　　20××年10月　　单位：元

摘　　要		直接材料	直接人工	制造费用	合计
月初在产品成本			20 800	17 600	38 400
本月发生生产费用			26 800	37 650	64 450
生产费用合计			47 600	55 250	102 850
分配标准	完工产品数量		120	120	
	广义在产品约当量		50	50	
	生产总量		170	170	

续表

摘　　要	直接材料	直接人工	制造费用	合计
分配率		280	325	605
本月产成品成本份额		33 600	39 000	72 600
月末在产品成本		14 000	16 250	30 250

表 8－35　　　　宏远工厂第三车间产品生产成本明细账

产品：甲产品　　　　20××年 10 月　　　　单位：元

摘　　要		直接材料	直接人工	制造费用	合计
月初在产品成本			10 500	13 500	24 000
本月发生生产费用			20 500	23 250	43 750
生产费用合计			31 000	36 750	67 750
分配标准	完工产品数量		120	120	
	广义在产品约当量		5	5	
	生产总量		125	125	
分配率			248	294	542
本月产成品成本份额			29 760	35 280	65 040
月末在产品成本			1 240	1 470	2 710

4. 计算最终产成品成本

采用平行结转分步法，将各生产步骤（生产车间）应计入相同产成品成本的份额平行相加汇总，就可以求得产成品总成本；产成品总成本除以产成品的数量，可以计算出产成品单位成本。

根据表 8－33、表 8－34 和表 8－35 的计算结果，汇总编制宏远工厂“产成品成本计算汇总表”，如表 8－36 所示。

表 8－36　　　　宏远工厂产品成本计算汇总表

产品：甲产品　　　　产量：120 件　　　　20××年 10 月　　　　单位：元

车　　间	直接材料	直接人工	制造费用	合计
第一车间本月完工甲产品成本份额	56 400	26 400	22 800	105 600
第二车间本月完工甲产品成本份额		33 600	39 000	72 600
第三车间本月完工甲产品成本份额		29 760	35 280	65 040
本月完工甲产品总成本	56 400	89 760	97 080	243 240
本月完工甲产品单位成本	470	748	809	2 027

根据产品成本计算汇总表，编制结转本月完工入库甲产品成本的会计分录如下：

借：库存商品——甲产品　　　　243 240

　　贷：生产成本——基本生产成本——第一车间（甲产品）　　　　105 600

　　　　　　　　　　　　　　　——第二车间（甲产品）　　　　72 600

　　　　　　　　　　　　　　　——第三车间（甲产品）　　　　65 040

采用平行结转分步法，生产费用在完工产品和月末广义在产品之间的分配也可采用在产品按定额成本计价法或定额比例法进行。这是因为采用这两种方法，作为分配费用标准的定额资料比较容易取得。如产成品的定额消耗量或定额费用，可以根据产成品数量乘以消耗定额或费用定额计算。由于广义在产品的实物分散在各生产步骤和半成品库，具体的盘存、计算工作比较复杂，但其定额消耗量或定额费用可以采用前述的倒轧方法计算，因而也比较简便。

【例 8-9】湘江工厂生产乙产品分别由第一车间和第二车间连续加工完成。第一车间为第二车间提供半成品，第二车间将半成品加工为产成品，原材料于生产开始时一次投入，完工产品与月末在产品之间分配费用采用定额比例法。湘江工厂月初在产品成本和本月发生费用如表 8-37 所示，乙产品的有关定额资料如表 8-38 所示。

表 8-37　湘江工厂月初在产品成本及本期发生费用　　单位：元

成本项目	月初在产品成本		本期发生生产费用	
	第一车间	第二车间	第一车间	第二车间
直接材料	21 600		35 730	
直接人工	12 100	7 900	9 400	8 350
制造费用	14 800	6 480	13 200	12 270
合计	48 500	14 380	58 330	20 620

表 8-38　乙产品的有关定额资料　　单位：元

项目	月初在产品		本期投入		本月产成品				
					单件定额		产量（件）	定额直接材料费用（元）	定额工时
	定额直接材料费用（元）	定额工时	定额直接材料费用（元）	定额工时	直接材料费用（元）	工时			
第一车间	26 500	24 000	28 100	26 000	74	60	500	37 000	30 000
第二车间		8 000		17 000		40			20 000
合 计	26 500	32 000	28 100	43 000		100	500	37 000	50 000

（1）根据以上有关产量、定额材料成本、定额工时等资料，计算分配完工产品成本和在产品成本，并登记第一车间、第二车间的产品成本明细账，如表 8-39 和表 8-40 所示。

表 8-39　产品成本明细账

第一车间：乙产品　　单位：元

摘　　要	产成品产量（件）	直接材料		定额工时	直接人工	制造费用	成本合计
		定额	实际				
月初在产品		26 500	21 600	24 000	12 100	14 800	48 500
本月生产费用		28 100	35 730	26 000	9 400	13 200	58 330
生产费用合计		54 600	57 330	50 000	21 500	28 000	106 830
费用分配率			1. 05		0. 43	0. 56	
产成品成本中本步骤份额	500	37 000	38 850	30 000	12 900	16 800	68 550
广义在产品成本		17 600	18 480	20 000	8 600	11 200	38 280

期末在产品定额材料成本 = 26 500 + 28 100 - 36 500 = 17 600（元）

期末在产品定额工时 = 24 000 + 26 000 - 30 000 = 20 000（小时）

直接材料分配率 = 57 330/(37 000 + 17 600) = 1.05

直接人工分配率 = 21 500/(30 000 + 20 000) = 0.43

制造费用分配率 = 28 000/(30 000 + 20 000) = 0.56

表 8 - 40　　产品成本明细账

第二车间：乙产品　　单位：元

摘　要	产成品产量（件）	直接材料		定额工时	直接人工	制造费用	成本合计
		定额	实际				
月初在产品				8 000	7 900	6 480	14 380
本月生产费用				17 000	8 350	12 270	20 620
生产费用合计				25 000	16 250	18 750	35 000
费用分配率					0.65	0.75	
产成品成本中本步骤份额	500			20 000	13 000	15 000	28 000
广义在产品成本				5 000	3 250	3 750	7 000

期末在产品定额工时 = 8 000 + 17 000 - 20 000 = 5 000（小时）

直接人工分配率 = 16 250/(20 000 + 5 000) = 0.65

制造费用分配率 = 18 750/(20 000 + 5 000) = 0.75

（2）根据第一车间、第二车间产品成本明细账中的产成品成本份额平行相加汇总，即可得出本期完工产品总成本，除以产量就是产成品单位成本。编制完工产品成本汇总表，如表 8 - 41 所示。

表 8 - 41　　完工产品成本汇总表

产品名称：乙产品　　20××年×月　　单位：元

项　目	产量（件）	直接材料	直接人工	制造费用	成本合计
第一车间成本份额	500	38 850	12 900	16 800	68 550
第二车间成本份额	500		13 000	15 000	28 000
总成本		38 850	25 900	31 800	96 550
单位成本		77.7	51.8	63.6	193.1

根据完工产品成本汇总表，编制完工入库乙产品成本的会计分录。

借：库存商品——乙产品　　96 550

　　贷：生产成本——基本生产成本——第一车间　　68 550

　　　　　　　　　　　　　　——第二车间　　28 000

8.3.6　平行结转分步法与逐步结转分步法的区别

平行结转分步法与逐步结转分步法的区别，主要表现在以下几个方面：

1. 成本管理的要求不同

逐步结转分步法是计算半成品成本的分步法，平行结转分步法是不计算半成品成本的分步法。要不要计算自制半成品成本，取决于成本管理的要求。因此，这两种方法的区别首先表现在它们体现了不同的成本管理要求。

当企业自制半成品的种类比较多，且不对外销售时，在成本管理上可以不要求计算半成品成本。这样，采用平行结转分步法，各生产步骤可以同时计算应记入相同产成品成本的份额，不需要逐步计算和结转半成品成本，可以简化和加速成本核算工作。

当企业自制半成品可以加工为多种产成品，或者有自制半成品对外销售，或者需要进行半成品成本控制和同行业半成品成本比较时，在成本管理上必然要求计算自制半成品成本。这样，采用逐步结转分步法，可以为分析和考核各生产步骤半成品成本计划的执行情况，以及正确计算自制半成品的销售成本提供资料。

2. 产成品成本的计算方式不同

平行结转分步法是将各生产步骤应计入相同产成品成本的份额汇总，来求得产成品成本的。各生产步骤应计入相同产成品成本的份额可以同时进行计算，不需要等待，可以简化和加速成本核算工作。

逐步结转分步法是按照产品成本核算所划分的生产步骤，逐步计算和结转自制半成品成本，直到最后步骤计算出产成品成本。各生产步骤的成本核算要等待上一步骤的成本核算结果（转入的自制半成品成本数额）。半成品按实际成本综合结转时，为了从整个企业的角度反映产品成本的构成，必须进行成本还原，从而增加了成本核算的工作量。采用分项结转方式时，虽然可以直接、正确地提供按原始成本项目反映的产品成本构成，不需要进行成本还原，但成本结转工作比较复杂，在各生产步骤完工产品成本中也不能直接反映所耗上一步骤的自制半成品费用，不便于成本分析。自制半成品按计划成本结转时，各生产步骤的成本核算工作可以同时进行，但存在半成品成本差异的计算和分摊的问题，也比较复杂。

3. 在产品的含义不同

平行结转分步法不计算也不结转自制半成品成本，各生产步骤完工产品仅指最终产成品所耗用的本步骤的半成品；月末在产品则既包括本步骤正在加工的在制品，又包括已经完工交给以后各步骤，但尚未最终完工的半成品，即广义在产品。自制半成品的实物已经转移，但成本仍留在本步骤；即使有半成品仓库办理自制半成品的收入、发出和存放，也只进行数量核算。各生产步骤产品生产成本明细账中的月末在产品成本，与该步骤月末在产品的实物不相符。这样，不利于加强在产品和自制半成品的管理。

逐步结转分步法计算并结转半成品成本，自制半成品成本随着其实物的转移而结转，设有半成品仓库时，设置“自制半成品”账户，同时进行数量和金额的核算。各生产步骤的完工产品是指本步骤已经完工的半成品（最后步骤为产成品），月末在产品是指本步骤正在加工的在制品，即狭义在产品。这样，各生产步骤产品生产成本明细账中的月末在产品成本，与该步骤月末在产品的实物一致，有利于加强在产品和自制半成品的管理。

【同步思考 8－4】

企业选择逐步结转分步法或者平行结转分步法，要考虑的关键因素是什么？

复习思考题

1. 逐步结转分步法在成本计算程序上有何特点?
2. 平行结转分步法在成本计算程序上有何特点?
3. 什么是成本还原? 为什么要进行成本还原?
4. 半成品成本的综合结转和分项结转各有何优缺点?
5. 成本还原分为哪几个步骤?
6. 平行结转分步法与逐步结转分步法有哪些区别?

第9章 产品成本核算的其他方法

【学习目标】

1. 掌握分类法和定额法的含义与适用范围，熟悉分类法和定额法的特点；

2. 重点掌握生产成本在类内各种（规格、型号）产品之间进行分配的方法；

3. 掌握定额成本、脱离定额差异、材料成本差异、定额变动差异以及产品实际成本计算的方法。

【案例导入】

新海加工厂是一家加工木材的企业，加工圆木时会产生不同规格的木材，另外还有副产品锯末，所有的主要产品和副产品都是由同种原材料加工出来的，并且都是在同一车间生产。该厂每年的产量很大，企业的成本会计人员采用品种法进行各个规格产品成本的核算，发现工作量太大，就提出建议将产品的成本合并核算，再将总成本在各个规格主要产品和副产品之间平均分配。

思考：你认为这种方法合理吗？采用怎样的核算方法既能准确计算各个产品成本，又简单方便呢？

9.1 产品成本核算的分类法

9.1.1 分类法概述

1. 分类法的含义

产品成本核算的分类法，是以产品的类别作为成本核算对象，用以归集费用，计算出各类产品实际成本，再在类内产品之间进行成本分配，计算出类内各种产品生产成本的方法。

采用分类法，各类产品的实际成本，要根据企业生产经营特点和成本管理的需要，运用品种法、分批法、分步法等基本成本核算方法来计算。

2. 分类法的适用范围

分类法主要适用于产品品种、规格繁多，但又可以按照一定要求和标准划分为不同类别的企业或企业的生产单位。分类法与企业生产类型没有直接联系，只要企业（或生产单位）的产品可以按照其性质、用途、生产工艺过程和原材料消耗等方面的特点划分为一定类别（包括同类产品、联产品以及副产品等的成本计算）都可以采用分类法。

（1）同类产品，是指产品的结构、性质、用途以及使用的原材料、生产工艺过程等大致相同，而规格和型号不一的产品。例如，鞋厂的男装鞋、女装鞋、童鞋，每种鞋都有不同的规格（号码），电子厂生产的电子元件有不同规格等，都可以归为同一类产品。

（2）联产品，是指用同一种原料，经过同一个生产过程，生产出两种或两种以上的不同性质和用途的产品，这些产品虽然使用价值不同，但都是具有同等地位的主要产品。例如，化工企业在同一生产过程中生产出来的各种主要化工产品；炼焦企业在同一生产过程中生产出来的焦炭和煤气；炼油企业在生产过程中将原油加工提炼，生产出来的汽油、煤油和柴油等都属于联产品。

企业的原材料，经过同一生产过程以后，从中分离出各种联产品。而联产品分离这个点称为分离点。分离点前发生的成本称为联合成本或共同成本，分离以后有的产品可直接销售，有的需要进一步加工后再销售。联合成本的归集和在各种联产品之间的分配，适宜采用分类法。

（3）副产品，是指企业在生产主要产品的过程中，附带生产出的一些非主要产品。副产品是企业的次要产品，不是企业生产活动的主要目标。并且销售价格较低，销售收入大大低于主产品，在企业总销售收入中的比重很小。例如，洗煤生产中产生的煤泥，制皂生产中产生的甘油等称为副产品。主副产品之间成本的划分，可以运用分类法的原理进行成本计算。

在生产同类产品、联产品、副产品和等级品的工业企业中，如果按照产品的品种、规格归集费用、计算成本，则成本计算工作会极为繁重。采用按一定标准将产品进行分类，按照产品类别来归集生产费用，再采用适当方法计算各种产品生产成本，可以大大简化成本计算工作。

9.1.2 分类法的特点

1. 以产品的类别作为成本核算对象

采用分类法计算产品的成本，要按照产品类别开立成本明细账，归集生产费用。直接费用直接计入；共同费用，采用适当的标准分配计入；然后汇总计算出各类产品的总成本和单位成本。

2. 类内不同品种（或规格）产品的成本，要采用适当的分配方法进行分配确定

采用分类法，以产品类别作为成本核算对象，计算出各类产品成本后，还应当选择适当的方法，将成本在各种规格型号的产品之间分配，以便计算出各个规格型号产品的实际总成本和单位成本。

3. 要根据类内产品的生产工艺和组织情况，与三种成本核算的基本方法结合使用

在计算各类产品成本时，要运用品种法、分批法、分步法等成本核算的基本方法，因此，分类法不是成本核算的基本方法，而是辅助方法。采用分类法，成本计算期的确定，生产费用在本月完工产品和在产品之间的分配等问题，都取决于所采用的成本核算的基本方法。

应当指出，无论采用哪种方法在类内各种产品之间进行成本的分配，成本计算的结果总是带有一定的假定性。因此，采用分类法计算产品成本时，首先，应当注意产品分类的合理性。分类过少，类内产品过多，会影响计算结果的准确性；分类过细，类内产品很少，则会加大成本计算的工作量，失去分类法的意义。其次，类内产品成本分配标准应当与各种产品成本的发生有比较密切的联系，体现产品成本费用分配中的受益原则。

9.1.3 分类法成本核算程序

1. 合理确定产品类别

采用分类法核算产品成本时，要按照产品的性质、结构、规格、用途、生产工艺过程、耗用的原材料等不同划分为若干类别。例如，塑料制品厂可以按照产品的生产工艺不同，将产品划分为塑料桶、塑料盆、塑料膜等不同类别；可可制品厂可按产品结构的不同，将产品分为可可豆、可可液块、可可脂和可可粉等类别。

2. 按产品类别设置生产成本明细账（产品成本计算单），计算出各类产品的实际总成本

采用分类法计算成本时，要按照产品的类别设置生产成本明细账（产品成本计算单），按类归集各类产品的生产费用，并根据企业生产经营的特点和成本管理的要求，选择品种法或分批法、分步法等成本核算的基本方法，计算出各类产品的实际总成本。平时发生的各项生产费用，如果属于直接费用，则直接计入各类产品成本；如果属于各类产品共同耗用的费用，则采用一定的分配标准分配计入各类产品成本。

3. 计算类内各种产品的实际总成本和单位成本

在计算出每类产品总成本后，还要选择合理的分配标准，将每类产品的总成本在类内各种产品之间进行分配。类内各种不同规格型号产品之间成本的分配，有定额消耗量、定额费用、售价，以及产品的体积、长度和重量等分配标准。分配标准的选择，要力求合理、准确。各成本项目可以采用同一分配标准，也可以按照成本项目的性质，分别采用不同的分配标准。例如，直接材料可以按材料定额消耗量比例分配，直接人工和制造费用可以按定额工时比例分配。

（1）系数分配法。将分配标准折合成系数，系数一经确定，可以在较长时间内使用。按系数分配生产费用的方法，称为系数分配法，又称为标准产量法。

采用系数分配法时，首先，要在类内产品中选择一种产量大、生产稳定、规格适中的产品作为标准产品，把标准产品的单位系数定为“1”；其次，应将类内其他各种产品与标准产品比较，分别求出其他产品与标准产品的比例，即系数；再次，每一种产品的系数确定以后，将类内各种产品的实际产量，分别乘以该种产品的系数，折算为总系数，总系数又称为标准产量，它是系数分配法的分配标准；最后，有了分配标准，并计算出费用分配率以后，即可计算出类内各种产品的实际总成本和单位成本。计算公式如下：

$$某产品系数=\frac{该产品售价(定额消耗量、体积等)}{标准产品售价(定额消耗量、体积等)}$$

$$某产品总系数(标准产量)=该产品实际产量\times该产品系数$$

（2）定额比例法。定额比例法是指将各类产品的总成本，按照定额比例在类内各种产品之间分配成本的一种方法。定额比例法不仅可以用于类内各种产品之间的成本分配，还可以用于实际生产费用在类内所有完工产品和月末在产品之间的分配。定额比例法简便易行，但是这种方法要求企业定额比较健全、稳定。

采用定额比例法分配费用一般应区分不同的成本项目，通常采用材料定额消耗量（或定额费用）作为直接材料费用的分配标准，而采用定额工时作为加工费用的分配标准。

分类法成本核算程序如图 9－1 所示。

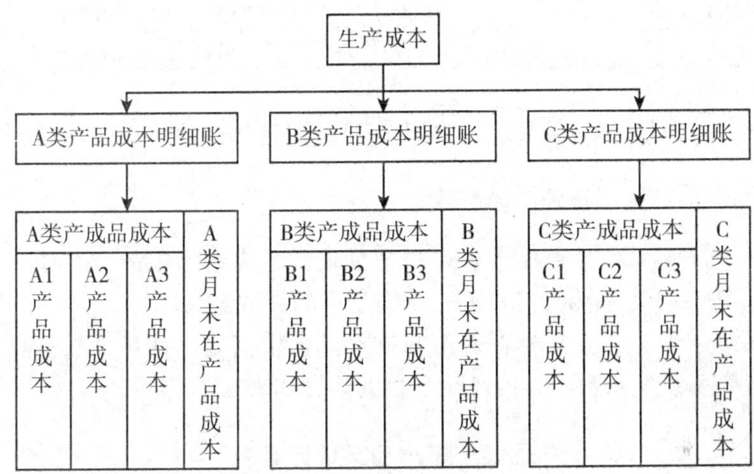

图 9－1　分类法成本核算程序

9.1.4　分类法举例

【例 9－1】福源工厂为大量大批单步骤生产企业，大量生产 9 种不同规格型号的产品，根据产品特点和所耗用的原材料、工艺技术过程的不同，可以将 9 种产品分为 A、B 两大类。A 类产品包括 A01、A02、A03、A04、A05 五种规格产品，单位产品材料消耗定额分别为 120 千克、110 千克、100 千克、80 千克、70 千克，工时消耗定额分别为 0.70 小时、0.60 小时、0.50 小时、0.45 小时、0.40 小时，本月 A 类五种产品实际产量分别为 5 000 件、4 000 件、21 400 件、5 000 件、6 000 件。B 类产品包括 B01、B02 、B03、B04 四种规格产品，单位产品材料消耗定额分别为 6 元、8 元、10 元、12 元，工时消耗定额分别为 1.5 小时、3 小时、5 小时、7 小时，本月 B 类四种产品实际产量分别为 4 000 件、3 000 件、5 000 件、1 000 件。

2014 年 11 月，根据该厂产品生产特点和成本管理要求，已经采用品种法成本核算的基本原理，归集和分配了各项生产费用，分别计入了 A、B 两类产品成本计算单中，并采用定额比例法将每类产品生产费用在完工产品和期末在产品之间进行了分配，计算出 A、B 两大类产品本月完工产品的实际总成本。由于两大类产品成本的核算方法相同，这里仅以 A 类产品为例说明采用系数分配法将大类产品的总成本分配于类内各种规格的产品。本月 A 类产品成本的计算如表 9－1 所示。

表 9－1　　福源工厂产品成本计算单

产品：A 类产品　　2014 年 11 月　　单位：元

项　　目		直接材料	直接人工	制造费用	合计
月初在产品成本		65 000	74 240	45 140	184 380
本月发生费用		250 000	310 760	199 860	760 620
生产费用合计		315 000	385 000	245 000	945 000
总定额	本月完工产品总定额	240 000	42 500	42 500	
	月末在产品总定额	60 000	7 500	7 500	
	总定额合计	300 000	50 000	50 000	
费用分配率		1.05	7.7	4.9	
本月完工产品总成本		252 000	327 250	208 250	787 500
月末在产品成本		63 000	57 750	36 750	157 500

根据〖例 9－1〗的资料，福源工厂 A 类产品类内各种产品成本计算如下：

1. 选定标准产品、确定各种产品系数

福源工厂 A 类产品，以生产比较稳定，产量较大，规格适中的“3 号”产品为标准产品。即 A 类产品中 A03 产品为标准产品，标准产品的系数定为“1”。

福源工厂 A 类产品中，直接材料费用按材料消耗定额比例计算系数；直接人工和制造费用按工时消耗定额确定系数。类内产品系数的计算如表 9－2 所示。

表 9－2　　福源工厂产品系数计算表

产品：A 类产品　　2014 年度使用　　编号：01

产品名称	材料消耗定额（千克）	系数	工时消耗定额	系数
A01 产品	120	1.2	0.70	1.4
A02 产品	110	1.1	0.60	1.2
A03 产品	100	1.0	0.50	1.0
A04 产品	80	0.8	0.45	0.9
A05 产品	70	0.7	0.40	0.8

2. 计算各种产品本月总系数

福源工厂生产成本在类内各种产品之间的分配，分配标准是总系数（标准总产量）。根据表 9－2 所列各种产品的系数和本月各种产品产量资料，编制“福源工厂产品总系数计算表”，如表 9－3 所示。

表 9-3 **福源工厂产品总系数（标准产量）计算表**

产品：A 类产品 2014 年 11 月

产品名称	产品产量	材料		工时	
		系数	总系数	系数	总系数
A01 产品	5 000	1.2	6 000	1.4	7 000
A02 产品	4 000	1.1	4 400	1.2	4 800
A03 产品	21 400	1.0	21 400	1.0	21 400
A04 产品	5 000	0.8	4 000	0.9	4 500
A05 产品	6 000	0.7	4 200	0.8	4 800
合计			40 000		42 500

3. 计算各种产品的总成本和单位成本

（1）根据表 9-1 所列 A 类产品本月完工产品总成本，表 9-3 所列各种产品总系数，计算本月各成本项目的费用分配率，如表 9-4 所示。

表 9-4 **福源工厂 A 类产品费用分配率计算表**

成本项目	费用分配率
直接材料	252 000/40 000 = 6.3
直接人工	327 250/42 500 = 7.7
制造费用	208 250/42 500 = 4.9

（2）根据各种产品的总系数和费用分配率，编制“福源工厂产品成本计算表”（见表 9-5），计算各种产品的实际总成本和单位成本。

表 9-5 **福源工厂产品成本计算表**

产品：A 类产品 2014 年 11 月 单位：元

产品名称	产品产量	材料总系数	直接材料分配金额	工时总系数	直接人工分配金额	制造费用分配金额	产成品总成本	产成品单位成本
分配率			6.3		7.7	4.9		
A01	5 000	6 000	37 800	7 000	53 900	34 300	126 000	25.2
A02	4 000	4 400	27 720	4 800	36 960	23 520	88 200	22.05
A03	21 400	21 400	134 820	21 400	164 780	104 860	404 460	18.9
A04	5 000	4 000	25 200	4 500	34 650	22 050	81 900	16.38
A05	6 000	4 200	26 460	4 800	36 960	23 520	86 940	14.49
合计		40 000	252 000	42 500	327 250	208 250	787 500	

（3）根据上述产品成本计算资料，编制结转本月完工入库产品成本的会计分录：

借：库存商品——A01 产品 126 000

——A02 产品 88 200

——A03 产品 404 460

——A04 产品 81 900

——A05 产品　　86 940

贷：生产成本——基本生产成本——A 类产品　　787 500

【同步思考 9－1】

如果 B 类产品以 03 号产品为标准产品，B 类产品的总成本为 696 000 元，其中直接材料 132 000 元，直接人工为 329 000 元，制造费用 235 000 元。你能采用系数法计算出 B 类产品中的每种产品的成本吗？

9.1.5 联产品、副产品的成本计算

1. 联产品的成本计算

联产品由于所用的原材料和生产过程相同，因此，只能将其归为一类，采用分类法计算成本。联产品在某一个"点"被分别确认，这个点被称为分离点，分离后的联产品有的直接对外销售，有的进一步加工后再出售。我们把分离前发生的成本称为联合成本，而把分离后发生的进一步加工成本称为可归属成本。因此联产品的成本可以有两种情况：一是分离后直接出售的联产品，其应分摊的联合成本就是该种联产品的全部成本；二是分离后还需要进一步加工后才能出售的联产品，其成本就是分离前的成本（即应分摊的联合成本）加上分离后的加工成本（即可归属成本）两部分。

由上述联产品生产的特定情况所决定，联产品的成本计算可以分为两个阶段：第一阶段，采用分类法计算联合成本，即以联产品为一类汇集生产费用计算联产品联合成本，并采用适当的方法将联合成本在各种联产品之间进行分配，计算各种联产品应分摊的联合成本；第二阶段，对于分离后还需进一步加工的联产品，还应采用适当的方法分配计算其由于继续加工应负担的成本，从而计算其全部成本。

联合成本的分配方法主要有系数分配法、实物数量分配法、销售收入分配法。

（1）系数分配法。

【例 9－2】 长岭炼油厂用原油进行加工提炼出汽油、柴油、航空煤油和液化气四种联产品。2014 年 11 月产量情况如下：汽油 70 000 千克，柴油 50 000 千克，航空煤油 10 000 千克，液化气 30 000 千克。其中液化气在液化过程中还需进一步追加直接材料成本 36 350 元，直接人工 28 200 元，制造费用 17 800 元。假定各联产品的标准产量折合系数为 1∶0.8∶0.3∶0.5。2014 年 11 月生产成本资料如表 9－6 所示。

表 9－6　　联产品生产费用资料　　单位：元

2014 年		摘　　要	成本项目			合计
月	日		直接材料	直接人工	制造费用	
11	1	月初在产品成本	58 700	29 500	22 600	110 800
	30	本月生产费用	328 500	246 500	203 800	778 800
	30	合计	387 200	276 000	226 400	889 600
		各成本项目比重	43.53%	31.02%	25.45%	100%

根据以上相关资料，计算联产品成本如表9－7所示。

表9－7　　联产品成本计算表

2014年11月

品名	产量（千克）	系数	标准产量（千克）	分配率	应负担成本（元）	单位成本（元）
汽油	70 000	1	70 000		486 500	6.95
柴油	50 000	0.8	40 000		278 000	5.56
航空煤油	10 000	0.3	3 000		20 850	2.09
液化气	30 000	0.5	15 000		104 250	3.48
合计			128 000	6.95	889 600	

由于液化气产品经分离之后，还要进一步加工，这一部分进一步加工发生的成本为可归属成本。液化气产品的总成本由分离出来的联合成本和进一步加工的可归属成本两部分构成，其总成本的计算如表9－8所示。

表9－8　　液化气产品成本计算汇总表

产量：30 000千克　　2014年11月　　单位：元

成本项目	联合成本		可归属成本	总成本	单位成本
	比重	金额			
直接材料	43.53%	45 380	36 350	81 730	2.72
直接人工	31.02%	32 338	28 200	60 538	2.02
制造费用	25.45%	26 562	17 800	44 362	1.48
合计		104 250	82 350	186 600	6.22

（2）实物数量分配法。采用实物数量法时，联合成本是以产品的实物数量为基础分配的。这里的“实物数量”可以是数量、重量。实物数量法通常适用于所生产的产品的价格很不稳定或无法直接确定。

单位数量（或重量）成本＝联合成本/各联产品的总数量（总重量）

【例9－3】新鑫股份有限公司生产甲产品和乙产品，甲产品和乙产品为联产品。2014年11月发生加工成本500 000元。假定甲产品为560件，乙产品为440件。采用实物数量法分配联合成本：

甲产品：500 000/(560＋440)×560＝280 000（元）

乙产品：500 000/(560＋440)×440＝220 000（元）

从计算过程和结果来看，按实物量分配联合成本非常简便，但是，这种方法是假设各联合产品的单位成本相同，容易造成成本与实际相脱节的情况，所以这种方法一般适用于成本的发生与产量关系密切并且各个联产品成本较为均衡的联合成本的分配。

（3）销售收入分配法。在销售收入分配法下，联合成本是以分离点上每种产品的销售价格为比例进行分配的。采用这种方法，要求每种产品在分离点时的销售价格有可靠的计量。如果联产品在分离点上即可供销售，则可采用销售价格进行分配。如果这些产品尚需要进一步加工后才可供销售，则需要对分离点上的销售价格进行估计。此时，也可采用可变现净值进行分配。

【例 9－4】如〖例 9－3〗，假定甲产品和乙产品在分离点上的销售价格总额为 3 000 000 元，其中甲产品的销售价格总额为 1 800 000 元，乙产品的销售价格总额为 1 200 000 元。要求采用销售收入法分配联合成本：

甲产品：500 000/3 000 000 ×1 800 000 =300 000（元）

乙产品：500 000/3 000 000 ×1 200 000 =200 000（元）

这一分配方法将联产品成本与产品的销售价格联系在一起，在这种情况下，售价较高的联产品负担的联合成本较多，售价较低的联产品负担的联合成本较少，可以避免售价低的产品因为分配标准的选用不当而造成其负担的费用较多的不合理现象，以使各联产品取得大致相同的毛利率。但是，产品成本的高低并非都与产品售价有关，价格高的产品不一定成本也高。因此，这种方法只适用成本高低与售价关系密切的联产品的成本分配。

2. 副产品的成本计算

副产品是工业企业在主要产品的生产过程中，附带生产出来的非主要产品。副产品虽然不是企业的主要产品，但也有经济价值。副产品有的可以直接对外销售，有的经过适当加工以后，也可以对外销售，因此，应当正确计算副产品成本。

副产品和主要产品是企业在同一生产过程中生产出来的。但由于副产品是伴随着主产品的生产附带生产出来的，与主产品比较，一般价值较低，成本计算通常可以采用简化的方法。

为了简化成本计算工作，副产品成本的计算可以采用分类法的原理，将主产品和副产品合并为一类，作为一个成本核算对象，设置生产成本明细账（产品成本计算单），归集主产品和副产品的总成本；再采用一定的方法对副产品计价（计算确定副产品的成本），从主副产品总成本中扣除；以主副产品总成本扣除副产品成本以后的余额，作为主产品的实际总成本。

副产品的计价，主要有两种方法。一是按照副产品的售价减去销售税费和销售利润（按正常利润率计算）以后的余额计价；二是按照企业制定的副产品计划（或定额）成本计价。采用上述方法计算确定的副产品成本，为了简化计算，通常可以从主副产品总成本中的直接材料项目中扣除，以求得主产品的总成本。

（1）副产品按照售价减去销售税费和销售利润后的余额计价。

① 分离后可以直接出售的副产品。副产品与主产品分离后，不需要进行任何加工，就可以直接出售时，可以按照副产品的售价减去销售税费和销售利润后的余额计价，作为副产品成本，从主副产品总成本中扣除。

【例 9－5】福喜工厂 2014 年 11 月用同一种原材料，在同一个生产工艺过程中生产甲产品（主要产品）的同时，还生产出副产品 A 产品。本月生产的 1 000 千克甲产品已全部完工，甲产品生产成本明细账归集的生产费用合计为 980 000 元，其中，直接材料 600 000 元，直接人工 220 000 元，制造费用 160 000 元。本月附带生产 A 产品 200 千克已全部入库，A 产品每千克售价 100 元，销售环节应交税费每千克 5 元，同类产品正常销售利润率为 10%。A 产品成本从甲产品直接材料项目中扣除。根据上述资料，甲产品和 A 产品成本可以计算如下：

A 产品单位成本 = 100 - 5 - 100 × 10% = 85（元）

A 产品总成本 = 85 × 200 = 17 000（元）

甲产品总成本 = 980 000 - 17 000 = 963 000（元）

甲产品单位成本 = 963 000 ÷ 1 000 = 963（元）

上述成本计算结果在甲产品“产品成本计算单”中的登记，如表 9 - 9 所示，福喜工厂完工产品成本汇总表，如表 9 - 10 所示。

表 9 - 9　　福喜工厂产品成本计算单

产品：甲产品　　产量：1 000 千克　　2014 年 11 月　　单位：元

摘　　要	直接材料	直接人工	制造费用	合计
生产费用合计	600 000	220 000	160 000	980 000
结转本月完工 A 副产品成本	17 000			17 000
本月完工甲产品总成本	583 000	220 000	160 000	963 000

表 9 - 10　　福喜工厂完工产品成本汇总表

2014 年 11 月　　单位：元

成本项目	甲产品（1000 千克）		A 产品（200 千克）	
	总成本	单位成本	总成本	单位成本
直接材料	583 000	583	17 000	85
直接人工	220 000	220		
制造费用	160 000	160		
合计	963 000	963	17 000	85

根据成本计算结果，编制结转完工入库甲产品和 A 产品成本的会计分录如下：

借：库存商品——甲产品　　963 000

　　　　　　——A 产品　　17 000

　贷：生产成本——基本生产成本——甲产品　　980 000

② 分离后需进一步加工才能出售的副产品。副产品与主产品分离以后如果需要进一步加工后才能出售，按照售价减去销售税金和销售利润计算出的副产品成本，既包括应负担的共同成本，又包括进一步加工的可归属成本。

【例 9 - 6】假设福喜工厂在生产甲产品时产生的 A 副产品，需要进一步加工为乙产品后才能出售。根据有关生产费用记录，在进一步对 A 副产品的加工过程中发生材料费用 200 元，直接人工费用 600 元，应负担制造费用 400 元。将 A 副产品进一步加工后生产的乙产品，本月实际产量 180 千克，每千克售价为 130 元，每千克应交销售税费 6 元，同类产品正常销售利润为 10%。根据上述资料，乙产品和甲产品成本可以计算如下：

乙产品单位成本 = 130 - 6 - 100 × 10% = 114（元）

乙产品总成本 = 180 × 114 = 20 520（元）

A 副产品总成本 = 20 520 - (200 + 600 + 400) = 19 320（元）

甲产品总成本 = 980 000 - 19 320 = 960 680（元）

根据成本计算结果，编制结转 A 副产品成本的会计分录如下：

借：生产成本——基本生产成本——乙产品　　19 320

贷：生产成本——基本生产成本——甲产品　　19 320

上述成本计算结果在甲、乙两种产品“产品成本计算单”中的登记如表 9 – 11、表 9 – 12 所示。

表 9 – 11　　福喜工厂产品成本计算单

产品：甲产品　　产量：1 000 千克　　2014 年 11 月　　单位：元

摘　要	直接材料	直接人工	制造费用	合计
生产费用合计	600 000	220 000	160 000	980 000
结转本月 A 副产品成本	19 320			19 320
本月完工甲产品总成本	580 680	220 000	160 000	960 680
本月完工甲产品单位成本	580. 68	220	160	960. 68

表 9 – 12　　福喜工厂产品成本计算单

产品：乙产品　　产量：180 千克　　2014 年 11 月　　单位：元

摘　要	直接材料	直接人工	制造费用	合计
结转本月原料费用（表 9 – 11）	19 320			19 320
本月进一步加工发生费用	200	600	400	1 200
生产费用合计	19 520	600	400	20 520
本月完工乙产品总成本	19 520	600	400	20 520
本月完工乙产品单位成本	108. 44	3. 33	2. 22	114

根据成本计算结果，编制结转完工入库产品成本的会计分录如下：

借：库存商品——甲产品　　960 680

——乙产品　　20 520

贷：生产成本——基本生产成本——甲产品　　960 680

——乙产品　　20 520

（2）副产品按照计划单位成本计价。为了简化成本计算工作，副产品也可以按照计划单位成本计价，从主副产品总成本中扣除。

【例 9 – 7】 假设福喜工厂在生产甲产品时产生的 A 副产品，由本生产车间进一步加工为乙产品后再出售。由于乙产品加工处理的时间不长，加工费用不大，不单独设置生产成本明细账，全部费用在甲产品成本计算单中归集。本月甲产品成本计算单中归集生产费用合计为 981 200 元，其中，直接材料 600 200 元，直接人工 220 600 元，制造费用 160 400 元。乙产品成本按计划单位成本计价，从甲产品成本扣除。本月附带生产的乙产品为 180 千克，计划单位成本为 100 元，其中，直接材料 85 元，直接人工 8. 50 元，制造费用 6. 50 元。根据上述资料，乙产品和甲产品成本可以计算如下：

乙产品总成本 = 180 × 100 = 18 000（元）

其中：直接材料项目 = 180 × 85 = 15 300（元）

直接人工项目 = 180 × 8. 5 = 1530（元）

制造费用项目 = 180 × 6. 5 = 1170（元）

甲产品总成本 = 981 200 - 18 000 = 963 200（元）

上述成本计算结果在甲产品“产品成本计算单”中的登记如表 9 - 13 所示。

表 9 - 13　　　　福喜工厂产品成本计算单

产品：甲产品　　　　产量：1 000 千克　　　　2014 年 11 月　　　　单位：元

摘　　要	直接材料	直接人工	制造费用	合计
生产费用合计	600 200	220 600	160 400	981 200
结转本月完工乙副产品成本	15 300	1 530	1 170	18 000
本月完工甲产品总成本	584 900	219 070	159 230	963 200
本月完工甲产品单位成本	584.9	219.07	159.23	963.20

根据成本计算结果，编制结转完工入库产品成本的会计分录如下：

借：库存商品——甲产品　　　　963 200

　　　　　　——乙产品　　　　18 000

　贷：生产成本——基本生产成本——甲产品　　　　981 200

9.2　产品成本核算的定额法

9.2.1　定额法概述

1. 定额法的含义

定额法是企业为了及时地反映和监督生产费用和产品成本脱离定额的差异，加强定额管理和成本控制而采用的一种成本核算方法。在前面所讲的成本核算方法中，生产费用的日常核算，都是按照生产费用的实际发生额进行的，产品的成本也都是按照实际生产费用计算的实际成本。这样，生产费用和产品成本脱离定额的差异及其发生的原因，只有在月末时通过实际资料与定额资料的对比、分析，才能得到反映，而不能在费用发生的当时反映出来，因而不能很好地加强成本控制。定额法正是针对以上方法的不足所采用的一种成本核算辅助方法。

定额法是以定额成本为基础，加上或减去脱离定额的差异、材料成本差异和定额变动差异，来计算产品实际生产成本的方法。采用定额法，产品实际成本的计算公式如下：

实际成本 = 定额成本 ± 脱离定额差异 ± 材料成本差异 ± 定额变动差异

(1) 定额成本，是指根据企业现行材料消耗定额、工时定额、费用定额以及其他有关资料计算的一种成本控制目标。产品定额成本的制定过程，也是对产品成本事前控制的过程。定额成本是计算产品实际成本的基础，也是企业对生产费用进行事中控制和事后分析的依据。

企业制定的定额成本和计划成本都是成本控制的目标，定额成本和计划成本的制定过程都是对产品成本进行事前控制的过程，两者都是以产品生产耗费的消耗定额和计划价格为依据而确定的目标成本。但定额成本和计划成本有不同之处。

（2）脱离定额差异，是指产品生产过程中各项实际发生的生产费用脱离现行定额的差异。脱离定额差异反映了企业各项生产费用支出的合理程度和执行现行定额的工作质量。从含义来看，脱离定额的差异应当包括材料成本差异。但在实际工作中，为了便于产品成本的分析和考核，一般单独计算产品成本应负担的材料成本差异。

（3）材料成本差异，也是产品生产费用脱离定额差异的一部分。因为采用定额法计算产品成本的企业，原材料的日常核算总是按计划成本计价来组织的，所以原材料项目的脱离定额差异，仅指消耗数量的差异（量差），其金额为原材料消耗数量差异与其计划单位成本的乘积，不包括材料成本差异（价差）。因此，应当单独计算产品成本应负担的材料成本差异，其金额是该产品按计划单位成本和材料实际消耗量计算的材料总成本，与材料成本差异率的乘积。

（4）定额变动差异，是指由于修订定额而产生的新旧定额之间的差异，它是定额自身变动的结果，与生产费用支出的节约与超支无关。企业年度内修订定额一般在月初进行，在有定额变动的月份，本月投入产品的定额成本是按新定额计算的，只有月初在产品的定额成本是按旧定额计算的。因此，定额变动差异是指月初在产品账面定额成本与按新定额计算的定额成本之间的差异。

【同步链接9－1】

在品种法、分批法、分步法等成本核算方法下，完工产品实际成本的计算公式为：

$$\text{完工产品实际成本}=\text{月初在产品成本}+\text{本月发生生产费用}-\text{月末在产品成本}$$

2. 定额法的适用范围

定额法是为了加强成本管理，进行成本控制而采用的一种成本计算与管理相结合的方法。它不是成本核算的基本方法，与企业生产类型没有直接联系。

定额法主要适用于定额管理制度比较健全，定额管理基础工作比较好，产品生产已经定型，各项消耗定额比较准确、稳定的企业。定额法最早应用于大量大批生产的机械制造企业，后来逐渐扩大到具备上述条件的其他企业。

3. 定额法的特点

（1）事前制定产品的消耗定额、费用定额和定额成本作为降低成本的目标。定额法与产品成本核算的品种法、分批法、分步法和分类法不同，它是以产品的定额成本为基础来计算产品实际成本的。采用定额法计算产品成本，企业必须事前制定产品的各项消耗定额和费用定额，并以现行消耗定额和费用定额为依据，制定产品的定额成本，作为降低产品成本、节约费用支出的目标。

（2）在生产费用发生的当时将符合定额的费用和发生的差异分别核算，加强对成本差异的日常核算、分析和控制。采用定额法计算产品成本，在生产费用发生的当时，就应当将符合定额的费用和脱离定额的差异分别核算。及时揭示实际生产费用脱离定额的差异，以加强生产费用和产品成本的日常核算、分析和控制。

(3) 月末在定额成本的基础上加减各种成本差异，计算产品的实际成本，为成本的定期分析和考核提供数据。定额法是一种成本核算和成本管理相结合的方法，作为成本核算方法，它应当计算出产品的实际成本。在定额法下，本月完工产品的实际成本，是以本月完工产品定额成本为基础，加上或减去本月完工产品应负担的脱离定额差异、材料成本差异、定额变动差异等成本差异以后来求得的。

因此，定额成本法不仅是一种产品成本核算的方法，还是一种对产品成本进行直接控制、管理的方法。

9.2.2 定额法成本核算程序

企业采用定额法计算产品成本，一般程序如下：

第一，制定定额成本。采用定额成本法必须先根据企业现行消耗定额和费用定额制定产品的定额成本。

第二，按成本核算对象设置产品成本明细账。专栏内各成本项目应分设“定额成本”、“脱离定额差异”、“定额变动差异”等各专栏。

第三，若定额成本发生变化，则应在当月调整月初在产品的定额成本，并计算月初定额变动差异。

第四，在各月生产费用发生时，核算脱离定额差异，计算材料成本差异，并予以汇总。

第五，将各项差异在本月完工产品和月末在产品之间进行分配。

第六，将本月完工产品的定额成本加减各项差异，计算出本月完工产品的实际总成本和单位成本。

1. 定额成本的计算

定额成本是指根据企业现行消耗定额、工时定额、费用定额以及其他有关资料计算的一种成本控制目标。产品定额成本的制定过程，是产品成本的事前控制过程。定额成本是计算产品实际成本的基础，也是企业对生产费用进行事中控制和事后分析的依据。

采用定额法计算产品成本应当根据企业现行消耗定额和费用定额，按照企业确定的成本项目，分产品品种（企业确定的成本核算对象）分别制定产品定额成本，编制产品定额成本表。为了便于成本分析和考核，定额成本采用的成本项目和计算方法，应当与计划成本、实际成本采用的成本项目和计算方法一致。

企业制定的定额成本和计划成本都是成本控制的目标，定额成本和计划成本的制定过程都是对产品成本进行事前控制的过程，两者都是以产品生产耗费的消耗定额和计划价格为依据而确定的目标成本。但定额成本与计划成本又有不同之处。计算计划成本的消耗定额是计划期（年度）内平均的消耗定额，计划成本通常是不变的。计算定额成本的消耗定额则是现行定额，随着生产技术的进步和劳动生产率的提高，现行消耗定额可能需要不断修订，定额成本在年度内有可能因企业消耗定额的修订而发生变动。在主管企业的上级机构（或公司）对企业下达成本指标的情况下，计划成本是上级机构对企业进行成本考核的依据，定额成本则是企业自行制定、自我控制和考核的依据。

【同步思考 9 －2】

定额成本与计划成本有什么异同点?

产品定额成本一般由企业的财会部门会同计划、技术、生产等部门共同制定，由于不同企业的产品生产过程不同，产品定额成本的制定程序也不尽相同。例如，机械制造企业的产品一般有许多零件、部件组成，如果产品的零件、部件不多，一般可以先计算各种零件、部件的定额成本，最后汇总产成品的定额成本；如果产品的零、部件比较多，为了简化成本计算工作，也可以根据记录各种零件原材料消耗定额和工时定额的“零件定额卡”，以及原材料计划单价、计划人工费用率和计划制造费用率，计算各部件的定额成本，再汇总计算产成品的定额成本，或者根据“零件定额卡”、“部件定额卡”，直接计算产品定额成本，如图 9 －2 所示。

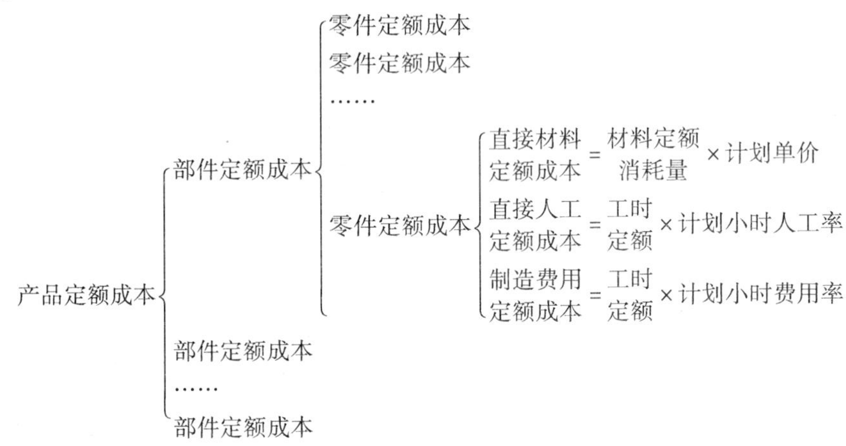

图 9 －2　机械制造业产品定额成本计算

【例 9 －8】长丰工厂大量生产甲、乙两种产品，采用定额法计算成本，产品定额成本根据零、部件定额卡直接计算。本月有关零件定额卡（以 B101 为例）、部件定额卡（以 A201 为例）和产品消耗定额计算表（以甲产品为例）如表 9 －14 ~ 表 9 －16 所示。

表 9 －14　零件定额卡

零件名称或编号：B101　　2014 年 10 月

材料编号	材料名称	计量单位	材料消耗定额
C001	1 号圆钢	千克	15
C002	2 号钢板	千克	10

工序	工时定额	累计工时定额
1	4	4
2	6	10
3	10	20

表 9－15　　　　　　　　部件定额成本计算表

部件名称或编号：A201　　　　　　　2014 年 10 月　　　　　　　单位：元

所用零件名称或编号	零件定额								耗用零件数量	部件定额	
	C001 圆钢			C002 钢板			金额合计	工时定额（小时）		材料定额	工时定额
	消耗定额	计划单价	金额	消耗定额	计划单价	金额					
B101	15	4	60	10	10	100	160	20	2	320	40
B102	20	4	80	6	10	60	140	10	3	420	30
装配								10			10
合计			140			160	300	40		740	80

直接材料	直接人工		制造费用		定额成本合计
	小时工资率	金额	小时费用率	金额	
740	5	400	3	240	1 380

表 9－16　　　　　　　　产品定额成本计算表

产品名称或编号：甲产品　　　　　　　2014 年 10 月　　　　　　　单位：元

所用部件名称或编号	所用部件数量	材料费用定额		工时定额	
		部件	产品	部件	产品
A201	2	740	1 480	80	160
A202	4	480	1 920	50	200
其他材料			200		
装配					40
合计			3 600		400

定额成本

直接材料	直接人工		制造费用		定额成本合计
	小时工资率	金额	小时费用率	金额	
3 600	5	2 000	3	1 200	6 800

定额成本制定后，要编制出各种产品的定额成本表。制定定额成本依据的现行定额，是指企业从月初起施行的定额。在有定额变动的月份，应当根据变动以后的定额，调整月初在产品的定额成本，计算定额变动差异。

2. 定额变动差异的计算

产品定额成本是根据现行定额计算确定的，现行定额（包括材料消耗定额、工时消耗定额和费用定额等）修订以后，定额成本也应随之修订。月初，产品定额成本修订以后，当月投产的产品，应当按照新的定额成本计算；而月初在产品的定额成本，是上月末按旧定额计算的，为了统一以新的定额成本为基础，必须将月初在产品按新的定额成本进行调整。

月初在产品定额变动差异的计算一般有两种方法：

（1）直接计算法。这是根据消耗定额发生变动的在产品盘存数量（或在产品台账的账面结存数量）和修订后的定额消耗量，计算出月初在产品新的定额消耗量和新的定额成本；

再与修订前月初在产品定额成本比较，计算出定额变动差异。计算公式如下：

$$\text{月初在产品定额变动差异}=\sum\left(\text{变动前单位零部件消耗定额}-\text{变动后单位零部件消耗定额}\right)\times\text{定额变动的零部件数量}\times\text{材料单价}$$

这种计算方法要按照产品构成的零部件和工序进行，当构成产品的零部件种类较多时，计算工作量比较大。因此这种方法一般适用于产品零部件较少的企业。

（2）系数计算法。为了简化计算工作，也可以根据变动前后单位产品的定额成本（分成本项目的成本），计算一个定额变动系数，再据以确定月初在产品定额变动差异。采用这种方法的计算公式如下：

$$\text{定额变动系数}=\frac{\text{按新定额计算的单位产品定额费用}}{\text{按旧定额计算的单位产品定额费用}}$$

$$\text{月初在产品定额变动差异}=\text{按旧定额计算的月初在产品费用}\times(1-\text{定额变动系数})$$

【例9-9】 长丰工厂生产的甲产品从2014年10月1日起实行新的材料消耗定额，直接人工和制造费用定额不变。新的单位产品直接材料费用定额为3 600元（见表9-16），上月单位产品直接材料费用定额为3 750元。甲产品月初在产品按旧定额计算的直接材料费用为221 500元。根据资料，月初在产品定额变动差异可以计算如下：

定额变动系数 = 3 600 ÷ 3 750 = 0.96

定额变动差异 = 221 500 × (1 - 0.96) = 8 860（元）

月初在产品定额变动差异，是定额本身变动的结果，与生产费用的节约与浪费无关。但是，定额成本是计算产品实际成本的基础，月初在产品定额成本调低时，应将定额变动差异加入产品实际成本；反之，应从产品实际成本中扣除。也就是说，月初在产品定额成本调整的数额，与计入产品实际成本的定额变动差异之和，应当等于零。本例甲产品月初在产品定额成本调整减少了8 860元，甲产品实际成本中就应当加上定额变动差异8 860元。

【同步思考9-3】

为什么只有月初在产品存在定额变动差异？为什么定额降低时，产成品成本中要加上定额变动差异？而定额提高时，产成品成本中则要减去定额变动差异？

3. 脱离定额差异的核算

在生产费用发生时，企业应将实际生产费用区分为符合定额的费用和脱离定额的差异，将符合定额的费用和脱离定额的差异分别核算，是定额法的重要特征。企业在发生生产费用时，应当为符合定额的费用和脱离定额的差异，分别编制定额凭证和差异凭证，并在有关费用分配表和生产成本明细账（产品成本计算单）中分别予以登记。产品定额成本应当按照企业规定的成本项目制定，脱离定额的差异也应当按照成本项目分别核算。

（1）直接材料项目脱离定额的差异。直接材料项目脱离定额的差异包括材料耗用量差异（量差）和材料价格差异，这里仅指材料耗用量差异（量差），即生产过程中产品实际耗用材料数量与其定额耗用量之间的差异。用公式表示为：

$$\text{直接材料脱离定额差异} = \sum\left[\left(\text{材料实际耗用量} - \text{材料定额耗用量}\right) \times \text{该材料计划单价}\right]$$

在实际工作中，计算直接材料脱离定额差异，一般有限额法、切割法和盘存法等方法。

① 限额法。采用定额法计算产品成本时，为了加强材料费用的控制，应当实行“限额领料单”（定额领料）制度。符合定额的原材料应当根据“限额领料单”领用。因为增加产品产量而需要增加用料，应按规定程序办理追加限额手续后，属于定额内用料，可以根据“限额领料单”领用；减少产品产量时，应当扣减“限额领料单”上的领料限额。

除增加产品产量发生的增加用料以外，其他原因发生的超额用料，属于材料脱离定额的差异，应当用专设的“超额材料领料单”（也可以用普通领料单以不同颜色或加盖专用戳记加以区别）等差异凭证，经过一定的审批手续领料。采用代用材料或利用废料时，应在“限额领料单”中注明，并在原定限额内扣除。生产任务完成后，应当根据车间余料填制“退料单”，办理退料手续或假退料手续。

“超额材料领料单”上的材料数额，属于材料脱离定额的超支差异；“退料单”中所列材料数额和“限额领料单”中的材料余额，都是材料脱离定额的节约差异。

【例 9 - 10】甲产品 7 月计划产量为 100 件，材料消耗量定额为 10 千克/件，计划单价为 6 元/千克，本月实际领料 800 千克。本月实际产量 90 件，月初有余料 180 千克，月末有余料 10 千克。

领料限额 = 10 × 100 = 1000（千克）

实际材料定额 = 10 × 90 = 900（千克）

领料差异 = 800 - 1 000 = -200（千克）

用料差异 = (800 + 180 - 10) - 900 = 70（千克）

材料脱离定额差异 = 70 千克 × 6 元/千克 = 420（元）（超支差异）

② 切割法。为了更好地控制用料差异，对于需要切割才能使用的材料，如板材、棒材等，可以通过“材料切割核算单”来计算材料脱离定额的差异，控制用料。

“材料切割核算单”应当按切割材料的批别开立，“材料切割核算单”中填列发交切割材料的种类、数量、消耗定额以及应切割的毛坯数量；切割完成后，再填写实际切割成的毛坯数量和材料的实际消耗量等。根据切割的毛坯数量和消耗定额，计算出材料的定额耗用量后，可以与实际耗用量相比较，确定脱离定额的差异。

【例 9 - 11】福瑞工厂 M 材料切割核算单见表 9 - 17。表中有关数字的计算过程如下：

应切割数量 = 612 ÷ 9 = 68（件）

材料定额耗用量 = 66 × 9 = 594（千克）

废料定额回收量 = 66 × 0.3 = 19.8（千克）

材料脱离定额差异 = (612 - 594) × 8 = 144（元）

废料脱离定额差异 = (19.8 - 20) × 1.5 = -0.3（元）

表 9－17　　　　　　　　　　**福瑞工厂材料切割核算单**

材料名称：M　　　　　　　　　计量单位：千克　　　　　　　　　计划单价：8 元

产品名称：乙产品　　　　　　　零件编号名称：A4　　　　　　　　图纸号：101

机床号：505　　　　　　　　　　　　　　　　　　　　　　　　　切割人：刘海

切割日期：2014 年 10 月 6 日　　　　　　　　　　　　　完工日期：2014 年 10 月 15 日

<table>
<tr><td colspan="2">发料数量</td><td colspan="3">退回余料数量</td><td colspan="2">材料实际消耗量</td><td>废料实际收回量</td></tr>
<tr><td colspan="2">630</td><td colspan="3">18</td><td colspan="2">612</td><td>20</td></tr>
<tr><td colspan="2">单位产品消耗定额</td><td colspan="2">单位回收废料定额</td><td>应切割成毛坯数量</td><td>实际切割成毛坯数量</td><td>材料定额消耗量</td><td>废料定额回收量</td></tr>
<tr><td colspan="2">9</td><td colspan="2">0.3</td><td>68</td><td>66</td><td>594</td><td>19.8</td></tr>
<tr><td colspan="2">材料脱离定额差异</td><td colspan="3">废料脱离定额差异</td><td colspan="2">脱离差异原因</td><td>责任者</td></tr>
<tr><td>数量</td><td>金额</td><td>数量</td><td>单价</td><td>金额</td><td colspan="2" rowspan="2">技术不熟练且未按设计图纸切割，增加了毛边，减少了毛坯</td><td rowspan="2">刘海</td></tr>
<tr><td>18</td><td>144</td><td>－0.2</td><td>1.5</td><td>－0.3</td></tr>
</table>

表 9－17 中，材料脱离定额差异 144 元为不利（超支）差异。由于废料回收价值可以冲减材料费用，实际回收废料 20 千克，比定额回收废料 19.8 千克多了 0.2 千克，可以多冲减材料费用 0.3 元，因此用负数表示。由于废料脱离定额差异是在减少了切割数量 2 件（68－66）以后形成的，福瑞工厂乙产品 M 材料多回收废料 0.3 元不能评价为有利（节约）差异。只有实际切割成毛坯数量等于或者大于应切割毛坯的数量，才可以将超定额回收废料的差异，认定为有利（节约）差异。

③ 盘存法。盘存法是指通过定期盘存的方法来核算材料脱离定额差异。根据企业生产特点，定期的“期”，可以是工作班、工作日或者周、旬等。

材料脱离定额差异是材料实际消耗量与定额消耗量的差异。材料实际消耗量是被本期投产产品消耗的，定期消耗量也应当按本期投产的产品数量来计算。因此，盘存法核算材料脱离定额差异的程序是：先根据“产品入库单”等凭证记录的完工产品数量和实地盘存（或账面结存）确定的在产品数量，计算出本期投产产品数量；然后，用本期投产产品数量，乘以单位产品材料定额消耗量，计算出原材料定额消耗量；再根据“限额领料单”、“超额材料领料单”、“退料单”等领、退料凭证和车间余料盘存数量，计算出材料实际消耗量；最后将材料实际消耗量与定额消耗量比较，计算出材料脱离定额的差异。这种方法一般适用于原材料在生产开始时一次投入的产品，有关计算公式如下：

$$\text{本期投产产品数量} = \text{本期完工产品数量} + \text{期末盘存在产品数量} - \text{期初盘存在产品数量}$$

$$\text{直接材料脱离定额差异} = \left\{\text{本期材料实际消耗量} - \text{本期投产产品数量} \times \text{单位产品材料消耗定额}\right\} \times \text{材料计划单价}$$

【例 9－12】 福瑞工厂生产的丙产品，原材料在生产开始时投足，单位产品 A 材料消耗定额为 30 千克，A 材料计划单位成本为 10 元。丙产品期初在产品 40 件，“产品交库单”汇总的本期完工入库产品为 1 000 件，期末实地盘点确定的在产品为 50 件。根据“限额领料单”记录，本期丙产品领用 A 材料为 30 000 千克，根据车间材料盘存资料，A 材料车间期初余料为120千克，期末余料为150千克。材料脱离定额的差异可以计算如下：

本期投产丙产品数量 = 1 000 + 50 − 40 = 1010（件）

本期A材料定额消耗量 = 1010 × 30 = 30 300（千克）

本期A材料实际消耗量 = 30 000 + 120 − 150 = 29 970（千克）

本期材料脱离定额差异 = (29 970 − 30 300) × 10

= −330 × 10 = −3 300（元）

计算结果表明，丙产品材料脱离定额的差异为节约330千克，节约3 300元。

为了计算产品的实际成本，企业应当分批或定期汇总各种产品（各成本核算对象）材料脱离定额差异，编制直接材料定额成本和脱离定额差异汇总表，作为登记产品生产成本明细账（产品成本计算单）的依据。

（2）直接人工脱离定额差异的计算。在计件工资制下，直接人工为直接计入费用，在计件单价不变时，按计件单价支付的生产工人工资（及提取的福利费）就是定额工资，没有脱离定额的差异。因此，在计件工资制下，脱离定额的差异往往仅指因工作条件变化而在计件单价之外支付的工资、津贴、补贴等。企业应当将符合定额的工资，反映在产量记录中；脱离定额的差异应当单独设置“职工薪酬补付单”等凭证，并经过一定的审批手续。

在计时工资制下，直接人工一般为间接计入费用，其脱离定额的差异不能在平时分产品（成本计算对象）计算，只有在月末确定本月实际直接人工费用总额和产品生产总工时以后，才能计算。有关计算公式如下：

$$\text{计划小时工资率}=\frac{\text{计划产量的定额直接人工费用}}{\text{计划产量的定额生产工时}}$$

$$\text{实际小时工资率}=\frac{\text{实际直接人工费用总额}}{\text{实际生产总工时}}$$

$$\text{某产品定额直接人工费用}=\text{该产品实际完成的定额生产工时}\times\text{计划小时工资率}$$

$$\text{某产品实际直接人工费用}=\text{该产品实际生产工时}\times\text{实际小时工资率}$$

$$\text{某产品直接人工脱离定额的差异}=\text{该产品实际直接人工费用}\times\text{该产品定额直接人工费用}$$

【例9－13】 福鑫工厂2月计划生产甲产品100件，定额工时为5工时/件，计划工资费用为15 000元，本月实际产量为110件，实际生产工时为600工时，实际的工资费用为16 800元。要求计算人工费用脱离定额差异。

计划小时工资率 = 15 000/(5 × 100) = 30（元/工时）

定额工资费用 = 30 × 5 × 110 = 16 500（元）

人工费用脱离定额的差异 = 16 800 − 16 500 = 300（元）（超支差异）

（3）制造费用脱离定额差异的计算。制造费用是生产单位为生产产品和提供劳务所发生的间接费用，生产多种产品的企业（生产单位）属于间接计入费用，其脱离定额的差异不能在平时分产品（成本计算对象）计算，只有在月末确定实际制造费用总额和产品生产总工时以后才能确定。有关计算公式如下：

$$\text{计划小时制造费用率}=\frac{\text{计划产量的定额制造费用}}{\text{计划产量的定额生产工时}}$$

$$\text{实际小时制造费用率}=\frac{\text{实际制造费用总额}}{\text{实际生产总工时}}$$

$$\text{某产品定额制造费用}=\text{该产品实际完成的定额生产工时}\times\text{计划小时制造费用率}$$

$$\text{某产品实际制造费用}=\text{该产品实际生产工时}\times\text{实际小时制造费用率}$$

$$\text{某产品制造费用脱离定额差异}=\text{该产品实际制造费用}\times\text{该产品定额制造费用}$$

【例9－14】 福鑫工厂一车间生产乙产品。2月的计划制造费用为4 876元；计划产量40件，单位产品的定额工时5工时/件，本月实际发生的制造费用4 800元，实际生产乙产品38件，实际生产工时200工时。要求计算制造费用脱离定额差异。

计划制造费用率＝4 876/(5×40)＝24.38（元/工时）

定额制造费用＝24.38×5×38＝4 632.2（元）

制造费用脱离定额的差异＝4 800－4 632.2＝167.8（元）（超支差异）

4. 材料成本差异的计算

采用定额法计算产品成本的企业，应当按照计划成本计价来组织原材料的日常核算。因此，直接材料费用定额成本和脱离定额的差异，都是按照原材料的计划单位成本计算的。这样，在月末计算产品的实际成本时，还应当计算和分配本月消耗材料应当负担的成本差异。其计算公式为：

$$\text{某产品应分配的材料成本差异额}=\left(\text{该产品材料定额成本}\pm\text{材料脱离定额差异}\right)\times\text{材料成本差异率}$$

【例9－15】 福祥工厂甲产品本月所耗直接材料费用定额成本为1 253 000元，材料脱离定额的差异为节约26 000元，该厂本月材料成本差异率为节约1.4%。甲产品本月应负担的材料成本差异可以计算如下：

(1 253 000－26 000)×(－1.4%)

＝1 227 000×(－1.4%)

＝－17 178（元）

在实际工作中，材料成本差异的计算和分配，是通过编制“耗用材料汇总表”或“材料成本差异分配表”进行的。上述计算式中的1 227 000元，也就是本月甲产品消耗材料的计划总成本（实际耗用量乘以材料计划单位成本）。

5. 分配各项差异

月末，企业应将上月结转和本月发生的脱离定额差异、材料成本差异和定额变动差异分别汇总，按照企业确定的分配方法，在本月完工产品和月末在产品之间进行分配。在实际工作中，为了简化成本核算，材料成本差异和定额变动差异一般全部由本月完工产品负担，脱离定额差异可以按照本月完工产品和月末在产品的定额总成本的比例进行分配。有关计算公式如下：

$$\text{直接材料脱离定额差异分配率}=\frac{\text{直接材料脱离定额差异总额}}{\text{本月完工产品直接材料定额成本}+\text{月末在产品直接材料定额成本}}$$

$$\text{直接人工脱离定额差异分配率}=\frac{\text{直接人工脱离定额差异总额}}{\text{完工产品直接人工定额成本}+\text{月末在产品直接人工定额成本}}$$

$$\text{制造费用脱离定额差异分配率}=\frac{\text{制造费用脱离定额差异总额}}{\text{完工产品制造费用定额成本}+\text{月末在产品制造费用定额成本}}$$

6. 计算本月完工产品实际总成本和单位成本

在计算本月完工产品应负担的脱离定额差异以后，以本月完工产品的定额成本为基础，加上或者减去完工产品应负担的各项差异，即可以计算出本月完工产品实际总成本。本月完工产品实际总成本除以完工产品的实际产量，就是本月完工产品的单位成本。

9.2.3 定额法应用举例

【例 9－16】 新海工厂甲产品的各项定额资料比较健全，为了强化成本管理，采用定额法计算产品成本。2014 年 11 月生产甲产品的相关资料如下：

1. 产量记录（见表 9－18）

表 9－18 **产品产量记录**

产品名称：甲产品 2014 年 11 月 单位：件

产品名称	月初在产品	本月投产	本月完工	月末在产品
甲产品	200	800	600	400

2. 定额成本资料（见表 9－19）

表 9－19 **定额成本表**

产品名称：甲产品 2014 年 11 月 单位：元

成本项目	计划单价	单位产品消耗定额（千克、工时）		单位定额成本		单位成本定额变动	
		上月	本月	上月	本月	数量	金额
直接材料	6	150	145	900	870	－5	－30
直接人工	4	100	100	400	400		
制造费用	3	90	90	270	270		
合计				1 570	1 540	－5	－30

3. 月初在产品生产费用资料（见表 9 - 20）

表 9 - 20　　　　　　　　　月初在产品生产费用表

2014 年 11 月　　　　　　　　单位：元

成本项目	月初在产品	
	定额成本	脱离定额差异
直接材料	180 000	-3 500
直接人工	60 000	1 000
制造费用	40 500	800
合计	280 500	-1 700

4. 其他资料

（1）原材料在生产开始时一次性投入；

（2）直接材料成本差异率为 -0.7246%，全部由完工产品负担，定额变动差异全部由完工产品负担，脱离定额差异按定额成本比例在完工产品和在产品之间分配；

（3）本月实际领用材料 115 000 千克，发生定额工时 55 000 小时，实际发生的生产费用 1 079 100 元，包括：直接材料 685 000 元，直接人工 228 500 元，制造费用 165 600 元。

5. 根据以上资料，按定额法计算甲产品的实际成本

（1）计算甲产品本月生产费用定额及脱离定额差异（见表 9 - 21）。

表 9 - 21　　　　　　　　生产费用脱离定额差异计算表

2014 年 11 月　　　　　　　　单位：元

成本项目	定额成本	实际成本	脱离定额差异
直接材料	696 000	685 000	-6 000
直接人工	220 000	228 500	8 500
制造费用	165 000	165 600	600
合计	1 081 000	1 084 100	3 100

表 9 - 21 中数字计算如下：

直接材料定额成本 = 800 × 870 = 69 6000（元）

直接材料脱离定额差异 =（115 000 - 800 × 145）× 6 = -6 000（元）

直接人工定额成本 = 55 000 × 4 = 220 000（元）

直接人工脱离定额差异 = 228 500 - 220 000 = 8 500（元）

制造费用定额成本 = 55 000 × 3 = 165 000（元）

制造费用脱离定额差异 = 165 600 - 165 000 = 600（元）

有关会计分录如下：

① 结转产品生产领用材料计划成本。

借：生产成本——基本生产成本——甲产品（定额成本） 696 000

——甲产品（脱离定额差异） [6 000]

贷：原材料 690 000

② 分配结转工资费用。

借：生产成本——基本生产成本——甲产品（定额成本） 220 000

——甲产品（脱离定额差异） 8 500

贷：应付职工薪酬——工资 228 500

③ 分配结转制造费用。

借：生产成本——基本生产成本——甲产品（定额成本） 165 000

——甲产品（脱离定额差异） 600

贷：制造费用 165 600

（2）计算月初在产品定额变动差异。

定额变动系数 = 870/900 ≈ 0.96667

月初在产品定额变动差异 = 180 000 ×（1 − 0.96667）= 6 000（元）

= 200 × 30 = 6 000（元）

（3）计算并结转材料成本差异。

材料成本差异 =（696 000 − 6 000）×（−0.7246%）= −5 000（元）

借：生产成本——基本生产成本——甲产品（材料成本差异） [5 000]

贷：材料成本差异 [5 000]

（4）在本月完工产品和月末在产品之间分配成本差异。新海工厂登记本月生产费用后，应将月初在产品成本、月初在产品定额变动和本月生产费用各相同项目分别汇总，计算出生产费用合计数。生产费用合计数包括定额成本、脱离定额差异、材料成本差异和定额变动差异。为了简化计算，该厂材料成本差异和定额变动差异全部由完工产品成本负担，脱离定额差异按照本月完工产品和月末在产品定额成本的比例在本月完工产品和月末在产品之间进行分配。本月脱离定额差异的计算分配过程如下，分配结果如表 9 − 22 所示。

直接材料脱离定额差异分配率 =（−3 500 − 6 000）/（80 000 − 6 000 + 696 000）= −0.011

直接人工脱离定额差异分配率 =（1 000 + 8 500）/（60 000 + 220 000）= 0.034

制造费用脱离定额差异分配率 =（800 + 600）/（40 500 + 165 000）= 0.007

完工产品直接材料定额成本 = 600 × 870 = 522 000（元）

月末在产品直接材料定额成本 = 870 000 − 522 000 = 348 000（元）

完工产品直接人工定额成本 = 600 × 400 = 240 000（元）

月末在产品直接人工定额成本 = 280 000 − 240 000 = 40 000（元）

完工产品制造费用定额成本 = 600 × 270 = 162 000（元）

月末在产品制造费用定额成本 = 205 500 − 162 000 = 43 500（元）

将脱离定额差异在完工产品和在产品之间分配：

表 9-22 **生产费用脱离定额差异分配表**

2014 年 11 月 单位：元

成本项目	差异分配率	完工产品		在产品		合计	
		定额成本	脱离定额差异	定额成本	脱离定额差异	定额成本	脱离定额差异
直接材料	-0.011	522 000	-5 742	348 000	-3 758	870 000	-9 500
直接人工	0.034	240 000	8 160	40 000	1 340	280 000	9 500
制造费用	0.007	162 000	1 134	43 500	266	205 500	1 400
合计		924 000	3 552	437 500	-2 152	1 361 500	1 400

（5）根据上述计算结果在甲产品“产品成本计算单”中的登记，并计算出完工产品的实际成本，如表 9-23 所示。

表 9-23 **福瑞工厂产品成本计算单**

产品：甲产品 产量：600 件 2014 年 11 月 单位：元

项　　目	行次	直接材料	直接人工	制造费用	合计
一、月初在产品成本					
定额成本	1	180 000	60 000	40 500	280 500
脱离定额差异	2	-3 500	1 000	800	-1 700
二、月初在产品定额调整					
定额成本调整	3	-6 000	0	0	-6 000
定额变动差异	4	6 000	0	0	6 000
三、本月发生生产费用					
定额成本	5	696 000	220 000	165 000	1 081 000
脱离定额差异	6	-6 000	8 500	600	3 100
材料成本差异	7	-5 000			-5 000
四、生产费用合计					
定额成本	8	870 000	280 000	205 500	1 355 500
脱离定额差异	9	-9 500	9 500	1 400	1 400
材料成本差异	10	-5 000			-5 000
定额变动差异	11	6 000			6 000
五、差异分配率	12	-0.011	0.034	0.007	
六、完工产品成本					
定额成本	13	522 000	240 000	162 000	924 000
脱离定额差异	14	-5 742	8160	1 134	3 552
材料成本差异	15	-5 000	0	0	-5 000
定额变动差异	16	6 000	0	0	6 000
实际成本	17	517 258	248 160	163 134	928 552
七、月末在产品					
定额成本	18	348 000	40 000	43 500	431 500
脱离定额差异	19	-3 758	1 340	266	-2 152

（6）根据表 9－23 计算出本月完工产品的实际总成本，结转完工产品成本。

根据成本计算结果，编制结转本月完工入库甲产品实际总成本的会计分录如下：

借：库存商品——甲产品　　928 552

　　贷：生产成本——基本生产成本——甲产品（定额成本）　　924 000

　　　　——甲产品（脱离定额差异）　　3 552

　　　　——甲产品（材料成本差异）　　5 000

　　　　——甲产品（定额变动差异）　　6 000

复习思考题

1. 联产品的联合成本分配分别有哪些方法，各自的适用范围是什么？
2. 采用分类法如何计算各类产品的成本？
3. 为什么只有月初在产品存在定额变动差异，定额变动差异怎么计算？
4. 如何分配完工产品和月末在产品的脱离定额差异？

第10章 作业成本法

【学习目标】

1. 了解作业成本法的产生背景；
2. 理解作业成本法的基本原理；
3. 掌握作业成本法的一般程序；
4. 掌握作业成本法与传统成本计算方法的主要区别；
5. 理解作业成本法的优点和应用局限。

【案例导入】

胜湘纺织厂主要生产销售高级毛巾制品，产品分为普通毛巾和雪里绒，业务主要由客户订单形成。产品成本主要由直接材料、直接人工、制造费用组成，采用产品数量等标准分配各项生产费用核算产品成本。近几年，纺织厂的制造水平、工艺技术、自动化程度上都有了较大的改变，间接费用在产品成本中所占的比重越来越高，在现有的成本数据基础上进行成本控制的效果并不理想。经研究决定，工厂拟对现有成本核算系统进行改革，并聘请了成本管理专家对工厂进行调研。

经调研，专家组将全厂的生产工艺流程划分为原纱处理、织布、后加工、质量检验、生产协调五个作业。其中原纱处理作业是把原纱处理成标准团线，包括卷线、染色、浆纱、整经四个步骤；织布作业基本上是由普通毛巾织机、雪里绒织机自动生成产品的过程，分为两个班组；后加工作业包括缝纫、刺绣两个步骤，分别为两个班组；质量检验分为一检、二检两个步骤；车间管理、设备调试等归为生产协调作业。

思考：胜湘纺织厂如果采用作业成本法，应该如何归集成本和分配成本？

10.1 作业成本法概述

10.1.1 作业成本法的产生背景

传统成本系统建立在“数量是影响成本的唯一因素”这一假定基础之上，以产量作为分配间接费用的基础，如产量或与产量密切相关的人工工时、人工成本等标准，将直接材料、直接人工和制造费用全都追溯到产品中去。这种分配方法的特点是方法简便，资料容易取得。在过去高度人工密集型的企业里，间接费用总额占全部费用的比重较小、成本资料对成本管理的要求不高的情况下还是可行的，通常不会严重扭曲产品成本。

随着制造环境的变化，自动化程度的提高，间接成本的比重越来越高，而其发生动因却比较多。笼统以产量基础来分配，在制造费用较多的情况下，可能使产量大但科技含量低的产品成本被高估，而使产量低、科技含量高的产品成本被低估，其结果将使每种产品的成本、利润指标不准确。过去看起来是合理的计算方法，在新的环境下，却出现了扭曲成本信息，不能满足决策及管理需要的现象。随着企业对成本计算的准确度要求，就要改变传统的成本核算思路，也就是要从原来的以产品为中心，转移到以作业为中心，建立起一个以作业为基本对象的科学的成本核算和控制系统，由此，作业成本法应运而生。

作业成本法最早可以追溯到20世纪30年代末40年代初，由美国会计大师埃里克·科勒（Eric Kohler）提出。1941年，科勒教授在《会计评论》杂志发表论文，首次对作业、作业账户设置等问题进行了讨论，并提出“每项作业都设置一个账户”。

10.1.2 作业成本法的发展

1. 国外作业成本法的发展

科勒教授提出了作业会计思想后，第二位研究“作业会计”的是乔治·斯托布斯（George J. Staubus）教授。1971年乔治·斯托布斯出版了《作业成本计算和投入产出会计》，书中对作业、成本、作业会计、作业投入产出等概念作了全面论述。斯托布斯教授认为，会计是一个信息系统，作业成本会计是一种决策有用性目标相联系的会计。研究作业成本会计应首先明确三个概念，“作业”、“成本”、“会计目标——决策有用性”。作业成本计算中的“成本”不是一种存量，而是一种流出量。会计若要较好地解决成本分配问题，成本计算的对象就应是作业，而不是完工产品，成本不应硬性分为直接材料、直接人工、间接费用，而是应该根据资源投入量，计算利用每种资源的完全成本。

20世纪80年代，美国芝加哥大学的罗宾·库珀（Robin Cooper）和哈佛大学的罗伯特·卡普兰（Robert S. Kaplan）首次明确提出了作业成本法（Activity-Based Costing，ABC）这一概念，对该方法的现实意义、运作程序、成本动因选择、成本库的建立等重要问题进行了全面深入的分析，奠定了ABC研究的基石。两位教授撰写了一系列案例、论文和著作才引起西方会计界的普遍重视。库伯还和卡普兰合作在《哈佛商业评论》上发表了《计算成本的正确性：制定正确的决策》一文。这标志着作业成本法开始从理论走向应用。

20世纪末，以美、英等国家为代表的西方会计界开始对ABC的理论和实践产生了广泛的研究兴趣，许多会计学者发表和出版了大量研究探讨作业成本法的论文和专著，作业成本法已成为人们广泛接受的一个概念和术语，ABC的理论亦日趋完善，并已在西方国家的一些企业中得到了推广应用，一些知名的跨国公司如通用电器、国际商用机器公司、福特、惠普、宝洁、西门子等公司已经采用了作业成本法。此外在美国的一些商业银行、快递公司等也得到了应用。这对作业成本法的发展起到了更大的促进作用。

2. 我国作业成本法的研究现状

在我国，最早有关作业成本的文章是易中胜等于1988年发表于《会计研究》第6期的《管理会计：挑战、对策与设想》，指出了管理会计受到的现实挑战，提出了以通过实施作业成本管理的解决问题设想。进入20世纪90年代，余绪缨、胡玉明等学者先后发表了几篇文章，介绍了ABC和ABCM方法，掀起了作业成本法在我国的研究浪潮。

国内学者对作业成本法的理论主要是以介绍国外的研究成果为主，并结合我国实际情况对作业成本法的应用展开了积极的研究。中国船舶工业总公司在1995年开始成立课题组对作业成本计算法进行应用性研究探讨，并于1999年由国防工业出版社出版了《作业成本法机制·模型·实证分析》一书。王平心教授从1998年开始在我国先进制造企业中试点运用作业成本管理，获得了较大的成功，并先后在《会计研究》、《西安交通大学学报》上发表了一系列相关论文，为ABC、ABCM在我国企业中的成功运用做了有益的探索。

总之，作业成本法是在高技术革命不断推进的情况下产生的。作业成本法能弥补传统成本制度的缺陷，能提供及时、准确、相关的成本信息，尤其是在新兴的高科技领域。所以，采用作业成本法的直接原因是为了获取更为准确的成本信息。

10.2 作业成本法的基本原理和计算程序

10.2.1 基本概念

1. 作业（Activity）

作业是业务流程的具体化，是由人力、机器、技术或设备执行的任务，可以作为企业划分控制和管理的单元。作业的划分是从产品设计开始到发运销售的全过程，包括产品设计、人员培训、订单处理、机器调试、采购、物料搬运、设备运行、质量检验、包装、储存、销售、发货、装运、开发货单、收账、售后服务等。执行任何一项作业都需要耗费一定的资源。

从不同的角度，可以对作业进行不同的分类：

（1）将作业按受益对象的不同进行分类。单位作业：生产单位产品时所从事的作业。这类作业是每产出一个单位的产品便须进行一次的作业。例如直接材料和直接人工成本等。其成本与产量成比例变动。如使用普通车床生产某种产品的零件，每加工一个零件，都要完成将工件固定在车床的卡盘上、进行切削、用卡尺自测质量、将零件从卡盘上卸下等一系列动作，完成这一系列的动作就是执行一次作业。

批次作业：生产每批产品而从事的作业。其成本与产品批数成比例变动，是该批产品所有单位产品的固定（或共同）成本。例如，机器从生产某批产品转向生产另一批产品时，就需要对机器进行准备调整。生产的批次越多，发生的该类作业也就越多。

产品别作业：为支援某种产品的生产而从事的作业。这类作业是按产品的品种进行的作业，其目的是服务于该项产品的生产与销售。例如，对一种产品编制材料清单、测试线路，按产品品种进行的生产工艺设计和计算机控制系统开发，按产品品种制作的模具、样板，按产品品种编制的生产任务书，按产品品种设计的测试程序等。这类作业随着产品的品种多少而变化。

维持性作业：为维持工厂生产而从事的作业，它们有益于整个企业，而不是具体产品。例如，工厂管理、暖气及照明及厂房折旧、安全设施、财产保险、管理人员的薪酬等。这种作业的成本，为全部生产产品的共同成本，一般为固定成本。

（2）按作业职能分类。后勤作业，即订购、执行和确保材料转移的作业。从事该作业的人员包括从事收料、检验、运输、数据登记、电脑处理和会计工作的人员，以及管理间接场地的人员等。

生产作业，即生产产品、提供劳务的作业。从事该类作业的人员包括机器制造业中的加工、装配，修理的人员，服装制造业中的裁布、缝纫人员等。

质量作业，即确保生产和规范保持一致的作业。从事这类作业的人员包括质量控制人员、间接工程技术人员和采购人员等。

协调作业，即将原材料、人工和机器的供应和需求进行配比的作业。从事此类作业的人员包括采购人员、材料计划人员、生产控制人员和预测计划人员等。

（3）按作业的执行方式和性质分类。重复作业和不重复作业。重复作业是以连续性为基础的，在作业会计系统内不断维持投入、产出和处理过程的作业；不重复作业是一次性作业，主要用于一次性工程。

主要作业和次要作业。主要作业是指一个部门或一个组织单位完成其基本职责的作业，如工程部门的主要作业是产品设计和制模；次要作业是支持主要作业的作业，如支持整个组织或组织中某几个部门的主要作业的次要作业有行政管理、监督、培训、秘书工程等。

必要性作业和酌量性作业。必要性作业是一个组织中必不可少的作业；酌量性作业是可以根据管理者的判断进行选择的作业。

增值性作业和非增值性作业。增值性作业是指会增加产品价值的作业；非增值性作业是指不会增加产品价值的作业。

2. 作业链和价值链（Activity Chain，Value Chain）

企业的生产经营过程是由各种作业所构成。这些作业是前后有序、相互联系的有机整体。一系列前后有序、相互联系的作业的集合就称作为作业链。同时，作业消耗资源，一项作业转移到另一项作业的过程，也伴随着价值的转移，因此作业链也可称为价值链。最终产品是全部作业的集合，同时也是全部作业的价值集合。

3. 成本动因（Cost Driver）

成本动因又称为成本驱动因素，是指任何导致成本消耗发生变化的原因。例如，开工准备、机器插件、手工插件、焊接等作业。一项成本可以有多重成本动因。成本动因不一定要求量化。

成本动因又可以分为以下两种：

（1）资源动因（Resource Driver）。资源动因是引起作业成本变动的因素，它反映资源消耗量与作业间的关系，是把总分类账上的资源成本分配到各项作业的依据。通常，在企业的生产经营活动中，会有多个作业消耗同一经济资源的情况，这时就需要寻找一个标准，为将这一资源成本合理地分配到有关的作业中去，这个标准就是资源动因。例如，质量检验部门有两大资源消耗，即检验员薪酬和检验材料费用，并且质量检验部门设有“外购材料检验”、“在产品检验”和“产成品检验”三项作业。会计部门通过统计各作业消耗的人力分配检验员的薪酬，通过作业次数来分配检验材料费用。在此，人力就是检验员薪酬的资源动因，检验次数就是材料费用的资源动因。假定整个质检部门的薪酬是 8 万元，外购材料检验消耗的人力工时是 100 小时，在产品检验消耗的人力工时是 50 小时，产成品检验消耗的人力工时是 350 小时，则每小时应承担的薪酬是 160 元，外购材料检验作业应负担 16 000 元薪酬，在产品检验作业应负担 8 000 元薪酬，产成品应负担 56 000 元。同理，也可以根据各作业的发生次数将检验材料费用进行分配。

（2）作业动因（Activity Driver）。作业动因也是引起产品成本变动的因素，是将作业成本分配到产品或劳务的标准。它们计量了每类产品消耗作业的数量，反映产品对作业消耗的逻辑关系。在将资源成本逐项归集，分配到作业，形成作业成本后，还需将作业成本按照一定的标准分配到各产品中去。这一标准就是作业动因。例如，某企业生产若干种产品，每种产品又分为若干批次完成，每批产品完工后都须进行质量检验。质量检验部门的两大资源消耗已经通过各作业消耗的人力和检验次数将质检部门的薪酬和材料费用分配到“外购材料检验”、“在产品检验”和“产成品检验”三项作业，接下来要解决的就是，如何将三项作业成本分配到各产品批次。假定对任何产品批次进行质量检验所发生的成本相同，则各种产品检验的“次数”就是检验成本的作业动因，它是引起产品检验成本变动的因素。假定本月质检部门中产成品检验作业应负担的薪酬成本是 56 000 元，应负担的检验材料费用是 4 000 元，共计 60 000 元，本月生产 A 产品 5 批，B 产品 10 批，则每批产成品应负担的检验费用是 4 000 元，其中 A 产品负担 20 000 元，B 产品负担 40 000 元。

一项作业常常有多个动因可供选择，如设备调试作业可选择设备调试次数或设备调试时间作为作业动因来分配作业成本，销售作业可选择广告次数或销售员工人数来分配作业成本。为提高成本核算的准确性，应选择与作业成本线性相关程度最高的作业动因作为作业成本的分配标准。

资源动因和作业动因有着根本性的区别：资源动因连接着资源和作业，把资源分配到作业用的动因是资源动因；而作业动因连接着作业和产品，把作业成本分配到产品用的动因是作业动因。但两者也有联系：作业动因和资源动因也有混同的情况。当作业和产品一致，这时的资源动因和作业动因就是相同的。

【同步思考 10－1】

作业动因和资源动因有什么异同点？

10.2.2 作业成本法的基本思想和特点

1. 作业成本法的基本思想

作业成本法并不是对传统成本制的完全替代，而只是对传统成本制中扭曲成本信息的“间接成本”部分的核算进行了改进。作业成本法对包括直接人工和直接材料等项目直接成本的核算仍然与传统成本制相同。其基本思想在于尽量根据成本发生的因果关系，将资源耗费分配至产品（或其他成本核算对象）上。

作业成本法的基础是：产品消耗作业、作业消耗资源。其本质是以“作业”作为分配间接费用的基础。间接成本与产品是通过作业联系在一起的，我们需要找出引起间接成本发生变动的作业，并把这些作业作为分配间接成本的基础。首先根据作业对资源的消耗情况将资源成本分配到作业，其次依据成本动因跟踪到产品成本，即资源—作业—产品，如图 10－1 所示。

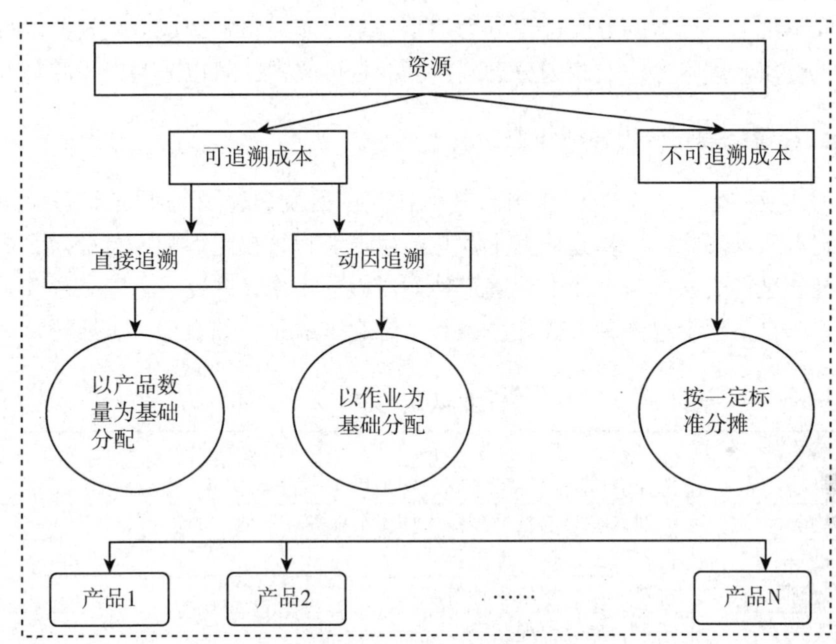

图 10－1 作业成本法流程

2. 作业成本法的特点

相对于传统的成本核算方法，作业成本法具有如下几个特点：

（1）以作业为分配间接费用的基础。

（2）成本分配强调可追溯性。作业成本法认为，将成本分配到成本对象有三种不同的形式：直接追溯、动因追溯和分摊。作业成本法的一个突出特点就是强调以直接追溯或动因追溯的方式计入产品成本，而尽量避免分摊方式，因此能够提供更加真实、准确的成本信息。

（3）成本追溯使用众多不同层面的作业动因。作业成本法的独到之处，在于它把资源的消耗首先追溯到作业，然后使用不同层面和数量众多的作业动因将作业成本追溯到产品。从运用作业成本法计算产品成本的企业实践来看，一般使用的动因为 30～50 个。采用不同层面的、众多的成本动因进行成本分配，要比采用单一分配基础更加合理，更能保证成本的准确性。比如，一个企业仅以员工的工龄长短来确定工薪等级，并据以向员工分配薪酬，往往会造成分配上的不合理。如果同时考虑员工工龄的长短、技术水平的高低、工作能力的大小、创造财富的多少等因素来确定员工的工薪，就会使情况得到明显的改善，使分配更加合理，也更能充分反映员工对企业的贡献。

【同步思考 10－2】

作业成本法对各成本项目的费用都按作业进行分配吗？

10.2.3 作业成本法的基本步骤

在作业成本法下，成本的分配过程分为两步：第一步，将资源成本按资源动因分配到作业；第二步，将作业成本按作业动因分配到产品。具体来说，可以分为以下具体步骤：

1. 将企业经营流程划分为各项作业

识别每项作业在生产活动中的作用与其他作业的区别，以及每项作业与耗用资源的联系。作业认定有两种形式：一种是根据企业总的生产流程，自上而下进行分解；另一种是通过与员工和经理进行交谈，自下而上地确定他们所做的工作，并逐一认定各项作业。在实务中，自上而下和自下而上这两种方式往往需要结合起来运用，如表 10－1 所示。

表 10－1　　作业认定方式

作业名称	作业说明
材料订购	选择供应商、签订合同、明确供应方式等
材料检验	试剂和检验工具的准备、样本抽取等
生产准备	设备调试、材料准备等
材料处理	材料移动、材料整理等
加工	切割、加热、焊接等
产品组装	部件安放、组装
质量检验	试剂和检验工具的准备、样本抽取、检验报告等
产品包装	包装物和包装材料准备、打包
发货	货物分批整理、运输工具选择预约、装车等
车间管理	车间制度制定、检查、考勤、安全、卫生等

一个企业的生产活动是很复杂的，往往由十几项、上百项，甚至数百项作业组成。如果按照每项作业归集成本，计算分配率，固然可以更加精确地将成本追溯到有关产品，但是会使成本计算工作不胜其烦。因此，需要建立作业成本库，将同质各项作业成本归集在一起，且将该类同质各项作业视为一项作业，使用同一个作业动因来进行库内成本的分配，从而达到减少计算作业成本和分配率工作的目的。需要注意的是：纳入同一个组的作业，必须同时

具备以下两个条件：

第一个条件是必须属于同一类作业；

第二个条件是对于不同产品来说，有着大致相同的消耗比率。

2. 确认和计量各种资源耗费，分配资源成本至各作业成本库

确立各类资源的资源动因，将资源分配到各受益对象（作业），据此计算出作业中各成本要素的成本额。汇总各成本要素，得出作业成本库的总成本额。

3. 分配作业成本至各产品或其他成本对象

选择作业动因，把作业成本库的成本分配到产品。开列产品成本计算单，统计各成本对象所消耗的作业成本。

【例 10－1】 某公司生产甲、乙两种产品，本月有关产量、成本资料如表 10－2 所示。

表 10－2　　产品产量、成本资料

	甲产品	乙产品	合计
产品产量（件）	5 000	1 200	—
直接材料（元）	261 500	185 000	446 500
直接人工（元）	28 000	6 000	34 000
制造费用（元）	87 700		87 700
直接人工工时（小时）	4 000	1 000	5 000

在传统成本法下，公司以直接人工工时作为分配制造费用的标准，如表 10－3 所示。

表 10－3　　传统成本法下的制造费用分配标准

	甲产品	乙产品	合计
人工工时（小时）	4 000	1 000	5 000
制造费用分配率	17.54		
应分配的制造费用（元）	70 160	17 540	87 700

按传统成本法计算的产品成本，如表 10－4 所示。

表 10－4　　传统成本法下的产品成本　　单位：元

	甲产品	乙产品	合计
直接材料	261 500	185 000	446 500
直接人工	28 000	6 000	34 000
制造费用	70 160	17 540	87 700
合计	359 660	208 540	568 200
产量	5 000	1 200	
单位成本	71.93	173.78	
其中：单位产品制造费用	14.03	14.62	

采用作业成本法的计算过程：

第一步，经过分析，将公司的主要作业划分为几个同质作业成本库，各成本库发生成本如表 10－5 所示。

表 10－5　　各成本库成本　　单位：元

作业项目	费用金额
材料采购	6 500
材料准备	5 510
设备调试	9 200
设备运行	30 000
质量检验	5 790
包装发货	11 700
车间管理	19 000
合计	87 700

第二步，认定各作业成本库的成本动因，计算单位作业成本，如表 10－6 所示。

表 10－6　　单位作业成本动因

作业项目	成本动因	作业量		合计
		甲产品	乙产品	
材料采购	采购批次（次）	3	6	9
材料准备	材料移动次数（次）	30	30	60
设备调试	调试次数（次）	8	15	23
设备运行	加工时间（机器工时）	500	600	1 100
质量检验	检验时间（小时）	50	20	70
包装发货	包装发货时间（小时）	100	40	140
车间管理	直接人工工时（小时）	200	200	400

单位作业成本（分配率）计算如表 10－7 所示。

表 10－7　　单位作业成本　　单位：元

作业项目	成本动因	作业成本	作业量	单位作业成本
材料采购	采购批次（次）	6 500	9	722.22
材料准备	材料移动次数（次）	5 510	60	91.83
设备调试	调试次数（次）	9 200	23	400
设备运行	加工时间（小时）	30 000	1100	27.27
质量检验	检验时间（小时）	5 790	70	82.71
包装发货	包装发货时间（小时）	11 700	140	83.57
车间管理	直接人工工时（小时）	19 000	400	47.5
合计		87 700	—	

第三步，根据各产品对作业量的消耗将各项作业成本分配至产品，如表 10－8 所示。

表 10-8　　分配作业成本至产品　　单位：元

作业项目	单位作业成本	甲产品		乙产品		合计
		作业量	作业成本	作业量	作业成本	
材料采购	722.22	3	2 166.66	6	4 333.34	6 500
材料准备	91.83	30	2 754.9	30	2 755.1	5 510
设备调试	400	8	3 200	15	6 000	9 200
设备运行	27.27	500	13 635	600	16 365	30 000
质量检验	82.71	50	4 135.5	20	1 654.5	5 790
包装发货	83.57	100	8 357	40	3 343	11 700
车间管理	47.5	200	9 500	200	9 500	19 000
合计			43 749.06		43 950.94	87 700

按作业成本法计算的产品成本如表 10-9 所示。

表 10-9　　产品成本　　单位：元

	甲产品	乙产品	合计
直接材料	261 500	185 000	446 500
直接人工	28 000	6 000	34 000
各项间接费用：	43 749.06	43 950.94	87 700
材料采购	2 166.66	4 333.34	6 500
材料准备	2 754.9	2 755.1	5 510
设备调试	3 200	6 000	9 200
搅拌加工	13 635	16 365	30 000
质量检验	4 135.5	1 654.5	5 790
包装发货	8 357	3 343	11 700
车间管理	9 500	9 500	19 000
合计	333 249.06	234 950.94	568 200
产量	5 000	1 200	
单位成本	66.65	195.79	
其中：单位产品制造费用	8.75	36.63	

采用作业成本法计算结果与传统成本计算法相比，其结果是让人吃惊的。甲产品单位产品制造费用在传统成本计算法下是 14.03 元，而按作业成本法计算却只有 8.75 元；乙产品单位产品制造费用在传统成本计算法下是 14.62 元，而按作业成本计算却达到了 36.63 元。究其原因，在于乙产品相比甲产品而言，其产量小，但其制造过程复杂，耗费的材料准备、调试工作等相对要多。如果我们以传统成本计算法的成本数据为基础作出有关决策，将会造成很大失误。

作业成本会计是一个以作业为基础的科学信息系统，它把成本计算从以“产品”为中心转移到以“作业”为中心，并以资源流动为线索，以资源耗用的因果关系为成本分配依据，对所有作业活动进行动态跟踪反映和分析，大大拓展了成本核算范围。同时，因为改进了成本分配方法，提供了较为准确的资源利用方面的成本信息，能更好地发挥其在决策、计划、控制中的作用，促使作业管理水平不断提高，从而满足各方面对会计信息的要求。

10.3 作业成本法的评价

作业成本法的产生与发展适应了高新技术制造环境下正确计算产品成本的要求，它为改革间接费用的分配等问题提供了新的思路和方法。随着我国企业的国际化经营，拓宽了企业价值链的空间范围，亦要求现代成本管理扩展空间范围，为企业价值链优化提供有用信息，作业成本法正适应了这种世界经济发展的需要。另外，作业成本将成本分为增值作业和非增值作业，有利于我们树立顾客第一的经营思想。

10.3.1 作业成本法的优点

（1）能够提供更精确的成本信息。作业成本法将成本分配的重点放在间接成本上，不再使用单一的分配标准，而是采用多元分配基础，从成本对象与资源消耗的因果关系着手，根据资源动因将间接费用分配到作业，再按作业动因将作业计入成本对象，解决了传统成本计算方法扭曲成本信息的问题，从而为信息使用者提供精确的成本信息。

（2）有助于成本决策、控制和考核。作业成本法提供了更真实、更丰富的作业驱动成本的计量信息，有助于管理者做出更好的产品设计决策，以及改进产品定价决策，并为是否停产老产品、引进新产品和指导销售提供准确的信息等，使管理者较容易利用相关成本进行经营决策。通过对作业成本的确认、计量，为尽可能消除“不增加价值的作业”，改进“可增加价值的作业”，及时为减少损失和浪费，挖掘降低成本的潜力，提供有用的成本会计信息。而且，在作业成本观念下，按作业设立责任中心，使用更为合理的分配基础，易于区分责任。通过各作业层所提供的有价值的成本信息，能明确增值作业与非增值作业、高效作业与低效作业，以评价个人或作业中心的责任履行情况。

（3）能够提高产品的竞争力。作业成本法从一开始就特别重视商品设计、研究开发和质量成本管理，力求按照技术与经济相统一的原则，科学合理地配置相对有限的企业资源，不断改进商品设计、工艺设计以及企业价值链的构成，减少浪费，降低资源的消耗水平，从而提高企业产品的市场竞争力。

10.3.2 作业成本法的缺点

（1）作业的区分存在困难。企业生产经营活动复杂多样，各项活动相互联系、相互依存，并非所有的作业都界限清晰、责任分明，所以在作业的区分上存在困难。另外，划分的作业过少，会导致成本分配数据笼统不准确；划分的作业过多，又会增加实施成本。

（2）成本动因的选择具有主观性。作业成本法在确认资源和作业，以及为资源库和作业库选择最佳的成本动因等方面，并不总是客观的和可验证的，难免具有主观性和一定程度的武断性，这为管理者操纵成本提供了可能，也降低了公司间报告结果的可比性，与现行会计准则的要求有一定的差距。

（3）没有合并对同类生产能力的计量。作业所消耗的各种资源具有不同的计量单位，将成本归集到作业时难以反映资源消耗的数量，只能将被耗用资源的价值归集到作业中。因此，运用作业成本法既无法看出资源的利用效果，也不能反映各种生产能力之间的差异。

（4）作业成本系统实施成本高，对会计人员素质要求高。作业成本法的核算工作十分繁琐且存在差异性，从数据采集到软件编程实施，要耗费大量的人力物力。而且企业要想在激烈的竞争中求胜，就要不断进行技术革新及产品结构的调整，这样就要重新进行作业划分，也就增加了采用作业成本法的耗费。

由于作业成本法存在这些不足，所以在实施时要注意：目标必须明确，模式要简单，要充分考虑成本效益关系。而且还要做好全体员工的培训，培养高度信息化和高素质的会计人才，提高全成本意识，避免和消除无效作业，消除实施过程中所产生的各种人力因素的阻力，以降低成本和提高效率。

复习思考题

1. 简述作业成本法的基本原理。
2. 作业成本法较传统的成本计算方法在制造费用的分配上有何区别？
3. 作业成本法的实施步骤有哪些？
4. 与传统的成本计算方法比较，作业成本法有哪些优点？
5. 你认为我国企业在应用作业成本法时应注意哪些问题？

第11章 其他行业成本核算

【学习目标】

1. 了解农业企业的特点；
2. 掌握农业企业成本核算的特点并能熟练运用；
3. 掌握物流企业的运输成本、包装成本、仓储成本、装卸成本和配送成本的核算；
4. 掌握建筑施工企业工程成本的核算。

【案例导入】

长远机械股份公司是一家大型的机械生产企业，该企业经营业绩一直很好。现在企业准备扩展经营业务，打算往农业、物流和建筑施工方面发展，并相继建成了新星农场、便民物流以及远达施工三家分公司。新星农场是一个以粮食、棉花、大豆、小麦等农作物生产为主，同时还开办了养猪、养牛和养鸡的养殖场，提供的农产品多种多样，农产品与生物资产密不可分；便民物流运输公司主要从事运输、储存、装卸、包装、配送、信息处理等业务；远达建筑公司主要承接房屋、建筑物、设备基础等建筑工程，管道、输电线路、通信导线等铺设工程，上下水道工程，铁路工程、桥梁工程等的施工。

思考：

1. 如果你是长远机械股份公司的成本会计人员，你认为新星农场、便民物流和远达施工这三家分公司的生产经营各具有什么特点？

2. 应如何选择成本核算对象、成本计算期、成本项目和成本核算方法？

3. 消耗性生物资产和生产性生物资产的含义和区别是什么？

11.1 农业企业成本核算

11.1.1 农业企业生产的特点

农业是国民经济的基础，属于第一产业，是一个重要的综合性物质生产部门。农业企业是从事农、林、牧、渔业产品生产与经营活动的经济组织。广义的农业包括种植业、林业、畜牧养殖业和水产养殖业等行业。狭义的农业仅指种植业中的粮食作物、经济作物、饲料作物和蔬菜栽培等生产。林业包括果树、茶叶、橡胶、油茶等经济林木和其他林木的生产；养殖业包括养猪、养牛、养羊、养兔、养马、养鹿、养蜂、养鸡等畜牧业生产和水生动植物的育苗、养殖和天然捕捞等水产养殖生产。许多农业企业是种植业、养殖业的结合。种植业除了为人们提供粮食和其他农林产品外，还为养殖业提供饲料；养殖业除了为人们提供肉食、乳品、禽蛋、皮毛和水产品外，也为种植业提供优质肥料。认识农业生产的特点，掌握其与农业生产费用的发生、成本计算的关系，对正确计算农业生产成本，具有重要的意义。农业企业生产与工业企业生产相比，通常有以下特点：

（1）土地是农业生产的基础。土地作为农业生产的重要生产资料，在农业生产中具有不可替代性，必须合理规划、改良和使用，才能使农业产量不断提高。人们为了提高农业产量，会不断对它进行规划改良等资金投入，以保护或提高土地肥力。因此，在土地这一生产资料的使用过程中，无须考虑损耗问题，不需计提折旧，但土地作为农业生产的基础，这就从客观上要求在进行成本核算时，不仅要计算产品成本，而且还需要计算单位面积的收入及成本，以考核土地的利用情况及效果。

（2）以有生命的动植物为劳动对象。无论是种植业、养殖业、林业还是水产业，其劳动对象都是有生命的，这个特点决定了农业生产是一个极其复杂的过程，增加了成本计算的难度。

（3）农业生产中部分劳动资料和劳动对象可以相互转化。农业企业的部分劳动资料是由自我劳动形成的，如产役畜大多是自繁、自养成长，经济林木是由生产工人经过育苗、移苗、定植成林的，具有自给自足的特点。另外，劳动资料和劳动对象之间可以相互转化，如幼畜作为劳动对象，经过饲养成龄后可转化成属于劳动资料的产畜和役畜；产畜和役畜淘汰后又转化成属于劳动对象的育肥畜等，这一特点决定了农业企业的产成品不需经过产品销售环节，而直接用于本企业的生产耗费，在费用的归集和分配上具有特殊性。

（4）农业生产具有明显的季节性，生产时间和劳动时间不一致。农业生产是以有生命的动植物作为对象，动植物都有其自然生长的过程，并与当地的气候条件相适应。另外，由于农业产品生长和成熟的季节性，使资金的投入和收回也具有明显的季节性，产品成本的计算期也必须适应这一特点。

（5）农业生产一般采用多种经营的方式，利用同一土地资源，甚至通过同一劳动过程，生产出多种不同的产品，因而各种产品的成本费用交织，不能明确划分，产品成本计算对象难以确定，成本计算过程也会非常繁琐。

11.1.2 农业企业成本核算的特点

1. 农业企业成本核算对象的确定

由于农业生产一般采用多种经营的方式，企业生产的产品具有多样化的特点，如果单独计算每一种产品成本，成本核算对象就会很多，成本计算也会非常繁琐，为简化成本核算工作，一般采用主要产品单独计算成本，次要产品合并计算成本的方法。

在农产品生产中，通常是将大田作物中的水稻、小麦、玉米、大豆等主要产品单独作为成本计算对象，其他次要产品则分业合并计算成本；在蔬菜生产中，按照生产方式，如露天蔬菜、温室蔬菜、温床蔬菜等，确定成本核算对象。

在林产品生产中，一般是将橡胶、果、桑、茶等经济林木单独确定为成本核算对象，并按抚育、定植、采割三个阶段核算成本；其他林木则合并核算成本。

在畜牧业生产成本核算中，原则上按群别作为成本核算对象，分群核算成本。但也可计算混群成本。例如，养猪业的混群核算以每种猪为成本核算对象，分群核算以各猪群作为成本核算对象，猪群按不同的年龄可分为基本猪群（母猪、种公猪和2个月内的仔猪）、幼猪群（2~4个月的猪）、育肥猪群（4个月以上的猪和淘汰的母猪、种公猪）等。

水产养殖业种类较多，水产养殖企业应以每一种主要水产品作为成本核算对象，单独计算成本；次要水产品以每一类产品作为成本核算对象，先计算各类产品总成本，再按一定标准在类内产品之间分配，以确定各种产品成本。

2. 成本计算期

由于农、林、牧、渔各种产品的生产要受自然生长周期的制约，因此，成本计算期不尽相同。对于一年中只收获一次或几次的粮食、棉花、瓜果、桑、茶等农产品，应在产品收获期计算生产成本，成本计算期与生产周期一致，一般不存在完工产品与在产品成本费用的分配问题；养殖业一般按年计算成本，对于经常有产品产出的，如家禽、家畜、橡胶等生产，可以按月计算成本。

3. 农作物的费用界限

不同的农产品，收获时点及收获时点后发生费用的处理有所不同。计入各种农作物成本的费用界限如下：

（1）粮豆、蔬菜等农产品的成本算至产品入库、入仓或能够销售为止。从仓囤出库和场上交售发生的包装费、运杂费等作为销售费用处理。

（2）棉花成本算至加工皮棉为止，打包费、运杂费等作为销售费用处理。

（3）不入库、入窖的鲜活产品的成本，算至销售为止；入库、入窖的鲜活产品的成本，算至入库、入窖为止。

（4）纤维作物、香料作物、人参和茶叶等产品的成本，算至初级产品加工完成为止。

（5）至年底尚未脱粒的农作物成本，应当包括预提脱粒费用。下年度实际发生的脱粒费用与预提数之间的差额，由下一年度同一作物负担。

（6）育苗成本算至起苗为止，成树产品成本包括当年抚育费用和停采期间的费用。

农产品成本与收获时点有关，农业生产活动应当与对收获后的农产品进行的加工活动加以区分。农业生产活动针对的是有生命的生物资产；加工活动针对的是收获后的农产品，不包括在农业生产范围之内。例如，将绵羊产出的羊毛加工成毛毯、将收获的水果加工成水果罐头、将奶牛产出的牛奶加工成纯牛奶等都属于加工活动，羊毛、水果、牛奶等农产品的成本是加工活动的原材料成本，只有加上发生的加工费才构成毛毯、水果罐头、纯牛奶等产品的成本。

4. 农作物的成本项目

农作物的生产费用按其经济用途可以划分为以下成本项目：

（1）直接材料，是指农业生产中直接耗用的自产或外购的种子、种苗、饲料、肥料、农药、燃料、动力等；养殖业生产中还包括畜禽医药费等。

（2）直接人工，是指直接从事农业生产人员的职工薪酬，包括工资、奖金、津贴、补贴、“五险一金”等。

（3）其他直接费用，是指除直接材料、直接人工以外的其他直接支出，包括机械作业费、灌溉费、田间运输费等。

（4）间接费用，是指分配计入成本计算对象的各项间接费用，包括为组织和管理生产所发生的生产单位的管理人员的职工薪酬、办公费、水电费、固定资产折旧费、租赁费、保养费等费用。

5. 生物资产

（1）生物资产的含义。生物资产是指有生命的动物和植物。有生命的动物和植物具有能够进行生物转化的能力。生物转化，指导致生物资产质量或数量发生变化的生长、蜕化、生产和繁殖的过程。其中，生长是指动物或植物体积、重量的增加或者质量的提高，如农作物从种植开始到收获前的过程；蜕化是指动物或植物产出量的减少或质量的蜕化，如奶牛产奶、果树产水果等；繁殖是繁殖产生新的动物或植物，如奶牛产牛犊、母猪生小猪等。这种生物转化能力是生物资产的基本特征，是其他资产（如存货、固定资产、无形资产等）所不具有的。

（2）生物资产的分类。生物资产通常分为消耗性生物资产、生产性生物资产和公益性生物资产三大类：

① 消耗性生物资产，是指为出售而持有的或在将来收获为农产品的生物资产。消耗性生物资产是劳动对象，包括生长中的大田作物、蔬菜、用材林以及存栏待售的牲畜等。消耗性生物资产通常是一次性消耗并终止其服务能力或未来经济利益，因此在一定程度上具有存货的特征，应当作为存货在资产负债表中列报。

② 生产性生物资产，是指为产出农产品、提供劳务或出租等目的而持有的生物资产。生产性生物资产具备自我生长性，能够在持续的基础上予以消耗并在未来的一段时间内保持其服务能力或未来经济利益，属于劳动手段，包括经济林、薪炭林、产畜和役畜等。

与消耗性生物资产相比较，生产性生物资产的最大不同在于，生产性生物资产具有能够在生产经营中长期、反复使用，从而不断产出农产品或者长期役用的特征。消耗性生物资产收获农产品之后，该资产就不复存在；而生产性生物资产产出农产品之后，该资产仍然保留，并可以在未来期间继续产出农产品。因此，通常认为生产性生物资产在一定程度上具有固定资产的特征（如果树每年产出水果、奶牛每年产出牛奶等），生产性生物资产可以比照固定资产计提折旧。

生产性生物资产通常需要生长到一定阶段才开始具备生产能力。根据其是否具备生产能力（即是否达到预定生产经营目的），可以对生产性生物资产作进一步划分。所谓达到预定生产经营目的，是指生产性生物资产进入正常生产期，可以多年连续稳定产出农产品、提供劳务或出租。由此，生产性生物资产可以划分为未成熟和成熟两类，前者指尚未达到预定生产经营目的，还不能够多年连续稳定产出农产品、提供劳务或出租的生产性生物资产，如尚未开始挂果的果树、尚未开始产奶的奶牛等；后者则指已经达到预定生产经营目的的生产性生物资产。

③ 公益性生物资产，是指以防护、环境保护为主要目的的生物资产，包括放风固沙林、水土保护林和水源涵养林等。

公益性生物资产与消耗性生物资产和生产性生物资产有本质不同。后两者的目的是为了直接给企业带来经济利益，而公益性生物资产主要是出于防护、环境保护等目的，尽管其不能直接给企业带来经济利益，但具有服务潜能，有助于企业从相关资产获得经济利益，如放风固沙林和水土保护林能带来放风固沙、保持水土的效能，风景林具有美化环境、休息游览的效能等，因此应当确认为生物资产。

(3) 农产品与生物资产。农产品与生物资产密不可分。农产品是生物资产的收获品。当农产品附着在生物资产上时，作为生物资产的一部分；而当其从生物资产上收获后，就离开了生物资产这一母体，应当作为存货处理。例如，种植业从作物的生长和管理中获得稻谷、小麦、棉花等农产品，畜牧养殖业从饲养和管理中获得仔猪、肉猪、鸡蛋等畜产品，林业从用材林生产和管理中获得林产品，从经济林木的生产和管理中获得水果等，都是生物资产转化为农产品的过程。农产品从生物资产上收获时开始，应当采用规定的方法，从消耗性生物资产或生产性生物资产生产成本中转出，确认为收获时点的农产品成本。因此，农业企业的成本核算对象也可以说生物资产的品种、成长期、批别（群别、批次）以及与农业生产相关的劳务作业。

11.1.3 农作物成本的归集与分配

农作物中有属于消耗性生物资产的，也有属于生产性生物资产的。不同种类的生物资产，其成本归集和分配有一定的差别。

1. 属于消耗性生物资产的农作物成本的归集和分配

属于消耗性生物资产的农作物成本，应在“消耗性生物资产”账户中进行归集与分配，并按成本核算对象设置明细账，在明细账中还应按规定的成本项目设置专栏。

为这类农作物生产所发生的一切费用在“消耗性生物资产”账户的借方归集。

(1) 农作物耗用的直接材料、直接人工等直接成本，借记“消耗性生物资产”账户，贷记“原材料”、“应付职工薪酬”、“库存现金”、“银行存款”等账户。

(2) 由于机械作业所发生的机械折旧费用，可按一定标准在各种消耗性生物资产中进行分配，借记“消耗性生物资产”账户，贷记“累计折旧”账户。

(3) 农业生产过程中发生的应归属于消耗性生物资产的费用，按应分配的金额，借记“消耗性生物资产”账户，贷记“农业生产成本”账户。

收获农产品入库时，将其成本从“消耗性生物资产”账户的贷方转入“农产品”账户的借方。

【例 11－1】 20××年 3 月洞庭农场播种 100 公顷小麦和 30 公顷玉米。共播种小麦种子 7 000 千克，每千克单价 6 元；共播种玉米种子 2 000 千克，每千克单价 40 元；领用肥料 346 000 元，其中小麦 220 000 元，玉米 126 000 元；领用农药 250 000 元，其中小麦 170 000 元，玉米 80 000 元；应付职工薪酬 300 000 元，其中小麦 200 000 元，玉米 100 000 元；以银行存款支付其他直接费用 140 000 元，其中小麦 90 000 元，玉米 50 000 元；以银行存款支付运输费、灌溉费等间接费用125 000元，其中小麦80 000元，玉米45 000元；使用一台拖拉机翻耕土地，拖拉机原价101 000元，预计净残值1 000元，按工作量法计提折旧，预计可翻耕土地1 000公顷。租用小麦播种机的租金为1 500元，租用玉米播种机的租金为800元。根据以上资料编制相关会计分录。

20××年3月编制的相关会计分录如下：

（1）小麦种子金额=7 000×6=42 000（元）

玉米种子金额=2 000×40=80 000（元）

借：消耗性生物资产——小麦（直接材料）　42 000

——玉米（直接材料）　80 000

贷：原材料——小麦种子　42 000

——玉米种子　80 000

（2）领用化肥、农药。

借：消耗性生物资产——小麦（直接材料）　390 000

——玉米（直接材料）　206 000

贷：原材料——肥料　346 000

——农药　250 000

（3）分配职工薪酬费用。

借：消耗性生物资产——小麦（直接人工）　200 000

——玉米（直接人工）　100 000

贷：应付职工薪酬　300 000

（4）以银行存款支付其他直接费。

借：消耗性生物资产——小麦（其他直接费用）　90 000

——玉米（其他直接费用）　50 000

贷：银行存款　140 000

（5）以银行存款支付各项间接费用。

借：消耗性生物资产——小麦（间接费用）　80 000

——玉米（间接费用）　45 000

贷：银行存款　125 000

（6）计提拖拉机的折旧费。

翻耕一公顷土地的拖拉机的折旧额=(101 000-1 000)/1 000=100（元）

小麦分摊的拖拉机的折旧额=100×100=10 000（元）

玉米分摊的拖拉机的折旧额=30×100=3 000（元）

借：消耗性生物资产——小麦（其他直接费）　10 000

——玉米（其他直接费）　3 000

贷：累计折旧　13 000

（7）支付租用的小麦和玉米播种机的租金。

借：消耗性生物资产——小麦（其他直接费）　1 500

——玉米（其他直接费）　800

贷：银行存款　2 300

（8）结转小麦和玉米的成本。

借：农产品——小麦　　813 500
　　　　　——玉米　　484 800
　　贷：消耗性生物资产——小麦　　813 500
　　　　　　　　　　　——玉米　　484 800

2. 属于生产性生物资产的农作物成本的归集和分配

属于生产性生物资产的农作物也就是多次收获的多年生作物。这类作物在达到预定的生产经营目的、能够连续生产农产品之前所发生的成本应在“生产性生物资产——未成熟生产性生物资产”账户的借方归集。

当这类作物达到预定的生产经营目的、能够连续生产农产品时，其成本从“生产性生物资产——未成熟生产性生物资产”账户的贷方转入“生产性生物资产——成熟生产性生物资产”账户的借方。

“未成熟生产性生物资产”和“成熟生产性生物资产”账户均应按成本核算对象设置明细账，账内按规定的成本项目设专栏。

成熟性生物资产每年应计提折旧，计提折旧时，借记“农业生产成本”账户，贷记“生产性生物资产累计折旧”账户。

在成熟生产性生物资产连续生产农产品期间，为该农作物发生的生产费用，借记“农业生产成本”账户，贷记“原材料”、“应付职工薪酬”、“库存现金”、“银行存款”等账户。

农产品收获过程中发生的费用，借记“生产成本——农业生产成本”账户，贷记“应付职工薪酬”、“银行存款”等账户。

属于生产性生物资产的农作物每次收获的农产品实际成本从“生产成本——农业生产成本”账户的贷方转入“农产品”账户的借方。

【例 11－2】 丰山公司 2011 年开始自行营造 500 公顷橡胶林，营造当年发生种苗费 280 000 元，平整土地作业支出 60 000 元，定植分配机械作业折旧费 85 000 元，定植当年发生抚育肥料及农药费 320 000 元，人员薪酬 500 000 元。该橡胶树达到正常生产期为 6 年，从定植后达到预定生产经营目的（稳定产出橡胶）共发生管护费用 2 650 000 元，其中人员薪酬 1 500 000 元，以银行存款支付的费用为 1 150 000 元。该橡胶树从开始稳定产出橡胶时起，预期经济收益年限为 20 年（假定该橡胶树树采用成本模式计量，采用年限平均法计提折旧，假定该橡胶树期满无残值）。

丰山公司账务处理如下：

（1）定植当年发生相关费用：

借：生产性生物资产——未成熟生产性生物资产——橡胶树　　1 245 000
　　贷：原材料——种苗　　280 000
　　　　　　　——肥料及农药　　320 000
　　　　累计折旧　　145 000
　　　　应付职工薪酬　　500 000

（2）定植后达到预定生产经营前发生的管护费用：

借：生产性生物资产——未成熟生产性生物资产——橡胶树　　2 650 000

　　贷：应付职工薪酬　　1 500 000

　　　　银行存款　　1 150 000

（3）达到预定生产经营期，计算 500 公顷橡胶树的成本为 3 895 000（1 245 000 + 2 650 000）元，每公顷橡胶树的单位成本为 7 790（3 895 000/500）元。

借：生产性生物资产——成熟生产性生物资产——橡胶树　　3 895 000

　　贷：生产性生物资产——未成熟生产性生物资产——橡胶树　　3 895 000

（4）该橡胶树成熟后，每年需计提折旧费用 194 750（3 895 000/20）元。

借：生产成本——农业生产成本　　194 750

　　贷：生产性生物资产累计折旧　　194 750

成熟后发生的各项费用均通过“生产成本——农业生产成本——橡胶”科目归集。橡胶产出时，借记“农产品——橡胶”账户，贷记“生产成本——农业生产成本——橡胶”账户。

【例 11－3】 南山养殖场 2014 年 3 月购入种猪 10 头，价款 20 000 元，猪苗 1 000 头，价款 230 000 元；运回时，支付运输费 6 000 元，装卸费 600 元；另外支付保险费 1 000 元，款项已用银行存款支付。运杂费、装卸费、保险费按买价分摊，其中种猪分摊 608 元，猪苗分摊 6 992 元。该养殖场实行分群核算，成本核算对象为种猪和 015 批次肉猪。根据资料编制会计分录如下：

借：生产性生物资产——种猪　　20 608

　　消耗性生物资产——肉猪　　236 992

　　贷：银行存款　　257 600

【例 11－4】 接〖例 11－3〗资料，南山养殖场 2014 年 4 月肉猪养殖发生饲养员薪酬 8 000 元，饲料 45 000 元，以银行存款支付水电费、卫生防疫费 10 000 元。根据资料编制会计分录如下：

借：消耗性生物资产——015 批次肉猪　　63 000

　　贷：原材料　　45 000

　　　　应付职工薪酬　　8 000

　　　　银行存款　　10 000

【例 11－5】 接〖例 11－3〗、〖例 11－4〗，2014 年 7 月，南山养殖场 015 批次肉猪 1 000 头全部出售，货款 1 500 000 元已通过银行收到；消耗性生物资产——015 批次肉猪明细账登记的该批次肉猪总成本 1 200 000 元。根据资料编制会计分录如下：

借：农产品——肉猪　　1 200 000

　　贷：消耗性生物资产——015 批次肉猪　　1 200 000

借：银行存款　　1 500 000

　　贷：主营业务收入　　1 500 000

借：主营业务成本　　1 200 000

　　贷：农产品——肉猪　　1 200 000

【例 11－6】 蒙山奶牛养殖场购入已进入产奶期的奶牛 20 头，以银行存款支付价款及运费50 000元。根据资料编制会计分录如下：

借：生产性生物资产——成熟生产性生物资产——奶牛　　50 000

　　贷：银行存款　　50 000

【例11－7】接〖例11－6〗，蒙山奶牛养殖场20××年9月，已进入产奶期的奶牛饲养领用饲料2 800元，应付职工薪酬5 800元，以银行存款支付卫生防疫费1 200元，奶牛应计提折旧费用600元，应分配的间接费用为800元。本月生产牛奶7 000千克，已经入库。根据资料编制会计分录如下：

借：生产成本——农业生产成本——牛奶　　11 200

　　贷：原材料　　2 800

　　　　应付职工薪酬　　5 800

　　　　银行存款　　1 200

　　　　生产性生物资产累计折旧　　600

　　　　制造费用　　800

借：农产品——牛奶　　11 200

　　贷：生产成本——农业生产成本——牛奶　　11 200

蒙山奶牛养殖场产品成本计算汇总，如表11－1所示。

表11－1　　蒙山奶牛养殖场产品成本计算汇总表

20××年9月　　单位：元

产品名称	产量（千克）	直接材料	直接人工	其他直接费用	间接费用	产品总成本	单位成本
牛奶	7 000	2 800	5 800	1 800	800	11 200	1.6
合计	7 000	2 800	5 800	1 800	800	11 200	1.6

11.1.4　农产品成本的计算

1. 当年生大田作物成本的计算

当年生大田作物是指作物生长期不超过1年的农作物，一般是当年播种，当年收获，少部分作物也有跨年收获的，如北方地区的越冬小麦。它属于消耗性生物资产。当年生大田作物成本计算公式如下：

$$某种农作物单位面积成本=\frac{该种农作物生产总成本}{该种农作物的播种面积}$$

$$某种农作物的主产品单位成本=\frac{该种农作物生产总成本-副产品价值}{该种农作物主产品产量}$$

大田作物在完成生产过程时，一般可以产出主产品和副产品两种产品。主产品是生产的主要目的，如小麦、水稻、棉花等。副产品不是生产的主要目的，而是在生产过程中附带获得的产品，如麦秸、稻草、秸秆等。由于主产品和副产品是同一生产过程生产的结果，它们的各种费用是联系在一起的，因此必须将生产费用在主产品和副产品之间进行分配，以确定各自的成本。分配方法一般有以下两种：

（1）估价法。对副产品按市场价格进行估价，以此作为副产品成本，从生产费用总额中减去副产品价值就得到主产品成本。

（2）比率法。先求出生产费用实际额与计划额之比，再分别以主产品和副产品的计划成本乘以这一比率就可计算出主产品和副产品的成本。

【例 11－8】沿用〖例 11－1〗的资料，假设某年洞庭农场收获小麦产量 90 000 千克，麦秸 120 000 千克；玉米 50 000 千克，秸秆 100 000 千克。若麦秸的市场价格为每千克 0.35 元，秸秆的市场价格为 0.15 元。则产品成本计算如下：

麦秸的成本＝120 000×0.35＝42 000（元）

为简化核算，直接从小麦类产品的直接材料成本中冲减。则主产品小麦的直接材料成本为 390 000（432 000－42 000）元，主产品小麦的其他成本项目的成本不变，主产品小麦的总成本为 771 500 元。

秸秆的成本为 100 000×0.15＝15 000（元），直接从玉米类产品的直接材料成本中冲减。则主产品玉米的直接材料成本为 271 000（286 000－15 000）元，主产品玉米的其他成本项目的成本不变，主产品玉米的总成本为 469 800 元。计算结果如表 11－2、表 11－3 所示。

表 11－2　　洞庭农场产品成本计算表

20××年×月　　单位：元

产品类别	产品总成本				合　计
	直接材料	直接人工	其他直接费	间接费用	
小麦类	432 000	200 000	101 500	80 000	813 500
玉米类	286 000	100 000	53 800	45 000	484 800
合计	718 000	300 000	155 300	125 000	1 298 300

表 11－3　　洞庭农场主产品成本计算汇总表

20××年×月　　单位：元

产品名称	种植面积（公顷）	产品产量（千克）	产品总成本					单位成本	
			直接材料	直接人工	其他直接费	间接费用	合计	每公顷成本	每千克成本
小麦	100	90 000	390 000	200 000	101 500	80 000	771 500	7 715	8.57
玉米	30	50 000	271 000	100 000	53 800	45 000	469 800	15 660	9.396
合计	1 300		661 000	300 000	155 300	125 000	1 241 300		

2. 多年生作物的农产品成本计算

多年生作物是指人参、甘蔗、剑麻、胡椒等生长期限长的经济作物。多年生作物培育年限和提供产品的年限比较长，具体有两种情况：一种是连续培育几年，一次性收获产品，如人参；另一种是连续培育几年，多次收获产品，如甘蔗、剑麻、胡椒等。前者属于消耗性生物资产，后者属于生产性生物资产。收获次数不同，其成本计算方法也不同。

（1）一次性收获的多年生作物，应按各年累计的生产费用计算成本。其主产品单位产量成本的计算公式为：

$$\frac{\text{一次性收获的多年生作物}}{\text{主产品单位产量成本}}=\frac{\text{往年费用}+\text{本年累计生产费用}-\text{副产品价值}}{\text{主产品总产量}}$$

（2）多次收获的多年生作物，在提供农产品以前的费用，作为生产性生物资产核算，投产后按一定方法计提折旧，计入投产后各年产出农产品的成本。本年产出农产品的成本包括生产性生物资产在本年计提的折旧费用和投产后本年发生的全部生产费用。其主产品单位产量成本的计算公式为：

$$\text{多次收获的多年生作物主产品单位产量成本} = \frac{\text{往年费用本年摊销额} + \text{本年累计生产费用} - \text{副产品价值}}{\text{本年主产品产量}}$$

式中，往年费用本年摊销额即为生产性生物资产本年折旧金额。

3. 蔬菜的成本计算

蔬菜的栽培按照生产环境、技术过程不同，可分为露天栽培和工业化栽培两类。

（1）露天栽培蔬菜成本计算。露天栽培蔬菜，是指未加任何保护，在露天土地上及自然条件下，所进行的蔬菜栽培。这种蔬菜生产方式尤其适宜在夏季大面积栽培时采用。

计算露天栽培蔬菜成本时，应按照蔬菜的品种归集生产费用，除以各自的产量就是每种蔬菜的单位成本。如果在栽培面积不大或不以蔬菜为主的情况下，可将各种蔬菜合并设置一个明细账归集生产费用，然后在不同的蔬菜间进行费用分配。分配标准可选择计划成本比例法、系数法等。

【例 11－9】 某农业企业 2014 年收获了下列各种蔬菜：黄瓜 10 000 千克，每千克计划成本 0.45 元；辣椒 30 000 千克，每千克计算成本 0.5 元；胡萝卜 20 000 千克，每千克计划成本为 0.8 元。当年三种蔬菜的实际生产费用总额为 42 600 元。用计划分配率计算黄瓜、辣椒和胡萝卜的实际成本。产品成本分配如表 11－4 所示。

黄瓜的计划成本＝10 000×0.45＝4 500（元）

辣椒的计划成本＝30 000×0.5＝15 000（元）

胡萝卜的计划成本＝20 000×0.8＝16 000（元）

表 11－4　　　　产品成本计算表

2014 年×月　　　　单位：元

产品名称	产量（千克）	计划单位成本	计划总成本	分配率	实际总成本	实际单位成本
黄瓜	10 000	0.45	4 500		5 400	0.54
辣椒	30 000	0.5	15 000		18 000	0.6
胡萝卜	20 000	0.8	16 000		19 200	0.96
合计			35 500	1.2	42 600	

（2）工业化蔬菜栽培成本计算。工业化蔬菜栽培，是指在温床或温室等有保护的特殊环境下栽培蔬菜。这种蔬菜生产方式主要在冬春两季及秋季栽培反季节蔬菜时采用。

对于工业化蔬菜栽培，可参照简化的分批法计算成本。凡是能分清费用受益对象且能够直接计入成本的各项直接费用，可直接计入该产品的成本；对各种蔬菜共同耗用的费用，如温室折旧费、供暖费等，在产品采摘销售时，采用温室平方米数（温室栽培下）或温床格日数（温床栽培下）等标准，计算某项间接费用累计分配率，按比例分配间接费用，计算成本。计算公式如下：

$$某项间接费用累计分配率=\frac{该项间接费用累计额}{温室平方米（温床格）数\times日数}$$

$$\begin{matrix}某种蔬菜应分配\\的间接费用\end{matrix}=\begin{matrix}该蔬菜\\生长期\end{matrix}\times\begin{matrix}蔬菜占用温室\\平方米(温床格)数\end{matrix}\times累计分配率$$

【例 11－10】 洞庭湖农场冬季在温室栽种西红柿、黄瓜两种蔬菜。该农场 2014 年 11 月利用温床培育西红柿、黄瓜两种秧苗，发生温床费用 4 680 元，按温床格日比例进行分配。其中西红柿占用温床 60 格，生长期为 30 天；黄瓜占用温床 20 格，生长期为 40 天。秧苗育成移至温室后，发生温室费用 17 200 元，按温室平方日比例进行分配。其中，西红柿占用温室 1 700 平方米，生长期为 70 天；黄瓜占用温室 1 200 平方米，生长期为 80 天。西红柿、黄瓜两种蔬菜共发生间接费用 7 700 元，按直接材料和直接人工比例进行分配。其中，西红柿发生直接材料费用 900 元，直接人工费用 1 600 元；黄瓜发生直接材料费用 700 元，直接人工费用 2 300 元。2015 年 2 月收获西红柿和黄瓜两种蔬菜的产量分别是 40 000 千克和 30 000 千克（温床和温室费用均为其他直接费用）。

根据资料编制西红柿共同费用分配表，如表 11－5、表 11－6 和表 11－7 所示，产品成本计算汇总表如表 11－8 所示。

表 11－5　　洞庭农场温床费用分配表

2014 年 11 月

单位：元

产品名称	分配标准（实际使用温床格日）	分配率	分配金额
西红柿	60×30＝1 800		3 240
黄瓜	20×40＝800		1 440
合计	2 600	1.8	4 680

表 11－6　　洞庭农场温床室费用分配表

2014 年 12 月

单位：元

产品名称	分配标准（实际使用温室平方米日）	分配率	分配金额
西红柿	1 700×70＝119 000		9 520
黄瓜	1 200×80＝96 000		7 680
合计	215 000	0.08	17 200

表 11－7　　洞庭农场间接费用分配表

2014 年 12 月

单位：元

产品名称	分配标准（直接材料和直接人工费用之和）	分配率	分配金额
西红柿	900＋1 600＝2 500		3 500
黄瓜	700＋2 300＝3 000		4 200
合计	5 500	1.4	7 700

表 11－8　　洞庭农场产品成本计算汇总表

2015 年 2 月

单位：元

产品名称	产量（千克）	直接材料	直接人工	其他直接费	间接费用	产品总成本	单位成本
西红柿	40 000	900	1 600	12 760	3 500	18 760	0.469
黄瓜	30 000	700	2 300	9 120	4 200	16 320	0.544
合计		1 600	3 900	21 880	7 700	35 080	

11.2 物流企业成本核算

11.2.1 物流企业的运营特点

物流企业是指物品从供应地向接收地的实体流动过程中，根据实际需要，将运输、仓储、装卸、搬运、流通加工、配送、信息处理等基本功能有机结合，形成完整的供应链，为用户提供多功能、一体化的综合性服务，实行独立经济核算、独立承担民事责任的经济组织。根据物流企业以某项服务功能为主要特征，并向物流服务的其他功能延伸的不同状况，可将物流企业划分为运输型物流企业、仓储型物流企业和综合服务型物流企业。

物流企业业务种类繁多，业务较为复杂，对于大型的物流企业而言，基本的业务流程包括运输、仓储、装卸搬运、流通加工和配送等环节。其中运输业务是物流行业的核心，仓储业务、包装业务、装卸业务、配送业务等也是物流行业的重要组成部分。

与工业企业相比，物流企业的运营具有以下特点：

（1）物流企业的运营过程只是使劳动对象（货物或旅客）发生位置的改变，并不改变劳动对象的属性和形态，不创造新的物质产品。

（2）物流企业的运营过程只消耗劳动手段（运输工具、装卸搬运工具及设备），不消耗劳动对象。

（3）运输生产与消费同时进行，当运输过程结束时，满足了运输对象的要求，也就完成了其消费过程。

（4）运输生产过程具有流动性、分散性。运输生产过程始终在一个广阔的空间内不断流动，且运动方向很分散，线长点多。

（5）各种运动方式之间的替代性和协作性比较强。铁路、公路、水路、航空等各种运输方式具有不同的特点和优势，具有明显的替代性。

（6）运输生产中所需固定资产比重大，流动资产比重小。

物流企业为了完成运输生产也需要发生各项运营成本，物流企业的运营成本中，没有像工业企业产品成本那样有构成产品实体并占相当高比重的原材料和主要材料，而多是与运输工具使用有关的费用，如燃料、折旧等成本。

11.2.2 运输业务的成本核算

由于运输有多种方式，因此运输业务包括汽车运输业务、火车运输业务、飞机运输业务和轮船运输业务。不同的运输业务在成本核算方面既有相同点，又略有不同。

1. 运输成本核算对象、成本计算单位和成本计算期

（1）成本核算对象。运输型物流企业的运输业务可分为旅客运输和货物运输两大类，运输业务所使用的运输工具又可以分为汽车、火车、飞机等，而汽车中又有特种大型车、集装箱车、零担车、冷藏车、油罐车等，为了反映不同车型的运输经济效益，通常以不同燃料和不同厂牌的营运车辆所提供的运输服务作为成本核算对象。

船舶运输业务除了以客、货运业务作为成本核算对象外，一般还根据管理上的要求，对不同形式的船舶运输确定不同的成本核算对象。内河运输以船舶的类型作为成本核算对象；沿海、近海航运以单船、船舶类型为成本核算对象；远洋航运以单船的航次为成本核算对象。

【同步思考 11－1】

运输方式不同，其成本核算对象有什么区别？

（2）成本计算单位。汽车运输物流企业的成本计算单位一般是以运输工具的运输工作量为依据的，货物运输工作量通常称为货物周转量，其计量单位为吨公里，即实际运送的货物吨数与距离的乘积。在实际工作中，通常以千吨公里作为成本计算单位。集装箱车辆的成本计算单位为千标准箱公里。

铁路运输客、货运换算成本的计算单位为“千换算吨公里”，客运成本的计算单位是“千人公里”，货运成本的计算单位是“千计费吨公里”。

船舶运输业务以“千吨海里”作为成本计算单位。

航空运输业务的成本计算单位是“吨公里”，货物周转量和旅客周转量的换算比例为：

国内航线：1 人公里 =0. 072 吨公里

国外航线：1 人公里 =0. 075 吨公里

（3）成本计算期。汽车运输物流企业的成本应按月、季、半年和年从年初至各期末的累计成本。营运车辆在经营跨月运输业务时，通常以行车路单签发日期所归属的月份计算期运输成本。

铁路运输成本的计算期一般按年或按季进行，这是因为铁路运输作业是由许多基层单位分工协作、共同完成的，若按月计算有一定的困难。

船舶运输的成本计算期与汽车运输基本相同，除此之外，远洋运输还应以航次作为成本计算期，因为远洋运输的航次时间长，且月末未完航次的费用较大。船舶的航次时间，应以上一航次最终港卸完所载货物起，到本航次最终卸完所载货物时为止。

航空运输一般以月为一个成本计算期。

2. 运输业务的成本项目

运输业务的成本项目一般为直接材料、直接人工、其他直接费和运营间接费用四个部分。

（1）直接材料。主要包括燃料、轮胎等燃料是指运营设备在运营过程中所耗用的各种燃料，如汽油、柴油、天然气等，其中自动倾卸车载卸车时所耗用的燃料也包括在内。轮胎费用是指运营车辆所耗用的外胎、内胎和垫带的费用支出，以及轮胎翻新和零星修补费用。

（2）直接人工。是指车辆司机和助手的职工薪酬费用。包括工资费用和其他薪酬费用。

（3）其他直接费用。主要包括修理费、折旧费、养路费、车辆运输管理费、车辆保险费、事故费、税金及其他费用。其中，修理费用是指运营车辆进行各级维护和小修理所发生的工料费、修理旧件费用和行车耗用的机油费用以及车辆大修理费用。事故费用是指营运车辆在运行过程中，因行车肇事所发生的事故损失和扣除保险公司赔偿后的事故费用，它不包括因车站责任发生的货损、货差事故损失以及由于不可抗拒的原因而造成的损失。

（4）营运间接费用。是指物流企业所属的基层营运单位，如分公司、车站、车队等为组织和管理物流营运过程所发生的不能直接计入成本计算对象的间接费用，包括这些部门发生的职工薪酬费用、折旧费、修理费、取暖费、水电费、差旅费、保险费等。但不包括企业行政管理部门发生的费用。

3. 运输成本的核算

物流企业的运输费用通过“主营业务成本——运输支出”账户进行核算，本账户按成本计算对象设置明细账户，并按成本项目设专栏进行物流成本的明细核算。

（1）直接材料费用的归集和分配。

① 燃料费用的核算。物流企业各种车辆耗用的燃料费用，应根据领料单进行汇总，编制燃料费用汇总表，以便于对燃料费用进行归集和分配。物流企业确定各月燃料实际耗用数的方法有满油箱制和实地盘存制两种。实行满油箱制的物流企业，在月初、月末油箱加满的前提下，车辆当月加油的数量即为当月燃料的实际耗用数。实行实地盘存制的物流企业，应在月末实地测量车辆油箱的存油数，并根据当月的领用数，计算车辆当月实际耗用的燃料数。其计算公式如下：

$$\text{当月实际耗用数}=\text{月初车存数}+\text{本月领用}-\text{月末车存数}$$

如燃料采用计划成本核算，则还要相应地分摊材料成本差异。若车辆在本企业以外的油库加油，其费用应根据加油车辆所属的部门，直接记入相关的成本费用账户。

② 轮胎费用的核算。物流企业各种车辆领用的轮胎外胎、内胎和垫带，应根据各月的领料单进行汇总，编制轮胎领用汇总表，以便对轮胎费用进行归集和分配。

如果对外胎采用一次性摊销法的物流企业，在领用外胎时，应根据外胎的领用部门记入“主营业务成本”或“营运间接费用”、“管理费用”等相关成本费用账户；对于外胎采用按行程摊提法的企业，则应根据外胎行驶里程的原始记录和外胎里程摊提率，编制外胎摊提费用计算表，以便于对外胎费用进行归集和分配。

（2）直接人工费用的归集和分配。物流企业每月应根据工资结算汇总表对职工工资进行汇总和分配。对于有固定车辆的司机和助手的工资，直接计入各成本计算对象的成本；对于没有固定车辆的司机和助手的工资及后备司机的工资，则按一定的标准分配计入各成本计算对象的成本。分配标准主要有营运货物吨位和营运车日两种。其计算公式如下：

$$\text{工资费用分配率}=\frac{\text{应分配的司机及助手的工资总额}}{\text{总营运货物千吨公里（或总营运年日）}}$$

$$\text{某车队应分配的工资费用}=\text{该车队营运货物千吨公里（或营运车日）}\times\text{工资费用分配率}$$

相应的职工福利费等其他薪酬费用直接计入各成本核算对象的明细账户。

（3）其他直接费用的归集和分配。

① 折旧费。物流企业中车辆的固定资产折旧一般采用工作量法计提。此外由于轮胎费用核算有两种不同的方法，所以车辆折旧的计算也有两种方法。如果采用外胎价值一次摊销计入成本的方法，计提折旧时，外胎价值不必从车辆原值中扣减；如果采用外胎按行驶公里数摊提计入成本的方法，则计提折旧时，就应从车辆原值中扣减外胎价值，否则会出现重复

摊提的现象。

② 其他费用。营运车辆的公路运输管理费，一般按运输收入的规定比例计算缴纳。企业缴纳的车辆运输管理费可以根据缴款凭证直接计入各类运输成本。

营运车辆在营运过程中因种种行车事故所发生的救援和善后费用，以及支付外单位人员的医药费、丧葬费、抚恤费、生活费等支出，扣除向保险公司收回的赔偿收入及事故对方或过失人的赔偿款后，净损失根据付款、收款凭证直接计入各类运输成本。

车辆牌照和检验费、车船税、洗车费、过桥费、轮渡费、司机途中住宿费、行车杂费等费用发生时都可以根据付款凭证直接计入各类运输成本。此外，领用随车工具及其他低值易耗品，可以根据领用凭证，一次或分次摊入各类运输成本。

（4）营运间接费用的归集和分配。物流企业在营运过程中发生的不能直接计入成本计算对象的各种间接费用，一般通过“营运间接费用”账户进行核算，该账户为成本类账户，应分运输分公司、车场、车站等部门进行明细分类核算，发生时记入借方，期末从贷方分配转入各成本计算对象，结转后无余额。

期末各部门归集的营运间接费用应按照一定的标准在各成本计算对象间进行分配，分配的标准主要有直接费用或营运车日等。营运间接费用分配额的计算公式如下：

$$\begin{array}{c}\text{营运间接费用}\\\text{分配率}\end{array}=\begin{array}{c}\text{受益单位的直接}\\\text{费用金额}\end{array}\times\frac{\text{营运间接费用总额}}{\text{营运直接费用总额}}$$

4. 单位运输成本的计算

物流企业运输业务应负担的直接材料、直接人工、其他直接费用和营运间接费用构成了物流运输总成本。运输总成本除以运输周转量即为运输单位成本。其计算公式如下：

$$\text{单位运输成本（元/千吨公里）}=\frac{\text{运输总成本}}{\text{运输周转量（千吨公里）}}$$

物流企业月末应根据“主营业务成本——运输支出”明细账所归集的运输成本和当月实际完成运输周转量编制“运输成本计算表”，以反映运输总成本和单位成本。

【例 11－11】远近物流公司有 A、B 两个车队，根据 2014 年 11 月发生的业务编制相关会计分录，编制营运间接费用分配表和营运成本计算表。

（1）企业对燃料耗用数采用满油箱制（指在月初、月末油箱都加满的前提下，当月实际加油数量就是当月实际消耗油料数量）。本月 A 车队实际领用汽油 10 200 升，B 车队实际领用汽油 7 000 升。汽油的计划成本为每升 5.5 元，成本差异率为 －1%。

A 车队耗用燃油的计划成本 =10 200 ×5.5 =56 100（元）

A 车队耗用燃油应负担的成本差异 =56 100 ×（－1%）= －561（元）

B 车队耗用燃油的计划成本 =7 000 ×5.5 =38 500（元）

B 车队耗用燃油应负担的成本差异 =38 500 ×（－1%）=385（元）

借：主营业务成本——运输支出——A 车队（直接材料）　55 539

　　　　　　　　　　　　　　——B 车队（直接材料）　38 115

　贷：原材料——燃料　94 600

　　　材料成本差异——燃料　946（红字）

（2）企业对轮胎采用一次摊销法。A、B 两车队当月领用外胎 3 个和 2 个，每个外胎的成本为 800 元。

借：主营业务成本——运输支出——A 车队（直接材料）　　2 400
　　　　　　　　　　　　　　——B 车队（直接材料）　　1 600
　贷：原材料——轮胎　　4 000

（3）A、B 车队司机和助手的工资为分别为 70 000 元和 55 000 元。两个车队机动司机和助手的工资为 9 600 元，福利费按 10% 的比例计算据实列支。A 车队当月营运货物 900 千吨公里，B 车队当月营运货物 600 千吨公里。

A 车队分摊机动司机和助手的工资 = 9 600 ÷ (900 + 600) × 900 = 5 760（元）

B 车队分摊机动司机和助手的工资 = 9 600 ÷ (900 + 600) × 600 = 3 840（元）

借：主营业务成本——运输支出——A 车队（直接人工）　　83 336
　　　　　　　　　　　　　　——B 车队（直接人工）　　64 724
　贷：应付职工薪酬——工资　　134 600
　　　　　　　　　——职工福利费　　13 460

（4）A、B 两个车队计提的车辆折旧费用分别为 100 000 元和 80 000 元。

借：主营业务成本——运输支出——A 车队（其他直接费用）　　100 000
　　　　　　　　　　　　　　——B 车队（其他直接费用）　　80 000
　贷：累计折旧　　180 000

（5）A、B 两个车队本月以银行存款支付的洗车费、过桥过路费等费用分别为 32 000 元和 24 000 元。

借：主营业务成本——运输支出——A 车队（其他直接费用）　　32 000
　　　　　　　　　　　　　　——B 车队（其他直接费用）　　24 000
　贷：银行存款　　56 000

（6）A、B 两个车队以银行存款支付的运输工具共同费用为 35 250 元。编制营运间接费用分配表，如表 11 - 9 所示。

表 11 - 9　　远近物流公司运输工具共同费用分配表

2014 年 11 月　　单位：元

车队名称	分配标准（运输周转量：千吨公里）	分配率	分配金额
A 车队	900		21 150
B 车队	600		14 100
合计	1 500	23.5	35 250

借：主营业务成本——运输支出——A 车队（营运间接费用）　　21 150
　　　　　　　　　　　　　　——B 车队（营运间接费用）　　14 100
　贷：银行存款　　35 250

（7）根据以上资料，编制远近物流公司营运成本计算汇总表，如表 11 - 10 所示。

表 11－10　　远近物流公司营运成本计算汇总表

2014 年 11 月　　单位：元

成本项目	A 车队货物周转量 900 千吨公里		B 车队货物周转量 600 千吨公里	
	总成本	单位成本	总成本	单位成本
直接材料	57 939	64.38	39 715	66.19
直接人工	83 336	92.59	64 724	107.87
其他直接费用	132 000	146.67	104 000	173.33
营运间接费用	21 150	23.50	14 100	23.50
合　计	294 425	327.14	222 539	370.89

【同步思考 11－2】

在物流企业，“主营业务成本”是成本类账户还是损益类账户？或者既是成本类又是损益类账户？为什么？

11.3　建筑施工企业成本核算

11.3.1　施工企业生产经营的特点

建筑施工企业是指从事建筑、安装工程施工活动的企业。建筑工程主要包括：房屋、建筑物、设备基础等建筑工程，管道、输电线路、通信导线等铺设工程，上下水道工程，道路工程，铁路工程，桥梁工程，隧道工程，水利工程，矿井开凿、钻井工程，各种特殊炉的砌筑工程等。安装工程主要是指生产、动力、起重、运输、传动、医疗、实验等各种需要安装设备的装配、装置工程。建筑施工企业是一个重要的物质生产部门，也是从事基本建设、建筑安装施工活动的基层生产单位。由于其从事行业的特殊性，建筑施工企业的生产经营有着不同于其他行业的特点。

（1）建筑产品具有固定性、单体性、多样性、形体庞大和使用寿命长等特点。

（2）建筑施工过程具有流动性、长期性、综合协作性等特点。

（3）生产经营管理具有生产经营业务不稳定、管理环境多变，机构人员变动大等特点。

11.3.2　施工企业的成本核算

1. 成本核算对象

建筑施工企业一般按照订立的单项合同确定成本核算对象。单项合同包括建造多项资产的，企业应当按照企业会计准则规定的合同分立原则，确定建造合同的成本核算对象；为建造一项或数项资产而签订一组合同的，按合同合并的原则，确定建造合同的成本核算对象。根据建筑施工生产特点和内部成本管理要求，建筑施工企业有以下几种确定成本核算对象的具体方法。

（1）以独立编制的施工图预算的单位工程作为成本核算对象。通常每一独立编制的设计概（预）算或每一独立的施工图预算是按单项工程编制的，以所签订的单项合同为施工工程成本核算对象，不仅有利于分析工程概（预）算和施工合同的完成情况，也有利于准确核算施工合同的成本与损益。

（2）以分部工程作为成本核算对象。如果一项施工合同包括建造数项资产，而每项资产均有独立的建造计划（包括独立的施工图预算），并且建造每项资产的收入与成本均可单独辨认，则可将该项合同分解，将每项资产的建造分立视为单项合同处理。也就是将每项资产作为一个成本计算对象，单独核算其成本与收入。这样，有利于准确计算建造每项资产的损益。

（3）若干个单位工程合并作为一个成本核算对象。同一施工单位、同一建设项目、同一施工地点、同一结构类型、开竣工时间相近的若干个单位工程，可以合并作为一个成本计算对象。改建、扩建等零星工程，也可以将同一建设项目、开竣工时间相近的若干个单位工程，合并作为一个成本核算对象。

（4）以同一单位工程作为成本核算对象。一个单位工程由几个施工单位共同施工，各施工单位应当以同一单位工程作为成本核算对象。

（5）以单位工程或者专业项目作为成本核算对象。工业设备安装工程可以按单位工程或者专业项目，如机械设备、管道、通风设备等作为成本计算对象；变电所、配点站、锅炉房等，可以按所、站、房等安装工程作为成本核算对象。

（6）根据实际情况和管理要求确定成本核算对象。土石方工程、打桩工程，可以根据实际情况和管理要求，以一个单位工程为成本核算对象，或将同一施工地点的若干个工程量较小的单项工程合并作为一个成本核算对象。

2. 成本计算期

建筑施工生产周期较长，工程全部竣工后再计算已完工程成本，不利于企业工程管理，建筑施工企业应当按月计算成本。合同结果能够可靠估计的，应当采用完工百分比法确定和结转当期提供服务的成本；合同结果不能可靠估计的，应当直接结转已经发生的成本。

3. 成本项目

建筑施工企业工程成本项目包括直接人工费、直接材料费、机械使用费、其他直接费和间接费用。建筑企业将部分工程分包的，还可以设置分包成本项目。

（1）直接人工。是指直接从事工程施工的建筑安装工人的工资、奖金、职工福利费及其他职工薪酬费用等。

（2）直接材料。是指施工过程中耗用的构成工程实体的原材料、辅助材料、构配件、零件、半成品的费用和周转材料的摊销及租赁费用等。

（3）机械使用费。是指施工过程中使用自有施工机械所发生的台班费、租用外单位施工机械的租赁费，以及施工机械安装、拆卸和进出场费用等。

（4）其他直接费用。是指不包括在上述项目中的现场施工直接耗用的水、电、风、气等费用，以及有关的设计与技术援助费、施工现场搬运费、临时设施摊销费、生产工具用具使用费、检验试验费、工程定位复测费、场地清理费等。其他直接费一般都可分清受益对象，直接计入成本核算对象。

（5）间接费用。是指企业下属的各施工单位（如工程处、施工队等）为组织和管理施工生产活动所发生的各项支出，包括施工单位管理人员工资、奖金、职工福利费及其他薪酬费用、办公费、差旅费、劳动保护费、物料消耗、固定资产折旧费、修理费、低值易耗品摊销、取暖费、水电费、保险费、工程保修费、排污费等。

（6）分包成本。分包成本是指按照国家规定开展分包，支付给分包单位的工程款。

4. 施工企业成本核算的账户设置

为核算和监督施工企业在工程施工过程中各项施工费用的发生、归集和分配情况，正确计算工程成本，需设置“工程施工”、“机械作业”、“主营业务成本”、“工程结算”等账户。

（1）“工程施工”账户。“工程施工”账户核算施工企业实际发生的工程施工合同成本和合同毛利。该账户应设置“合同成本”和“间接费用”、“合同毛利”三个明细账户并按成本核算对象分成本项目进行明细核算。

①“工程施工——合同成本”账户，用来核算建筑施工企业各项建造工程实际发生的各项费用。该账户借方登记建造工程实际发生的合同费用，包括直接计入的直接人工、直接材料、其他直接费用和分配转入的机械使用费、间接费用等；贷方登记合同完工结清“工程施工”和“工程结算”账户时的金额；结转以后“工程施工——合同成本”账户如果有余额，反映建筑施工企业尚未完工的建造合同成本。

【同步思考 11 -3】

“工程成本”账户和“生产成本”账户有什么异同点？

②“工程施工——间接费用”账户，用来核算建筑施工企业各项建造工程实际发生的间接费用。该账户借方登记建造工程实际发生的施工单位管理人员薪酬、固定资产折旧费、财产保险费、工程保修费、排污费等间接费用；贷方登记期末分配计入建造合同成本的间接费用；期末分配结转后，一般无余额。建筑施工企业间接费用的分配应当体现受益原则。在实际工作中，土建工程一般以工程直接费用为分配标准；安装工程一般以直接人工为分配标准。

③“工程施工——合同毛利”账户，用来核算建筑施工企业各项建造工程合同确认的合同毛利。确认合同成本和合同收入时，按合同成本记入“主营业务成本”账户的借方，按合同价格记入“主营业务收入”账户的贷方。合同完工时，应当结清“工程施工”和“工程结算”账户，即借记“工程结算”账户，贷记本账户；结转以后“工程施工——合同毛利”账户如果有余额，反映建筑施工企业尚未完工的建造合同毛利。

（2）“机械作业”账户。“机械作业”账户用来核算建筑施工企业（建造承包商）及其内部独立核算的施工单位、机械站和运输队使用自有施工机械和运输设备进行机械作业（包括机械化施工和运输作业等）所发生的各项费用。“机械作业”账户可以按照施工机械或运输设备的种类等，并按确定的成本项目进行明细核算。

建筑企业及其内部独立核算的机械站和运输队等一般可以设置直接人工、燃料和动力、折旧费、其他直接费用、间接费用等成本项目。

建筑企业及其内部独立核算的施工单位，从外单位或本企业其他内部独立核算的机械站租入施工机械发生的机械租赁费，直接计入有关成本计算对象成本，即直接在“工程施工——合同成本”账户核算，不通过“机械作业”账户进行归集。

企业发生机械支出时，借记本账户，贷记“原材料”、“应付职工薪酬”、“累计折旧”等账户。

会计期末，企业及内部独立核算的施工单位、机械站和运输队为本单位承包的工程进行机械化施工和运输作业的成本，应转入承包工程的成本，借记“工程施工”账户，贷记本账户。对外单位、专项工程等提供机械作业（包括运输设备）的成本，借记“其他业务成本”账户，贷记“机械作业”账户。本账户期末应无余额。

（3）“主营业务成本”账户。“主营业务成本”账户是损益类账户，用来核算施工企业期末确认与收入配比的成本（有可能与实际发生数有差异，到工程全部完工时，总数与“工程施工——合同成本”相同）。借方登记期末与收入配比的计入损益的成本，贷方登记期末转入“本年利润”账户的数额，期末结转后本账户无余额。

（4）“工程结算”账户。“工程结算”账户核算施工企业与发包单位工程款的结算。收到或应收工程款时记入本账户贷方，期末结账时，本账户贷方余额表示已经结算的款项，工程全部完工时，将“工程施工”账户的余额与“工程结算”账户的余额对冲，记入本账户的借方，工程全部完工后，本账户应无余额。

5. 工程成本在各成本核算对象之间的归集与分配

（1）直接材料的归集与分配。施工企业的建筑安装活动中需要耗费大量的材料，材料品种多，大堆材料比重大。材料费用应按照材料领用的不同情况进行归集和分配。

① 凡能点清数量和分清材料对象的，能直接用于工程的材料，如钢材、木材、水泥，通常都可分别按成本计算对象直接计入各工程或本的直接材料项目。

② 凡能点清数量、集中配料或统一下料的，如油漆、玻璃、木材等，应在领料凭证上注明“工程集中配料”字样，月末由材料管理人员或领用部门根据用料情况，结合材料消耗定额，编制集中配料耗用分配表，在各成本计算对象之间进行分配。

③ 凡不能点清数量也很难立即分清用料对象的一些大堆材料，如砖、瓦、白灰、沙石等，几个单位工程共同使用，则先由材料员或领料部门验收保管，月末实地盘点结存数量，然后根据月初结存数量与本月进料数量，倒轧本月实际用量，结合材料耗用定额，编制大堆材料耗用计算单，据以计入各成本计算对象。

④ 对于其他不能点清数量的材料，也需要采用适当的方法分配计入各工程成本的直接材料费用项目。用于辅助生产部门、机械作业部门的各种材料应分别借记“生产成本——辅助生产成本”、“机械作业”账户。

⑤ 实行材料节约奖的，应按材料节约的数额，直接计入各成本核算对象。

⑥ 成本计算期内已办理领料手续，但没有全部耗用的材料，应在期末进行盘点，填制退料单，作为办理退料的凭证，据以冲减本期材料费。工程施工后的剩余材料，应填制退料单，办理退料手续。施工过程中发生的残次料和包装物等，应尽量回收利用，并填制“废料交库单”估价入账，并冲减工程材料费。

⑦ 周转材料应根据各个工程成本计算对象在用的数量，按照规定的摊销方法计提当月的摊销额，并编制周转材料摊销计算表。

月末，财会部门必须严格审核各种领退料凭证，并根据各种领料凭证、退料凭证及材料成本差异，编制材料费用分配表，计算受益对象应分配的材料费。

（2）直接人工的归集和分配。人工费计入成本的方法，一般根据企业实行的具体工资制度确定。

① 如果施工企业采用的是计件工资制度，人工费的受益对象容易确定，根据工程任务单和工程结算汇总表，将所归集的人工费用直接计入工程成本中。

② 施工企业采用计时工资制度时，如果能够正确区分工人劳动的服务对象，就可以采用和计件工资制度下同样的方法，直接将人工费计入工程成本。如果建筑安装工人同时为多项工程工作，就需要将发生的工资在各个计算对象之间进行分配。分配的方法是，用当月工资总额除以工人的出勤日计算出平均日工资，然后用平均日工资乘以各工程当月实际用工数得到各工程应负担的人工费。

（3）机械使用费的归集和分配。施工企业使用的施工机械可分为租赁机械和自有机械两种。施工企业各工程项目租赁施工机械而支出的租赁费和进出场费，应根据结算账单直接计入各工程成本机械使用费项目，不用通过“机械作业”账户进行核算。自有施工机械使用过程中发生的费用应首先按机组或单机归集，计算每台班的实际成本，然后根据各个成本计算对象的使用台班数，确定应计入各成本计算对象的机械使用费。进行机械作业所发生的各项费用的归集和分配，通过“机械作业”账户进行核算，并按照机械设备的类别设置明细账户，按规定的成本项目归集费用。费用项目的确定应和机械台班预算定额的构成内容一致，以便计算出来的台班实际成本与定额相比较。费用发生时，借记“机械作业”账户，月末根据归集的费用和设备作业时间计算各类机械的台班成本或按适当的标准分配记入各项工程成本的“机械使用费”项目，同时贷记“机械作业”账户。

分配机械使用费可以采用如下方法：

① 按施工机械的实际台时（或完成工程量）分配机械使用费。月末，根据各类机械明细账借方发生额及实际作业台班数计算台班成本，编制机械使用费分配表，借记“工程施工——合同成本”账户，并记入工程成本计算单的“机械使用费”项目内，同时贷记“机械作业”账户。当月“机械作业”账户发生的费用一般当月分配完毕，月末没有余额。

② 先按施工机械的计划台时对机械使用费进行分配，然后依据计划机械使用费与实际机械使用费之间的比值调整实际机械使用费。为了简化核算手续，对于各种重型机械使用费，可在月终根据机械使用月报中各种机械的工作台时（或完成工作量）合计和该种机械台时费计划数，算出当月机械使用费计划数，再计算机械使用费实际数占机械使用费计划数的百分比，然后将各个成本计算对象按台时费计划数计算的机械使用费计划数按照算得的百分比进行调整。其计算公式如下：

$$\text{机械使用费计划数}=\text{机械工作台时合计}\times\text{机械台时费计划数}$$

$$\begin{matrix}\text{某项工程应分配}\\\text{的机械使用费}\end{matrix}=\begin{matrix}\text{该项工程使用的}\\\text{机械工作台时}\end{matrix}\times\begin{matrix}\text{机械台时费}\\\text{计划数}\end{matrix}\times\frac{\text{机械使用费实际数}}{\text{机械使用费计划数}}$$

（4）辅助生产费用的归集和分配。施工企业一般都设置若干非独立核算的辅助生产部门，辅助生产部门主要为工程施工服务，包括木工车间、供水站、供电站、混凝土搅拌站、运输队等。

辅助生产部门所发生的各项费用，通过“生产成本——辅助生产成本”账户进行归集，并按辅助生产车间或单位、产品或劳务的品种设置明细账，按规定的成本项目归集费用，月末根据归集费用计算产品、劳务的总成本和单位成本，然后按各工程和部门的受益数量分配计入各项工程成本、机械作业成本以及其他费用项目，期末借方余额为辅助生产在产品成本。

（5）其他直接费用的归集和分配。其他直接费用包括材料二次搬运费、临时设施摊销费、生产工具用具使用费、检验试验费、工程定位复测费、工程点交费及场地清理费等。

施工企业发生的其他直接费用，凡是能分清成本计算对象的，应直接记入各受益工程成本计算对象下的“其他直接费用”项目中。如果是几个工程共同发生的，不能直接确定成本计算对象的其他直接费用，可以先在“其他直接费用”明细账中归集，然后以定额用量、预算费用或工程的工料成本作为分配基数，月末或竣工时编制其他直接费用分配表分配计入各成本计算对象。

（6）间接费用的归集与分配。建筑安装工程成本中除各项直接费用外，还包括企业所属各施工单位，如工程处、施工队、项目经理部，为施工准备、组织和管理所发生的各项费用。

间接费用属于共同费用，难以分清受益对象。为了归集和分配间接费用，企业应在“制造费用”账户下核算，汇总本期发生的各项间接费用，并按费用项目进行明细核算。当间接费用发生时，借记“制造费用”账户；月末将归集的间接费用采用一定的标准全数分配，借记相应的工程成本项目，贷记“制造费用”账户。“制造费用”账户月末应没有余额。

制造费用的分配标准因工程类别而有所不同。土建工程一般以工程成本的直接费用为分配标准。安装工程以人工费用为分配标准。在实际工作中，施工单位的工程往往既有土建工程又有安装工程，有时辅助生产单位生产的产品或劳务还会对外销售。因此施工单位的间接费用一般要经过两次分配。

间接费用的第一次分配是将发生的全部间接费用在不同的工程、劳务和作业间进行分配。这次分配一般以各类工程、劳务和作业中的人工费为基础进行，其计算公式为：

$$\text{间接费用分配率}=\frac{\text{间接费用总额}}{\text{各类工程（劳务、作业）成本中人工费总额}}\times 100\%$$

$$\begin{matrix}\text{某类工程（劳务、作业）}\\\text{应分配的间接费用}\end{matrix}=\begin{matrix}\text{该类工程（劳务、作业）}\\\text{中的人工费}\end{matrix}\times\begin{matrix}\text{间接费用}\\\text{分配率}\end{matrix}$$

间接费用的第二次分配是将分配到各类工程、劳务和作业的间接费用在本类工程、劳务和作业中进行再次分配。这次分配一般以各个工程、劳务和作业中的直接费用或人工费用为基础进行。土建工程以工程的直接费用实际金额或已完工程人工费用预算为标准进行分配。

另外，在实际核算工作中，对于间接费用的分配，若已给出间接费用定额，也可先计算本月实际间接费用与间接费用定额的百分比，再用该百分比对各项工程按定额计算的间接费用进行调整。

6. 月末已完工程和未完工程成本的分配

施工企业的各项生产费用，在各成本计算对象之间进行归集和分配以后，应计入本月各成本计算对象的生产费用，归集在“工程施工——合同成本”账户的借方和有关成本计算单中。这些生产费用月末应在已完工程和未完工程之间进行分配。已完工程包括已全部竣工，不再需要进行任何施工活动的工程，即竣工工程，也包括已经完成预算定额所规定的全部工序，在本企业不再需要进行任何加工的分部分项工程。

（1）未完工程成本的计算。未完工程成本的计算，通常是由统计人员月末到施工现场实地丈量盘点未完施工实物量，并按其完成施工的程度折合为已完工程数量，根据预算单价计算未完工程成本。其计算公式如下：

$$\begin{aligned}\text{未完工程成本} &= \text{预算单价} \times \text{未完工程实物量} \times \text{完工程度} \\ &= \text{未完工程预算造价} \times \text{完工程度}\end{aligned}$$

期末未完工程成本一般不负担管理费。如果未完施工工程量占当期全部工程量的比重很小或期初与期末数量相差不大，可以不计算未完工程成本。

根据计算结果填制未完施工盘点单，并记入工程成本结算单，即可据以结转未完工程实际成本。

（2）已完工程实际成本的计算。月末未完工程成本确定后，即可确定当月各个成本计算对象已完工程的实际成本。其计算公式如下：

$$\begin{matrix}\text{已完工程} \\ \text{实际成本}\end{matrix} = \begin{matrix}\text{月初未完} \\ \text{工程成本}\end{matrix} + \begin{matrix}\text{本月生产} \\ \text{费用}\end{matrix} - \begin{matrix}\text{月末未完} \\ \text{工程成本}\end{matrix}$$

根据各成本计算对象的成本计算单中的实际成本，填写已完工程成本表中“实际成本”栏据此结转本月已完工程实际成本，将已完工程的实际成本从“工程施工——合同成本”账户的贷方转入“主营业务成本”账户的借方。

11.3.3 施工企业成本核算举例

【例 11 - 12】海达建筑公司承建的望江小区保障房项目 1 号楼和 2 号楼的建造工程。2014 年 5 月相关情况如下：

（1）材料费用分配如表 11 - 11 所示。

表 11 - 11　　材料费用分配表

2014 年 5 月　　单位：元

工程成本计算对象	主要材料						水泥预制件		其他材料	
	钢材		水泥		合计					
	计划成本	成本差异	计划成本	成本差异	计划成本	成本差异	计划成本	成本差异	计划成本	成本差异
		5%		3%				1%		-2%
1 号工程	800 000	40 000	390 000	11 700	1 190 000	51 700	650 000	6 500	28 000	-560
2 号工程	630 000	31 500	275 000	8 250	905 000	39 750	390 000	3 900	15 000	-300
合　计	1 430 000	71 500	665 000	19 950	2 095 000	91 450	1 040 000	10 400	43 000	-860

海达公司建造 1 号楼工程耗用材料的计划成本 = 1 190 000 + 650 000 + 28 000 = 1 868 000（元）

1 号楼工程耗用材料的成本差异 = 51 700 + 6 500 - 560 = 57 640（元）

海达公司建造 2 号楼工程耗用材料的计划成本 = 905 000 + 390 000 + 15 000 = 1 310 000（元）

2 号楼工程耗用材料的成本差异 = 39 750 + 3 900 - 300 = 43 350（元）

根据表 11 - 11 及以上计算结果，编制会计分录如下：

借：工程施工——合同成本——1 号楼工程（直接材料）　　1 868 000

　　　　　　　　　　　——2 号楼工程（直接材料）　　1 310 000

　贷：原材料——主要材料　　2 095 000

　　　　　　——结构件　　1 040 000

　　　　　　——其他材料　　43 000

借：工程施工——合同成本——1 号楼工程（直接材料）　　57 640

　　　　　　　　　　　——2 号楼工程（直接材料）　　43 350

　贷：材料成本差异——主要材料　　91 450

　　　　　　　　——结构件　　10 400

　　　　　　　　——其他材料　　860

（2）海达建筑公司本月直接从事施工的工人薪酬为 2 401 000 元，其中 1 号楼施工人员薪酬为 1 318 300 元，2 号楼施工人员薪酬为 1 082 700 元。同时为 1 号楼和 2 号楼施工的人员薪酬为 79 200 元；1 号楼和 2 号楼共同施工人员总工时为 1 800 小时，其中 1 号楼 1 000 小时，2 号楼 800 小时。根据资料编制“直接人工费用分配表”，如表 11 - 12 所示。

表 11 - 12　　　　海达建筑公司直接人工费用分配表

项目部：望江小区保障房工程项目部　　　2014 年 5 月　　　单位：元

工程名称	直接计入人工费用	分配计入人工费用			人工费用合计
		施工工时（小时）	分配率	应分配人工费	
1 号楼	1 318 300	1 000		44 000	1 362 300
2 号楼	1 082 700	800		35 200	1 117 900
合计	2 401 000	1 800	44	79 200	2 480 200

根据分配结果，编制会计分录如下：

借：工程施工——合同成本——1 号楼工程（直接人工）　　1 362 300

　　　　　　　　　　　——2 号楼工程（直接人工）　　1 117 900

　贷：应付职工薪酬　　2 480 200

（3）海达公司承建的 1 号楼和 2 号楼本月已完成砌石工程量分别为 700 立方米和 500 立方米，本月领用钢模板、木模板、脚手架等的摊销额为 18 000 元。编制“周转材料分配表”，如表 11 - 13 所示。

表 11 - 13　　　　海达建筑公司周转材料分配表

项目部：望江小区保障房工程项目部　　　2014 年 5 月　　　单位：元

工程名称	分配标准（砌石工程量立方米）	分配率	分配金额
1 号楼	700		10 500
2 号楼	500		7 500
合计	1 200	15	18 000

根据分配结果，编制会计分录如下：

借：工程施工——合同成本——1 号楼工程（直接材料）　　10 500

——2 号楼工程（直接材料）　　7 500

贷：周转材料——低值易耗品摊销　　18 000

（4）海达建筑公司承建的 1 号楼和 2 号楼共同使用一台吊车和一台挖土机，本月吊车的机械使用费为 36 000 元，1 号楼和 2 号楼使用吊车的实际台时分别为 180 台时和 120 台时；本月挖土机的机械使用费为 48 000 元，1 号楼使用挖土机 150 小时，2 号楼使用挖土机 100 小时。编制“机械作业费分配表”，如表 11－14 所示。

表 11－14　　海达建筑公司机械使用费分配表

项目部：望江小区保障房工程项目部　　2014 年 5 月　　单位：元

工程名称	吊车费			挖土机使用费			机械使用费合计
	分配标准（台时）	分配率	分配金额	分配标准（小时）	分配率	分配金额	
1 号楼	180		21 600	150		28 800	50 400
2 号楼	120		14 400	100		19 200	33 600
合计	300	120	36 000	250	192	48 000	70 500

根据分配结果，编制会计分录如下：

借：工程施工——合同成本——1 号楼工程（机械使用费）　　50 400

——2 号楼工程（机械使用费）　　33 600

贷：机械作业——吊车　　36 000

——挖土机　　48 000

（5）海达建筑公司运输队本月发生各种费用共计 165 000 元。本月运输队总共提供 200 000 吨公里的运输服务，其中为 1 号楼工程提供 120 000 吨公里的运输服务，为 2 号楼工程提供 80 000 吨公里的运输服务。

运输费用分配率＝165 000÷200 000＝0. 825

1 号楼工程应分配的运输费用＝120 000×0. 825＝99 000（元）

2 号楼工程应分配的运输费用＝80 000×0. 825＝66 000（元）

借：工程施工——合同成本——1 号楼工程（其他直接费）　　99 000

——2 号楼工程（其他直接费）　　66 000

贷：生产成本——辅助生产成本　　165 000

（6）海达建筑公司本月以银行存款支付施工现场二次材料搬运费，场地清理费 3 810 元，其中 1 号楼 2 160 元，2 号楼 1 650 元。

借：工程施工——合同成本——1 号楼工程（其他直接费）　　2 160

——2 号楼工程（其他直接费）　　1 650

贷：银行存款　　3 810

（7）海达建筑公司望江小区保障房项目本月发生各项间接费用共计 90 450 元，按照 1 号楼和 2 号楼的直接费用比例分配。编制“间接费用分配表”，如表 11－15 所示。

1 号楼工程直接费用＝1 868 000＋57 640＋1 362 300＋10 500＋50 400＋99 000＋2 160＝3 450 000（元）

2 号楼工程直接费用 =1 310 000 +43 350 +1 117 900 +7 500 +33 600 +66 000 +1 650 = 2 580 000（元）

表 11 –15　　海达建筑公司间接费用分配表

项目部：望江小区保障房工程项目部　　2014 年 5 月　　单位：元

工程名称	分配标准	分配率	分配金额
1 号楼	3 450 000		51 750
2 号楼	2 580 000		38 700
合计	6 030 000	0. 015	90 450

借：工程施工——合同成本——1 号楼工程　　51 750

　　　　　　　　　　　——2 号楼工程　　38 700

　　贷：制造费用　　90 450

（8）海达建筑公司建造的望江小区的 1 号楼工程本月已全部完工。根据上述资料，编制海达建筑公司承建的望江小区 1 号楼、2 号楼工程的“工程成本计算单”，如表 11 –16 和表 11 –17 所示。假设 1 号楼有月初未完工程成本为 3 765 350 元，其中直接材料 2 741 260 元、直接人工 856 700 元、机械使用费 46 000 元、其他直接费用 85 140 元、间接费用 36 250 元。

表 11 –16　　海达建筑公司工程成本计算单

工程名称：望江 1 号楼　　2014 年 5 月　　单位：元

摘　　要	直接材料	直接人工	机械使用费	其他直接费用	间接费用	合计
月初未完工程成本	2 741 260	856 700	46 000	85 140	36 250	3 765 350
领用材料（1）	1 925 640					1 925 640
员工薪酬（2）		1 362 300				1 362 300
低值易耗品摊销（3）	10 500					10 500
机械使用费（4）			50 400			50 400
分配辅助生产成本（5）				99 000		99 000
其他直接费（6）				2 160		2 160
分配间接费用（7）					51 750	51 750
本月合计	1 936 140	1 362 300	50 400	101 160	51 750	3 501 750
累计工程成本	4 677 400	2 219 000	96 400	186 300	88 000	7 267 100
本月完工工程成本	4 677 400	2 219 000	96 400	186 300	88 000	7 267 100

表 11 –17　　海达建筑公司工程成本计算单

工程名称：望江 2 号楼　　2014 年 5 月　　单位：元

摘　　要	直接材料	直接人工	机械使用费	其他直接费用	间接费用	合计
领用材料（1）	1 353 350					1 353 350
员工薪酬（2）		1 117 900				1 117 900

续表

摘　　要	直接材料	直接人工	机械使用费	其他直接费用	间接费用	合计
低值易耗品摊销（3）	7 500					7 500
机械使用费（4）			33 600			33 600
分配辅助生产成本（5）				66 000		66 000
其他直接费（6）				1 650		1 650
分配间接费用（7）					38 700	38 700
本月合计	1 360 850	1 117 900	33 600	67 650	38 700	2 618 700
累计工程成本	1 360 850	1 117 900	33 600	67 650	38 700	2 618 700
本月未完工工程成本	1 360 850	1 117 900	33 600	67 650	38 700	2 618 700

（9）海达建筑公司承建的 1 号楼已经完工并向业主办理工程价款结算，合同收入为 8 000 000 元，合同成本为 7 267 100 元（见表 11－16），合同毛利为 732 900（8 000 000－7 267 100）元；2 号楼工程本月开始施工，无法按照完工百分比法结转成本。根据资料编制会计分录如下：

① 向业主办理工程价款结算。

借：应收账款——望江小区保障房指挥部　　8 000 000

　　贷：工程结算——1 号楼　　8 000 000

② 确认合同收入、合同成本和合同毛利。

借：主营业务成本——1 号楼　　7 267 100

　　工程施工——合同毛利——1 号楼　　732 900

　　贷：主营业务收入——望江小区 1 号楼　　8 000 000

③ 结转工程结算和工程施工账户。

借：工程结算——望江小区 1 号楼　　8 000 000

　　贷：工程成本——合同成本——1 号楼工程　　7 267 100

　　　　　　　　——合同毛利——1 号楼工程　　732 900

复习思考题

1. 毛毯、蔗糖、奶酪、水果罐头等产品，应当如何计算成本？
2. 农产品价值中包括生产性生物资产的价值吗？如果包括，应当如何计算？
3. 运输业成本计算单位有何特点？
4. “工程施工”与“生产成本”账户有何不同？
5. 物流企业成本核算对象和核算期间是什么？

第12章
成本报表和成本分析

【学习目标】

1. 了解成本报表的特点、种类和作用；

2. 熟悉商品产品成本表、主要产品单位成本表的编制方法；

3. 掌握成本分析的方法；

4. 重点掌握全部产品成本计划完成情况的分析方法、主要产品成本计划完成情况的分析方法以及主要产品单位成本的分析方法。

【案例导入】

新海制药厂从事中成药制造和销售，主要产品为新海感冒胶囊、新海伤风停两种药品。2013年这两种药物的产量分别为80万盒、35万盒，单位成本分别为2.5元、1.9元。根据2014年的生产销售情况，厂部会议下达2015年生产任务：计划生产该两种药物分别为100万盒、45万盒，计划单位成本分别为2.4元、1.7元。2014年实际产量分别为110万盒、50万盒，全年平均单位成本为2.2元、1.8元。年终会议上，几个部门为成本降低情况争论不休。销售等部门主管认为2014年全厂生产总成本比2013年提高了，生产部没有完成成本降低任务。但生产部主管认为虽然总成本提高了，但单位成本降低了，本部门圆满完成了成本降低任务。

思考：

1. 你认为今年的成本降低情况可以从哪些方面进行比较？

2. 哪些因素会引起总成本的变动？如何进行定量分析？

3. 如果就2014年生产情况编制成本报表，其报送对象与财务报表报送对象有区别吗？

12.1 成本报表

12.1.1 成本报表的意义

1. 成本报表的概念

成本报表是会计报表体系的重要组成部分，是企业对内提供成本信息的内部管理会计报表，是根据日常成本费用核算资料定期编制，用表格形式反映企业在一定会计期间生产经营耗费和产品成本水平，以作为考核和分析企业成本计划执行情况依据的书面报告。编制与分析成本报表是成本会计的一项重要工作。

在社会主义市场经济体制下，激烈的市场竞争促使企业对其生产经营情况、资金耗费水平、产品成本构成等采取了保密的原则，即把成本信息作为商业秘密加以保护。因此，成本报表一般不对外报送与公开，只作为向企业经营管理者提供信息以及进行成本分析的一种内部管理报表。

2. 成本报表的特点

与企业财务报表相比，成本报表具备以下特点：

（1）服务的对象是企业内部经营管理者。在市场经济条件下，为了竞争的需要，企业的生产和经营情况，费用支出的发生情况，产品成本水平及其构成情况等，一般采取保密的态度。因此反映成本信息的成本报表是企业的内部报表，反映企业的商业秘密，不对外报送和公开，它服务于企业内部经营管理。因此，企业可以根据需要自行规定报表的种类、格式、编制时间、报送程序、报送范围，并可定期修改与调整。

（2）在种类、内容、格式等方面存在个性差异。一个企业的成本信息总是与其特定的生产工艺和生产组织紧密相联的，不同企业对成本管理存在不同的要求，也必然反映到成本信息上来。因此为企业内部经营管理的需要而编制的成本报表，具有灵活性和多样性，在不同企业之间存在个性差异。这是成本报表这一内部管理会计报表区别于外部会计报表的一个重要特征。

（3）提供的信息具有综合性和全面性。成本指标是综合反映企业生产、技术、经营和管理工作水平的重要质量指标。企业产品产量的多少，产品质量的高低，原材料、燃料与动力的节约和浪费，工人劳动生产率的高低，职工平均工资的增减，机器设备等固定资产的利用程度，废品率的高低，以及企业生产经营管理工作的好坏等，都会或多或少、直接间接地反映到费用成本上来。成本指标的综合性特点，以及同企业各项技术、经济指标的关系，决定了根据日常成本核算资料和其他有关技术经济资料编制的成本报表，具有综合性和全面性的特点。

除此以外，成本报表在编报的时效上也要求定期与不定期相结合，可以根据需要适时地、不定期地编报，具有更高的时效性和灵敏性。

3. 编制成本报表的意义

编制和利用成本报表，对于加强成本管理，分析成本升降的原因，寻求降低成本的途径，控制成本水平，提高经济效益具有十分重要的意义。

（1）编制成本报表，可以提供企业生产产品的资源耗费情况和产品成本水平，以及企业成本计划的执行情况，作为评定企业工作质量和考核工作业绩的依据。

（2）通过成本报表提供的信息，可以了解企业成本管理的现状，发现成本管理中存在的弊端，揭示成本差异对产品成本升降的影响幅度，查明原因，并采取有针对性的措施来控制成本，为进一步挖掘企业降低成本的潜力指明方向。

（3）通过编制和分析成本报表，不仅可以满足企业、车间和部门加强日常成本、费用管理的需要，而且是企业进行成本、利润的预测、决策，编制产品成本计划和各项费用计划，制定产品价格的重要依据。

12.1.2 成本报表的种类

成本报表作为企业的内部报表，其种类、格式、内容、编制方法、编报时间、报送对象等，都由企业根据自身的特点和企业管理的具体要求自行确定。不仅不同企业的成本报表各不相同，就是同一企业在不同时期的成本报表也可能会不相同。

一般情况下，可将成本报表按其所反映的内容、编制的时间、范围等标准进行分类。其中，第一种分类能够体现成本报表所反映的经济内容，是最基本、最重要的分类，后两种分类是第一种分类的补充和完善。

1. 成本报表按其反映的经济内容分类

成本报表按其反映的经济内容可以分为反映生产经营过程中费用支出情况的报表、反映产品成本水平及其成本计划执行情况的报表、反映生产经营情况和成本费用情况的专题报表三类。

（1）反映生产经营过程中费用支出情况的报表有制造费用明细表、管理费用明细表、财务费用明细表和销售费用明细表等。

（2）反映产品成本水平及其成本计划执行情况的报表有产品生产成本表、产品生产和销售成本表、主要产品单位成本表等。

（3）反映生产经营情况和成本费用情况的专题报表则由企业根据自身生产经营过程的特点和管理要求自行规定，主要有生产费用表、生产情况表、生产班组成本核算表、材料耗用表、材料价格差异表、人工成本报告表、在产品成本明细表、质量成本表、环境成本表等。

2. 成本报表按编制的单位分类

按照编制的范围大小，成本报表可分为生产班组成本报表、生产车间（分厂）和厂部成本报表。它们分别反映生产班组、生产车间和全厂在一定期间产品生产的资源耗费和产品生产成本、期间费用的情况。

3. 成本报表按编制时间分类

成本报表在编制时间上具有很大的灵活性，可以定期也可以不定期编制。

定期编制的成本报表一般可分为年报、季报、月报、旬报、周报和日报等。由于成本报表要及时反映企业产品生产的成本信息，供管理部门做出相应的决策，所以，多采用日报、周报、旬报等形式；而上级部门统一规定的成本报表一般都是按月或按年编制的。

12.1.3 设置和编制成本报表的要求

成本报表是向企业经营管理者提供成本信息的内部管理报表。成本报表的种类、格式、指标的设计和编制时间、编制方法、报送对象等可由企业自行决定。企业在设置和编制成本报表时，应符合以下原则和要求。

1. 报表专题性

作为内部报表，成本报表不需要面面俱到地反映成本全貌，而是对成本进行重点反映，突出专题性。所谓专题性，是指成本报表的设置要反映成本管理的某一方面需要，尤其是管理中的重点问题、关键问题，要有针对企业某一具体业务的特点而设计的报表和报表项目。这样，企业也才有可能利用成本报表提供的信息，有针对性地采取措施，及时解决生产经营活动和管理工作中的问题。

2. 指标实用性

成本报表指标的实用性，是指企业设置的成本报表，要符合企业生产经营的特点，满足企业成本管理的要求。成本报表的种类要能够满足企业自身的需要，报表中的各项指标应当体现实用性原则，做到简明适用，不搞繁琐的计算和没有经济意义的数字罗列，要注重指标的内容而不拘泥于形式。

3. 编报准确及时

成本报表是为企业内部管理需要而编制的，报表编制要求数字真实、计算准确、内容完整的同时，也强调编报的及时性，这样才能保证信息的时效性。

（1）数字真实，是编制成本报表的基本要求，成本报表的各项指标必须如实反映成本信息，不能任意估计、弄虚作假、篡改数字；并要保持前后各期的成本报表在会计计量、计算和填列方法上的一致性，如客观条件发生变化确需变更时，必须在报表附注栏中做出说明。只有报表的数字真实可靠，如实反映企业费用、成本的水平和构成，才有利于企业管理当局正确地进行成本分析和成本决策。

（2）计算准确，是指成本报表的各项指标数据，必须按照企业在设置成本报表时规定的计算方法计算；报表中的各种相关数据，如本期报表与上期报表之间，同一时期不同报表之间，同一报表不同项目之间具有勾稽关系的数据，应当核对相符。

（3）内容完整，是指应编制的各种报表必须齐全；各项报表指标和表外各补充资料必须逐一填列；文字说明清晰全面，即任何项目都应当完整全面地填列，不能任意取舍。

（4）编报及时，是指按规定的期限及时编制成本报表，及时反映成本信息。企业的成本报表，有的可以定期编报，有的可以不定期编报。例如，反映费用支出和成本形成主要指标的报表，既可以按月编制，也可以按旬、按周、甚至按日、按班编制，并及时提供给有关部门负责人和成本管理者，使企业管理者能把握时机，迅速做出决策。

12.1.4 成本报表的编制方法

1. 产品生产成本表（按产品种类反映）的内容和编制方法

按产品种类反映的产品生产成本表，是按产品种类汇总反映企业在报告期内所生产的全部产品的单位成本和总成本的报表。编制该报表，旨在分析和考核各种类产品和全部产品本月和本年累计的成本计划执行结果，对各种类产品成本和全部产品成本的节约或超支情况进行评价；分析和考核各种可比产品成本降低计划的执行情况，促使企业采取措施，不断降低产品成本，为进一步进行产品单位成本分析指明方向。

产品生产成本表将企业各产品按主要产品和非主要产品的顺序分别逐项分列，并从“生产量”、“单位生产成本”、“生产总成本”来反映各产品的生产成本的情况，并将本期实际成本与上期实际成本、本期实际成本与本期计划成本进行比较，发现差异。

【例 12－1】长新工厂根据有关资料按产品品种类别编制的产品生产成本表，其格式如表 12－1 所示。

表 12－1　　产品生产成本表（按产品品种反映）

2014 年 12 月

编制单位：长新工厂　　单位：元

产品名称	计量单位	生产量			单位生产成本				本月总成本			本年总成本		
		本月	本年计划产量	本年累计	上年实际平均	本年计划	本月实际	本年累计实际平均	按上年实际平均单位成本计算	按本年计划单位成本计算	本月实际	按上年实际平均单位成本计算	按本年计划单位成本计算	本年实际
		(1)	(2)	(3)	(4)	(5)	(6)＝(10)/(1)	(7)＝(13)/(3)	(8)＝(1)×(4)	(9)＝(1)×(5)	(10)	(11)＝(3)×(4)	(12)＝(3)×(5)	(13)
主要产品合计									23 950	23 100	23 900	313 150	302 700	299 600
1. A 产品	件	70	900	1 110	185	180	190	175	12 950	12 600	13 300	205 350	199 800	194 250
2. B 产品	件	50	550	490	220	210	212	215	11 000	10 500	10 600	107 800	102 900	105 350
非主要产品合计										27 600	28 700		234 000	236 400
1. C 产品	件	25	260	180		600	650	630		15 000	16 250		108 000	113 400
2. D 产品	件	30	390	300		420	415	410		12 600	12 450		126 000	123 000
全部产品成本合计										50 700	52 600		536 700	536 000

补充资料：①A、B 产品为企业主要产品，C、D 产品为非主要产品；

②主要产品实际成本降低额为 13 550 元，降低率为 4.33%（主要产品本年计划成本降低额为 10 000 元，降低率为 3.48%）。

产品生产和销售成本表应按月编制，各项目的填列方法如下：

（1）“生产量”栏中，本月产量和本年累计产量根据“产品产量统计资料”或“产成品明细账”中完工入库的产品数量填列；本年计划产量根据本年企业制定的产销计划中的数据填列。

（2）“单位生产成本”栏中，上年实际平均单位成本根据上年度 12 月本表中的“本年累计实际平均单位成本”数填列；本年计划单位生产成本根据企业制定的本年度产销计划中的数据填列；本月实际单位生产成本可根据本月“成本计算单”中的完工产品单位成本填列或“库存商品明细账”中本月完工入库的产品的单位成本填列；本年累计实际平均单位生产成本根据下列公式计算填列：

$$\text{某产品本年累计实际平均单位成本}=\frac{\text{某产品本年累计实际总成本}}{\text{某产品本年累计实际生产量}}$$

$$=\frac{\text{某产品上月的本年累计实际平均单位成本}\times\text{某产品上月的本年累计生产量}+\text{某产品本月实际单位成本}\times\text{某产品本月生产量}}{\text{某产品上月的本年累计生产量}+\text{某产品本月生产量}}$$

(3)“本月总成本”栏中，各项总成本均以本月生产量为产量基础计算的总成本。其中按上年实际单位成本计算的总成本应根据本月生产量与上年度本表的“本年累计实际平均单位成本”栏的数额计算填列；按本年计划单位成本计算的总成本应根据本月生产量与本年度的计划单位成本计算填列；本月实际生产总成本根据本月产品成本计算资料填列。

(4)“本年总成本”栏中，各项总成本均以本年生产量为产量基础计算的总成本。其中按上年实际单位成本计算的总成本应根据本年实际累计生产量与上年度本表的“本年累计实际平均单位成本”栏的数额计算填列；按本年计划单位成本计算的总成本应根据本年实际累计生产量与本年度的计划单位成本计算填列；本年累计实际总成本应根据本年各月产品成本计算资料汇总填列。

由于非主要产品在上年没有正式生产过，无成本资料可以比较，因而凡有关“上年实际平均单位成本”栏目，均不填列。

根据企业需要，可以独立编制生产成本报表，也可以将生产成本和销售成本汇总在一起编报。产品生产和销售成本表是反映企业各种产品在一定会计期间的生产成本、销售成本以及产品期末结存情况的报表。编制该表，不仅可以反映企业产品成本的构成和成本水平以及产品成本的升降情况，而且可以反映各产品产、销、存之间的比例关系，便于企业管理者找出成本管理薄弱的产品，为企业制定下期的成本计划提供依据。

2. 产品生产成本表（按成本项目反映）的内容和编制方法

产品生产成本表按生产费用的构成要素内容编制，反映企业在一定会计期间生产产品发生的全部生产费用和全部产品生产成本的报表。编制本表可以反映生产费用和产品成本的构成情况，为企业降低产品生产的资源耗费提供依据。

产品生产成本表包括“生产费用”和“产品成本”两大部分。“生产费用”部分按生产费用的用途分为直接材料、直接人工和制造费用三大项目；该表根据企业本期各产品生产成本明细账、上年本表资料和本年成本计划资料编制。其中：上年实际数应根据上年12月份本表的本年累计实际数填列；本年计划数应根据成本计划有关资料填列；本月实际数中的生产费用按各产品成本明细账所记本月生产费用按成本项目分别汇总计算填列；表中的期初、期末在产品、自制半成品余额，应根据各种产品成本明细账的期初、期末在产品成本和各种自制半成品明细账的期初、期末余额分别汇总计算填列。

【例12－2】长新工厂根据有关资料按成本项目编制的产品生产成本表，其格式如表12－2所示。

表 12－2　　　　产品生产成本表（按成本项目反映）

2014 年 12 月

编制单位：长新工厂　　　　单位：元

项　　目	行次	上年实际	本月实际	本年累计实际
直接材料	1	287 000	30 116	360 580
其中：原材料	2	205 360	29 063	260 446
辅助材料	3	81 640	1 053	100 134
直接人工	4	119 800	12 386	130 250
制造费用	5	6 227	1 998	16 055
生产费用合计	6	413 027	44 500	506 885
加：在产品、自制半成品期初余额	7	40 250	14 883	175 690
减：在产品、自制半成品期末余额	8	31 104	6 783	146 575
产品成本合计	9	422 173	52 600	536 000

3. 主要产品单位成本表的内容和编制方法

主要产品单位成本表是反映企业在一定会计期间生产的各种主要产品的单位成本及其成本构成情况的报表。它对产品生产和销售成本表中的单位成本作了进一步详细的说明。编制本表是为了反映主要产品的成本水平，以便按成本项目详细分析各种主要产品单位成本比计划比上年升降的情况和原因，指明企业降低成本的方向。

主要产品单位成本表是分成本项目来分别说明该种主要产品单位成本的历史先进水平、上年实际平均数、本年计划数、本年实际数和本年累计实际平均数的。

【例 12－3】 长新工厂根据有关资料编制的主要产品单位成本表，其格式如表 12－3 所示。

表 12－3　　　　主要产品单位成本表

2014 年 12 月

编制单位：长新工厂　　　　单位：元

产品名称：A 产品　　　　本月计划产量：68

规　格：　　　　本月实际产量：70

计量单位：件　　　　本年累计计划产量：900

销售单价：730 元　　　　本年累计实际产量：1 110

成本项目	行次	历史先进水平 2010 年	上年实际平均数	本年计划	本月实际	本年累计实际平均
直接材料	1	109	117	115	116	110
直接工资	2	35	35	32	40	35
制造费用	3	24	33	33	34	30
成本合计	5	168	185	180	190	175

主要产品单位成本表按月编制，其中："历史先进水平"栏应根据历史上成本水平最低年度的成本资料填列；"上年实际平均"栏应根据上年度本表的"本年累计实际平均"栏各数填列；"本年计划"栏应根据产品成本计划资料填列；"本月实际"栏应根据本月成本计算资料填列；"本年累计实际平均"栏各项目数应根据下列公式计算填列：

$$\text{某产品某成本项目本年累计实际平均单位成本}=\frac{\text{某产品某成本项目1月至报告期末的累计成本}}{\text{某产品1月至报告期末的累计产量}}$$

以上各项指标与其他报表指标间的勾稽关系表现在：本表产品生产成本各栏数额与产品生产表中相应产品的单位生产成本各栏的数额相等。

4. 制造费用明细表的内容与编制方法

制造费用明细表是反映企业在会计年度内发生各项制造费用明细情况的报表。编制本表是为了分析制造费用的构成和增减变动情况，考核制造费用的预算执行情况，为企业寻找节约开支、降低费用的途径和制定费用预算提供依据。

制造费用明细表是按制造费用的各明细项目分别从本年计划数、本年实际数和上年实际数三个方面列报的。

【**例 12 -4**】长新工厂根据有关资料编制的制造费用明细表，其一般格式如表 12 -4 所示。

表 12 -4　　**制造费用明细表**

2014 年 12 月

编制单位：长新工厂　　单位：元

项　　目	行次	本年计划	上年实际	本年实际
1. 薪酬费用	1	4 500	2 600	5 375
2. 折旧费	2	3 800	2 066	3 810
3. 租赁费	3			
4. 无形资产摊销	4	400	297	655
5. 水电费	5	350	109	378
6. 机物料消耗	6	290	166	312
7. 低值易耗品摊销	7	380	215	491
8. 劳动保护费	8	380	316	380
9. 办公费	9	400	224	470
10. 差旅费	10			284
11. 运输费	11			
12. 保险费	12	500	234	500
13. 设计制图费	13			
14. 试验检验费	14	1 500		3 400
15.	15			
16. 其他	19			
制造费用合计	20	12 500	6 227	16 055

制造费用明细表是按年编制的，表中“本年计划”栏的数据应根据本年度制造费用预算填列；“上年实际”栏的数据根据上年度本表的“本年实际”栏的数据填列；“本年实际”栏应根据本年度“制造费用明细账”中各明细项目的全年累计发生额填列。

本表与其他报表各指标间的勾稽关系表现在：在企业只生产产品，而不生产自制材料、自制设备、自制工具等的前提下，表中“制造费用合计”项目的上年实际数和本年实际数应与“产品生产成本表”中“制造费用”项目的上年实际数和本年累计实际数相等。

5. 期间费用明细表的内容和编制方法

（1）管理费用明细表。管理费用明细表是反映企业一定会计期间行政管理部门为组织和管理生产经营活动而发生的各项管理费用的报表。该表按年编报，从本年计划数、上年实际数和本年实际数三个方面分别列示管理费用各明细项目。

【例 12 -5】长新工厂根据有关资料编制的管理费用明细表，其一般格式如表 12 -5 所示。

表中“本年计划”栏根据管理费用本年的预算数填列；“上年实际栏”根据上年度本表中的“本年实际”栏的数字填列；“本年实际”栏根据“管理费用明细分类账”中各项目的本年累计发生额填列。本表各项目合计数应与年度利润表中管理费用项目数额相等。

表 12 -5 **管理费用明细表**

编制单位：长新工厂 2014 年 12 月 单位：元

费用项目	行次	本年计划	上年实际	本月实际	本年实际
1. 职工工资	1	75 000	69 980	7 870	78 700
2. 职工福利费	2	9 680	10 400	990	12 180
3. 差旅费	3	1 600	2 010		1 550
4. 办公费	4	2 400	2 380	205	2 640
5. 折旧费	5	5 800	5 880	480	6 050
6. 修理费	6	1 000	900	120	880
7. 物料消耗	7	980	1 050	90	706
8. 低值易耗品摊销	8	560	517	108	565
9. 工会经费	9	1 500	1 340	157	1 574
10. 职工教育经费	10	1 125	1 050	118	1 181
11. 劳动保险费	11	2 300	2 300	200	2 230
12. 租赁费	12	4 300	4 300	350	4 300
13. 董事会费	13				
14. 咨询费	14				
15. 审计费	15	2 000	2 000		2 000
16. 诉讼费	16				
17. 排污费	17				
18. 绿化费	18				
19. 税金	19	3 200	2 930		2 870
其中：房产税	20	2 500	2 800		2 600
车船税	21				
土地使用税	22				
印花税	23	700	130		270
20. 保险费	24	2 000	2 800		2 220

续表

费用项目	行次	本年计划	上年实际	本月实际	本年实际
21. 土地损失补偿费	25				
22. 技术转让费	26				
23. 技术开发费	27				
24. 无形资产摊销	28				
25. 递延资产摊销	29				
26. 业务招待费	30	10 000	11 420	1 800	13 300
27. 存货盘亏毁损（减盘盈）					
28. 已摊销的潜亏挂账数					
29. 其他					
管理费用合计		123 445	121 257	12 488	132 946

（2）财务费用明细表。财务费用明细表是反映企业在一定会计期间为筹集资金而发生的各项费用的报表。该表从本年计划数、上年实际数和本年实际数三个方面来反映财务费用各明细项目。

【例 12 -6】长新工厂根据有关资料编制的财务费用明细表，其一般格式如表 12 -6 所示。

表 12 -6　　财务费用明细表

编制单位：长新工厂　　2014 年 12 月　　单位：元

项　目	行次	本年计划	上年实际	本年实际
利息支出	1	47 610	48 095	46 850
减：利息收入	2	908	886	754
利息净支出	3	46 720	47 209	46 096
汇兑损失	4	38 200	28 750	39 800
减：汇兑收益	5	6 500	7 340	6 850
汇兑净损失	6	31 700	21 410	32 950
金融机构手续费	7	2 650	2 275	2 842
其他	8	14 500	12 680	12 640
财务费用合计	9	95 570	83 574	94 528

表中“本年计划”栏根据本年财务费用预算填列；“上年实际”栏根据上年本表的“本年实际”栏的数字填列；“本年实际”栏根据“财务费用明细账”中各明细项目的本年累计发生额填列。其中：如果利息收入大于利息支出，则利息净支出用“ - ”号表示；如果汇兑收益大于汇兑损失，则汇兑净损失也用“ - ”号表示。

本表各项目合计数，应与年度利润表中的财务费用项目数额相等。

（3）销售费用明细表。销售费用明细表是反映企业在一定会计期间销售商品过程中发生的各项费用的报表。该表也是从本年计划、上年实际和本年实际三个方面来反映产品销售费用各明细项目的。

【例 12 -7】长新工厂根据有关资料编制的销售费用明细表，其格式如表 12 -7 所示。

表 12-7　　　　　　　　　　销售费用明细表

编制单位：长新工厂　　　　　　2014 年 12 月　　　　　　单位：元

费用项目	行次	本年计划	上年实际	本年实际
1. 职工工资	1	58 320	49 950	59 280
2. 其他职工薪酬	2	2 260	2 217	2 370
3. 销售服务费	3	3 000	3 165	4 740
4. 委托代销手续费	4			
5. 运输费	5	2 000	1 610	2 385
6. 装卸费	6	2 000	1 760	2 135
7. 包装费	7	1 500	1 440	1 610
8. 保险费	8	600	450	500
9. 展览费	9	5 000	4 000	5 800
10. 广告费	10	6 000	7 000	8 500
11. 差旅费	11	1 000	514	955
12. 办公费	12	500	400	550
13. 租赁费	13			
14. 低值易耗品摊销	14			
15. 物料消耗	15	200	180	110
16. 折旧费	16			
17. 修理费	17			
18. 其他	20			
合　　计	25	82 380	72 686	88 935

销售费用明细表的“本年计划”栏应根据销售费用预算数填列；“上年实际”栏根据上年度本表的“本年实际”数填列；“本年实际”栏根据“销售费用明细分类账”中各费用项目的本年累计发生额填列。

本表各费用项目的合计数，应与年度利润表中的销售费用项目的数额相等。

12.2　成本分析

12.2.1　成本分析概述

1. 成本分析的意义

成本分析是利用成本核算资料，结合产品成本的计划资料、历史资料及其他资料，运用一定的方法，对成本水平及其构成情况进行分析与评价，研究成本计划完成情况及成本变动的具体原因，寻求降低成本的途径和方法，提出改进措施，促进企业效益的不断提高。成本管理的根本目的是要求企业最大限度地降低生产经营耗费和产品成本，充分挖掘增产节约的潜力。成本分析是成本核算工作的继续，是成本会计的重要组成部分。开展成本分析，及时肯定企业各部门在提高劳动生产率，提高产品质量，降低生产消耗等方面取得的成绩，可以明确经济责任，调动广大职工参加成本管理的积极性；可以查明成本形成过程中存在的问题和矛盾，揭示产品成本变动的因素及影响程度，有利于企业抓住重点，明确目标，进一步加强成本管理，以尽可能少的生产耗费取得尽可能多的经济效益；可以检查成本计划本身的合理性，为企业未来编制成本计划和进行成本的预测决策工作奠定基础。

2. 成本分析的内容

成本分析在实际运用过程中贯穿于产品成本形成的全过程，按产品成本形成的阶段可分为产品成本的事前分析、事中分析和事后分析三部分。本节将主要讲述产品成本的事后分析。产品成本的事后分析主要包括全部产品成本计划完成情况的分析、主要产品成本计划完成情况的分析、产品单位成本的分析和技术经济指标对产品成本影响的分析。在成本分析过程中，要把定量分析和定性分析结合起来，遵循例外管理和目标管理的原则。

3. 成本分析的方法

成本分析的方法是多种多样的，企业应根据成本分析的目的、企业生产组织的特点及其所掌握资料的性质和内容来选择适当的分析方法。一般来说，由于成本报表主要是由各项经济指标项目组成，所以成本分析工作中经常使用数量分析法，主要有对比分析法、比率分析法和因素分析法等。通过数量分析，可以揭示差异、发现问题并且衡量因素影响程度，为降低成本寻求可能。

（1）比较分析法。比较分析法（又称对比分析法）是通过指标对比，从数量上确定差异的一种分析方法。其主要作用在于揭示客观上存在的差距，并为进一步分析指明方向。比较分析的基数由于分析目的的不同而有所不同，可以将同一成本指标在不同时间、不同空间的数据进行对比。常用的比较分析方式主要有三种：

① 本期实际成本与计划成本比较，可以说明成本计划的完成情况，为进一步分析指明方向。该指标的分析可从实际成本脱离计划成本的差异额的分析和差异率的分析两部分着手。通常按照下列公式进行计算：

$$\begin{array}{c}\text{某项成本指标实际}\\\text{较计划增减额}\end{array}=\begin{array}{c}\text{某项成本指标分析}\\\text{期的实际数}\end{array}-\begin{array}{c}\text{某项成本指标分析}\\\text{期的计划数}\end{array}$$

$$\begin{array}{c}\text{某项成本指标实际}\\\text{较计划增减（\%）}\end{array}=\frac{\text{分析期的实际数额}-\text{分析期计划数额}}{\text{分析期计划数额}}\times 100\%$$

上式中，实际较计划增加或减少的数额是用实际数减去计划数求得的。在成本分析中，实际大于计划为成本超支，反之为成本节约。因此，计算成本降低额或节约额时，也可用计划数减去实际数，差额为正数表示成本降低额或节约额。

在实际工作中，经常要计算成本降低额指标。但某项成本指标实际较计划的增减数额应是同一产量的计划成本总额减去实际成本总额后的差额，正数为成本降低额，负数为成本超支额。用公式表示为：

$$\begin{array}{c}\text{某项成本指标实际与计划成本}\\\text{比较的成本降低额}\end{array}=\begin{array}{c}\text{实际产量按计划单位}\\\text{成本计算的总成本}\end{array}-\text{实际总成本}$$

在实际工作中，成本计划完成情况的分析，也经常需要计算实际成本与计划成本比较的成本降低率，其计算公式为：

$$\text{实际成本与计划成本比较的成本降低率}=\frac{\text{实际比计划成本降低额}}{\text{实际产量按计划单位成本计算的总成本}}\times 100\%$$

在将某项成本指标的实际数与计划数进行比较，当发现实际数比计划数的差异额（率）较大时，必须对计划的编制情况进行检查。如果确属于计划制定不当，则须重新修订计划，否则，应进一步查明实际脱离计划的原因。

② 本期实际指标同前期实际指标对比，可以了解企业成本升降的动态及趋势。在有关成本的计划资料不全或计划质量不高时，这种比较尤为重要。

在成本分析中，将分析期实际数额与前期实际数额对比，可以计算出分析期实际数额较前期增加或减少的数额和增加或减少的百分比，主要产品（可比产品）成本降低额和降低率也是这种对比方式的另一种重要表现形式。企业主要产品成本降低额和降低率，无论是计划降低额（降低率）还是实际降低额（降低率），都是与上年实际进行比较来计算的。

通常可按下列公式进行计算：

$$\text{主要产品计划成本降低额}=\text{计划产量按上年实际平均单位成本计算的总成本}-\text{计划总成本}$$

$$\text{主要产品计划成本降低率}=\frac{\text{主要产品计划成本降低额}}{\text{计划产量按上年实际平均单位成本计算的总成本}}\times 100\%$$

$$\text{主要产品实际成本降低额}=\text{实际产量按上年实际平均单位成本计算的总成本}-\text{实际总成本}$$

$$\text{主要产品实际成本降低率}=\frac{\text{主要产品实际成本降低额}}{\text{实际产量按上年实际平均单位成本计算的总成本}}\times 100\%$$

在将本期实际指标同前期实际指标对比时，分析期实际数额可以与上月、上季、上年同期实际数额和本企业历史先进水平的成本相比较。

③ 本企业实际成本与同行业先进水平比较，可以发现本企业成本管理的差距，有助于推动企业采取措施，赶超先进成本水平。

比较分析法只适用于同质指标的数量对比，因此在运用对比分析法进行成本分析时，我们应注意各成本指标间的可比性，即相互对比的成本指标，必须在时间单位、计算口径、计价基础等方面保持一致。只有这样，成本分析的结果才有意义，才能正确反映成本指标的差异，促进产品成本的降低。

（2）比率分析法。比率分析法是通过计算和对比经济指标的比率进行数量分析，利用两个经济指标的相关性，考察和评价企业经营活动效益的一种方法。所谓比率，是指一个指标与另一个指标的比值。通过这一方法，把两项指标的绝对数变成了相对数，从而使一些不可比的指标成为可比的相对数，拓宽了比较的基础和比较分析法的应用范围。比率分析法由于分析的内容和要求不同，有三种具体表现形式：

① 相关指标比率分析：它是将性质不同但又相关的两个经济指标进行对比，计算出比率，然后再以实际数与计划数（或前期实际、历史先进水平等）进行对比分析，以分析该指标的完成情况，深入考察企业的生产经营状况。例如，将成本指标与反映企业生产、销售

情况的指标联系起来，就可以计算出产值成本率、销售成本率和成本利润率指标，从而可以分析和考察企业生产耗费的经济效益情况。

产值成本率是产品成本与工业总产值或商品产值的比率的关系。其计算公式为：

$$产值成本率=\frac{产品生产成本}{工业产值或商品产值}\times 100\%$$

销售成本率是指销售成本与销售收入的比率，它反映了企业一定时期内生产耗费与销售收入之间的关系。其计算公式为：

$$销售成本率=\frac{销售成本}{销售收入}\times 100\%$$

成本费用利润率是利润与成本费用的比率，它反映了企业一定时期内的财务成果（利润总额或营业利润总额）与生产耗费（成本费用总额或营业成本总额）的关系。其计算公式为：

$$成本费用利润率=\frac{利润总额（或营业利润额）}{成本费用总额（或营业成本）}\times 100\%$$

② 构成比率分析：是通过计算某一经济指标各个组成部分占总体的比重来考察该经济指标的构成的合理性。例如，通过计算某一产品单位成本中各成本项目占单位总成本的比重，确定单位成本的构成比率，然后将不同时期的单位成本的构成比率相比较，通过观察产品单位成本构成的变动，掌握各成本项目对产品单位成本的影响，从而找到降低成本的途径。

③ 趋势比率分析：是将不同时期同一指标的数值进行对比，求出比率，进行动态比较，据以分析该项指标的增减速度和变动趋势。趋势比率的计算或以采取直比和环比两种方式。所谓直比，是将几个时期同一指标的数值分别与某一固定时期同类指标的数值进行比较；所谓环比，是在几个时期内将相邻两时期的同一指标进行比较。

（3）因素分析法。因素分析法又称连环替代法或因素替换法，它是用来分析一个经济指标的各个因素影响该指标计划完成情况程度的一种方法。在这种方法下，需要找出经济指标的各个影响因素及其内在联系的公式，然后按照各个因素在公式中的排列顺序，逐次以一个因素的实际数替代其基数的分析方法，基数可以是计划数或上期实际数等。具体来说，因素分析法的计算程序可以分为以下几步：

① 分析某一经济指标的各个影响因素，将该经济指标的实际数与计划数进行对比，确定实际脱离计划的差额，作为分析对象。

② 确定各影响因素的排列顺序。一般来说，各影响因素的排列顺序是先数量指标，后质量指标；如果同时出现几个数量指标或几个质量指标，应先替换实物量指标，后替换价值量指标。

③ 将该经济指标的计划数按各个影响因素列式计算，并以该式为基础，依次将各个影响因素按已确定的排列顺序替代为实际数（每次替代一个影响因素），替代后计算式的乘积与替代前计算式的乘积的差额，就是所替代因素对该经济指标计划数完成情况的影响数额。

④ 汇总求出各个因素影响数额的和，即为该项经济指标计划数与实际数的差额。

下面以材料费用总额变动分析为例来说明因素分析法的运用。

【**例 12 -8**】假定某企业材料费用的有关资料如表 12 -8 所示。

表 12 -8 **材料费用**

项　　目	单位	计划数	实际数	差额
产品产量	件	560	600	+40
单位产品材料消耗量	公斤	20	18	-2
材料单价	元	20	22	+2
材料费用总额	元	224 000	237 600	+13 600

从上述资料可以看出，影响材料费用总额的因素有产品产量、单位产品材料消耗量和材料单价三个。各个影响因素相互依存，按各影响因素的排列顺序列成计算公式为：

材料费用总额 = 产品产量 × 单位产品的材料用量 × 材料单价

分析过程如下：

第一步，确定分析对象：

材料费用总额计划数：560 ×20 ×20 =22 4000（元）

材料费用总额实际数：600 ×18 ×22 =237 600（元）

分析对象：237 600 -224 000 = +13 600（元）

第二步，进行因素分析：

① 替代产量：600 ×20 ×20 =240 000（元）

产量影响材料费用总额的金额是：240 000 -224 000 =16 000（元）

② 替代单耗：600 ×18 ×20 =216 000（元）

单耗影响材料费用总额的金额是：216 000 -240 000 = -24 000（元）

③ 替代单价：600 ×18 ×22 =237 600（元）

单价影响材料费用总额的金额是：237 600 -216 000 =21 600（元）

④ 合计：16 000 -24 000 +21 600 =13 600（元）

通过上式计算可以知道，材料费用总额实际数比计划数增加 13 600 元的原因是：产量增加使材料费用总额增加 16 000 元，单位产品的材料消耗量的减少使材料费用总额减少 24 000 元，材料单价增加使材料费用总额增加 21 600 元，三个因素共同作用，使材料费用总额增加 13 600 元。根据计算分析结果，指明企业应进一步查明材料价格升高的原因。

因素分析法的主要作用在于分析计算综合经济指标变动的原因及其各个影响因素的影响程度。但该方法也有一定的局限性，在运用时应注意如下特点：

其一，因素分解的客观性。要运用连环替代法，首先就是要确定经济指标的影响因素及其相互关系，这就要求找到影响经济指标的真正关键因素并明确这些因素之间的真正关系。如果没有找到真正的影响因素或者这些因素只是次要的影响因素，或者没有发现关键因素之间的真正关系，则虽列出了数学关系式，但该关系式不具有实际经济意义。

其二，计算程序的连环性：即上述计算都是严格按照各因素的排列顺序，逐次以一个因素的实际数替换其计划数。除第一次替换外，每个因素的替换都是在前一个因素替换的基础上进行的。

其三，因素替换的顺序性：在运用连环替代分析法时，要正确地排列综合指标各个影响因素的排列顺序，并且，在分析相同问题时一定要按同一替换顺序进行，这样计算的结果才具有可比性。

其四，计算条件的假定性：运用该方法在计算分析某一影响因素对综合指标的影响额时是以假定其他因素不变为条件的。因此，因素分析法分析的结果只能是在某种假定条件下计算的结果。但这种科学的抽象分析方法，是在确定事物内部各种因素影响程度时必不可少的。

【同步思考 12 -1】

采用连环替代法改变因素的排列顺序后，计算结果为什么会有所不同？

12.2.2 全部商品产品成本计划完成情况的分析

对全部产品进行成本计划完成情况分析时，既要从整体出发，分析全部商品产品成本计划完成的情况，又要分析每种产品成本计划的完成情况；既要按产品类别进行分析，又要按产品成本项目进行分析。通过分析，一是查明全部产品和各种产品成本计划的完成情况；二是查明全部产品总成本中，各个成本项目的成本计划完成情况，确定成本超支或降低的产品和成本项目，以及成本超支或降低的幅度，指明深入分析的方向。

1. 全部产品按产品类别进行的成本计划完成情况分析

全部产品按产品类别进行的成本计划完成情况分析应以当年产品成本的计划资料和产品成本报表资料为依据，通过编制“全部产品成本计划完成情况表”进行。

【例 12 -9】长新工厂生产 A、B、C、D 四种产品，其中：A、B 为主要产品，C、D 为非主要产品。2014 年的成本计划资料和报表资料如表 12 -9 和表 12 -10 所示。

表 12 -9　　全部产品成本计划资料

编制单位：长新工厂　　2014 年度　　单位：元

产品名称	计量单位	计划产量	单位成本		总成本		成本降低任务	
			上年实际	本年计划	按上年实际单位成本计算	本年计划	降低额	降低率（%）
主要产品					287 500	277 500	10 000	3.48%
A 产品	件	900	185	180	166 500	162 000	4 500	2.7%
B 产品	件	550	220	210	121 000	115 500	5 500	4.55%
非主要产品						319 800		
C 产品	件	260		600		156 000		
D 产品	件	390		420		163 800		
合计						597 300		

表 12 – 10　　产品生产成本表

编制单位：长新工厂　　2014 年 12 月　　单位：元

产品名称	计量单位	实际产量	单位成本			总成本		
			上年实际平均	本年计划	本年实际	按上年实际单位成本计算	按本年计划单位成本计算	本年实际成本
主要产品					313 150	302 700	299 600	
A 产品	件	1 110	185	180	175	205 350	199 800	194 250
B 产品	件	490	220	210	215	107 800	102 900	105 350
非主要产品							234 000	236 400
C 产品	件	180		600	630		108 000	113 400
D 产品	件	300		420	410		126 000	123 000
合计							536 700	536 000

根据上列成本资料，编制“全部产品成本计划完成情况分析表”，如表 12 – 11 所示。

表 12 – 11　　全部产品成本计划完成情况分析表（按产品类别）

编制单位：长新工厂　　2014 年 12 月　　单位：元

产品名称	实际产量按计划单位成本计算的总成本	实际总成本	降低额	降低率（%）
主要产品	302 700	299 600	3 100	1. 02
A 产品	199 800	194 250	5 550	2. 78
B 产品	102 900	105 350	– 2 450	– 2. 38
非主要产品	234 000	236 400	– 2 400	1. 03
C 产品	108 000	113 400	– 5 400	– 0. 05
D 产品	126 000	123 000	3 000	2. 38
合计	536 700	536 000	700	0. 13

因为只有同一实物量的总成本才可以比较，所以企业全部产品成本计划完成情况的分析，其总成本都是按同样的产量基础，也就是按实际产量计算的。而在企业全部产品中，有的以前年度没有正式生产过，没有上年成本资料，因此是与计划比较，计算出全部产品的成本降低额和降低率，查明成本计划的完成情况。从表 12 – 11 可以看出，全部产品实际成本较计划成本降低了 700 元，降低率为 0. 13%，说明企业基本完成了成本计划。其中主要产品 A 和非主要产品 D 的成本降低率分别为 2. 78% 和 2. 38%，成本下降的幅度相对较大，是全部产品完成成本计划最主要的原因；但主要产品 B 没有降低成本。企业应该以此为突破口，深入分析其原因，提出改进措施，把成本降下来。

2. 全部产品按成本项目分析

在按品种分析成本降低任务完成情况的基础上，企业还应进一步对全部产品成本按成本项目进行分析，以了解各个成本项目脱离计划的程度，以便抓住主要矛盾，进一步分析成本脱离计划的原因。按成本项目对全部商品产品成本计划完成情况进行分析，可根据全部产品生产成本表（按成本项目反映）所提供的资料，以及其他有关计划、核算资料，采用比较分析法、构成比率法等方法进行。

【例 12－10】长新工厂根据产品成本计划和成本报表的有关资料，编制按成本项目反映的“全部产品成本计划完成情况分析表”，如表 12－12 所示。

表 12－12　　全部产品成本计划完成情况分析表（按成本项目）

编制单位：长新工厂　　2014 年 12 月　　单位：元

成本项目	实际产量按计划单位成本计算的总成本	实际总成本	降低额	降低率（%）
直接材料	407 800	389 695	18 105	4.44%
直接人工	112 022	130 250	－18 228	16.27%
制造费用	16 878	16 055	823	4.88%
合计	536 700	536 000	700	0.13%

从表 12－12 可以看出，该厂产品成本的降低额为 700 元，成本降低率为 0.13%，这与表 12－11 中分析的结果是一致的。进一步分析可以发现，构成产品总成本的三个成本项目中，直接材料实际成本比计划降低 18 105 元，降低率为 4.44%，较好地完成了成本计划；制造费用实际比计划降低 823 元，降低 4.88%，也较好地完成了成本计划；但是直接人工实际成本比计划超支了 18 228 元，超支 16.27%。以上情况说明，企业在控制材料费用和制造费用方面下了功夫，取得了成绩，但对人工费用大额超支，应进一步查明原因。

12.2.3　主要产品（可比产品）成本计划完成情况的分析

企业的产品通常包括主要产品和非主要产品两部分。企业主要产品是指分析期正常生产、大量生产的产品，主要产品的产量、消耗、成本、收入、利润等都在企业全部产品中占很大的比重，是企业产品成本分析的重点。企业主要产品一般在上年生产过，通常有上年成本资料可以比较，所以又称为可比产品。在企业产品成本计划中，除了规定主要产品的计划成本外，还规定了与上年比较的成本降低任务，即计划成本降低额和降低率。因此，主要产品成本计划成本完成情况的分析，重点是主要产品成本降低任务完成情况的分析。主要产品成本降低任务完成的好坏，是衡量全部产品成本计划完成程度的一个举足轻重的指标。

分析主要产品成本降低任务的完成情况，根据因素分析法的原理，首先要确定分析对象；其次是确定影响成本降低任务的主要因素；最后是计算出各个因素变动对成本降低任务完成情况的影响程度。

1. 确定分析对象

在进行主要产品成本计划完成情况的分析时，首先要计算主要产品成本的实际降低额和实际降低率，然后将其与计划降低额和计划降低率进行比较，以了解其成本计划的完成情况，同时，两指标的差额也就是进行成本分析的对象。

$$\text{计划降低额} = \sum(\text{计划产量} \times \text{上年实际平均单位成本}) - \sum(\text{计划产量} \times \text{本年计划单位成本})$$

$$\text{计划降低率} = \frac{\text{计划降低额}}{\sum(\text{本年计划产量} \times \text{上年实际平均单位成本})} \times 100\%$$

$$实际低额 = \sum(实际产量 \times 上年实际平均单位成本) - \sum(实际产量 \times 本年实际平均单位成本)$$

$$实际降低率 = \frac{实际降低额}{\sum(本年实际产量 \times 上年实际平均单位成本)} \times 100\%$$

主要产品成本降低额的完成情况 = 实际降低额 - 计划降低额

主要产品成本降低率的完成情况 = 实际降低率 - 计划降低率

【例 12-11】 长新工厂生产 A、B 两种主要产品，根据表 12-9、表 12-10 提供的资料，进行主要产品成本降低任务完成情况的分析（表 12-13），确定分析对象。

表 12-13　　　　成本降低任务完成情况的分析对象

项　目	计划（1）	实际（2）	差异（分析对象）(2)-(1)
主要产品成本降低额	10 000	13 550	3 550
其中：A 产品	4 500	11 100	6 600
B 产品	5 500	2 450	-3 050
主要产品成本降低率	3.48%	4.33%	0.85%
其中：A 产品	2.7%	5.41%	2.71%
B 产品	4.55%	2.27%	-2.28%

其中：

$$\begin{aligned}计划降低额 &= \sum(计划产量 \times 上年实际平均单位成本) \\ &\quad - \sum(计划产量 \times 本年计划单位成本) \\ &= 287\ 500 - 277\ 500 \\ &= 10\ 000（元）\end{aligned}$$

$$\begin{aligned}计划降低率 &= \frac{计划降低额}{\sum(本年计划产量 \times 上年实际平均单位成本)} \times 100\% \\ &= \frac{10\ 000}{287\ 500} \times 100\% \\ &= 3.48\%\end{aligned}$$

$$\begin{aligned}实际降低额 &= \sum(实际产量 \times 上年实际平均单位成本) \\ &\quad - \sum(实际产量 \times 本年实际平均单位成本) \\ &= 313\ 150 - 299\ 600 \\ &= 13\ 550（元）\end{aligned}$$

$$\begin{aligned}实际降低率 &= \frac{实际降低额}{\sum(本年实际产量 \times 上年实际平均单位成本)} \times 100\% \\ &= \frac{13\ 550}{313\ 150} \times 100\% \\ &= 4.33\%\end{aligned}$$

根据上述计算，我们可以确定主要产品成本计划完成情况在进行因素分析时的分析对象，即主要产品成本实际降低额比计划降低额多 3 550 元和实际降低率比计划降低率多 0.85%。以上情况说明企业较好地完成了主要产品成本计划的降低任务。

2. 确定各影响因素并计算各因素的影响程度

从单一产品来看，影响成本降低额的因素主要是产品产量和产品单位成本，影响降低率的因素主要是产品单位成本。

从全部可比产品来看，影响可比产品成本降低额的因素有三个：产品产量、产品品种结构和单位成本，影响降低率的是产品品种结构和单位成本。

（1）产品产量因素。产品产量因素对可比产品成本降低额的影响是指在假设产品品种结构和单位成本不变时，单纯产品产量变动对可比产品成本的影响。当产品结构和单位成本不变时，产量变动会引起可比产品成本降低额同比例的变动，而不影响可比产品成本降低率。

产品品种结构不变条件下的产量变动，实际上是假设各种产品的产量都是以同一个比例变化，其产量变动对可比产品成本降低额的影响就是使计划可比产品成本降低额以同一比例变动的数额。

【例 12 – 12】假设长新工厂 2014 年各种主要产品实际产量均比计划增加了 10%（表 12 – 14），而实际单位成本又完全等于计划单位成本，则主要产品成本实际降低额和降低率重新计算。

表 12 – 14　　长新工厂主要产品成本实际完成情况（假设）

2014 年 12 月　　单位：元

产品名称	实际产量	单位成本			按实际产量计算的总成本			实际完成情况	
		上年实际	本年计划	本年实际	上年	计划	实际	降低额	降低率（%）
A 产品	990	185	180	180	183 150	178 200	178 200	4 950	5.41
B 产品	605	220	210	210	133 100	127 050	127 050	6 050	2.27
合计					316 250	305 250	305 250	11 000	3.48

对比表 12 – 14 与表 12 – 9 的成本数据可以发现，A、B 两种产品实际产量各比计划产量增长了 10%，从而使实际成本降低额从计划的 10 000 元增加到了 10 000 元，与产量同比增长 10%，但成本降低率却仍然保持计划的 3.48%。

（2）产品品种结构。产品品种结构是指各种产品在总产品中所占的比重。由于产品实物量不能综合，在主要产品成本降低任务完成情况的分析中，总产品是根据各种产品的实物产量和该产品上年实际平均单位成本来综合计算的。产品品种结构的变动既影响成本降低额，又影响成本降低率。因为不同产品的成本降低率不同，如果成本降低幅度大的产品比重提高，则总成本降低额和降低率就会随之增大，反之则会随之减少。

【例 12 – 13】假设长新工厂 2014 年各种主要产品实际成本比重与计划的成本比重不一样（表 12 – 15），而实际单位成本又完全等于计划单位成本，则主要产品成本实际降低额和降低率重新计算。

表 12-15　　长新工厂主要产品成本实际完成情况（假设）

2014 年 12 月　　单位：元

产品名称	计划产量	实际产量	上年单位成本	计划产量按上年平均单位成本计算的总成本	计划品种结构	实际产量按上年平均单位成本计算的总成本	实际品种结构
A 产品	900	990	185	166 500	57.91%	205 350	65.58%
B 产品	550	605	220	121 000	42.09%	107 800	34.42%
合计				287 500	100%	313 150	100%

在表 12-13 中，长新公司 A、B 两种产品计划成本降低率分别为 2.7% 和 4.55%，主要产品综合计划成本降低率为 3.48%；实际降低率分别为 5.41% 和 2.27%，主要产品综合实际成本降低率为 4.33%。综合成本降低率的计算也可以用以下方法计算得出：

计划降低率 = 57.91% × 2.7% + 42.09% × 4.55% = 3.48%

实际降低率 = 65.58% × 5.41% + 34.42% × 2.27% = 4.33%

从上述计算式可看出，主要产品综合成本降低率受到各产品成本降低率影响，同时，也会受到各产品在总成本中的比重也就是品种结构的影响。这个影响的程度可以通过以下方法进行测算：在保持各产品计划成本降低率不变的情况下，将实际品种结构替代进去，计算出品种结构变动后的综合成本降低率，再与计划的综合成本降低率相比较，其差额就是品种结构变动对成本降低率的影响。

各产品成本降低率不变，品种结构从计划变成实际后的综合成本降低率计算如下：

65.58% × 2.7% + 34.42% × 4.55% = 3.34%

品种结构的变动对成本降低率的影响 = 3.34% - 3.48% = -0.14%

计算结果表明，在 A、B 两种产品的计划成本降低率（即 2.7% 和 4.55%）不变的情况下，由于产品品种结构发生变动，也就是原有的 A 产品成本比重 57.91% 和 B 产品成本比重 42.09%，变化为现有的 A 产品成本比重 65.58% 和 B 产品成本比重 34.42%，致使综合成本降低率减少了 0.14%。简言之，由于成本降低幅度较大的 B 产品的比重降低了，所以造成综合成本降低率也减少。

【同步思考 12-2】

什么是产品品种结构？为什么产品品种结构变动会影响成本降低任务的完成程度？

（3）产品单位成本。可比产品成本计划降低任务和实际降低情况分别是以计划成本与上年成本、实际成本与上年成本比较的结果，即都是以上年单位成本为比较的基础。这样实际单位产品成本比计划单位产品成本低，则会影响可比产品成本降低额增大和降低率提高；反之，则会影响可比产品成本降低额减少和降低率下降。产品单位成本的变动是影响成本指标的最主要因素，它既影响成本降低额，又影响成本降低率。

3. 主要产品成本降低任务完成情况的因素分析

【例 12-14】沿用〖12-11〗资料为例，现利用连环替代法对长新工厂 2014 年度主要产品成本计划完成情况进行因素分析。具体做法是：以计划降低额和降低率指标为基础，运用连环替代法依次用实际产量、实际品种结构和实际单位成本去替代计划产量、计划品种结构和计划单位成本，以计算确定以上三个因素对成本计划完成情况的影响。

（1）产量变动的影响。产品产量的变动会引起产品成本的变动，但在假设产品品种结构和单位成本不变的条件下，单纯产量变动是指各产品产量同比例增减，在这种情况下，成本降低额会引起同比例的增减，但并不会影响成本降低率，即成本降低率不会改变。

在品种结构和单位成本均不变的条件下，产品产量的变动会引起成本降低额发生同比例的变动，但不会影响成本降低率，根据这一原理，在把计划产量替换成实际产量时，只需要将实际成本降低率与计划成本降低率保持一致，即可实现上述目标。

$$
\begin{aligned}
\text{计划降低额} &= \sum(\text{计划产量} \times \text{上年实际平均单位成本}) \\
&\quad - \sum(\text{计划产量} \times \text{本年计划单位成本}) \\
&= 287\,500 - 277\,500 \\
&= 10\,000\ (\text{元})
\end{aligned}
$$

$$
\begin{aligned}
\text{计划降低率} &= \frac{\text{计划降低额}}{\sum(\text{本年计划产量} \times \text{上年实际平均单位成本})} \times 100\% \\
&= \frac{10\,000}{287\,500} \times 100\% \\
&= 3.48\%
\end{aligned}
$$

将产量由计划替换为实际，由于单纯产量变化不会影响到降低率，所以此时的降低率仍然是计划降低率，即替换前的3.48%，而降低额的计算如下：

$$
\begin{aligned}
\begin{matrix}\text{实际产量、计划品种结构、计划}\\ \text{单位成本计算的成本降低额}\end{matrix} &= \sum(\text{实际产量} \times \text{上年实际单位成本}) \times \text{计划降低率} \\
&= 313\,150 \times 3.48\% = 10\,897.62\ (\text{元})
\end{aligned}
$$

$$
\begin{matrix}\text{单纯产量变动对}\\ \text{成本降低额的影响}\end{matrix} = 10\,897.62 - 10\,000 = 897.62\ (\text{元})
$$

计算结果表明，由于产量的变化，即A产品实际比计划多生产210件和B产品实际比计划少生产60件，使主要产品成本实际降低额比计划降低额多897.62元。产品产量的变动对成本降低率不产生影响。

（2）产品品种结构变动的影响。产品品种结构是指各种产品成本在全部产品成本中所占的比重。产品品种结构变动既影响成本降低额，又影响成本降低率。因为不同产品的成本降低率不同，如果成本降低幅度大的产品比重提高，则总的成本降低额和降低率就会随之增大，反之则会随之减少。产品品种结构变动的影响可用结构变动后的降低额与结构变动前的降低额比较求得。计算方法如下：

$$
\begin{aligned}
\begin{matrix}\text{按实际产量、实际品种结构、计划}\\ \text{单位成本计算的成本降低额}\end{matrix} &= \sum\left(\text{实际产量} \times \begin{matrix}\text{上年实际}\\ \text{单位成本}\end{matrix}\right) \\
&\quad - \sum\left(\text{实际产量} \times \begin{matrix}\text{本年计划}\\ \text{单位成本}\end{matrix}\right) \\
&= 313\,150 - 302\,700 = 10\,450\ (\text{元})
\end{aligned}
$$

$$\text{产品品种结构变动对成本降低额的影响} = 104\ 50 - 10\ 897.62 = -447.62\text{（元）}$$

$$\text{按实际产量、实际品种结构、计划单位成本计算的成本降低率} = \frac{\text{品种结构变动形成的成本降低额}}{\sum(\text{本年实际产量} \times \text{上年实际平均单位成本})} \times 100\%$$

$$= 10\ 450 \div 313\ 150 \times 100\%$$

$$= 3.34\%$$

$$\text{产品品种结构变动对成本降低率的影响} = 3.34\% - 3.48\% = -0.14\%$$

计算结果表明，由于产品品种结构变动，即 A 产品的比重实际比计划上升和 B 产品的比重实际比计划下降，使产品成本提高 447.62 元，提高了 0.14%。

（3）产品单位成本变动的影响。产品单位成本变动是影响成本指标最主要的因素，它既影响成本降低额，又影响成本降低率。其计算方法如下：

$$\text{实际降低额} = \sum(\text{实际产量} \times \text{上年实际平均单位成本}) - \sum(\text{实际产量} \times \text{本年实际平均单位成本})$$

$$= 313\ 150 - 299\ 600$$

$$= 13\ 550\text{（元）}$$

$$\text{单位成本变动对成本降低额的影响} = 13\ 550 - 10\ 450 = 3\ 100\text{（元）}$$

$$\text{实际降低率} = \frac{\text{实际降低额}}{\sum(\text{本年实际产量} \times \text{上年实际平均单位成本})} \times 100\%$$

$$= \frac{13\ 550}{313\ 150} \times 100\%$$

$$= 4.33\%$$

$$\text{单位成本变动对成本降低率的影响} = 4.33\% - 3.34\% = 0.99\%$$

计算结果表明，由于主要产品单位成本变动，即 A 产品的单位成本从计划的 180 元降至实际的 175 元，实际比计划降低 5 元；B 产品的单位成本从计划的 210 元升至实际的 215 元，实际比计划增长了 5 元。综合起来，使产品成本降低 3100 元，降低幅度达 0.99%。

综合以上分析，主要产品成本实际降低额比计划降低额多 3 550 元的原因如表 12 - 16 所示。

表 12 - 16　　　主要产品成本降低任务完成情况分析表

——各个因素影响程度的计算

2014 年 12 月　　　　单位：元

影响因素	对成本降低额的影响	对成本降低率的影响
产品产量	897.62	
产品品种结构	-447.62	-0.14%
产品单位成本	3 100	0.99%
合计	3 550	0.85%

从以上分析可知，企业主要产品成本降低任务的完成是企业降低产品单位成本，调整产品结构和增加产量共同作用的结果。其中，A 产品单位成本下降 10 元，实际产量比计划产量增加 210 件是较好地完成主要产品成本降低任务的关键，但是 B 产品的实际单位成本较计划单位成本没有降低，产量计划也没有完成，这都是影响成本降低的不利因素。对此，企业应作进一步的分析，查明降低 B 产品成本的潜力所在，并且对 A 产品较大幅度降低成本的原因也应查清，做到在保证产品质量的基础上降低产品成本。

【同步思考 12－3】

如何运用连环替代法的原理计算各因素的变动对产品成本降低任务完成的影响程度？

12.2.4 主要产品单位成本计划完成情况的分析

单位成本对成本降低的影响是关键因素之一，无论是全部产品总成本计划完成情况，还是主要产品成本降低任务完成情况，主要因素都是单位成本。因此，在对全部产品和主要产品的成本降低情况分析的基础上，还应进一步分析产品单位成本计划的完成情况，查明产品单位成本升降的原因，寻求降低产品成本的途径。在企业全部产品中，应当着重分析主要产品的单位成本；在主要产品中，又应当选择成本升降幅度较大的，在各种主要产品成本中占较大比重的产品作为重点分析对象。

主要产品单位成本计划完成情况的分析，可以分为一般分析和成本项目分析。首先应当运用比较分析法，查明单位成本计划的完成情况；其次，应进一步对各个成本项目的成本进行分析，查明成本升降的具体原因。

【例 12－15】假设长新工厂 A 产品的上年实际平均单位成本为 185 元，本年计划单位成本为 180 元，本年实际单位成本为 175 元。编制 A 产品单位成本对比分析，如表 12－17 所示。

表 12－17　A 产品单位成本对比表

2014 年 12 月

单位：元

成本项目	单位成本			实际比上年		实际比计划	
	上年实际平均	本年计划	本年实际	降低额	降低率（%）	降低额	降低率（%）
直接材料	117	115	110	7	5.98	5	4.35
直接工资	35	32	35	0	0	－3	－9.38
制造费用	33	33	30	3	9.09	3	9.09
合计	185	180	175	10	5.41	5	2.78

根据上列资料，对 B 产品单位成本的计划完成情况作一般分析：A 产品本年实际单位成本比上年降低 10 元，降低了 5.41%，比计划降低了 5 元，降低幅度为 2.78%。这说明 A 产品的单位成本呈下降趋势，其单位成本计划的整体完成情况是好的。但其中人工成本实际比计划不降反升，上升幅度达 9.38%，应进一步分析该项目未完成计划的原因。

1. 直接材料的分析

直接材料是产品实体的重要组成部分，在产品成本中占有较大的比重。因此，它是按成本项目分析单位成本的重点。通过加强原材料的采购工作，获取质优价廉的原材料供应，是降低成本的重要一环。在保证产品质量的前提下，合理使用原材料也是节约消耗、降低成本的主要途径。

影响直接材料成本变动的因素主要有两个，即材料耗用量变动和材料单价变动。

【例 12－16】沿用长新工厂为例，现将 A 产品消耗直接材料的情况列表（表 12－18），并对 B 产品单位成本进行因素分析。

表 12－18　　　　A 产品单位产品直接材料消耗表

2014 年 12 月　　　　单位：元

材料名称	计量单位	单位消耗量		单位价格		单位成本	
		计划	实际	计划	实际	计划	实际
甲材料	公斤	10	9	8	8	80	72
乙材料	公斤	14	16	2	1.8	28	28.8
丙材料	公斤	5	4	1.4	2.3	7	9.2
合计						115	110

单位产品材料耗用量变动对成本影响的计算公式如下：

$$\frac{材料用量变动}{对成本的影响}=\left(\frac{单位产品本年}{实际耗用量}-\frac{单位产品本年}{计划耗用量}\right)\times\frac{材料本年}{计划价格}$$

根据表 12－18 的资料，编制“A 产品单位产品耗用直接材料数量变动分析表，如表 12－19 所示。

表 12－19　　　　A 产品单位产品耗用直接材料数量变动分析表

2014 年 12 月　　　　单位：元

材料名称	实际耗用量	计划耗用量	差异量	计划单价	差异额
	(1)	(2)	(3)＝(1)－(2)	(4)	(5)＝(4)×(3)
甲	9	10	－1	8	－8
乙	16	14	2	2	4
丙	4	5	－1	1.4	－1.4
合计					－5.4

从表 12－19 可以看出，单位产品材料耗用量实际比计划降低了 5.4 元，其中甲材料由于耗用量减少了 1 千克，使材料成本下降了 8 元，这是引起直接材料成本降低的主要因素；其次乙材料因材料耗用量增加 2 千克，使直接材料成本升高了 4 元，这是不利的因素，企业应继续查明在生产过程中有无损失浪费等问题。

单位产品耗用直接材料价格变动对单位成本影响的计算公式如下：

$$\frac{材料价格变动}{对成本的影响}=\left(\frac{材料本年}{实际价格}-\frac{材料本年}{计划价格}\right)\times\frac{单位产品本年}{实际耗用量}$$

现列示 A 产品单位产品耗用直接材料价格变动分析表，如表 12－20 所示。

表 12－20　　A 产品单位产品耗用直接材料价格变动分析表　　单位：元

材料名称	实际单位成本	计划单位成本	差异额	实际耗用量	差异额
	(1)	(2)	(3)＝(1)－(2)	(4)	(5)＝(4)×(3)
甲	8	8	0	9	0
乙	1.8	2	－0.2	16	－3.2
丙	2.3	1.4	0.9	4	3.6
合计					0.4

表 12－20 中资料说明，A 产品单位产品直接材料成本由于价格的变动而提高了 0.4 元。其中，丙材料的单价提高 0.9 元使材料成本上升 3.6 元，这是完不成成本计划的最直接原因。企业应查清在材料采购过程中，采购员是否有因收取回扣而购买高价材料的行为或确是材料的市场价格上涨等。乙材料的单价降低 0.2 元，使材料成本下降 3.2 元，这是有利的因素。

综合上述分析，可知道 A 产品单位产品直接材料成本实际比计划下降 5 元，是由于耗用直接材料数量的变动使其减少 5.4 元和材料价格的变动使其增加 0.4 元共同作用的结果。这说明 B 产品的直接材料成本实际比计划有所节约，较好地完成了计划。

2. 直接人工的分析

对人工费用的成本分析，应区别不同的工资制度进行，即计件工资或计时工资情况。在实行计件工资制度的企业，每件产品都规定有计件单价。计件单价不变时，计入产品单位成本中的直接人工费用一般也不会变。在计时工资制下，产品成本中工资成本的高低，主要受工作小时数增减变动和小时平均工资升降的影响。单位产品工资成本一般用下列公式计算：

$$\text{单位产品工资成本}=\frac{\text{生产工人直接工资总额}}{\text{工时消耗总数}}\times\text{单位产品工时消耗数量}$$
$$=\text{小时工资率}\times\text{单位产品工时消耗数量}$$

以上两因素对单位产品直接工资成本影响的计算公式为：

$$\text{工时消耗变动对成本的影响}=\left(\text{单位产品本年实耗工时}-\text{单位产品本年计划工时}\right)\times\text{本年计划小时工资率}$$

$$\text{小时工资率变动对成本的影响}=\left(\text{本年实际小时工资率}-\text{本年计划小时工资率}\right)\times\text{单位产品本年实耗工时}$$

【例 12－17】沿用长新工厂为例，现仍以 A 产品为例进行说明。假设 A 产品单位产品直接人工成本资料如表 12－21 所示。

表 12－21　　B 产品单位产品直接工资成本分析表

2014 年 12 月　　单位：元

项　目	计划数	实际数	差异
单位产品工时消耗	8	7	－1
小时工资率	4	5	1
直接工资成本	32	35	3

从表 12－21 中可知，A 产品单位产品直接工资成本实际比计划上升 3 元，其因素分析如下：

工时消耗变动的影响＝(7－8)×4＝－4（元）

小时工资率变动的影响＝(5－4)×7＝7（元）

综合上述分析，得知 A 产品单位产品直接工资成本实际比计划超支 3 元，是由于单位产品工时消耗降低 1 小时，使直接工资成本下降 4 元，即劳动生产率的提高使工资成本下降了；又由于工资水平的提高使其单位成本提高了 7 元。但由于劳动生产率提高的幅度小于工资水平增长的幅度，使单位产品直接工资成本上升了 3 元。

3. 制造费用的分析

制造费用是综合性成本项目，内容比较复杂，一般要求按费用项目进行明细核算。制造费用中有些费用属于固定费用，如折旧费等；有些费用属于变动费用，如车间一般消耗的材料费等。在进行单位产品制造费用分析时，要看企业是否进行了制造费用的成本性态区分。

（1）不区分固定性制造费用和变动性制造费用的情况。在没有区分固定制造费用和变动制造费用的企业，由于车间制造费用总额通常是按照生产工时在各产品之间进行分配的。因此，影响单位产品制造费用的因素有两个：单位产品工时消耗和制造费用分配率。其计算方法如下：

$$\text{单位产品工时变动对成本的影响}=\left(\text{单位产品本年实际工时}-\text{单位产品本年计划工时}\right)\times\text{本年计划小时费用分配率}$$

$$\text{费用分配率变动对成本的影响}=\left(\text{本年实际小时费用分配率}-\text{本年计划小时费用分配率}\right)\times\text{单位产品本年实耗工时}$$

【例 12－18】沿用长新工厂为例，假定 A 产品的小时费用分配率计划数为 4.125 元/小时，实际数为 4.286 元/小时；根据表 12－17 的资料编制“A 产品单位产品制造费用分析表”，如表 12－22 所示。

表 12－22　　A 产品单位产品制造费用分析表

项　目	计划数	实际数	差异额
单位产品工时消耗（小时）	8	7	－1
小时费用分配率（元/小时）	4.125	4.286	0.161
单位产品制造费用（元）	33	30	－3

表 12－22 列示，A 产品单位产品制造费用实际比计划节约 3 元。现对其进行因素分析如下：

单位产品工时变动的影响＝(7－8)×4.125 ＝－4.125（元）

费用分配率变动的影响＝（4.286－4.125）×7≈1.125（元）

综合上述分析，说明 A 产品单位产品制造费用实际比计划少支出 3 元是因为：工时消耗实际比计划少用 1 小时，使制造费用少支出 4.125 元，这是有利的因素；但小时费用分配率实际比计划多支出 0.161 元，致使制造费用多支出 1.125 元。由于以上二因素的共同作用，致使制造费用实际比计划节约 3 元。

（2）区分固定性制造费用和变动性制造费用的情况。在这种情况下，计入单位产品成本中制造费用的多少受到三个因素的影响：产品产量、固定制造费用总额和单位变动制造费用。

$$\text{产品产量变动的影响} = \frac{\text{计划固定制造费用总额}}{\text{实际产品产量}} - \frac{\text{计划固定制造总额}}{\text{计划产品产量}}$$

$$\text{固定制造费用总额变动的影响} = \frac{\text{实际固定制造费用总额}}{\text{实际产品产量}} - \frac{\text{计划固定制造费用总额}}{\text{实际产品产量}}$$

$$\text{单位变动制造费用变动的影响} = \text{实际单位产品变动制造费用} - \text{计划单位产品变动制造费用}$$

12.2.5 主要技术经济指标变动对产品成本的影响分析

产品成本是反映企业生产经营和管理工作水平的重要综合指标，企业的技术经济指标变动，都会或多或少、直接间接地影响生产过程中物化劳动和活劳动的耗费，影响产品成本指标。在对产品成本计划完成情况进行分析后，再对与产品成本有关的主要技术经济指标的变动进行分析，可以从生产、技术领域中查明影响成本升降的内在因素，找到通过改善技术经济指标来降低成本的途径，以利于提高成本分析工作的质量。

技术经济指标，是指与企业的生产技术特点有内在联系的各种经济指标。反映企业生产经营特点的技术经济指标很多，而且不同的企业由于生产技术特点不同，用来考核自身经济活动的技术经济指标也不同。但从其与成本的关系来说，可以分为以下三类：

（1）直接影响产品产量和质量，间接影响成本的指标，如劳动生产率、设备利用率的升降等。

（2）既影响产品产量和质量，又直接影响成本的指标，如产品成品率、废品率等。

（3）只影响成本的指标，如原材料利用率等。

每个企业都有自己的一套技术经济指标体系，因此技术经济指标是很多的。这里只对各企业都有的产品产量、产品质量、劳动生产率和原材料利用率等共同性指标对产品单位成本的影响作一般地分析。

各项技术经济指标变动对成本的影响，最终都会通过产品单位成本的升降得到反映。所以，我们研究主要技术经济指标对成本的影响，主要是研究这些指标的变动对产品单位成本产生的影响，从而促使企业不断提高各项指标，降低产品成本。

1. 产品产量变动对单位成本影响的分析

从技术经济指标的角度分析，产品成本包括固定成本和变动成本两部分。产量变动不会使单位变动成本发生变动，只会使单位固定成本发生变动。也就是说，产量变动对单位成本的影响是，会使固定成本相对节约或超支，但固定成本的绝对额不变，只是单位产品成本中分摊的固定成本数额发生变动。

$$\text{产品产量变动影响单位成本的降低额} = \left(1 - \frac{1}{\text{产量计划完成率}}\right) \times \text{变动前单位成本中的固定费用}$$

$$\text{产品产量变动影响单位成本的降低率} = \left(1 - \frac{1}{\text{产量计划完成率}}\right) \times \text{变动前固定费用在单位成本中所占的比重}$$

【例 12－19】A 产品的计划产量为 900 件，实际生产 1 100 件，每件计划单位成本 180 元，其中固定成本 54 元（占 30%），变动成本 126 元。

根据资料，计算其产量计划完成率约为 122%（1 100 ÷ 900 × 100%）。

$$\text{产品产量变动影响单位成本的降低额} = \left(1 - \frac{1}{122\%}\right) \times 54 \approx 9.74\text{（元）}$$

$$\text{产品产量变动影响单位成本的降低率} = \left(1 - \frac{1}{122\%}\right) \times 30\% \approx 5.41\%$$

上述计算表明，由于 A 产品的产量增长 22%，使其单位成本下降 5.41%，单件成本中的固定成本的节约额为 9.74 元。

2. 产品质量变动对单位成本影响的分析

产品质量变动对产品成本的升降有直接影响。在众多的反映产品质量的指标中，我们仅介绍废品率的分析方法。

废品率是某一产品生产过程中废品数量与该产品的全部生产数量（包括合格品数量与废品数量）的比率。废品率变动对成本的影响是直接的。随着废品率降低，合格品率会提高，在送验数量和总耗费不变地情况下，单位合格品成本会随着产量的增加而降低。废品率变动对单位成本产生影响的计算方法如下：

$$\text{废品率变动影响单位成本的降低额} = \text{变动前单位成本中的废品损失} \times \left(1 - \frac{\text{实际废品率} \times \text{变动前合格品率}}{\text{变动前废品率} \times \text{实际合格品率}}\right)$$

$$\text{废品率变动影响单位成本的降低率} = \frac{\text{废品率变动影响单位成本的降低额}}{\text{变动前产品单位成本}} \times 100\%$$

【例 12－20】如〖12－19〗，A 产品计划单位成本中废品损失为 9 元，因提高工作质量，实际废品率由 5% 下降为 4%。

$$\text{废品率变动影响单位成本的降低额} = 9 \times \left(1 - \frac{4\% \times 95\%}{5\% \times 96\%}\right) = 1.875\text{（元）}$$

$$\text{废品率变动影响单位成本的降低率} = \frac{1.875}{180} \times 100\% \approx 1.04\%$$

上述计算结果表明，由于废品率降低 1%，使 A 产品单位成本下降 1.04%，成本降低额为 1.875 元。

3. 劳动生产率变动对单位成本影响的分析

劳动生产率的提高是以降低单位产品所耗工时为基础的，会导致单位产品中直接工资成本的降低；但是劳动生产率的提高往往又伴随小时工资率的增长，所以，只有当劳动生产率的增长速度高于小时工资率的增长速度时，产品成本才会降低。劳动生产率和小时工资率两个因素变动对单位成本都会产生影响。计算方法如下：

$$\text{劳动生产率和小时工资率影响单位成本的降低额} = \text{变动前单位产品成本中的工资成本} \times \left(1 - \frac{1 + \text{平均工资增长\%}}{1 + \text{劳动生产率增长\%}}\right)$$

$$\text{劳动生产率和小时工资率影响单位成本的降低率} = \frac{\text{成本的降低额}}{\text{变动前产品单位成本}} \times 100\%$$

【例 12－21】如〖12－19〗，A 产品计划单位成本 180 元，其中：直接工资支出 32 元，实际生产中，平均工资增长 20%，劳动生产率提高 10%。

$$\text{劳动生产率和小时工资率影响单位成本的降低额} = 32 \times \left(1 - \frac{1 + 20\%}{1 + 10\%}\right) = -2.91\ (\text{元})$$

$$\text{劳动生产率和小时工资率影响单位成本的降低率} = \frac{-2.91}{180} \times 100\% \approx -16.16\%$$

上述计算表明，由于劳动生产率增长的幅度小于小时工资增长的幅度，使该产品单位成本提高了 16.16%，成本增加 2.91 元。

4. 原材料消耗变动对单位成本影响的分析

直接材料占产品成本比重很大，减少材料消耗是降低产品成本的一个重要方面。其中，提高材料利用率又是减少材料消耗的重要途径。下面就以材料利用率为例来说明原材料消耗变动对单位成本的影响。

材料利用率是反映生产过程中利用的材料数量和投入生产的材料数量的比例。其计算公式如下：

$$\text{材料利用率} = \frac{\text{生产中利用的材料数量}}{\text{投入生产的投入数量}} \times 100\%$$

材料利用率变动对单位成本影响的计算方法如下：

$$\text{材料利用率变动影响单位成本的降低额} = \text{变动前单位成本中材料费用} \times \left(1 - \frac{\text{变动前材料利用率}}{\text{材料实际利用率}}\right)$$

$$\text{材料利用率变动影响单位成本的降低率} = \frac{\text{成本降低额}}{\text{变动前产品单位成本}} \times 100\%$$

【例 12－22】如〖12－19〗，A 产品计划单位成本 180 元中，原材料成本占 115 元，如果材料利用率由 70% 上升到 72%，对单位成本的影响为：

$$\text{材料利用率变动影响单位成本的降低额} = 115 \times \left(1 - \frac{70\%}{72\%}\right) \approx 3.19\ (\text{元})$$

$$\text{材料利用率变动影响单位成本的降低率} = \frac{3.19}{180} \times 100\% \approx 17.72\%$$

上述计算表明，因为材料利用率提高 2%，使该产品单位成本下降 17.72%，成本降低额为 3.19 元。

12.2.6 期间费用的分析

费用报表的分析主要是分析各项费用的变动情况和费用预算（或计划）执行情况。期间费用管理的目的是要节约各项期间费用的开支。而对期间费用进行分析，可以寻求节约费用开支的途径和方法，以达到增收节支，提高企业利润水平的目的。

对期间费用进行分析，主要是利用费用预算、费用核算资料和其他有关资料，对费用预算的完成情况和费用超支或节约的原因两个方面进行分析。下面主要运用对比分析法和因素分析法对管理费用、财务费用、销售费用进行分析。

1. 管理费用的分析

管理费用的分析主要从管理费用总额、管理费用项目和管理费用结构三个方面进行。现列示某公司 2014 年“管理费用分析表”，如表 12－23 所示，并假定年度内生产量实际比计划增长 10%。

表 12－23 管理费用分析表 单位：元

费用项目	本年预算	比重（%）	本年实际	比重（%）	费用增减额	费用增减（%）
1. 职工工资	75 000	60.77	78 700	59.21	3 700	4.93
2. 其他职工薪酬	9 680	7.84	12 180	9.16	2 500	25.83
3. 差旅费	1 600	1.3	1 550	1.17	－50	－3.13
4. 办公费	2 400	1.94	2 640	1.99	240	10
5. 折旧费	5 800	4.7	6 050	4.55	250	5
6. 修理费	1 000	0.81	880	0.66	－120	－12
7. 物料消耗	980	0.79	706	0.53	－274	－27.96
8. 低值易耗品摊销	560	0.45	565	0.42	5	0.89
9. 工会经费	1 500	1.22	1 574	1.18	74	4.93
10. 职工教育经费	1 125	0.91	1 181	0.89	56	4.98
11. 劳动保险费	2 300	1.86	2 230	1.68	－70	－3.04
12. 租赁费	4 300	3.48	4 300	3.23	0	0
13. 董事会费						
14. 咨询费						
15. 审计费	2 000	1.62	2 000	1.5	0	0
16. 诉讼费						
17. 排污费						
18. 绿化费						
19. 税金	3 200	2.59	2 870	2.16	－330	－10.31
20. 保险费	2 000	1.62	2 220	1.67	220	11
21. 土地损失补偿费						
22. 技术转让费						
23. 技术开发费						
24. 无形资产摊销						
25. 递延资产摊销						
26. 业务招待费	10 000	8.1	13 300	10	3 300	33
27. 其他						
管理费用合计	123 445	100	132 946	100	9 501	7.7
其中：固定费用	37 034	30	38 100	28.66	1 066	
变动费用	86 411	70	94 846	71.34	8 435	

从管理费用总额来看，本年实际比计划增长了 9 501 元，增长幅度为 7.7%。但为了正确反映管理费用超支和节约的程度，还应根据费用与生产量的依存关系将管理费用分为固定费用和变动费用两大类，并将预算数中的变动费用按本年实际生产量进行调整后，再与本年实际数比较，所得差额才是管理费用总额的超支或节约额。现根据上述资料，按本年实际生产量调整本年计划管理费用如下：

按本年实际产量计算：

计划管理费用总额 = 86 411 × （1 + 10%） + 37 034

= 132 086.1（元）

再计算管理费用总额比预算的增减额如下：

132 946 − 132 086.1 = 859.9（元）

因此，对管理费用预算完成情况分析的结果应是：在考虑本年实际生产量的变动会影响管理费用中变动费用总额的情况下，本年实际管理费用总额比本年预算增长 859.9 元，增长率为 0.65%。说明企业在管理费用预算基础上略有超支。

从管理费用各项目的情况看，引起管理费用实际比预算超支的项目有：工资、其他职工薪酬、职工教育经费、业务招待费等。对此，企业应该根据本年度生产、销售增长的幅度以及有关的政策、费用开支范围的规定来逐一分析其合理性，以便查明原因，采取措施，降低费用开支。

从管理费用的构成来看，各项费用占费用总额的比重都有所变动。这种变动能反映企业经营的指导思想和各项费用开支变动的合理性。例如，工资、职工福利费和职工教育经费的实际比上年都有所增长，这说明企业在生产增长的情况下，注重适当提高职工的生活水平和文化水平，这对企业的发展是有利的。修理费、机物料消耗等的实际比重比预算有所下降以及折旧费的小幅度上升，说明企业的管理工作效率、设备利用率和材料物资利用率等比预算有所提高，对企业的增产节支是有利的。业务招待费的上涨说明企业在严格控制行政经费的开支方面还存在漏洞，应严格控制其支出。

2. 财务费用分析

财务费用是企业筹资成本的重要组成部分，对财务费用的分析主要是揭示财务费用预算的完成情况，查明费用节约和超支的原因，了解企业是否以最低的筹资成本取得生产所需的资金。

现列示某公司 2014 年财务费用分析，如表 12 − 24 所示。

表 12 − 24　　财务费用分析表

2014 年 12 月　　单位：元

项　目	本年预算	本年实际	费用增减额	费用增减（%）
利息支出	47 610	46 850	−760	−1.6
减：利息收入	908	754	−154	−16.96
利息净支出	46 720	46 096	−624	−1.34
汇兑损失	38 200	39 800	1 600	4.19
减：汇兑收益	6 500	6 850	350	5.38
汇兑净损失	31 700	32 950	1 250	3.94
金融机构手续费	2 650	2 842	192	7.25
其他	14 500	12 640	−1 860	12.83
财务费用合计	95 570	94 528	−1 042	1.09

从表 12 − 24 中可以看出，企业财务费用实际比预算多节约 1 042 元，比预算降低 1.09%。对财务费用各项目的预算完成情况分析如下：

（1）利息净支出的分析。利息净支出本年实际比预算节约 624 元，节约率为 1.34%。其中利息支出实际比预算节约 760 元，利息收入比预算少收 154 元，二者共同作用，就导致利息净支出节约 624 元。企业的利息净支出，包括银行存款利息净支出和应付债券的利息支出两个方面，企业可对这两个因素，作进一步的分析。

（2）汇兑净损失的分析。汇兑净损失实际比预算超支 1 250 元，增长了 3.94%。其中汇兑收益和汇兑损失实际比预算分别增加 350 元和 1 600 元，两者相抵后，使汇兑净损失超支 1 250 元。汇兑净损失超支的原因很多，企业可结合有关账户记录的外币业务量的增减变化和“汇兑损益”账户记录的汇兑损失、汇兑收益情况逐笔计算分析。

（3）其他财务费用的分析。金融机构手续费比预算超支 192 元，其变动的幅度都不大。其他费用比预算节约 1 860 元，有较大幅度降低。对以上几项费用超支或节约的具体原因，企业应结合有关业务进行进一步的分析。

总之，对于财务费用超支或节约的评价，企业都不能根据其分析的结果简单地作出结论，而必须结合资金对生产的保证程度和综合资金成本率的分析作出判断。

3. 销售费用的分析

对销售费用进行分析时，要从费用总额、费用的构成项目和费用的结构三方面着手。

对销售费用总额进行分析，必须结合当期的销售业务量或销售收入增长的情况作出全面的评价。表 12-25 列示某公司 2014 年有关销售方面的资料如下：

表 12-25　　销售费用分析表

2014 年 12 月　　单位：元

费用项目	本年计划	本年实际	增减额	增减（%）
营业收入	1 373 000	1 694 000	321 000	23.38
销售费用	82 380	88 935	6 555	7.96

表 12-25 列示，销售费用总额实际比预算多支出 6 555 元，超支率为 7.96%，但销售收入的增长率为 23.38%，说明销售费用的增长率低于销售收入的增长率。下面再从销售收入费用率来观察：

$$预算销售收入费用率 = \frac{82\ 380}{1\ 373\ 000} \times 100\% = 6\%$$

$$实际销售收入费用率 = \frac{88\ 935}{1\ 694\ 000} \times 100\% = 5.25\%$$

以上计算说明，实际销售收入费用率低于预算销售收入费用率。

由此可见，虽说该公司的营业费用总额没有完成预算任务，但就其相对于销售收入的增长来看，却是有所节约的，节约额为 12 705 元（88 935 - 1 694 000 × 6%）。这就说明，该公司对销售费用的控制是有成效的。

在对销售费用总额进行分析之后，还必须对销售费用各项目和销售费用的结构进行分析，以便找出影响销售费用超支或节约的主要因素和薄弱环节，促使企业采取措施，加强对销售费用的控制，降低费用开支。

销售费用各项目的分析方法与管理费用、财务费用相同。

复习思考题

1. 成本报表有哪些类型？编制成本报表有何意义？

2. 生产费用和产品成本有何联系和区别？企业在一定会计期间生产产品所发生的生产费用总额和全部产品生产总成本在什么情况下相等？

3. 采用连环替代法改变因素的排列顺序后，计算结果为什么会有所不同？

4. 怎样采用连环替代法计算各因素变动对成本降低任务完成的影响程度？

5. 什么是品种结构？为什么产品品种结构变动会影响成本降低任务的完成程度？

6. 技术经济指标有哪些类型？如何分类？

第 13 章
成本预测、成本决策和成本计划

【学习目标】

1. 理解成本预测、成本决策和成本计划的基本概念、内容；
2. 掌握成本定量预测分析方法；
3. 重点掌握差量分析、本量利分析和相关成本分析等方法在成本决策中的具体运用；
4. 掌握成本计划的编制方法。

【案例导入】

丰田公司成立于1933年，目前占全球汽车市场份额10%，是仅次于通用、福特的世界著名汽车公司。丰田为什么能历经80年而充满活力、旺盛不衰？就管理会计制度而言，很大程度上得益于其著名的丰田原创——目标成本法。

目标成本法（Target Costing）是丰田汽车公司员工经过几十年努力探索出的成功杰作，是运用科学管理原理和工业工程技术开创的具有日本文化内涵的成本管理模式，是进入生产阶段前降低成本与利润管理的综合性经营管理制度。

根据丰田公司的定义，目标成本法是指从新产品的基本构想、设计至生产开始阶段，为降低成本及实现利润而实行的各种管理活动。目标成本法的核心工作是制定目标成本，并且通过各种方法不断地改进产品与工序设计，最终使得产品的设计成本小于或等于其目标成本。这一工作需要由包括营销、开发与设计、采购、工程、财务与会计，甚至供应商与顾客在内的设计小组或工作团队来进行。日本成本管理体系的建立，其目的并非是要改变人们的价值判断，而是激励经营管理人员、工程设计人员和全体雇员实现他们在世界上独占鳌头的目标。

思考：

1. 通过查阅资料，了解丰田公司的目标成本法所体现的成本管理与传统的成本管理相比有何不同？

2. 查阅资料，丰田在成本管理中是如何对成本进行预测、决策和计划的？

13.1 成本预测

中国古代就重视预测，古语“凡事预则立，不预则废”，说的就是预测的重要性。预测作为一门学科是第二次世界大战后在西方国家逐步发展起来的。尤其是20世纪60年代以来，西方国家不仅重视对自然现象变化的预测，更重视对社会现象变化的预测。目前，西方大型企业内部都设有预测机构，主要关注于预测企业的竞争能力、产品的销售价格、销售数量、发展方向、市场潜力，以及企业的目标利润和成本水平等，目的就在于从对未来的预测中找到企业在竞争中发展的道路。实践证明开展预测分析的经济效果是极为明显的。

13.1.1 成本预测的概念

成本预测是成本管理的内容之一，是在科学的理论指导下，根据历史成本资料和有关经济信息，在认真分析当前各种技术经济条件、外界环境变化及可能采取的管理措施基础上，对未来成本水平及其发展趋势所做的定量描述和逻辑推断。

成本预测既是成本管理工作的起点，也是成本事前控制成败的关键。合理有效的成本决策方案和先进可行的成本计划都必须建立在科学严密的成本预测基础之上。通过对不同决策方案中成本水平的测算和比较，从提高经济效益的角度，为企业选择最优成本决策和制定先进可行的成本计划提供依据。

13.1.2 成本预测的程序和方法

1. 成本预测的程序

（1）确定预测目标。进行成本预测，首先必须有一个明确的目标。成本预测的目标取决于企业对未来的生产经营活动所欲达到的总目标。只有明确了成本预测的目标，才能有目的地收集有关资料和数据，选择合适的预测方法，规定预测的时间界限，从而使预测工作有效进行。

（2）收集预测资料。根据已确定的目标，尽可能全面地收集与预测目标有关的各种资料，如企业历年的产量、收入、成本、单耗、废品等。为了提高预测的准确性，收集的资料既要全面，又要可靠，要进行去粗取精、去伪存真的加工整理，把各种资料结合起来加以应用。

（3）建立预测模型。在进行预测时，必须对已经收集到的有关资料，运用一定的数学方法进行科学的加工处理，建立科学的预测模型，借以揭示有关变量之间的规律性联系。预测模型的建立是搞好定量预测的前提条件，但必须指出，数学模型均具有一定的假定性。

（4）利用模型预测。建立了成本预测模型后，就可以将有关成本历史资料或变动因素置于预测模型中进行成本测算。由于预测模型是在一定条件下建立起来的，它的应用也需要一定条件。因此，必须对预测期的具体条件加以分析，在确认该时期具备模型应用的条件后，才能把模型用于预测。

（5）分析预测结果。由于制定的模型和利用的资料都是过去和现状的反映，所预测的未来只是近似于该模型反映的情况，而且在计算和推测过程中又会产生一些误差，模型本身又是在许多假定条件下建立起来的，因此，应对得出的预测结果加以分析和评价，对存在的不利偏差应及时予以修正。

2. 成本预测的方法

成本预测的方法可以分为定性预测法和定量预测法两大类。

（1）定性预测法。定性预测法是成本管理人员根据专业知识和实践经验，运用逻辑思维方法对未来成本变化趋势做出分析和判断。由于这种方法是利用现有的资料，依靠个人的主观判断和综合分析能力对未来成本进行直观判断，因此定性预测方法也称直观判断法。定性预测法具体可包括专家座谈法、德尔菲法和类推法等。

① 专家座谈法。专家座谈法就是把有关专家召集在一起，对相关成本信息进行集思广益，各抒己见，通过分析判断，最终达到对未来成本作出预测的目的。

② 德尔菲法。德尔菲法也称函询调查法或往复预测法。其做法是：采用函询调查的方式，将预测问题以调查表形式递交给专家，请他们做出书面答复，然后将收回的调查表进行综合、整理和归类，并匿名反馈给各个专家，再次征求意见。如此经过多次反复，直到取得各专家对预测问题的一致意见后，得出预测结果。

③ 类推法。类推法是一个事件的成本预测可在另一相似事件成本的基础上进行。类推法的前提条件是寻找相似事件。当我们发现两种事件存在某种相似性或某种规律性的联系时，就可用已发生事件的成本来预测未发生事件的成本。采用这种方法，可先根据已发生事件的历史数据确定其成本模型曲线，然后再确定未发生事件的模型曲线，根据该模型曲线的发展趋势，预测未知事件的未来成本。

（2）定量预测法。定量预测法又称数量分析法，是指在完整掌握与预测对象有关的各种要素定量资料的基础上，运用现代数学方法进行数据处理，据以建立能够反映有关变量之间规律性联系的各类预测模型进行预测的方法。具体包括趋势外推分析法、因果关系分析法等。

① 趋势外推分析法。趋势外推分析法是指将时间作为制约预测对象变化的自变量，把未来作为历史的自然延续，按事物自身发展趋势进行预测的一种动态预测方法。其基本原理是：企业过去和现在存在的某种发展趋势将会延续下去，而且过去和现在发展的条件同样适用于未来，可以将未来视为历史的自然延续。因此，该法又称为时间序列分析法，包括加权平均法、移动平均法、平滑指数法、高低点法等。

② 因果关系分析法。因果关系分析法是指根据变量之间存在的因果函数关系，按预测因素（即非时间自变量）的未来变动趋势来推测预测对象未来水平的一种相关预测方法。其基本原理是：预测对象受到许多因素的影响，它们之间存在着复杂的关系，通过对这些变量内在规律性的研究可建立一定的数量模型，在已知自变量的条件下，可利用模型直接推测预测对象的水平。该法包括本量利分析法、回归分析法、投入产出法和经济计量法（即因素测算法）等。

定性预测法与定量预测法在实际应用中并非相互排斥，而是相互补充、相辅相成。定量预测法虽然比较准确，但是国家的方针政策以及政治经济形势的变动，消费者心理以及习惯的改变，投资者的意向以及职工情绪的变动等许多非数量因素无法考虑。而定性预测法虽然可以将这些非数量因素考虑进去，但估计的准确性在很大程度上受预测人员的经验和素质的影响，难免使预测结果带有一定的主观随意性。因此，实际工作中常将两者结合起来应用，相互取长补短，以提高成本预测的准确性和预测结论的可信性。

13.1.3 成本预测方法的具体运用

1. 目标成本的预测

目标成本，是从产品寿命期间的目标利润出发，规划产品应达到的成本目标。是企业在一定时期内保证实现目标利润而确定的各项成本控制目标，具有先进性、适应性、可行性及可修正性的特点。

进行目标成本预测是为了控制企业生产经营过程中的物质消耗和人力资源消耗，降低产品成本，保证目标利润的实现。这使得成本管理的立足点从制造阶段转向制造前阶段，从业务过程长河的下游转移到了上游。常见的目标成本预测的方法。

（1）倒扣测算法。倒扣测算法是在事先确定目标利润的基础上，首先预计产品的售价和销售收入，然后扣除价内税（不包括增值税）和目标利润，余额即为目标成本的一种预测方法。此法既可以预测单一产品生产条件下的产品目标成本，还可以预测多产品生产条件下的全部产品的目标成本；当企业生产新产品时，也可以采用这种方法预测，此时新产品目标成本的预测与单一产品目标成本的预测相同。相关的计算公式为：

$$\text{单一产品生产条件下产品目标成本} = \text{预计销售收入} - \text{应缴税费} - \text{目标利润}$$

$$\text{多产品生产条件下全部产品目标成本} = \sum \text{预计销售收入} - \sum \text{应缴税费} - \text{总体目标利润}$$

需要说明的是，上述公式中的销售收入必须结合市场销售预测及客户的订单等予以确定；应缴税费指应缴流转税费，它必须按照国家的有关规定予以缴纳。由于增值税是价外税，因此这里的应缴税费不包括增值税，目标利润通常可采用先进（指同行业或企业历史较好水平）的销售利润率乘以预计的销售收入，先进的资产利润率乘以预计的资产平均占用额，先进的成本利润率乘以预计的成本总额来确定。

【例 13－1】 A 企业生产甲产品，假定产销平衡，预计甲产品的销售量为 1 000 件，单价为 500 元，增值税率为 17%，另外还需缴纳 10% 的消费税。假设该企业甲产品购进货物占销售额的预计比重为 40%，若该企业所在地区的城市维护建设税税率为 7%，教育费附加为 3%，同行业先进的销售利润率为 20%。要求预测该企业的目标成本。

目标利润 $= 1\,000 \times 500 \times 20\% = 100\,000$（元）

应缴税费 = 消费税 + 增值税 +（城建税 + 教育费附加）

由于增值税与损益无关（价外税），因此有：

应缴税费 = 消费税 +（城建税 + 教育费附加）

$= 1\,000 \times 500 \times 10\% + [50\,000 + 1\,000 \times 500 \times (1 - 40)\% \times 17\%] \times (7\% + 3\%)$

$= 60\,100$（元）

目标成本 $= 1\,000 \times 500 - 60\,100 - 100\,000 = 339\,900$（元）

另假设 A 企业在生产甲产品的同时还生产乙产品，预计乙产品的销售量为 6 000 件，单价为 200 元，不用缴纳消费税，乙产品购进货物占销售额的预计比重为 50%，其他条件保持不变。在这种情况下预测企业总体的目标成本为：

总体的目标利润＝(1 000×500＋6 000×200)×20%＝340 000（元）

总体的目标成本＝1 700 000－[60 100＋6 000×200×(1－50%)×17%×(7%＋3%)]－340 000＝1 289 700(元)

倒扣测算法以保证目标利润实现为前提，坚持以销定产的原则，使得目标成本的确定与销售收入的预计紧密结合，故而在西方国家被多数企业采用，适用面较广。需要注意的是，以上计算公式是假设产销平衡状态，但是在实际工作中，多数企业可能都无法达到产量和销量的恰好平衡，于是在这种情况下，企业必须结合期初、期末产成品存货情况，预计当期尚需生产的数量，然后倒推出生产该数量产品的目标成本。

(2) 本量利分析法。本量利分析法即 CVP 预测法，是依据成本（C）、预计产销量（V）和目标利润（P）之间关系的原理，计算目标成本的方法。利用本量利分析法进行成本预测时，应先确定目标利润，然后据以计算目标销售量，再根据目标销售量确定目标成本。其计算公式如下：

$$目标销售量=\frac{总固定成本+目标利润}{单位售价-单位变动成本}$$

$$目标总成本=目标销售量\times单位售价-目标利润$$

另外，还可以对该公式变形，预测目标单位变动成本和目标固定成本总额。

$$目标单位变动成本=单位售价-\frac{总固定成本+目标利润}{计划销售量}$$

$$目标固定成本总额=（单位售价-单位变动成本）\times计划销售量-目标利润$$

【例 13－2】某企业生产甲产品，总固定成本为 100 000 元，目标利润为 50 000 元，单位售价为 200 元，单位变动成本为 80 元。则：

$$目标销售量=\frac{100\ 000+50\ 000}{200-80}=1\ 250（件）$$

目标总成本＝1 250×200－50 000＝200 000（元）

若销售单价不变，销售量为 1 250 件，若要求达到的目标利润为 55 000 元，则在固定成本不变的情况下，目标单位变动成本的预测如下：

$$目标单位变动成本=200-\frac{100\ 000+55\ 000}{1\ 250}=76（元）$$

与原来的单位变动成本相比，应降低 4 元，如果单位变动成本最多只能降低 2 元，则目标固定成本总额的预测如下：

目标固定成本总额＝(200－78)×1 250－55 000＝97 500（元）

也就是说，目标固定成本总额必须比原来降低 2 500（100 000－97 500）元。

(3) 直接测算法。直接测算法是根据上年预计成本总额和企业规划中确定的成本降低目标来直接推算目标成本的一种方法。

$$目标成本=\frac{按上年预计平均单位成本预计的}{计划年度可比产品成本总额}\times\left(1-\frac{计划期预计}{成本降低率}\right)$$

因为成本计划通常是每年第四季度编制的，所以上年前三季度数据是实际数，而第四季度数据则是预计数。

$$\text{上年预计平均单位成本}=\frac{\text{上年1～9月实际平均单位成本}\times\text{上年1～9月实际产量}+\text{上年第四季度预计单位成本}\times\text{上年第四季度预计产量}}{\text{上年1～9月实际产量}+\text{上年第四季度预计产量}}$$

【**例13－3**】某公司生产甲、乙两种产品，2014年1～9月实际生产甲产品6 000件，实际平均单位成本为158元；生产乙产品1 200件，实际平均单位成本为500元。第四季度预计生产甲产品4 000件，单位成本为135元；乙产品400件，单位成本为475元。计划2015年继续生产甲、乙两种产品，全年计划生产甲产品12 000件，生产乙产品2 000件，可比产品成本降低率达到5%。要求预测公司明年的目标成本及成本降低额。

$$\text{甲产品2014年预计平均单位成本}=\frac{6\,000\times158+4\,000\times135}{6\,000+4\,000}=148.8\text{（元）}$$

$$\text{乙产品2014年预计平均单位成本}=\frac{1\,200\times500+400\times475}{1\,200+400}=493.75\text{（元）}$$

$$\text{2015年目标成本}=(148.8\times12\,000+493.75\times2\,000)\times(1-5\%)=2\,634\,445\text{（元）}$$

$$\text{2015年成本降低额}=(148.8\times12\,000+493.75\times2\,000)\times5\%=138\,655\text{（元）}$$

2. 设计成本的预测

产品目标成本确定之后，还要根据产品的设计图纸测算产品的设计成本，以便正确确定产品在正常投产后的成本水平。设计成本是指按产品的设计方案测算的产品成本，而不是为设计产品而发生的各项设计支出。产品设计成本的高低主要取决于产品的结构、零部件的材质以及加工的难易程度。产品设计成本的测算，一般采用功能分析法。功能分析法又称为价值分析法，它是以分析产品应具有的功能为出发点，力求以最低、最合理的成本代价来保证产品必要功能得以实现的一种技术经济分析方法。功能成本预测的关键是对产品成本按照功能进行分割。要尽可能消除产品的多余功能、多余的零件和多余的加工工序。在保证质量的前提下，尽量用低档廉价的材料代替高档昂贵的材料，简化产品的结构。功能分析法就是在类似老产品的成本基础上，通过新老两种产品在结构、用料和工艺上的对比分析，计算其差异成本，并进行增减调整，以求得新产品的设计成本。

实践中进行功能成本预测分析有一个过程，包含这样一些基本步骤：选择分析对象，定义功能；搜集所需资料；计算每一项功能的成本；估计每一项功能带给用户的相对价值；根据评价各个功能的权数来分配各功能的目标成本；将现有的功能成本与目标成本相比较，找到需要采取措施的功能；建议不同改进措施；选择最优的改进措施；实施改进措施并对改进结果进行分析评价。其中功能分析评价是功能成本预测分析的核心。在对比分析过程中，应采用价值分析的方法，提出最优设计方案，功能评价是通过定量分析进行的，要求计算价值系数。其计算公式为：

$$\text{价值系数}=\frac{\text{功能评价系数}}{\text{成本系数}}$$

式中的功能评价系数可以根据评分法计算求得；成本系数是各类零部件的实际成本或设计成本与全部零部件的实际总成本或设计成本总额的比值，即：

$$成本系数 = \frac{某项零部件的实际成本或设计成本}{全部零部件的实际总成本或设计或本总额}$$

价值系数表明每 1 元产品成本能够获得多大的产品功能。价值系数大于 1，说明产品或零部件的功能较大或成本较低，这种状态比较理想；价值系数趋近于 1，说明功能与成本比例适宜，不必改进；价值系数小于 1，说明功能可能不太大或成本过高，需要改进。

其计算步骤如下：

（1）计算功能评价系数，如表 13 – 1 所示。

表 13 – 1　功能评价系数表

零件名称	一对一比较结果						得分累计	功能评价系数
	A	B	C	D	E	F		
A	X	1	1	0	1	1	4	0. 2667
B	0	X	1	0	1	1	3	0. 2000
C	0	0	X	0	1	1	2	0. 1332
D	1	1	1	X	0	1	4	0. 2667
E	0	0	0	1	X	0	1	0. 0667
F	0	0	0	0	1	X	1	0. 0667
							15	1

将每一零件与其他零件一对一地进行功能重要程度的对比，重要的打 1 分，次要的打 0 分。

功能评价系数 = 某一零件得分 ÷ 全部零件的得分合计

（2）计算成本系数。将某一零件的设计成本除以全部零件设计成本合计数求得，如表 13 – 2 所示。

表 13 – 2　成本系数、价值系数及成本分配表

零件名称	功能评价系数	设计成本/元	成本系数	价值系数	目标成本/元	应降低成本/元
	①	②	③ = ②/② 合计	④ = ①/③	⑤ = ∑⑤ × ①	⑥ = ② – ⑤
A	0. 2667	1 213. 36	0. 2427	1. 10	1 280. 16	– 66. 80
B	0. 2000	1 060. 00	0. 2120	0. 94	960. 00	100. 00
C	0. 1332	906. 56	0. 1813	0. 73	639. 36	267. 20
D	0. 2667	1 213. 36	0. 2427	1. 10	1 280. 16	– 66. 80
E	0. 0667	253. 36	0. 0507	1. 32	320. 16	– 66. 80
F	0. 0667	353. 36	0. 0706	0. 94	320. 16	33. 20
合计	1	5 000	1		4 800	200

（3）计算价值系数。从成本功能分析观点来看，成本系数应该同其功能评价系数大体一致。如果价值系数近于 1，说明零件重要程度同所费成本大体相等；如小于 1，说明零件重要程度同所费成本不相符，应当成为成本功能分析的重要目标；如大于 1，说明此零件成本比重较小。在本例中，零件 B、C、F 的价值系数均小于 1，尤其是 C，只达到 0. 73，降低设计成本的重点该放在这三个零件上。

（4）测算各零件目标成本，计算成本降低幅度。某零件目标成本等于产品目标成本乘以该零件功能评价系数。求得各个零件目标成本后，再同其设计成本比较，B 零件应降低成本 100 元，C 零件应降低成本 267. 20 元，F 零件应降低成本 33. 20 元，这就为降低成本指明了努力的方向。

产品设计成本测算后，应和目标成本进行比较。当设计成本超过目标成本时，应进一步挖掘降低成本的潜力，保证设计成本控制在目标成本的限度内，才能批准设计方案，以避免先天性的损失和浪费。

3. 产品成本降低幅度预测

产品成本降低幅度的测算一般对可比产品进行。因为只有可比产品才能确定其计划成本较上年成本降低多少。在进行可比产品成本降低幅度测算时，一定要保证企业计划指标建立在积极平衡和先进水平的基础上。一般而言，产品成本降低幅度预测的基本步骤如下。

（1）计算上年全年预计平均单位成本。为了进行成本降低幅度的测算，首先必须正确确定上年可比产品的全年平均单位成本。如果在计划年度开始后编制成本计划，则以上年各月份的实际产量去除实际成本，即可求得。但是，成本计划一般是在上年第 4 季度初编制，所以，上年全年平均单位成本要进行预计。第 4 季度的预计产量和预计单位成本，可根据第 4 季度的产量和单位成本计划，并考虑可能完成情况加以预计。

（2）测算各项主要因素的影响程度。

① 测算材料耗费对产品成本的影响。产品成本中材料耗费的高低，受材料消耗定额和材料价格两个因素的影响。在材料价格不变时，材料消耗定额降低，会使产品单位成本中的材料成本相应降低，两者降低的幅度是一致的。例如，材料消耗定额降低 1%，材料成本也应相应地降低 1%。但是，由于材料成本只占产品成本的一部分，因此，材料成本的降低率并不等于产品成本的降低率。材料消耗定额降低形成的节约，应按下列公式计算：

$$\frac{\text{材料消耗定额降低影响}}{\text{的产品成本降低率}} = \frac{\text{材料成本占产品}}{\text{成本的百分比}} \times \frac{\text{材料消耗定额}}{\text{降低的百分比}}$$

相反，在材料消耗定额不变时，材料价格降低，也会使产品成本中的材料成本相应地降低；反之，材料价格提高，则会使产品成本中的材料成本等比例地提高，两者变动幅度一致。因此，材料价格降低而形成的节约，可用下列公式计算：

$$\frac{\text{材料价格降低影响}}{\text{的产品成本降低率}} = \frac{\text{材料成本占产品}}{\text{成本的百分比}} \times \frac{\text{材料价格降低}}{\text{的百分比}}$$

如果在材料消耗定额发生变动的同时，价格也发生变动，则：

$$\frac{\text{材料价格变动影响}}{\text{的产品成本降低率}} = \frac{\text{材料成本占产品}}{\text{成本的百分比}} \times \left(1 - \frac{\text{材料消耗定额}}{\text{降低的百分比}}\right) \times \frac{\text{材料价格降低}}{\text{的百分比}}$$

上述公式中，材料价格降低百分比要乘以（1 - 材料消耗定额降低的百分比），是由于受材料价格变动影响的只是材料预计的实际消耗量，至于材料定额消耗量预计节约的部分则同材料价格变动无关。

以上两个公式可合并计算如下：

$$\frac{材料消耗定额和价格同时}{降低影响的产品成本降低率}=\frac{材料成本占产品}{成本的百分比}\times\left[1-\left(1-\frac{材料消耗定额}{降低的百分比}\right)\times\left(1-\frac{材料价格}{降低的百分比}\right)\right]$$

以上计算公式同样适用于燃料和动力成本的测算。

② 测算人工成本对产品成本的影响。产品成本中的人工成本，与劳动生产率成反比，与平均薪酬增长率成正比。劳动生产率提高，说明单位时间内的产量增加，在其他因素不变的条件下，单位产品所负担的人工成本就减少。因此，在只有劳动生产率一个因素变动时，它对产品成本的影响可用下列公式计算：

$$\frac{劳动生产率提高影响}{的产品成本降低率}=\frac{人工成本占产品}{成本的百分比}\times\left(1-\frac{1}{1+劳动生产率提高的百分比}\right)$$

劳动生产率提高的同时，平均薪酬率也可能提高，但是如果劳动生产率的增长速度超过平均薪酬率的增长速度，也能节约产品成本中的人工成本。其计算公式为：

$$\frac{劳动生产率提高和平均薪酬}{增长相互作用影响的产品成本降低率}=\frac{人工成本占产品}{成本的百分比}\times\left(1-\frac{1+平均薪酬增长的百分比}{1+劳动生产率提高的百分比}\right)$$

③ 测算制造费用对产品成本的影响。在企业的制造费用中，有一部分属于固定性费用，如管理人员薪酬、办公费、差旅费等；也有一部分属于变动性费用，如机物料消耗、低值易耗品、运输费等。固定性制造费用一般不随产量的增加而发生变动。当产量增加时，单位产品所分摊的固定性制造费用就会相应减少。变动性制造费用虽然随着产量的增加而有所增长，但是，通过采取各项节约措施，其增长幅度一般也是小于生产增长幅度的。所以，当企业生产任务增加时，也会减少单位产品所分摊的变动性制造费用。因此，产量增加而形成固定性制造费用和变动性制造费用的节约对产品成本降低的影响，可分别用下列公式计算：

$$\frac{产量增加而形成固定性制造费用}{节约影响的产品成本降低率}=\frac{固定性制造费用占产品}{成本的百分比}\times\left(1-\frac{1}{1+产量增加的百分比}\right)$$

$$\frac{产量增加而形成变动性制造费用}{节约影响的产品成本降低率}=\frac{变动性制造费用占}{产品成本的百分比}\times\left(1-\frac{1+变动性制造费用增加的百分比}{1+产量增加的百分比}\right)$$

④ 测算废品损失对产品成本的影响。生产中发生废品，意味着人力、物力、财力的浪费，废品损失额要计入合格品的成本中，废品损失增加，合格品成本也就提高，反之则降低。其计算公式如下：

$$\frac{废品损失减少影响}{的产品成本降低率}=\frac{废品损失占产品}{成本的百分比}\times\frac{废品损失减少}{的百分比}$$

（3）综合各因素影响数，确定成本降低幅度。综合以上各因素的影响数，即可求得计划期可比产品成本总降低率。用总降低率乘上按上年预计平均单位成本计算的计划年度可比产品总成本，即可求得计划期可比产品成本总降低额。如果要了解各成本项目的降低额，可以用各因素影响的降低率，分别乘上按上年预计平均单位成本计算的计划年度可比产品总成本。

通过测算，若降低率还不能达到预期水平，或者经调查研究认为仍有潜力可挖，则要对有关单位提出增产节约的进一步要求，采取补充措施，修订消耗定额，然后再次试算平衡，直到达到或超过预期降低成本的要求。经过反复测算、反复挖掘潜力，就可使成本指标建立在较先进和合理的基础上。

【例 13-4】 设某企业生产乙产品，第 1~3 季度的实际产量为 132 件，实际平均单位成本为 900 元。第 4 季度预计产量为 48 件，单位成本为 870 元。计划年度继续生产乙产品，全年计划产量 200 件，可比产品成本降低率要求达到 7%。企业经过充分论证，确定计划年度有关指标如下：

（1）生产增长 25%。

（2）劳动生产率提高 20%。

（3）生产工人平均薪酬提高 4%。

（4）材料消耗定额降低 10%。

（5）材料价格上升 8%。

（6）变动性制造费用增加 4%。

（7）废品损失减少 10%。

该产品各个成本项目的比重为：直接材料 60%、直接人工 18%、制造费用 18%（其中固定性制造费用 12%）、废品损失 4%，合计 100%。

根据以上资料，进行成本降低幅度的测算。

分析：

首先，计算上年预计平均单位成本。

$$上年实际单位成本=\frac{132\times900+48\times870}{132+48}=892（元）$$

企业按上年预计平均单位成本计算的计划年度可比产品总成本为：

200×892=178 400（元）

其次，测算各因素的影响程度。

（1）由于材料消耗定额降低和价格上升影响：

$$产品成本降低率=[1-(1-10\%)(1+8\%)]\times60\%=1.68\%$$

$$产品成本降低额=178\ 400\times1.68\%=2\ 997.12（元）$$

（2）由于劳动生产率的提高和平均薪酬增长影响：

$$产品成本降低率=\left(1-\frac{1+4\%}{1+20\%}\right)\times18\%=2.4\%$$

$$产品成本降低额=178\ 400\times2.4\%=4\ 281.60（元）$$

（3）由于生产增长和变动性制造费用增加影响：

$$产品成本降低率=\left(1-\frac{1+4\%}{1+25\%}\right)\times6\%+\left(1-\frac{1\%}{1+25\%}\right)\times12\%=3.408\%$$

$$产品成本降低额=178\ 400\times3.408\%=6\ 079.87（元）$$

(4) 由于废品损失减少影响：

产品成本降低率 = 4% × 10% = 0.4%

产品成本降低额 = 178 400 × 0.4% = 713.60（元）

合计：总产品成本降低率 = 1.68% + 2.4% + 3.408% + 0.4% = 7.888%

总产品成本降低额 = 178 400 × 7.888% = 14 072.19（元）

综合以上计算结果，预测期可比产品成本总降低率为 7.888%，超过预期降低率 7%。

因此，可以把 7.888% 可比产品成本降低率作为正式的成本目标，据以编制成本计划。若没有达到预期降低率，还需要进一步挖掘成本降低潜力。若成本降低潜力已经考虑到最大限度，则要修正成本目标。

4. 产品成本变动趋势预测

产品成本发展趋势预测是根据预测的具体内容，以其相关性的成本历史资料为基础，采用一定的方法来估计未来成本可能达到的水平。这是根据过去预测未来，把未来当作是过去的延伸。这种预测方法可以同时起到两方面的作用，既为修订目标成本奠定了基础，又可以检验目标成本的完成情况。常见的产品成本变动趋势的预测方法有高低点法、平均法、回归分析法等。

(1) 高低点法。高低点法，是通过观察一定相关范围内的各期产量与相关总成本构成的所有坐标点，从中选出高低两点坐标总额 a 和单位变动成本 b 的一种方法。实际工作中，通常利用直线方程式来计算：

$$y = a + bx$$

公式中：y 代表产品总成本；a 代表产品的固定成本；b 代表产品的单位变动成本；x 代表产品产量。

高低点法预测的基本步骤是：

第一，确定高低点。根据某项成本过去一定时期的业务量和成本资料，确定最高点（即 $y_{高}$ 和 $x_{高}$）和最低点（即 $y_{低}$ 和 $x_{低}$）。

第二，计算单位变动成本（b）和固定成本（a）。

$$b = \frac{高低点成本之差}{高低点业务量之差} = \frac{y_{高} - y_{低}}{x_{高} - x_{低}}$$

$$a = y_{低} - bx_{低}$$

$$或 = y_{高} - bx_{高}$$

第三，将 a，b 值代入，得一般成本模型：$y = a + bx$

【例 13-5】 某企业 2015 年上半年生产甲产品产量与成本的资料如表 13-3 所示。

表 13-3　　产量与成本明细表

月份	1	2	3	4	5	6
产量（台）	6	5	3	7	9	8
成本（万元）	1 500	1 300	1 000	1 800	2 300	2 000

要求：用高低点法预测该企业甲产品7月为10台时的总成本和单位成本。

分析：

首先，确定高低点。根据资料可知，高点坐标为（9，2 300），低点坐标为（4，1 000）；

其次，计算 b 和 a。

$$b=\frac{2\ 300-1\ 000}{9-4}=260\text{（万元）}$$

$$a=1\ 000-260\times 3=220\text{（万元）}$$

最后，按成本性态建立成本预测模型：

$$y=220+260x$$

当2015年7月计划产销量为10台时，预测将发生的总成本为：$y=220+10\times 260=2\ 820$（万元）

单位成本 =2 820 ÷10 =282（万元）

高低点法优点在于简便易算，其缺点是由于选择了诸多历史资料中的两组数据作为计算依据，使得建立的成本模型很可能不具代表性，导致较大的计算误差。这种方法只适用于成本变动趋势比较稳定的企业采用。

【同步思考13 -1】

产量的最高点、最低点与成本的最高点、最低点不相匹配时，应以产量的最高点和最低点为准，取其相对应的成本作为最高点成本和最低点成本。

（2）平均法。对于产品成本发展趋势进行预测，主要采用的是平均法，即通过计算不同时期的平均数来预计未来总成本。它包括简单平均法、移动平均法、加权平均法和指数平滑法。

简单平均法是直接将若干期历史成本的算术平均数作为未来成本水平的一种预测方法。

移动平均法是根据历史资料自主选择移动期，并以移动期内的平均数作为未来成本水平的一种预测方法。

加权平均法是对各期历史数据按照远小近大的规律确定其权数，并以其加权平均值作为未来成本水平的一种预测方法。

指数平滑法是一种特殊的加权平均法，它是以上期实际值的加权平均值作为未来成本水平的一种预测方法。其计算公式为：

预测期成本 = 平滑系数 × 上期实际成本 +（1 - 平滑系数）× 上期预测成本

平滑系数取值一般在0.3 ~0.7之间。

【例13 -6】某企业2015年7 ~12月实际成本数如表13 -4所示。

表13 -4　　实际成本表

时间	2015年						2016年
	7月	8月	9月	10月	11月	12月	1月
实际成本/元	80 000	75 000	77 000	85 000	82 000	90 000	?

假设平滑系数 =0.6，2015 年 10 月成本预测值为 84 000 元，预测 2015 年 11 月 ~2016 年 1 月的产品成本。

（1）2015 年 11 月预测成本为：

预测期成本 =0.6×85 000 +（1 -0.6）×84 000 =84 600（元）

（2）2015 年 12 月预测成本为：

预测期成本 =0.6×82 000 +（1 -0.6）×84 600 =83 040（元）

（3）2016 年 1 月预测成本为：

预测期成本 =0.6×90 000d -（1 -0.6）×83 040 =87 216（元）

为了使预测结果切合实际，在按预测期成本公式测算以后，应加以分析研究，最后做出符合实际的判断。

（3）回归分析法。在进行成本变动趋势预测时，如果自变量（产量或业务量）和因变量（成本）之间的关系不是普通的函数关系，而是一个产量值 x 对应着相应的成本值 y 的回归关系，就要采用回归分析法。

在采用回归分析法时，一般要进行相关性分析。即在定性分析的基础上，运用数理统计方法确定变量之间的相互关系，说明有关变量之间相互关系的密切程度，借以判定成本预测中所选用的变量是否恰当。用回归分析法预测成本变动趋势时所做的相关性分析，实际上是确定产量同成本之间的因果关系，其中自变量 x 为因，因变量 y 为果。在有关变量的因果关系中，可以是一因一果，也可以是多因一果。前者以一元线性回归方程表示，后者以多元线性回归方程表示，这里主要介绍一元线性回归法。

一元线性回归分析法。也叫简单线性回归法，它是在影响成本发生变动的因素只有产量一个因素的条件下，根据若干历史期间的产量、成本资料，经分析计算确定一个可以反映产量与成本之间依存关系及其发展趋势的直线回归方程，并根据产量的变动来预测未来一定期间的成本发展趋势和水平的方法。一元线性回归方程可用下式表示：

$$y = a + bx$$

式中：y——因变量，表示某时期的产品总成本。

x——自变量，表示预测成本时某时期产品产量。

a，b——回归系数，a 表示某时期的固定成本，b 表示单位产品的变动成本。

在运用一元线性回归分析法时，首先要根据自变量和因变量的历史数据，进行相关性检验，即计算相关系数。相关系数用 r 表示，它反映成本 y 与产量 x 之间线性关联程度的一个数值，其绝对值在 0 和 1 之间。相关系数的绝对值越接近 1，则表明线性关联程度越高。而趋于零时，则表明无线性关系。即：当 $r=0$，说明变量之间不存在相关性；当 $r=1$，说明两者完全正相关；当 $r=-1$，说明两者完全负相关。一般来说，成本预测中，$r \geq 0.8$ 即可近似地认为 x 与 y 线性相关。

【例 13 -7】某企业生产 B 产品，2009 ~2014 年的产量和成本资料如表 13 -5 所示。

表 13 -5　　产量和成本明细表

年度	2009	2010	2011	2012	2013	2014
产量（件）	2 000	4 000	7 000	3 000	5 000	6 000
成本（元）	36 000	50 000	76 000	54 000	60 000	68 000

要求：预测该企业 2015 年 B 产品为 8 000 件时的总成本和单位成本。

具体计算方法如下：

首先，根据历史资料列表求 n，$\sum x$，$\sum y$，$\sum xy$，$\sum x^2$ 和 $\sum y^2$ 的值，如表 13－6 所示。

表 13－6　　一元线性回归数据

年度	产量 x（件）	成本 y（元）	xy	x^2	y^2
2009	2 000	36 000	72 000 000	4 000 000	1 296 000 000
2010	4 000	50 000	200 000 000	16 000 000	2 500 000 000
2011	7 000	76 000	532 000 000	49 000 000	5 776 000 000
2012	3 000	54 000	162 000 000	9 000 000	2 916 000 000
2013	5 000	60 000	300 000 000	25 000 000	3 600 000 000
2014	6 000	68 000	408 000 000	36 000 000	4 624 000 000
$n=6$	$\sum x = 27\ 000$	$\sum y = 344\ 000$	$\sum xy = 1\ 674\ 000\ 000$	$\sum x^2 = 139\ 000\ 000$	$\sum y^2 = 20\ 712\ 000\ 000$

其次，计算相关系数 r。

$$r = \frac{n \cdot \sum xy - \sum x \cdot \sum y}{\sqrt{[n \cdot \sum x^2 - (\sum x)^2][n\sum y^2 - \sum y^2]}}$$

$$= \frac{6 \times 1\ 674\ 000\ 000 - 27\ 000 \times 344\ 000}{\sqrt{[6 \times 139\ 000\ 000 - (27\ 000)^2][6 \times 20\ 712\ 000\ 000 - (344\ 000)^2]}} = 0.9576$$

计算结果表明，反映本例中产量同成本之间关联情况的相关系数为 0.9576，这意味着 B 产品成本与产量之间的关联程度属正线性关系。

再次，确定回归系数 a 和 b。利用最小二乘法计算 a 和 b。

$$b = \frac{n \cdot \sum xy - \sum x \cdot \sum y}{n \cdot \sum x^2 - (\sum x)^2} = \frac{6 \times 1\ 674\ 000\ 000 - 27\ 000 \times 344\ 000}{6 \times 139\ 000\ 000 - 27\ 000^2} = 7.2$$

$$a = \frac{\sum y - b \cdot \sum x}{n} = \frac{344\ 000 - 7.2 \times 27\ 000}{6} \approx 24\ 933$$

最后，将 a、b 值代入下式，写出一般成本模型：

$$y = a + bx$$

所以，$y = 24\ 933 + 7.2x$。

2015 年当 B 产品产量为 8 000 件时：

成本总额 $y = 24\ 933 + 7.2 \times 8\ 000 = 82\ 533$（元）

单位成本为 $82\ 533 \div 8\ 000 = 10.32$（元）

一元直线回归分析法计算结果较准确，在企业历年产品成本忽高忽低、变动幅度较大情况下采用此法预测较好，但计算工作量较大，比较麻烦。如果能采用电子计算机计算，这种方法将会得到广泛应用。

13.2 成本决策

所谓决策，是对两种或两种以上备选方案，利用有关决策理论和方法进行比较分析，权衡利弊，从中选择最优方案的一项活动。成本决策是在成本的预测的基础上，利用各种决策成本数据对各个备选方案进行分析比较，从中选择最佳方案的活动。成本决策是现代企业成本管理中的一个重要组成部分，对于正确地制订成本计划，促进企业降低成本，提高经济效益都具有十分重要的意义。

13.2.1 成本决策的程序

科学的成本决策程序贯穿于成本决策的全过程，也是成本预测顺利进行的基本保证。成本决策的基本步骤是：

（1）确定成本决策目标。成本决策目标是成本决策的出发点和归宿，没有明确的成本决策目标，就没有有条不紊的成本决策过程，就会导致无效的成本决策。成本决策的总目标是成本最低。在这个总目标下，要注意以下几点：一是需要与可能相结合；二是目标要具体化并尽可能量化；三是适当考虑目标的约束条件；四是正确处理多重目标之间的相互关系。

（2）拟订若干可行的备选方案。在明确成本决策目标的前提下，围绕成本决策目标，广泛搜集资料，充分考虑现实与可能，拟订各种可能实现成本决策目标的备选方案。

（3）评价备选方案。各个成本决策方案的提出，指明了实现目标成本的各种路径。但究竟哪一种方案最合理，还需要对各个方案采用定性、定量的方法进行可行性论证，从不同侧面分析评价各方案在技术、经济等方面的先进性、合理性与可行性，以备选择。

（4）确定最优成本决策方案。在分析评价备选方案的基础上，全面权衡利弊得失，从全部备选方案中选出最佳方案。选择最佳方案的关键是评价标准是否适当，特别是在多目标决策中更应该注意评价标准的多重性和综合性。

（5）根据决策方案，跟踪检查成本决策方案在实践中能否达到最低化的要求。以上的决策程序是根据预算来组织实施的。在实际工作中，成本决策分析与生产经营计划是交叉进行的，成本决策的结果要变成预算体现出来，然后用预算与实际比较，将发生的差异与存在的问题及时反馈出来，以便及时采取改进措施，使成本决策的目标得以实现。

13.2.2 决策中常用的成本概念

决策成本是指与决策有关的一些成本概念，并非总是一般意义的成本概念。

1. 边际成本与变动成本

边际成本是指成本对于产量无限小变化的变动部分。在实际经济生活中，产量无限小变化，最小只能小到一个单位。边际成本的实际计量，就是产量增加或减少一个单位所引起的成本变动。

变动成本是指在相关范围内，其成本总额随着产量的增减比例增减。变动成本与差量成本都是边际成本理论概念的实际表现形式。

边际成本与变动成本一样，可以用来判断增减产量在经济上是否合算。

2. 差量成本

差量成本广义的解释是两个备选方案的预期成本之间的差异数，也称作差别成本或差额成本。不同方案的经济效益，一般可通过差量成本的计算明显地反映出来。而狭义的解释是指不同产量水平下形成的成本差别，也称为增支成本与增量成本，既包括变动成本的差异数，也包括固定成本的差异数。

【同步思考 13－2】

差量成本和边际成本有什么区别？

3. 历史成本与重置成本

历史成本是根据过去实际已发生的支出而计算的成本，由于这一成本已经发生或支出，它对未来决策不存在影响力因而在分析未来经济活动并做出决策时无须考虑。

重置成本是指目前从市场上购买同一项原有资产所需支付的成本，亦可称为“现时成本”。由于通货膨胀、技术进步等因素，某项资产的重置成本与历史成本差异较大，重置成本既可能高于历史成本，也可能低于历史成本。在决策分析时必须考虑到重置成本。

4. 付现成本与沉没成本

付现成本是指那些由于某项决策而引起的需要在未来动用现金支付的成本。当企业在经营决策中如果碰到本身的货币资金比较拮据，而筹措资金又有困难时，对付现成本的考虑往往比对总成本的考虑更为重视，并会选择付现成本最小的方案来代替总成本最低的方案。

沉没成本是指那些由于过去的决策所引起并已经支付过款项的成本。这些是无法由现在或将来的任何决策所能变更的成本，因此在决策时不需要考虑。例如，某企业有报废零件 30 000 元，如再行加工需要支出 2 000 元，但可售得 5 000 元；如将该批零件不经加工直接处理，则只能售得 1 000 元。那么在进行加工后出售还是不经加工直接出售方案决策时，这批报废零件的原始成本 30 000 元是在过去已经支付了的，属于沉没成本，对现时决策没有影响，因而不予考虑。

5. 可避免成本与不可避免成本

可避免成本是指通过管理人员的决策行动可以改变其数额的成本。不可避免成本是管理人员的决策行动不能改变的成本。

6. 可递延成本与不可递延的成本

可递延成本是指在企业财务负担有限的情况下，对已决定选用的某一方案如果推迟执行不至于影响企业的大局，那么与这一方案有关的成本就称为可递延成本。否则就是不可递延成本。

7. 专属成本与共同成本

专属成本是指可以明确归属于某种、某批或某个部门的固定成本。共同成本是指那些需由几种、几批或有关部门共同分担的成本。

8. 机会成本与估算成本

机会成本是指在决策分析过程中，从各个备选方案中选取最优方案而放弃次优方案所丧失的潜在利益。但这个潜在利益要从最优方案中得到补偿，也就是说，必须把已放弃的次优方案可能提供的收益作为被选用的最优方案的机会成本。

估算成本是机会成本的特种形态，这不是企业的实际支出，也不计入账册，是使用某种经济资源的代价。这种代价在进行备选方案决策时也要认真考虑。

9. 相关成本与无关成本

相关成本是指与决策有关联的成本，就是决策时必须考虑的各种形式的未来成本。如差量成本、边际成本、付现成本、机会成本、估算成本、重置成本、可避免成本等。无关成本是指过去已经发生，对未来决策没有直接影响的成本，如历史成本、不可避免成本、沉没成本等均属无关成本。

相关成本与无关成本的准确划分对决策分析至关重要。在决策分析时，总是将决策备选方案的相关收入与其相关成本进行对比，来确定其获利性。若将无关成本误作相关成本考虑，或将相关成本忽略都将会影响决策的准确性，甚至会得出错误的结论。

13.2.3 成本决策的方法

成本决策所采用的专门方法，因决策的具体内容和掌握资料的不同而各有不同。但最常用的专门方法有差量分析法、总额分析法、相关成本分析法、量本利分析法（边际贡献法）四种，分别简介如下：

1. 差量分析法

这里的差量是指不同备选方案之间的差别。这一方法适用于同时涉及成本和收入方案的决策分析。它是根据差异利润作为最终评价指标，以决定方案取舍的一种方法。差量分析涉及“差异收入”、“差异成本”和“差异利润”几个基本概念。所谓差异收入是指两个备选方案之间的预计收入的差额，它是同差异成本相对应的概念。差异利润是指差异收入与差异成本之差。

差量分析法的基本内容，就是以两个备选方案的差异收入与差异成本进行比较，若差异收入大于差异成本，即取得差异利润，则前一方案是较优的；相反，如差异收入小于差异成本，即差异利润为负数，那么后一方案较优。

这里还应指出，如有两个以上的备选方案，可分别两两加以比较分析，最终以能提供最大经济效益的方案为最优方案。

2. 总额分析法

此法用于同时涉及成本和收入方案的决策分析，它是根据利润作为最终的评价指标，以决定方案取舍的一种方法。之所以称为总额分析法，是因为决策中涉及的收入、成本、利润是指总收入、总成本、总利润，不考虑其与决策是否相关。

3. 相关成本分析法

这一方法适用于只涉及成本的方案决策，它是根据相关成本的大小作为最终的评价指标，以决定方案取舍的一种方法。决策时，首先要对各可行备选方案估计其未来成本，如差异成本、机会成本、专属成本等。与相关成本对立的概念是无关成本，这部分成本在决策中不考虑，如沉没成本。确定相关成本有两种方法：一是列出所有的相关成本各项，加计总数求得；二是汇总各备选方案的全部总成本，减去不相关成本，即为该方案的相关成本。

4. 量本利分析（边际贡献）法

边际贡献是指销售收入减去变动成本以后的差额。若用单位产品表示，单位边际贡献为单价减去单位变动成本。在“边际贡献”概念的基础上，量本利关系可以表示为：

$$利润 = 销量 \times 单位边际贡献 - 固定成本$$

13.2.4 成本决策方法的应用

成本决策按实现成本目标的时间长短分短期成本决策和长期成本决策。短期成本决策的主要特点是充分利用现有资源进行战术决策，一般不涉及大量资金的投入，且见效快。它涉及生产过程中的经营决策的问题，要求企业能通过科学的计算与分析，权衡利害得失，以选出最得当的生产方案。长期决策是指在较长的时期内（超过1年）才能实现的决策。它的主要特点是对若干期的收支产生影响，一般需要投入大量资金，且见效慢。常见的长期投资决策有：新企业筹建的决策，现有企业扩建、改建决策，生产设备的购置和更新决策及设备修理的决策等。这里只介绍短期成本决策，长期成本决策参见财务管理课程。

1. 生产哪种产品的决策分析

在满足市场需求的前提下，企业现有的生产能力可生产多种产品，但由于资源的限制，企业不可能生产所有品种的产品时，企业必须作出生产哪种产品的抉择。在进行产品品种选择分析时，选择生产品种的标准是既要充分利用企业现有的生产能力，又要在经济上取得尽可能好的效益。决策者要在目前的技术、设备、物资和经营管理条件下，选择出经济效益最佳的品种。

【例13-8】 某公司原设计生产能力为30 000机器工时，但实际开工率只有原设计能力的70%，现准备将剩余生产能力生产新产品甲或新产品乙。有关新老产品的资料如表13-7所示。

表 13－7　　新老产品资料表

产品名称	老产品（实际）	新产品甲（预计）	新产品乙（预计）
每件定额工时（小时）	10	5	2.5
销售单价（元）	25	40	35
单位变动成本（元）	20	30	29
固定成本总额（元）	8 000		

要求：根据上述资料作出开发哪种新产品较有利的决策分析。

分析：由于是利用空闲生产能力，并不增加固定成本。在决策时以创造最多边际贡献为决策的分析标准。

表 13－8　　资料分析表

产品名称	新产品甲	新产品乙
剩余生产能力（小时）	30 000 ×（1－70%）＝9 000	
每件定额工时（小时）	5	2.5
最大产量（件）	9 000 ÷ 5 ＝ 1 800	9 000 ÷ 2.5 ＝ 3 600
销售单价（元）	40	35
单位变动成本（元）	30	29
单位边际贡献（元） ＝销售单价－单位变动成本	10	6
边际贡献总额（元）	18 000	21 600

表 13－8 分析结果告诉我们，虽然单位新产品甲比新产品乙多获 4 元的边际贡献，但乙产品产量高出甲产品一倍，乙产品的边际贡献总额比甲产品高出 3 600 元（21 600－18 000），所以开发新产品乙较为有利。

若接上例生产新产品甲或乙必须追加成本支出，购置专用工具，价值分别为 1 000 元和 5 000 元，又将做何决策？

生产新产品甲或乙追加的成本支出为专属成本，决策时必须考虑，采用差量损益分析法分析结果如表 13－9 所示。

表 13－9　　差量损益分析结果

产品名称		新产品甲	新产品乙	差异额
相关收入		40 × 1 800 ＝ 72 000	35 × 3 600 ＝ 126 000	－54 000
相关成本		55 000	109 400	－54 400
其中	变动成本	30 × 1800 ＝ 54 000	29 × 3 600 ＝ 104 400	
	专属成本	1 000	5 000	
差量损益				＋400

可见，应开发甲产品，这样可多获利 400 元。

2. 零件取得的决策分析

企业在生产经营过程中经常遇到零件是自制还是外购的决策问题。其主要原因是：有时企业生产任务过重，有必要外购某些零件；有时生产任务不足，为充分利用自身的生产能力，需考虑将原来外购的零件改为自制；有时由于产品设计的变更，对某些零件是自制还是外购需重新选择；有时因为生产成本的变化，须重新考虑零件取得方式的选择。

对这个问题进行决策分析通常采用差额分析法，但由于备选方案的预期收入相同，只是备选方案间预期成本间差别，因而进行差额分析时无需计算差额收入，只需计算差额成本。

需指出的是，决策方案的预期相关成本包括专属固定成本和机会成本，企业原有固定成本则为无关成本，决策分析时可不必考虑。

（1）自制不增加固定成本时的选择。

【例 13 -9】某企业年需用 A 零件 300 个，如从市场上购买，每个进货价格为 16 元。若该厂利用加工车间剩余生产能力加工，预计制造一个 A 零件需支付直接材料费 6 元，直接人工 4 元，变动制造成本 4 元，固定制造成本 1 元。已知加工车间若不制造该零件，生产设备没有其他用途。试问：该企业的 A 零件自制还是外购较有利？

分析：由于加工车间设备属于剩余生产能力，不加工 A 零件别无他用。故固定制造成本在该项决策中属无关成本。编制差额分析表可得计算结果，如表 13 - 10 所示。

表 13 -10　　差额分析表　　单位：元

项目	自制方案	外购方案	差额
自制：直接材料	6 × 300 = 1 800		
直接人工	4 × 300 = 1 200		
变动制造费用	4 × 300 = 1 200		
小　　计	4 200		4 200
外购：购入成本		16 × 300 = 4 800	4 800
自制与外购的差额成本			600

从表 13 - 10 计算过程可知，自制比外购零件节约成本 600 元，因此，自制方案较优。

（2）自制需增加固定成本的选择。

【例 13 -10】仍依前例，若企业自制零件，则需另增加一台专用检测设备价值 800 元。其他条件与〖例 13 -9〗相同。问：企业应作出何种选择？

分析：由于条件与〖例 13 -9〗相同，仅增加了固定资产价值 800 元，即增加专属成本 800 元。仍列示差额分析表分析，其结果如表 13 - 11 所示。

表 13 -11　　差额分析表　　单位：元

项　　目	自制方案	外购方案	差额
自制：直接材料	6 × 300 = 1 800		
直接人工	4 × 300 = 1 200		
变动制造成本	4 × 300 = 1 200		
专属成本	800		
小　　计	5 000		5 000
外购：购入成本		16 × 300 = 4 800	4 800
自制与外购的差额成本			-200

从表 13－11 中计算可知，当需用量为 300 个时，外购比自制方案节约成本 200 元，故外购为宜。

假设无需用量的限制，其他条件完全相同时，企业又应如何进行决策分析呢？在此情况下，可使用成本无差别点分析法。设 x 表示零件需用量，则：

自制方案的成本 $y_1 = 14x + 800$

外购方案的成本 $y_2 = 16x$

$x = \dfrac{800}{16 - 14} = 400$（件）

当需用量为 400 件时，两方案成本相同。因此当需用量大于 400 件时，自制为宜，当需用量小于 400 件时，外购为宜。

3. 亏损产品是否停产的决策分析

亏损产品是否停产的决策是指企业正同时生产若干种产品，其中有一种产品发生了亏损，为了转亏为盈，企业一方面要想方设法努力降低成本扭转亏损局面；另一方面就是对这种亏损产品考虑是否停产或转产。对这类问题的决策分析可采用边际贡献分析法进行。也就是在计算分析时，只需搞清亏损产品是否能提供边际贡献。若边际贡献为正数，说明该项亏损产品不应停产。

【例 13－11】某厂原生产甲、乙、丙三种产品，上年度有关资料如表 13－12 所示。

表 13－12　　甲、乙、丙产品上年度有关资料　　单位：元

项目		甲产品	乙产品	丙产品	合计
可销售收入		120 000	100 000	30 000	250 000
制造与管理成本		96 000	78 000	27 000	201 000
其中	变动成本	72 000	60 000	21 000	153 000
	固定成本	24 000	18 000	6 000	48 000
毛利		24 000	22 000	3 000	49 000
销售费用		14 000	11 200	4 500	29 700
其中	变动费用	8 000	6 600	3 000	17 600
	固定费用	6 000	4 600	1 500	12 100
净收益		10 000	10 800	－1 500	19 300

根据上述资料，可见按完全成本法计算丙产品亏损 1 500 元，那么，为了提高企业整体的经济效益，该亏损产品（丙产品）是否应停产？乍看起来，如果丙产品停产，则企业可减少亏损 1 500 元。也就是说，丙产品停产后，企业的利润将是 20 800 元（19 300＋1 500），而不是现在的 19 300 元，似乎停止丙产品的生产对企业有利。然而，情况并非如此。因为产品丙之所以亏损 1 500 元，是因为它负担了分摊给它的固定成本 7 500 元（6 000＋1 500）。但固定成本是一种已经存在的、不可避免的成本，与产品丙是否停产这一决策无关。也就是说，如果丙产品停产了，这部分固定成本将会转嫁给甲、乙两种产品负担，所以判断产品该不该停产，主要是取决于此产品最终能否提供边际贡献。由于本例中丙产品的边际贡献为 6 000 元（30 000－21 000－3 000），可见，丙产品不宜停产。

这里还应特别注意的是，在国有企业里，我们在进行亏损产品是否停产的决策分析时，除了从经济上考虑外，还得考虑全局的利益，如果亏损产品是国家经济建设和人民生活所需要，即使暂时发生了亏损，也必须继续生产，但可采取其他的措施力求少亏或尽量转亏为盈。

4. 亏损产品转产的决策分析

由上述分析可见，丙产品不宜停产。但是，是否可将丙产品停产后腾出来的生产能力再转产丁产品呢？为判别这种转产是否合算，必须注意，只要转产的丁产品是利用亏损产品停产后腾出来的生产能力，不需占用其他产品的生产能力，同时它所提供的贡献毛益大于丙产品的贡献毛益，说明这种转产是合算的；反之，就不合算。现举例说明如下：

【例 13－12】仍按上例资料，假设丁产品预计年产量为 1 200 件（产销平衡），单位售价 40 元，单位变动成本 36 元。可通过表 13－13 的对比分析来确定是否可以转产。

表 13－13　　丙、丁产品有关资料

单位：元

项　　目	丙产品	丁产品
销售收入	30 000	48 000
变动成本	24 000	43 200
贡献毛益	6 000	4 800
固定成本	7 500	7 500
利润	－1 500	－2 700

上述计算表明，利用原来生产设备转产丁产品所获得的贡献毛益比丙产品少 1 200 元，从而使企业的最终利润由原来的 19 300 元减少为 18 100 元（19 300－1 200）。所以，从经济上来看，丙产品停产而转产丁产品是不合算的。

5. 特殊订货的决策分析

当企业有剩余生产能力可以利用时，还可考虑是否接受特殊价格的追加订货，即当客户要求以低于正常价格，甚至低于正常产量的平均单位成本的特殊价格追加订货时，企业是否可考虑接受这种条件的追加订货呢？答案是：应针对不同情况区别对待。

（1）当追加订货不影响正常销售的完成，又不要求追加专属成本，且剩余生产能力无法转移时，只要特殊订货单价大于该产品的单位变动成本，就可以接受该追加订货。

（2）若该订货要求追加专属成本，其余条件同（1），则接受追加订货方案的前提条件是：该方案创造的贡献边际大于专属成本。

（3）若有关的剩余生产能力可以转移，其余条件同（1），则应将转移能力的可能收益作为追加订货的机会成本考虑，当追加订货创造的贡献边际大于机会成本时，则可接受订货。

（4）若追加订货影响正常销售，即剩余生产能力不够生产全部的追加订货，从而减少正常销售，其余条件同（1），则应将由此而减少的正常收入作为追加订货方案的机会成本。当追加订货的贡献边际足以补偿这部分机会成本时，则可接受订货。

【例 13－13】某企业甲产品最大生产能力为 10 000 件，目前正常订货量为 8 000 件，销售单价为 40 元，单位产品成本为 34 元（直接材料 16 元，直接人工 7 元，变动制造费用 5 元，固定制造费用 6 元）。

现有某客户向企业追加订货，且客户只愿出价每件 32 元。

要求：就以下各种情形作出是否接受该项订货的决策分析。

（1）订货 2 000 件，剩余生产能力无法转移，且追加订货不需追加专属成本。

（2）订货 2 000 件，剩余生产能力无法转移，但追加订货需要一台专用设备，全年需支付专属成本 5 000 元。

（3）订货 2 300 件，剩余生产能力无法转移，也不需要追加专属成本。

（4）订货 2 300 件，剩余生产能力可以对外出租，可获年租金 4 000 元，追加订货需追加专属成本 5 000 元。

根据上述资料计算分析如下：

（1）因为特殊定价 32 元大于单位变动成本 28 元（16＋7＋5），因此，可以接受此追加订货，由此可多获得利润 8 000 元＝(32－28)×2 000。

（2）编制相关损益分析表，如表 13－14 所示。

表 13－14　相关损益分析表　单位：元

项目 方案		接受追加订货
相关收入		32×2 000＝64 000
相关成本		61 000
其中	变动成本	28×2 000＝56 000
	专属成本	5 000
相关损益		3 000

由表 13－14 可见，订货可使企业多获得利润 3 000 元，因此，应该接受追加订货。

（3）此种订货会影响正常销售，原因是企业剩余生产能力为 2 000 件，故追加订货 2 300 件中只能有 2 000 件可利用剩余生产能力，其余 300 件要减少正常订货量，但这 300 件不论是否接受追加订货均要安排生产，对于变动成本而言属于无关产量，因而只有 2 000 件属于相关产量，此外，要将减少正常订货 300 件的正常收入作为追加订货的机会成本。追加订货成本决策可用差量分析法分析，如表 13－15 所示。

表 13－15　差量分析表　单位：元

项目 方案		接受追加订货	拒绝追加订货	差量
相关收入		32×2 300＝73 600	0	＋73 600
相关成本		68 000	0	＋68 000
其中	变动成本	28×2 000＝56 000	0	
	机会成本	40×300＝12 000	0	
差量损益				＋5 600

由此可见，接受追加订货可使企业多获得利润 5 600 元，所以应接受追加订货。

（4）编制相关损益分析表，如表 13－16 所示。

表 13－16　　　　相关损益分析表　　　　单位：元

方案＼项目		接受追加订货
相关收入		32×2 300＝73 600
相关成本		77 000
其中	变动成本	28×2 000＝56 000
	专属成本	5 000
	机会成本 1	40×300＝12 000
	机会成本 2	4 000
相关损益		－3 400

由此可见，接受追加订货会使企业减少利润 3 400 元，因而不应该接受追加订货。

6. 产品是否进一步加工决策分析

在多步骤生产的企业里，往往有一些完成某一阶段加工的半成品既可以进一步加工成产成品，也可以直接对外销售。例如纺织厂的棉纱，既可以直接对外出售，也可以织成布对外出售。对于这一类决策问题，可采用差量分析法。但应注意，在进一步加工前所发生的成本，无论是变动成本还是固定成本，在决策分析中都属于沉没成本，无须考虑。

【例 13－14】 某企业生产 A 产品 8 000 件，单位变动成本 15 元，固定成本总额 30 000 元。A 产品的销售单价 35 元。企业还可以将 A 产品进一步加工成 B 产品后销售，但每件需追加变动成本 5 元，同时还需追加固定成本 6 000 元。B 产品的销售单价为 42 元。A 产品应否加工成 B 产品出售？

差量收入＝(42－35)×8 000＝56 000（元）

差量成本＝5×8 000＋6 000＝46 000（元）

继续加工的差量收益＝10 000（元）

因此，应继续加工后出售。

13.3　成本计划

13.3.1　成本计划的意义

成本计划是在成本预测和决策的基础上，根据目标成本，以货币形式规定企业在一定时期内完成生产任务所需耗用的生产费用总额和各种产品的成本水平，是对预测成本运用决策手段平衡后的结果。编制成本计划，对加强成本管理，降低产品成本，提高经济效益具有重要意义。

1. 成本计划是企业成本控制的主要尺度

成本计划是为实现企业目标而制定的，它体现了企业降低成本的具体要求，是企业降低成本的努力目标。企业的生产经营过程实质上包含成本计划的执行过程，各部门可依据成本计划分解的指标，进行成本控制，及时揭示成本差异数额。

2. 成本计划是编制其他计划的重要依据

成本计划既是生产技术、财务成本计划的组成部分，又是对生产技术、财务计划提出的最优成本要求。它能促使企业技术与经济结合、功能与成本配比，在保证产品质量的前提下降低成本，在降低成本的基础上提高产品质量。同时，成本计划也是其他财务计划，如材料采购计划、生产计划、人力耗用计划的依据。只有合理使用人力、物力和财力，才能节省劳动资金，提高经济效益。

3. 成本计划是评价考核企业及部门业绩的标准

计划成本指标不仅是产品的成本目标，同时也是各部门的成本目标。企业根据成本计划中的成本降低任务指标，逐级落实到各职能部门、生产车间或班组个人，确定其应承担的责任，通过定期分析成本计划的完成情况，查明各部门的成本差异，分清主观和客观原因，可以正确评价和考核各部门的工作业绩，作为奖惩的依据，从而调动各部门及职工降低成本的积极性。

13.3.2 成本计划的内容

由于企业的成本费用分为生产成本和期间费用两大部分，因此，企业的成本计划有广义和狭义之分。广义的成本计划包括产品成本计划和期间费用预算两大部分。产品成本计划是对本期生产产品的生产费用提出的成本目标，期间费用预算是对由本期损益直接负担的期间费用提出的成本目标。狭义的成本计划仅指产品成本计划。

1. 产品单位成本计划

它是按照成本项目反映计划期间内主要产品达到的成本水平，并规定单位产品耗用工时和主要用料的定额等内容。

2. 全部商品产品成本计划

全部商品产品成本计划有两种形式：一种是按产品类别编制，这种成本计划反映各种可比产品和不可比产品的计划单位成本、计划总成本，可比产品成本的降低额和降低率，以及全部商品产品的总成本水平。另一种是按成本项目编制，这种成本计划分不同成本项目分别反映计划期可比产品、不可比产品、全部产品的总成本，以及全部可比产品的降低额、降低率等。

3. 制造费用预算

制造费用预算是反映车间（分厂）为了组织生产和管理生产所发生的各种综合性间接

费用的预算。为了有利于编制商品产品成本计划，需要先行编制好制造费用预算。该项费用按车间（分厂）汇集后，再按一定标准分配到产品成本中去。制造费用预算一般是按费用项目并依据费用与业务量的依存关系编制的。

4. 期间费用预算

企业的期间费用是指直接计入当期损益的管理费用、营业费用和财务费用等。这些费用不计入产品成本，但影响企业利润水平。在成本管理中，这是不可缺少的一部分。在整个成本费用计划体系中，离不开期间费用的预算。这三项费用内容复杂，项目繁多，应分别编制预算。

13.3.3 成本计划编制的程序

不同企业的生产特点不同，规模不同，管理的要求也各有差异，不同企业编制成本计划的程序也不尽相同。通常小型企业与产品品种较少的企业会采取集中编制，由厂部直接编制全厂的成本计划，各车间不再编制本车间成本计划。而大中型企业通常采取分级编制的方法，由车间编制本车间成本计划，再由厂部汇总平衡编制全厂成本计划。综合两种编制方法，企业成本计划编制的一般程序如下：

1. 搜集和整理资料

为使成本计划先进合理，企业应尽量搜集有关上期实际成本和与成本相关的历史资料、同行业先进资料、市场调查资料、厂内计划价格资料，以及新产品的设计资料等相关信息，并按照管理当局对成本降低的要求进行综合整理。

2. 确定目标成本和费用控制限额

目标成本和费用控制限额是成本计划控制的两个部分，前者是总体控制水平，后者是前者的分解。在确定了成本降低要求后，应在成本预测和成本决策的基础上，考虑各项消耗定额的降低及物价水平上涨等因素，进行成本试算平衡，以确定可行的目标成本水平和费用控制额度。

3. 分车间部门编制成本计划及费用预算

按照分级归口责任管理的要求，厂部应将成本费用目标下达到各有关职能部门、生产车间和辅助生产车间，由各部门和车间结合其实际情况加以修正，连同各项成本降低措施上报厂部。

4. 正式编制企业成本计划

在各职能部门和车间反馈的成本费用计划和预算的基础上，厂部从全局出发对成本指标进行试算、综合平衡，尽可能考虑各局部的合理要求，调动全体员工降低成本的积极性，上下结合编制正式成本计划。

13.3.4 产品成本计划的编制

产品成本计划的编制是成本计划的主要内容和最终结果，其方法一般有因素测算法和直接计算法两种。

因素测算法要求在正式编制成本计划之前，根据现实情况和以往经验，测算影响产品成本的主要因素，提出降低产品成本的主要措施，再在上年实际成本基础上按各项降低措施调整，提出本期的成本计划数据。该方法能反映成本升降的有关因素，计算比较简便，但比较粗略，不便于控制执行，又与实际成本核算方法相脱节，不利于分析考核。所以，一般适用于中长期的成本计划编制。

直接计算法根据现实的各项消耗定额和费用预算资料，在考虑成本降低要求的基础上，按产品成本核算的程序和方法详细计算各产品和各成本项目的计划成本，然后再汇总编制全部产品成本计划。该方法因成本核算方法的不同而不同，适应性强，计算详细，比较准确，有利于控制、分析和考核，便于企业内部成本责任制的贯彻，但编制过程比较烦琐，工作量较大。

应用直接计算法编制成本计划的企业，由于企业规模、生产特点和管理要求不同，在编制成本计划的组织方式上也存在差异。一般小型企业或产品品种不多的企业，采取集中编制法，由厂部直接编制全厂的成本计划，车间不编制本车间的成本计划。大中型企业为落实分级归口责任制管理，采取分级编制法，先由各车间编制车间成本计划后，再由厂部汇总平衡编制全厂成本计划。以下主要介绍采取分级编制法编制产品成本计划的步骤。

在分级编制方式下，编制产品成本计划分为 4 个步骤：首先编制辅助生产车间成本计划；其次编制基本生产车间成本计划；再次编制制造费用总预算；最后汇总编制全厂成本计划。

1. 辅助生产车间成本计划的编制

辅助生产车间成本计划包括辅助生产成本预算和辅助生产成本分配两大部分。

（1）辅助生产成本预算的编制。辅助生产成本是指计划期内辅助生产车间预计发生的各项生产耗费总额，不同费用项目确定计划发生数的方法有所不同。

① 有消耗定额、工时定额的项目。可根据计划产量和工时总数、单位产品（或劳务）的消耗定额和工时定额、计划单价和工时费用率计算，如原材料、辅助材料、燃料及动力、工人工资等项目。

② 有规定开支标准的项目。按有关标准计算编制，如劳动保护费等项目。

③ 没有消耗定额和开支标准的项目。可根据上年的预计实际数，结合本年车间产量或劳务供应量的增减情况以及计划期节约开支的要求予以匡算。如低值易耗品、修理费等项目。其计算公式为：

$$本年计划数 = 上年预计数 \times (1 + 产量增长百分比) \times (1 - 节约百分比)$$

④ 相对固定的项目。可根据历史资料，并考虑本年节约的要求予以匡算，如办公费、水电费等项目。计算公式为：

$$本年计划数 = 上年预计数 \times (1 - 节约百分比)$$

⑤ 其他计划中已有现成资料的项目。根据其他计划有关资料编制，如管理人员工资、折旧费等项目。

（2）辅助生产成本分配计划的编制。辅助生产成本预算编制后，应编制辅助生产成本分配计划，把辅助生产成本全部分配到各有关受益单位的产品成本或费用计划中去。

【例 13－15】 某厂设有两个基本生产车间和一个辅助生产车间（机修车间）。计划年度生产甲、乙两种可比产品和丙种新产品。其中，甲产品需经过两个基本生产车间连续加工才能完成，原材料在车间生产开始时一次投入，在产品完工程度 50%；乙产品和丙产品都只需经过一个车间加工即可完成，该厂采用分级编制成本计划的方法，基本生产车间之间的半成品成本不转移，由财会部门平行计算产成品成本。计划年度编制成本计划的基础资料如表 13－17～表 13－19 所示。

表 13－17　　产品产量计划表　　单位：件

车间	产品名称	期初在产品数量	本期投入量	本期完工量	期末在产品数量
一车间	甲	20	110	100	30
	乙		200	200	
二车间	甲		100	100	
	丙		50	50	

表 13－18　　期初在产品的成本明细表

车间	产品	项目		计量单位	单耗	单价（元）	金额（元）
一车间	甲	直接材料	A 材料	千克	6	10	1 200
		燃料动力	焦炭	千克	50	0.04	20
			电	度	50	0.06	30
		直接人工		工时	69	0.4	276
		制造费用					705
		合计					2 231

表 13－19　　单位消耗定额和计划价格明细表

项目		计量单位	单位消耗定额					计划单价/元
			甲产品			乙产品	丙产品	
			第一车间	第二车间	小计	第一车间	第二车间	
直接材料	A	千克	5		5			10
	B	千克		10	10			23
	C	千克				40		3.05
	D	千克					20	6.20
燃料动力	焦炭	千克	50	50	100	50		0.04
	电	度	50	100	150	100	50	0.06
直接人工		工时	59	40	99	40	30	一车间 0.4
								二车间 0.5

设该厂机修车间主要任务是为厂内各部门进行设备、仪器小修理。本年度机修车间生产成本计划数为 1 650 元，计划规定为第一车间服务 550 工时，为第二车间服务 500 工时，为管理部门服务 250 工时，为生活福利部门服务 200 工时。根据上述资料，编制辅助生产车间成本计划。

根据上述资料，辅助生产成本预算和分配计划编制如表 13－20 所示。

表 13－20　　　　辅助生产车间成本预算和分配计划表

机修车间　　　　2015 年度

成本项目	2015 年度计划数	成本分配			
		受益单位	修理工时（小时）	分配率	分配成本（元）
直接材料	710	第一车间	550		605
燃料动力	75	第二车间	500		550
直接人工	450	企业管理部门	250		275
制造费用：		生活福利部门	200		220
1. 办公费	50		1 500	1. 1	1 650
2. 折旧费	180	$\text{分配率}=\dfrac{\text{成本计划数}}{\text{修理工时计划数}}$ 分配成本＝修理工时计划数×分配率			
3. 试验检验费	120				
4. 低值易耗品	40				
5. 劳动保护费	25				
合计	1 650				

2. 基本生产车间成本计划的编制

基本生产车间成本计划，要分别各车间来编制。首先应编制车间直接成本计划，按产品计算直接成本；然后编制制造费用预算，并在各产品之间进行分配；最后编制车间的产品成本计划。

【例 13－16】 根据〖例 13－15〗的有关资料，编制基本生产车间成本计划。其中制造费用按甲、乙两种产品工时分配。

分析：首先，编制第一基本生产车间成本计划。

（1）车间直接成本计划。该车间加工甲、乙两种产品，其中乙产品期初、期末都没有在产品，不必计算在产品成本。因此，乙产品的车间直接成本计划比较简单，只需按计划期定额计算产品的单位成本和本期完工产品成本。甲、乙两种产品的直接成本计划如表 13－21 和表 13－22 所示。

（2）制造费用预算。第一车间生产甲、乙两种产品，先编制制造费用预算，然后按这两种产品的工时进行分配，如表 13－23 和表 13－24 所示。

表 13 - 21

第一车间直接成本计划表

产品:甲

2015 年度

项目	计量单位	期初在产品成本			本期生产成本						期末在产品成本			完工产品成本				
		产量	消耗量	金额(元)	单价(元)	单位成本		成本总额			产量	消耗量	金额(元)	产量	总成本		单位成本	
						消耗量	金额(元)	产量	消耗量	金额(元)					消耗量	金额(元)	消耗量	金额(元)
		①	②	③	④	⑤	⑥ = ⑤ × ④	⑦	⑧ = ⑦ × ⑤	⑨ = ⑧ × ④	⑩	⑪ = ⑩ × ⑤	⑫ = ⑪ × ④	⑬	⑭ = ② + ⑧ - ⑪	⑮ = ③ + ⑨ - ⑫	⑯ = ⑭ ÷ ⑬	⑰ = ⑮ ÷ ⑬
直接材料 A	千克	20	120	1 200	10	5	50	110	550	5 500	30	150	1 500	100	520	5 200	5.2	52
燃料动力 焦炭	千克	10	500	20	0.04	50	2	105 *	5 250	210	15	750	30	100	5 000	200	50	2
燃料动力 电	度	10	500	30	0.06	50	3	105 *	5 250	315	15	750	45	100	5 000	300	50	3
直接人工	工时	10	690	276	0.4	59	23.6	105 *	6 195	2 478	15	885	354	100	6 000	2 400	60	24
合计				1 526			78.6			8 503			1 929			8 100		81

注 *：本期投入量 105 = 完工产品数量 100 + 期末在产品约当产量 30 × 50% - 期初在产品约当产量 20 × 50%。

表 13－22 第一车间直接成本计划表

产品：乙 2015 年度

项目		计量单位	单价（元）	单位成本		总成本		
				消耗量	金额（元）	产量	消耗量	金额（元）
			①	②	③＝②×①	④	⑤＝④×②	⑥＝⑤×①
直接材料——C		千克	3.05	40	122	200	8 000	24 400
燃料动力	焦炭	千克	0.04	50	2	200	10 000	400
	电	度	0.06	100	6	200	20 000	1 200
直接人工		工时	0.4	40	16	200	8 000	3 200
合计					146			29 200

表 13－23 第一车间制造费用预算表

2015 年度 单位：元

明细项目	职工薪酬	办公费	折旧费	消耗材料	低值易耗品	水费	试验检验费	劳动保护费	其他	合计
金额	3 670	600	4 562	357	3 200	605	645	650	596	14 885

表 13－24 第一车间制造费用分配表

2015 年度

产品名称	生产工时（小时）			分配率[a]	制造费用（元）			约当产量（件）			分配率[b]	制造费用分配额（元）	
	完工产品	期末在产品	合计		本期	期初	合计	完工产品	期末在产品	合计		完工产品	期末在产品
	①	②	③＝①＋②	④＝⑤÷③	⑤	⑥	⑦	⑧	⑨	⑩	⑪＝⑦÷⑩	⑫＝⑧×⑪	⑬＝⑨×⑪
甲	6 000	885	6 885		6 885	705	7 590	100	15	115	66	6 600	990
乙	8 000		8 000		8 000		8 000					8 000	
合计	14 000	885	14 885	1	14 885		15 590					14 600	990

注：

a. $分配率=\frac{本期发生的制造费用总额}{完工产品生产工时+期末在产品生产工时}=\frac{14\ 885}{14\ 885}=1$

b. $分配率=\frac{期初在产品制造费用+本期发生的制造费用}{完工产品产量+期末在产品约当产量}=\frac{7\ 590}{115}=66$

（3）车间产品成本计划。根据车间直接成本计划（表 13－21 和表 13－22）和制造费用预算（表 13－23 和表 13－24），编制车间产品成本计划，如表 13－25 所示。

表 13－25 第一车间产品成本计划表

2015 年度 单位：元

项目	甲产品		乙产品		计划总成本
	计划产量 100（件）		计划产量 200（件）		
	单位成本	总成本	单位成本	总成本	
直接材料	52	5 200	122	24 400	29 600
燃料动力	5	500	8	1 600	2 100

续表

<table>
<tr><td rowspan="3">项　目</td><td colspan="2">甲产品</td><td colspan="2">乙产品</td><td rowspan="3">计划总成本</td></tr>
<tr><td colspan="2">计划产量 100（件）</td><td colspan="2">计划产量 200（件）</td></tr>
<tr><td>单位成本</td><td>总成本</td><td>单位成本</td><td>总成本</td></tr>
<tr><td>直接人工</td><td>24</td><td>2 400</td><td>16</td><td>3 200</td><td>5 600</td></tr>
<tr><td>制造费用</td><td>66</td><td>6 600</td><td>40</td><td>8 000</td><td>14 600</td></tr>
<tr><td>合计</td><td>147</td><td>14 700</td><td>186</td><td>37 200</td><td>51 900</td></tr>
</table>

其次，编制第二基本生产车间成本计划。

（1）车间直接成本计划。该车间继续加工甲产品，同时还生产丙产品，这两种产品期初、期末都没有在产品，它们的直接成本计划的格式与编制方法与第一车间乙产品的直接成本计划的格式与编制方法相同，如表 13 – 26 和表 13 – 27 所示。

表 13 – 26　　**第二车间直接成本计划表**

产品：甲　　2015 年度

<table>
<tr><td colspan="2" rowspan="3">项　目</td><td rowspan="3">计量单位</td><td rowspan="2">单价（元）</td><td colspan="2">单位成本</td><td colspan="3">总成本</td></tr>
<tr><td>消耗量</td><td>金额（元）</td><td>产量（元）</td><td>消耗量</td><td>金额（元）</td></tr>
<tr><td>①</td><td>②</td><td>③ = ② × ①</td><td>④</td><td>⑤ = ④ × ②</td><td>⑥ = ⑤ × ①</td></tr>
<tr><td colspan="2">直接材料——B</td><td>千克</td><td>23</td><td>10</td><td>230</td><td>100</td><td>1 000</td><td>23 000</td></tr>
<tr><td rowspan="2">燃料动力</td><td>焦炭</td><td>千克</td><td>0. 04</td><td>50</td><td>2</td><td>100</td><td>5 000</td><td>200</td></tr>
<tr><td>电</td><td>度</td><td>0. 06</td><td>100</td><td>6</td><td>100</td><td>10 000</td><td>6 000</td></tr>
<tr><td colspan="2">直接人工</td><td>工时</td><td>0. 50</td><td>40</td><td>20</td><td>100</td><td>4 000</td><td>2 000</td></tr>
<tr><td colspan="2">合计</td><td></td><td></td><td></td><td>258</td><td></td><td></td><td>25 800</td></tr>
</table>

表 13 – 27　　**第二车间直接成本计划表**

产品：丙　　2015 年度

<table>
<tr><td rowspan="3">项　目</td><td rowspan="3">计量单位</td><td rowspan="2">单价（元）</td><td colspan="2">单位成本</td><td colspan="3">总成本</td></tr>
<tr><td>消耗量</td><td>金额（元）</td><td>产量（件）</td><td>消耗量</td><td>金额（元）</td></tr>
<tr><td>①</td><td>②</td><td>③ = ② × ①</td><td>④</td><td>⑤ = ④ × ②</td><td>⑥ = ⑤ × ①</td></tr>
<tr><td>直接材料——D</td><td>千克</td><td>6. 20</td><td>20</td><td>124</td><td>50</td><td>1 000</td><td>6 200</td></tr>
<tr><td>燃料动力——电</td><td>度</td><td>0. 06</td><td>50</td><td>3</td><td>50</td><td>2 500</td><td>150</td></tr>
<tr><td>直接人工</td><td>工时</td><td>0. 50</td><td>. 30</td><td>15</td><td>50</td><td>1 500</td><td>750</td></tr>
<tr><td>合计</td><td></td><td></td><td></td><td>142</td><td></td><td></td><td>7 100</td></tr>
</table>

（2）制造费用预算。制造费用预算编制的程序和方法与第一车间相同。但由于该车间所生产的两种产品期初、期末都没有在产品，制造费用分配可采用简化形式，如表 13 – 28 所示。

表 13－28　　　　**第二车间制造费用预算与分配表**

2015 年度

<table>
<tr><td rowspan="3">明细
项目</td><td rowspan="3">金额（元）</td><td colspan="6">费用分配</td></tr>
<tr><td rowspan="2">产品</td><td rowspan="2">生产工时
（小时）</td><td rowspan="2">分配率</td><td colspan="2">单位产品分配额</td><td rowspan="2">总分配额
（元）</td></tr>
<tr><td>工时（小时）</td><td>金额（元）</td></tr>
<tr><td>工资</td><td>2 090</td><td>甲</td><td>4 000</td><td></td><td>40</td><td>36</td><td>3 600</td></tr>
<tr><td>办公费</td><td>260</td><td>丙</td><td>1 500</td><td></td><td>30</td><td>27</td><td>1 350</td></tr>
<tr><td>折旧费</td><td>1 500</td><td>合计</td><td>5 500</td><td>0.9</td><td></td><td></td><td>4 950</td></tr>
<tr><td>消耗材料</td><td>100</td><td colspan="6" rowspan="7">$分配率 = \frac{制造费用总额}{生产工时合计数} = \frac{4\ 950}{5\ 500} = 0.9$
甲产品分配额 = 4 000 × 0.9 = 3 600
乙产品分配额 = 1 500 × 0.9 = 1 350</td></tr>
<tr><td>低值易耗品</td><td>50</td></tr>
<tr><td>水费</td><td>550</td></tr>
<tr><td>试验检验费</td><td>150</td></tr>
<tr><td>劳动保护费</td><td>100</td></tr>
<tr><td>其他</td><td>150</td></tr>
<tr><td>合计</td><td>4 950</td></tr>
</table>

（3）车间产品成本计划。车间产品成本计划编制方法和程序与第一车间相同，如表 13－29 所示。

表 13－29　　　　**第二车间产品成本计划表**

2015 年度　　　　单位：元

项目	甲产品		丙产品		计划总成本
	计划产量 100（件）		计划产量 50（件）		
	单位成本	总成本	单位成本	总成本	
直接材料	230	23 000	124	6 200	29 200
燃料动力	8	800	3	150	950
直接人工	20	2 000	15	750	2 750
制造费用	36	3 600	27	1 350	4 950
合计	294	29 400	169	8 450	37 850

3. 制造费用总预算的编制

制造费用总预算是在各车间制造费用预算基础上编制的。它是根据辅助生产车间、基本生产车间的制造费用预算资料明细项目汇总列示。通过编制制造费用总预算，可作为控制和监督制造费用未来发生数的标准，将实际制造费用同预算目标进行比较，可以评价制造费用实际支出情况，查明超支或节约的原因。

制造费用总预算的编制，是根据辅助生产车间生产成本预算、各个基本生产车间的制造费用预算，按明细项目反映的数额分项加总，即求得制造费用总预算各项目的金额。在汇总编制时，应注意扣除内部转账，它是指各车间互相分配重复计算部分。例如，基本生产车间制造费用预算中辅助车间分配来的成本，汇总时就不应重复计算。扣除内部转账有两种方法，一是各个车间制造费用预算数中增设分配费用一栏，用来登记其他车间分配来的成本，汇总时不包括该栏成本；另一种方法是在制造费用总预算表中设置“减：内部转账”栏，根据有关成本分配表数字分析填列。

【例 13－17】根据〖例 13－15〗和〖例 13－16〗的资料，编制制造费用总预算表，如表 13－30 所示。

表 13－30　　制造费用总预算表

2015 年度　　单位：元

明细项目	辅助车间	一车间	二车间	减：内部转账	合　计
职工薪酬		3 670	2 090		5 760
办公费	50	600	260		910
折旧费	180	4 562	1 500		6 242
消耗材料		357	100		457
低值易耗品	40	3 200	50		3 290
水费		605	550		0
试验检验费	120	645	150	1 155*	915
劳动保护费	25	650	100		775
其他		596	150		746
合计	415	14 885	4 950	1 155	19 095

注：1155* 是辅助生产车间分配给一车间和二车间的水费之和。

4. 全厂产品成本计划的编制

厂部财会部门对各车间编制的成本计划审查后，综合编制全厂产品成本计划。全厂产品成本计划包括以下几项。

（1）主要产品单位成本计划。它是根据各基本生产车间的产品成本计划汇总编制的，在采用逐步结转分步法时，最后一个基本生产车间产品的计划单位成本即为该产品的计划单位成本。如果要求按原始成本项目反映产品成本结构，则要将最后一个车间的计划单位成本中的"自制半成品"项目逐步分解后编制。在采用平行结转分步法时，将各基本生产车间同一产品的单位成本的相同项目相加，就是各种产品的计划单位成本。

【例 13－18】根据〖例 13－15〗～〖例 13－17〗的资料，编制有关产品单位成本计划。其中，可比产品预计上年平均单位成本：甲产品为 510 元、乙产品为 200 元。各成本项目比重为：材料 62.35%，燃料动力 2.75%，人工 10.59%，制造费用 24.31%。

在〖例 13－15〗～〖例 13－17〗中，各车间产品成本是按平行结转分步法汇总计算的。乙、丙两种产品的单位成本计划从略，本例乙、丙这两种产品单位成本的计划数为 186 元、169 元。下面主要编制甲产品单位成本计划如表 13－31 所示。

表 13－31　　主要产品单位成本计划表

产品：甲　　计划产量：100 件　　2015 年度

成本项目	行次	单位成本		降低额（元）	降低率（%）
		上年预计平均（元）	本年计划（元）		
直接材料	1	318	282	36	11.32
燃料动力	2	14	13	1	7.14
直接人工	3	54	44	10	18.52
制造费用	4	124	102	22	17.74

续表

成本项目		行次	单位成本		降低额（元）	降低率（%）
			上年预计平均（元）	本年计划（元）		
合计		5	510	441	69	13.53
明细项目		单位	用量	用量	降低额/元	降低率/%
材料	A	千克	6.20	5.20	1.00	16.12
	B	千克	10.50	10.00	0.50	4.76
燃料动力	焦炭	千克	110.00	100.00	10.00	9.09
	电	度	160.00	150.00	10.00	6.25
生产工人工资		工时	120.00	100.00	20.00	16.66

（2）商品产品成本计划，是根据各种产品单位成本计划，结合计划产量而编制的。它既可按成本项目类别编制，又可按产品类别编制。

【例 13－19】 根据〖例 13－15〗~〖例 13－18〗的有关资料，编制商品产品成本计划，如表 13－32 和表 13－33 所示。

表 13－32　　商品产品成本计划表（按产品类别）

2015 年度

产品名称	计划产量	单位成本		总成本			
		上年预计（元）	本年计划（元）	按上年预计单位成本计算（元）	按本年计划单位成本计算（元）	降低额（元）	降低率（%）
	①	②	③	④＝②×①	⑤＝③×①	⑥＝④－⑤	⑦＝⑥÷④
可比产品					81 300		
其中：甲产品	100	510	441	91 000	44 100	9 700	10.66
乙产品	200	200	186	51 000	37 200	6 900	13.53
不可比产品				40 000	8 4500	2 800	7
丙产品	50		169		8 450		
全部商品产品成本					89 750		

表 13－33　　商品产品成本计划表（按成本项目别）

2015 年度

成本项目	可比产品总成本				不可比产品计划总成本（元）	全部商品产品计划总成本（元）
	按上年单位平均成本计算（元）	按本年计划单位成本计算（元）	计划降低额（元）	计划降低率（%）		
直接材料	56 800	52 600	4 200	7.39	6 200	58 800
燃料动力	2 400	2 900	－500	－20.83	150	3 050
直接工资	9 600	7 600	2 000	20.83	750	8 350
制造费用	22 200	18 200	4 000	18.02	1 350	19 550
合计	91 000	81 300	9 700	10.66	8 450	89 750

复习思考题

1. 什么是成本定性预测法？具体方法有哪些？各有何优缺点。
2. 什么是相关成本和无关成本？各包括哪些成本？
3. 什么是短期成本决策？有何特点？
4. 成本计划编制的程序是怎样的？

第14章 成本控制和成本考核

【学习目标】

1. 理解标准成本控制和责任成本考核的基本原理和方法；
2. 熟悉标准成本的制定方法；
3. 掌握标准成本差异的计算与分析方法；
4. 理解标准成本控制与定额成本控制的异同点；
5. 熟悉责任成本考核的方法。

【案例导入】

先导工厂生产甲产品650件，实际耗用工时11 500小时，单位产品工时耗用标准为20小时，该厂本期实际发生固定制造费用182 000元，预算工时为12 000小时，固定制造费用预算数为180 000元。

思考：

1. 预算工时与标准工时有什么区别？
2. 该厂生产能力利用情况如何？
3. 你能计算固定性制造费用生产能力利用差异吗？这个差异的含义是什么？

14.1 成本控制

14.1.1 成本控制的意义

成本控制是根据成本预测和成本决策所确定的成本目标，以预先指定的成本标准作为各项费用消耗的限额，对企业生产经营过程中各项费用的发生进行指导、限制和监督，以便及时发现偏差，分析成本差异产生的原因，采取纠正措施，消除生产中的损失和浪费，使各项生产耗费被控制在目标所规定的范围之内的一种管理活动。

按照现代控制论的理论，成本控制以成本的发生为基点，可以将其分为事前控制、事中控制和事后控制。成本的事前控制是指在产品投产前对影响成本的各项经济活动进行事前的规划、审核、确定目标成本，即进行成本预测、成本决策和编制成本计划。成本的事中控制是指在成本形成过程中，按照预定的成本目标，对生产耗费进行严格的计量、监督和指导，对发生的偏差及时分析原因，并予以纠正和控制。成本的事后控制是指成本形成之后，把日常发生的差异及其原因汇总起来进行分析研究，探索成本升降的原因及其规律性，明确经济责任，并提出今后的改进意见，以不断降低成本，提高经济效益。成本的事前控制主要是确定成本标准；成本的事中控制主要是围绕成本标准，对各项成本开支进行控制，又称“日常成本控制”；成本的事后控制主要是成本的分析和考核，为今后的生产经营奠定基础。

成本控制有广义和狭义之分，广义的成本控制包括事前控制、事中控制和事后控制，贯穿成本管理的全过程，狭义的成本控制仅指成本的事中控制。本节仅介绍日常成本控制。

通过成本控制，可以将产品成本限制在事先测算确定的成本水平之内，防止与克服产品生产过程中损失和浪费现象的发生，从而使企业的经济资源得到合理有效的利用，达到节约生产耗费，降低产品成本，提高经济效益的目的。成本控制的重要意义表现在：

1. 成本控制是成本管理的关键环节

成本管理包括预测、决策、计划、控制、核算、分析和考核等环节，其中成本控制要渗透道成本预测、决策和计划之中，既要对目标成本的确定进行控制，又要对产品生产过程中的成本发生进行控制，以保证成本目标的实现。可见，现代成本管理中的成本控制是对产品成本形成全过程的控制，是成本管理的关键环节。

2. 成本控制是加强成本管理责任制的重要手段

成本控制的方法之一是实行内部经济责任制，将标准成本以责任成本的形式层层分解落实到各部门、车间、班组和个人，形成一个完整的成本控制系统，通过对该系统各层次、各环节的费用支出进行控制，对这些业务活动的成本进行分析、研究和考核，从而调动劳动者的积极性和创造性，最大限度地挖掘降低成本的潜力，保证成本目标的实现。因此通过成本控制，可以进一步落实和完善成本管理责任制。

3. 成本控制是推动企业加强成本管理基础工作、提高管理水平的动力

企业成本管理的基础工作和管理水平对产品成本有直接的影响。实行成本控制就要建立相应的控制标准和控制制度，如定额管理制度、财产物资收发领退制度、计划价格制度、原始记录制度、责任制度等，并随实际情况的变化及时修订。因此，通过成本控制，可以建立健全成本管理的各项制度，改善成本管理的各项基础工作，提高企业的管理水平。

14.1.2 成本控制的程序

为了保证成本控制的顺利进行，成本控制应按以下基本程序进行：

1. 制定成本控制标准

成本控制标准是用以评价和判断成本管理工作效率和效果的尺度，也称目标成本。成本控制标准有定额成本和标准成本，一般按成本项目分别制定。制定每一项标准时，要考虑的是数量和单价两个基本因素。企业应根据自身的生产经营条件和技术水平制定经过努力可以

达到的标准，并以标准为中心，确定一个上下波动的正常范围。成本控制标准一旦制定，就为成本控制树立了目标，成本对产品实际成本进行控制、检查、分析和考核的依据。成本控制标准还要根据企业技术经济条件的变化定期进行修正，使之符合实际情况，以满足成本控制的需要。

2. 计算、揭示成本差异

成本控制标准制定后与实际发生的费用进行比较，及时计算揭示实际成本与成本标准之间的差异，分析各种差异的具体内容、差异产生的环节、差异的大小以及差异产生的原因，区别可控因素和不可控因素，明确责任部门和单位。

3. 成本反馈

将揭示出的成本差异情况，按差异的具体内容反馈给成本控制中心，以确定责任归属，评价和考评业绩，以便及时消除不利差异，发展有利差异或修正成本控制标准，以达到不断降低产品成本的目的。

14.1.3 成本控制的方法

成本控制的方法主要有定额成本控制法、作业成本控制法、标准成本控制法等。由于定额成本控制法和作业成本控制法不仅仅是一种成本控制方法，同时也是一种成本计算方法，因而已作为产品成本计算的其他方法在本教材的第 8 章和第 9 章分别作了介绍。本节重点介绍标准成本控制。

14.1.4 标准成本控制

1. 标准成本及其类型

标准成本是根据历史成本资料，对企业生产经营过程通过精确的调查、分析与技术测定后制定的，在正常经营条件下应该发生的，可以作为控制成本开支、评价实际成本、衡量工作效率的依据和尺度的一种预计成本，也称“应该成本”。由于制定标准成本所使用的成本标准不同，企业的标准成本一般有以下三种：

（1）理想标准成本

理想标准成本是以现有生产技术和经营管理处于最佳状态为基础确定的标准成本。所谓最佳状态，是指最好的生产条件与最好的生产组织。最好的生产条件包括最好的生产设备，最低的原材料价格，最经济的消耗，最合理的工资，最高的产量与销量。最好的生产组织是指生产中无任何浪费，无废料、废品、无停工损失等。这种标准要求过高，是一种理想的标准成本，企业一般很难达到，所以实际中一般很少采用。

（2）基本标准成本

基本标准成本是以某一年度的生产技术和经营管理条件为基础而制定的标准成本。这种标准成本一经制定多年不变。各期实际成本同基本标准成本比较，可以看出各期成本升降幅度的大小。但是，在生产经营条件发生较大变化时，基本标准成本就起不到应有的控制作用。

（3）正常标准成本

正常标准成本是指以现有生产技术和经营管理水平达到正常生产效率的条件下所能达到的成本标准。这种标准成本是依据过去较长时期实际水平的平均值，剔除其中生产经营过程中的异常情况，并考虑未来的变动趋势制定的。这种标准成本一般经过努力可望达到，在成本管理中可以调动职工努力降低产品成本的积极性，因此在实际中普遍采用。

企业制定的标准成本要切实可行，既要有先进性，又要经过努力才可以达到。标准制定过高，易挫伤职工的积极性，使成本控制失去作用；标准制定得过低，又会失去监督和激励的作用，使实际成本无法控制。标准成本制定以后，要按其内容和责任单位进行分解，落实到各部门、车间、班组，结合经济责任制，建立起全厂的成本控制体系。

2. 标准成本的制定方法

标准成本的制定方法很多，常见的有：工程技术测算法、历史成本推算法、预测法和期望法。

（1）工程技术推算法。它是根据一个企业的机器设备、生产技术的先进程度，对产品生产过程中投入产出比例进行估计而计算出的标准成本的方法。这种方法的理论依据是产品成本的高低与机器设备及生产技术的先进程度有密切的关系，先进的机器设备能提高产品的成品率，降低人工费。

（2）历史成本推测法。它是把企业过去发生的历史数据当作未来产品的标准成本的方法。一般是根据企业前几个月或一年的原材料、人工费用等的实际发生数计算平均数。值得注意的是，采用这种方法有一个前提条件，即原材料的市场价格、工程技术、工资水平等企业的内外因素变化很小或基本保持不变。否则采用这种方法制定的标准成本就与实际相差甚远。

（3）预测法。它是指在制定产品标准成本时，不仅要考虑当前的生产条件，还应适当考虑未来企业内外因素的变化对标准成本的影响。例如，机器设备的更新、生产工艺的改进、工人技能和工资水平的提高，以及市场物价水平和汇率的变化等都会影响企业的成本水平。

（4）期望法。它是指企业的管理层对成本耗费的期望值，这种期望可以通过引进先进设备、提高技术水平或加强企业管理来实现。例如，企业为了跟踪国际国内先进企业，常常以这些企业的成本水平作为资金的标准成本进行考核。值得注意的是，这种方法包含一种主观理想因素，在具体使用时，必须与以上几种方法结合使用，才能制定出既先进又可行的标准成本。

制定标准成本的方法很多，在实际工作中，某种产品的单位标准成本往往是在利用以上两种或两种以上方法结合计算的结果。

3. 标准成本的制定

产品的生产成本由产品在生产中耗用的直接材料、直接人工和制造费用几个成本项目组成，因此，产品标准成本的制定也应按成本项目分别制定。标准成本的制定模式是以“数量”标准乘以“价格”标准求得。其基本公式为：

$$标准成本 = 标准用量 \times 标准价格$$

（1）直接材料标准成本及其制定。直接材料标准成本是根据直接材料用量标准和直接材料价格标准计算确定的。其计算公式如下：

$$\text{单位产品直接材料标准成本} = \sum\left(\text{某产品直接材料用量标准} \times \text{该种直接材料标准价格}\right)$$

直接材料用量标准是指生产单位产品应耗用的材料数量，通常根据企业的现有技术条件，并结合企业经营管理水平成本降低任务的要求，同时还要考虑材料在使用过程中发生的必要损耗来制定。直接材料用量标准一般由企业生产技术部门制定提供。

另外，在确定直接材料的用量标准时，还应当关注直接材料的质量。直接材料的质量通常影响生产过程中所需直接材料的数量，以及价格、加工时间与生产过程监管的内容和频率。企业通常要在价格较高、质量较好与价格较低、质量较差的直接材料之间进行选择。工程技术部门、生产部门与管理者需要事先确定产品直接材料的质量。

直接材料价格标准是指取得某种材料应该支付的单位材料价格，包括买价和采购费用。材料价格标准主要由供应部门和财会部门一起，根据现行价格或正常价格，并考虑市场变动，运输条件变化，有时还要考虑采购时机等因素分析制定。

（2）直接人工标准成本及其制定。直接人工标准成本是指为生产某种产品而发生的直接人工耗费。它是根据工时用量标准和标准工资率计算确定的。其计算公式如下：

$$\text{单位产品直接人工标准成本} = \sum\left(\text{单位产品工时用量标准} \times \text{标准工资率}\right)$$

直接人工工时用量标准又称直接人工效率标准，是指在现有生产技术条件下，生产单位产品应当耗用的加工工时。一般包括产品直接加工工时、必要的间歇和停工工时，以及不可避免的废料废品所需工时等。直接人工工时用量标准一般由生产技术部门运用“时间和动作研究”的原理，以事先确定的工艺方案为基础，结合生产工人素质等因素，按产品的各加工步骤分别计算，最后按产品汇总。

直接人工工资率标准亦称直接人工价格标准，是指在现有工资水平条件下，单位生产工时应支付的工资报酬。不仅包括所付的工资，还包括给员工的补助、附加福利以及与工资、薪水相关的工薪税等。在不同的工资制下，其内容也不一样。在计件工资制下，直接人工工资率标准就是单位产品所支付的生产工人工资，也称计件工资单价。在计时工资制下，直接人工工资率标准是指生产工人每工作一小时应分配的工资。工资率的高低取决于生产工人的工作性质、生产技术、熟练程度以及教育程度等因素，工资率标准一般是由劳动人事部门、生产技术部门和财会部门协同制定。

（3）制造费用标准成本及其制定

制造费用标准成本又叫制造费用预算，是由生产能力标准（数量标准）和制造费用分配率标准（价格标准）所构成的，通常是将变动性制造费用和固定性制造费用分别制定。

$$\text{单位产品变动性制造费用标准成本} = \text{单位产品耗用生产能力标准} \times \text{变动性制造费用标准分配率}$$

生产能力标准通常用直接人工工时或机器台时表示，它有两种含义：第一，是指企业充分利用现有生产能力可以达到的最高产量（工时）；第二，是指预算产量和单位产品标准工时所确定的预算产量标准工时。在实际工作中生产能力也可采用生产量。生产能力标准是由生产技术部门根据设计生产能力和实际利用情况分析制定的，在制定时还要充分考虑季节性停工、必要的间歇停工和不可避免的废料废品损失所耗用的生产能力因素的影响。

制造费用分配率标准是指在现有应当达到的生产能力条件下，单位生产能力利用应负担的制造费用额。制造费用分配率标准分变动性制造费用分配率标准和固定性制造费用分配率标准。

$$\text{变动性制造分配率标准}=\frac{\text{变动性制造费用弹性预算数}}{\text{相应生产能力水平标准}}$$

$$\text{固定性制造分配率标准}=\frac{\text{变动性制造费用预算数}}{\text{预计生产能力标准}}$$

（4）单位产品标准成本的制定。将上述分成本项目制定的标准成本加总就是单位产品标准成本，用公式表示如下：

$$\text{单位产品标准成本}=\text{单位产品直接材料标准成本}+\text{单位产品直接人工标准成本}+\text{单位产品制造费用标准成本}$$

在实际工作中，通常要按每一产品设一张标准成本卡，反映产品标准成本的具体构成。在每种产品生产之前，它的标准成本卡要送达有关人员，包括各级生产部门负责人、会计部门、仓库等，作为领料、派工和支出其他费用的依据。

【例 14－1】 某企业生产甲产品，直接耗用 A、B 两种材料，A 材料的标准耗用量为 15 千克/件，标准单价为 40 元/千克；B 材料的标准耗用量为 25 克/件，标准单价为 12 元/克。甲产品的单位标准工时为 100 小时，标准工资率为 6 元/小时；变动性制造费用率为 2 元/小时；固定性制造费用率为 3 元/小时。

根据以上资料，计算甲产品的单位标准成本如下：

直接材料标准成本 = 15 × 40 + 25 × 12 = 900（元）

直接人工标准成本 = 100 × 6 = 600（元）

变动性制造费用标准成本 = 100 × 2 = 200（元）

固定性制造费用标准成本 = 100 × 3 = 300（元）

根据以上计算结果编制甲产品单位产品标准成本卡，如表 14－1 所示。

表 14－1　　甲产品标准成本卡

成本项目	用量标准	价格标准	标准成本
直接材料：			
A 材料	15 千克/件	40 元/千克	600 元/件
B 材料	25 克/件	12 元/克	300 元/件
小　　计			900 元/件
直接人工：	100 工时/件	6 元/小时	600 元/件
变动性制造费用	100 台时/件	2 元/小时	200 元/件
固定性制造费用	100 台时/件	3/小时	300 元/件
单位产品标准成本	2 000 元		

【同步思考 14-1】

什么是用量标准？什么是价格标准？产品的标准成本应该如何制定？

4. 标准成本差异及其分类

标准成本差异是指在一定时期生产一定数量的产品所发生的实际成本与相关的标准成本之间的差额。标准成本指明了企业正常状态下预计应发生的成本限额，由于生产经营情况千变万化，执行的结果不可能完全与标准成本一致。当实际成本超过标准成本，其差额称为“超支差异”或“不利差异”、“逆差”；当实际成本小于标准成本，其差额称为“节约差异”或“有利差异”、“顺差”。

标准成本差异因成本构成的内容不同而各异，从各项成本形成以及便于分析的角度出发，可将成本差异按不同标准进行分类。

（1）按成本差异的经济内容进行分类。

① 直接材料成本差异。即直接材料的实际耗用额与标准耗用额之间的差异。

② 直接人工成本差异。即直接耗用的人工成本与标准耗用额之间的差异。

③ 制造费用差异。即实际发生的制造费用支出与标准制造费用之间的差异。

以上各成本项目的差异直接汇总，可以得出产品实际总成本与标准总成本之间的差异。总差异可以概括地说明成本管理工作的总体效益。

按照成本差异的经济内容分类，指明了成本差异的最终结果及其主要构成要素，提供了成本差异的静态指标。但这种分类无法表明形成差异的具体原因。

（2）按成本差异形成过程分类。

① 数量差异。即形成各种的实际耗用量脱离标准耗用量而产生的成本差异。

② 价格差异。即形成各种成本的实际价格水平（或实际费用分配率）脱离标准价格水平（或标准费用分配率）而产生的成本差异。

按照成本差异形成过程分类，是从动态的角度进行分析，不仅明确了差异的结果，还可说明形成这种结果的原因，为评判业绩效果及责任归属提供了依据。

（3）按照成本差异的可控程度分类。

① 可控制差异。是指与主观努力程度相联系而形成的差异，又叫主观差异。如因劳动纪律、劳动态度、工人技术熟练程度等不同而形成的差异。

② 不可控差异。是指与主观努力程度关系不大，主要受客观影响而形成的差异，也叫客观差异。如因材料质量的改变、产品制造方法的改变等而形成的差异。

按照成本差异的可控程度分类，有利于对成本差异的管理，分清管理的重点，充分发挥主观能动性，控制好主观差异，尽量地减少客观差异的影响。

（4）按照差异对成本的影响分类。

① 有利差异。是指因实际成本小于标准成本而形成的节约差。有利差异是相对的，并不是有利差异越大越好。例如，为了盲目追求成本的有利差异不惜以牺牲质量为代价。

② 不利差异。是指因实际成本大于标准成本而形成的超支差。

企业应通过成本差异的计算与分析，确定差异的性质，找出差异形成的原因和责任，以便采取相应的措施，发展有利差异，消除不利差异，实现对成本的有效控制。

【同步链接 14－1】

标准成本差异可以从不同的角度进行分类，每一种分类都有其优点和不足，成本控制需要对标准成本差异从不同的角度进行分类的结果，并不是只需要从某个角度的一个分类，这样才能进行全方位的标准成本控制。

5. 标准成本差异的计算与分析

标准成本差异的计算与分析，一般是先从比较结果出发，进而根据形成这种结果的不同原因，分析其对结果的影响程度及其数额。

（1）直接材料成本差异的计算与分析。直接材料成本差异是指在实际产量下直接材料实际总成本与其标准成本之间的差额。它由直接材料用量差异和直接材料价格差异两部分构成。其计算公式为：

直接材料成本差异＝直接材料实际成本－直接材料标准成本

＝直接材料数量差异＋直接材料价格差异

① 直接材料数量差异。是指生产中实际耗用的材料数量和标准耗用量之间的差额与材料标准价格之间的乘积。其计算公式为：

直接材料数量差异＝（实际耗用量－标准耗用量）×标准单价

直接材料数量差异反映了企业生产单位生产产品时材料消耗的浪费、节约，以及由于产品结构改变、材料加工方法改变、材料质量改变、材料代用等所造成的超支或节约数。该差异的责任一般应由生产部门负责。控制用料的有效方法主要是采用限额领料和超额领料制度，以此及时提供材料信息。但有时材料耗用量出现差异，并非生产部门所致。如由于采购部门购进了质量、规格不合要求的材料，而使材料消耗量增加；或者由于在制定标准成本时，考虑不周，使标准成本过低，导致材料实际耗用量超过标准用量。

② 直接材料价格差异。是指材料实际单价和标准单价之间的差异与实际材料耗用量之间的乘积。其计算公式为：

直接材料价格差异＝实际耗用量×（实际单价－标准单价）

直接材料价格差异一般由采购部门负责。通常情况下，采购部门可根据生产需要，选择质量较好、价格较便宜、采购费用较低和运输较方便的材料，予以组织采购。但有些情况下，材料价格差异是采购部门所无力控制的。如市场价格的变化，材料采购数量的增减能否享受价格优惠，运输条件的改变及运输费用的提高和降低等，均会形成材料价格差异。

上述分析属于因素分析的连环替代分析，本着事物从量变到质变的规律，通常先分析数量差异，再分析价格差异。

还应当说明的是，这里的材料差异分析是在产量不变情况下进行的。也就是说，材料的实际用量和标准用量都是在同一产量下的耗用量，只不过单位耗用量不同而已。

【同步思考 14－2】

上面这种方法计算数量差异和价格差异，是连环替代法的运用吗？

【**例 14－2**】根据表 14－1 甲产品耗用 A、B 材料的标准成本资料，假定本月生产甲产品 200 件，实际耗用 A 材料 3 200 千克，实际单价为 36 元；实际耗用 B 材料 5 200 克，实际单价为 13 元。则直接材料成本差异的计算如下：

直接材料的实际成本＝3 200×36＋5 200×13＝182 800（元）

A 材料的标准用量＝200×15＝3 000（千克）

B 材料的标准用量＝200×25＝5 000（克）

直接材料的标准成本＝3 000×40＋5 000×12＝180 000（元）

直接材料成本差异＝182 800－180 000＝2 800（元）

其中：

直接材料数量差异＝(3 200－200×15)×40＋(5 200－200×25)×12

＝8 000＋2 400＝10 400（元）

直接材料价格差异＝3 200×(36－40)＋5 200×(13－12)

＝－12 800＋5 200＝－7 600（元）

由于两因素的共同影响造成的材料成本差异额：

10 400 元(超支)＋(－7 600)元(节约)＝2 800 元(超支)

以上计算结果说明，该企业甲产品耗用材料数量差异超支 10 400 元，主要是因为 A 材料超支 8 000 元，B 材料超支 2 400 元。而该企业甲产品耗用材料价格差异节约 7 600 元，主要是因为 A 材料节约 12 800 元，而 B 材料却超支 5 200 元。因此 A 材料的数量差异超支，B 材料的价格差异超支是该企业材料成本控制的重点，应分别由生产单位和采购部门进一步寻找原因，落实责任，并提出改进意见。

（2）直接人工成本差异的计算与分析。直接人工成本差异是指在实际产量下直接人工实际总成本与其标准成本之间的差异额。它由直接人工效率差异和直接人工工资率差异两部分构成。其计算公式如下：

直接人工成本差异＝直接人工实际成本－直接人工标准成本

＝直接人工效率差异＋直接人工工资率差异

① 直接人工效率差异。是因实际耗用工时脱离标准而导致的成本差异，是实际工时和标准工时之间的差额与标准工资率的乘积，它类似于直接材料数量差异。其计算公式为：

直接人工效率差异＝（实际工时－标准工时）×标准工资率

直接人工效率差异一般应由生产部门负责。如劳动组织和人员配备情况，生产工人技术熟练程度，责任感的强弱。但若是产品生产工艺的改进，材料和动力的供应情况，机器设备的运行情况等，则应由其他部门负责。企业应认真分析原因，确定其责任范围和归属。

② 直接人工工资率差异。是每小时实际工资率和标准工资率之间的差额与实际工时之间的乘积，它类似于直接材料价格差异。其计算公式为：

直接人工工资率差异＝实际工时×（实际工资率－标准工资率）

直接人工工资率差异一般由劳动工资部门所确定的工资水平决定。在实行合同制用工的情况下，工资水平一般是事先确定的，所以一般不会出现工资率差异。但如果实际执行中发生了变动，就必然会出现差异；或者生产中劳动用工安排不合理，出现用工浪费，也会产生工资率差异，这时应由生产部门负责。

【例 14 –3】 根据表 14 – 1 甲产品标准人工成本资料，假定本月实际产量为 200 件，实际耗用工时 21 500 小时，实际小时工资率为 5.4 元/小时。则直接人工成本差异计算分析如下：

直接人工的实际成本 = 21 500 × 5.4 = 116 100（元）

直接人工的标准成本 = 200 × 100 × 6 = 120 000（元）

直接人工成本差异 = 116 100 – 120 000 = –3 900（元）

其中：直接人工效率差异 =（21 500 – 200 × 100）× 6 = 9 000（元）

直接人工工资率差异 = 21 500 ×（5.4 – 6）= –12 900（元）

由于两因素的共同影响而造成的直接人工成本差异额：

9 000 元（超支）+（–12 900 元）（节约）= –3 900 元（节约）

以上计算结果表明，该产品直接人工成本差异为节约 3 900 元，主要是直接人工效率差异超支 9 000 元，而直接人工工资率差异节约 12 900 元，应进一步查找原因，落实责任。

（3）变动性制造费用成本差异的计算与分析。变动性制造费用是指变动性制造费用实际发生总额与实际产量下的标准变动性制造费用总额之间的差异额。它由变动性制造费用效率差异（又称工时数量差异）和变动性制造费用耗费差异（又称开支差异）两部分构成。其计算公式如下：

$$\text{变动性制造费用成本差异} = \text{变动性制造费用实际发生数} - \text{实际产量下的标准变动性制造费用数}$$

$$= \text{变动性制造费用成本差异} = \text{变动性制造费用效率差异} + \text{变动性制造费用耗费差异}$$

① 变动性制造费用效率差异。是因实际耗用工时脱离标准工时而导致的成本差异，是实际工时和标准工时之间的差额与标准变动性制造费用分配率之间的乘积，它类似于直接材料数量差异和直接人工效率差异。其计算公式为：

$$\text{变动性制造费用效率差异} = \left(\text{实际工时} - \text{标准工时}\right) \times \text{标准变动性制造费用分配率}$$

$$= \text{弹性预算数} - \text{标准成本}$$

【同步思考 14 –3】

你知道什么是弹性预算数吗？

② 变动性制造费用耗费差异。是指由于实际变动性制造费用分配率和标准变动性制造费用分配率之间的差额与实际工时之间的乘积。类似于直接材料价格差异和直接人工工资率差异。其计算公式如下：

$$\text{变动性制造费用耗费差异} = \text{实际工时} \times \left(\text{实际变动性制造费用分配率} - \text{标准变动性制造费用分配率}\right)$$

$$= \text{实际变动性制造费用数} - \text{弹性预算数}$$

变动性制造费用差异一般应由生产管理部门负责。如办公用品的浪费、差旅费失控、工

异账户的借方登记超支差异，贷方登记节约差异和差异转销额（超支用蓝字，节约用红字）。

（3）期末各成本差异的处理方法，一般有以下几种模式：

① 当期损益模式。这是将本期标准成本差异全部记入利润表，即直接计入本期主营业务成本，由本期销售收入补偿的方法。如果是有利差异，则已销产品的实际成本小于标准成本，应增加当期的收益；如果是不利差异，则已销产品的实际成本大于标准成本，应冲减当期的收益。这样处理的优点是：本期差异体现本期成本控制的业绩，要在本期利润上予以反映，简单方便，使当期经营成果与成本控制的业绩直接挂钩。但由于资产负债表中的“在产品”和“库存商品”项目只反映标准成本，如果差异较大，则会影响存货计价的准确性，并且会导致当期利润水平失实。因此，这种模式一般适用于月末时标准成本差异的金额不是很大的情况。西方会计中一般采用这种模式。

② 分配模式。这是把本期标准成本差异按标准成本比例法，在当月已销产品、月末在产品和月末库存产成品之间进行分配，从而将存货的成本和销货的成本调整为实际成本的一种处理方法。这种模式的优点是：强调成本差异的产生与存货、销货均有联系，不能只由本期销货负担，应该有一部分差异随期末存货递延到以后的会计期间，从而减少对本期利润的影响程度。其不足之处是分配差异的工作过于烦琐。因此这种模式一般适用于月末时标准成本差异金额较大的情况。

③ 结转下期模式。这是将标准成本差异结转入下期的方法。有些企业各月份标准成本差异不是很大，可能某个月份产生超支差异，下个月会产生节约差异，这样不同月份的标准成本差异可以相互抵消。这种模式可以大大简化会计核算的工作量，一般适用于各月份标准成本差异可以相互抵消的情况。但这种模式一般只在年度中间采用，而到了年末，则应采用前面两种模式当中的一种进行处理。

【同步思考 14-4】

在标准成本法下，期末对标准成本差异的处理，你认为应该选用哪种方法比较合理？为什么？

【例 14-6】 现以本章〚例 14-2〛、〚例 14-3〛、〚例 14-4〛、〚例 14-5〛计算的甲产品的标准成本差异为例，编制有关会计分录如下：

（1）生产中领用材料：

借：生产成本——基本生产成本——甲产品	180 000	
直接材料数量差异	10 400	
贷：原材料		182 800
直接材料价格差异		7 600

（2）生产中耗用人工成本：

借：生产成本——基本生产成本——甲产品	120 000	
直接人工效率差异	9 000	
贷：应付职工薪酬		116 100
直接人工工资率差异		12 900

（3）结转变动性制造费用：

借：生产成本——基本生产成本——甲产品　　40 000

　　变动性制造费用效率差异　　3 000

　　贷：变动性制造费用　　38 270

　　　　变动性制造费用耗费差异　　4 730

（4）结转固定性制造费用：

借：生产成本——基本生产成本——甲产品　　60 000

　　固定性制造费用效率差异　　4 500

　　贷：固定性制造费用　　56 000

　　　　固定性制造费用生产能力差异　　7 500

　　　　固定性制造费用耗费差异　　1 000

（5）结转完工产品成本。

假定无期初、期末在产品，本月生产甲产品 200 件全部完工。

借：库存商品——甲产品　　400 000

　　贷：生产成本——基本生产成本——甲产品　　400 000

（6）结转甲产品销售成本（假设完工甲产品全部销售）：

借：主营业务成本　　400 000

　　贷：库存商品——甲产品　　400 000

期末编制成本差异汇总表，如表 14－2 所示。

表 14－2　　标准成本差异汇总表　　单位：元

账户名称	借方余额（不利差异）	贷方余额（有利差异）
直接材料数量差异	10 400	
直接材料价格差异		7 600
直接人工效率差异	9 000	
直接人工工资率差异		12 900
变动性制造费用效率差异	3 000	
变动性制造费用耗费差异		4 730
固定性制造费用生产能力差异		7 500
固定性制造费用效率差异	4 500	
固定性制造费用耗费差异		1 000
合　　计	26 900	33 730
成本差异净额		6 830

借：主营业务成本　　[6 830]

　　贷：直接材料数量差异　　10 400

　　　　直接材料价格差异　　[7 600]

　　　　直接人工效率差异　　9 000

　　　　直接人工工资率差异　　[12 900]

　　　　变动性制造费用效率差异　　3 000

变动性制造费用耗费差异	4 730
固定性制造费用生产能力差异	7 500
固定性制造费用效率差异	4 500
固定性制造费用耗费差异	1 000

14.1.5 标准成本制法与成本核算定额法的比较

标准成本制度亦称标准成本法，是预先制定标准成本，将标准成本与实际成本比较，揭示成本差异、对成本差异进行分析处理并据以加强成本控制的一种成本控制系统。包括制定标准成本、差异分析和差异处理三方面内容。成本核算的定额法是根据产品定额成本控制生产费用，并在定额成本基础上加、减脱离定额的差异和定额变动差异，计算出产品实际成本的一种成本核算、控制方法。由定额成本的制定、脱离定额差异和定额变动差异的核算、实际成本计算三部分组成。

1. 标准成本法与定额法的共同点

（1）两种方法都要预先制定标准成本或定额成本作为目标成本，并以此作为衡量和控制成本实际发生额的尺度。

（2）两种方法都要揭示实际成本偏离预定目标的差异，并对产生差异的原因进行分析和采取控制措施。

2. 标准成本法与定额法的区别

（1）“生产成本”、“库存商品”、“主营业务成本”账户登记的内容不同。在标准成本法下，以上这些账户都按标准成本反映。在定额法下，以上这些账户都按实际成本反映。

（2）成本及差异的分类不同。标准成本法将标准成本划分为变动成本和固定成本，同时将差异按不同项目和属性划分为价格、数量、能力、耗用（预算）、效率等类别，有利于对成本分别进行控制，分清差异的责任；而定额法把定额成本按报表要求划分为各成本项目，把差异划分为成本项目的定额差异和定额变动差异。这样划分有利于对材料成本的控制，其他成本项目的差异分析就只能将实际数与预算数对比，不便于差异原因与责任的分析落实。

（3）差异揭示方法不同。标准成本法对差异采用实际产量、实际耗用量与标准产量、标准耗用量的计算比较来揭示，无需专用差异凭证，核算工作量较小，但差异原因的检查不细致；而定额法通过差异凭证对每一笔消耗的差异予以随时揭示，核算工作细致，但工作量较大。

（4）差异的账务处理和确定产品成本的方法不同。标准成本法对各种差异采用一系列差异账户单独归集，一般不在完工产品、在产品和销售产品之间进行分配，而是期末直接转入主营业务成本（即由当期损益负担），最终计算确定的产品成本是标准成本；而定额法的定额差异要在生产成本明细账中归集，并在月末在完工产品和期末在产品之间进行分配，计入完工成品和期末在产品成本，最终计算的产品成本是实际成本。

从以上分析可以看出，标准成本法的重点不是为了计算各种产品的实际成本，主要是为了加强成本管理，更好地进行成本控制的一种成本管理制度或体系。而定额法的重点是在各种产品的定额成本的基础上，加减各种差异，从而计算产品的实际成本的方法，它侧重于实际成本计算，具有成本控制的作用。

【同步思考 14－5】

标准成本控制和定额成本控制到底存在哪些异同？

14.2 成本考核

14.2.1 成本考核的意义

成本考核是在成本分析的基础上，定期通过成本指标的对比，对目标成本的实现情况和成本计划指标的完成结果进行全面的审核、评价和奖惩的过程，是成本会计工作环节的重要组成部分。具体地讲，成本考核是在报告期终了，把成本的实际指标与事先制定的成本目标（如计划成本、定额成本、标准成本等）进行对比，评定目标成本的完成情况，并根据完成程度给予相应的奖惩。为了监督和评价各部门、各单位成本计划的完成情况，促使其履行有关的经济责任，保证目标成本的实现，应建立定期的成本考核制度。

成本考核是开展全面成本管理的最后一个环节，对于降低成本，促进成本工作水平的提高，具有十分重要的意义。

14.2.2 成本考核的原则

在进行成本考核时，应遵循如下几条原则：

（1）以国家的有关政策法令为依据。国家的有关政策法令给人们提供了一个按客观经济规律办事的行为规范。因此，在对企业进行考核时，必须把国家的政策法令放在首位，对企业的经营活动及目标成本管理情况进行全面的考核和评价。

（2）以成本目标为标准。企业的成本目标，是根据市场经济需要并结合企业的实际情况而制定的。它不仅是企业全体职工奋斗的目标，而且也是衡量各部门工作好坏的标准。因此，对企业及企业内部进行成本考核时，必须以成本目标为标准。

（3）以完整可靠的资料、指标为基础。在成本考核前，必须对成本考核资料及其指标，进行详细的检查和审计，然后才能做出恰如其分的考核评价。

（4）以提高经济效益为目的。目标成本管理的最终目的，就是最大限度地提高企业的经济效益。因此，对企业进行成本考核，必须把提高经济效益放在首位。

14.2.3 成本考核的方法

1. 责任成本考核

责任成本是以责任单位为对象，以其承担的责任为范围所归集的成本费用，是按照

“谁负责，谁承担”的原则进行汇集和考核的。责任单位是指具有一定的管理权限，并承担相应的经济责任的企业内部单位。作为责任成本必须具备以下条件：一是可预计，即责任单位知道将要发生的成本；二是可控制，即责任单位通过自己的行为可以进行调节、控制；三是可计量，即责任单位通过一定的计量手段可以计量。也就是说，首先，责任成本首先必须是未来成本，否则，像历史成本那样时过境迁，就无管理控制的实际意义可言。其次，责任成本必须是可控成本。所谓可控成本是指在特定时期内，特定的责任中心能够直接控制其发生额的成本，凡不属于有关车间、部门或责任者控制范围的成本，不能作为对比和考核的依据。责任成本是企业目标成本管理的核心，它可作为评价责任者成本责任的履行情况，考核成本经营绩效的依据。

责任成本与产品成本是两个不同的概念。主要表现在：一是责任成本归集的对象是责任中心，而产品成本归集的对象是产品；二是责任成本是按谁负责谁承担的原则进行归集，而产品成本是按照谁受益谁承担的原则进行归集；三是责任成本的归集以可控性为原则，而产品成本的归集以合理合法性为原则；四是责任成本核算的目的是评价和考核预算的执行情况，以控制和降低各责任中心的耗费水平；而产品成本核算的目的是反映和监督产品成本计划的执行情况，以控制和降低产品成本水平。

在实行成本责任制的企业，成本考核是评价各责任中心特别是成本中心业绩的主要手段。通过责任成本考核，有利于促进各责任中心控制和降低各种资源的耗用量，并借以控制和降低各种产品的生产成本、期间费用等，取得或提高企业经济效益。责任成本考核工作主要包括编制和修订责任成本预算、确定成本考核指标及分析和评价最终业绩等几个方面的内容。

（1）编制和修订责任成本预算。责任成本预算是根据预定的生产量、生产消耗标准和成本标准运用弹性预算方法编制的各责任中心的预定责任成本。责任成本预算是各责任中心业绩控制和考核的重要依据。严格地遵守和完成责任成本预算是各责任中心应履行的职责。

责任成本预算可以根据企业成本预算分解得到，也可以自下而上地编制。各车间等责任中心直接编制责任成本预算时，根据预定的各种产品生产任务、生产耗用定额标准或成本标准来各自编制。生产车间的责任成本包括变动成本和固定成本两部分。变动成本一般是可控成本，列在预算前面；固定成本是责任中心的不可控成本，列在后边供参考。

班组责任成本 = 可控直接材料成本 + 可控直接人工成本 + 可控制造费用成本

车间责任成本 = 各班组责任成本之和 + 车间的可控间接费用成本

工厂责任成本 = 各车间责任成本之和 + 工厂的可控间接费用

（2）确定各责任中心的责任成本。各责任中心的责任成本一般也是采用自下而上地计算汇总。班组责任成本是本班组所属各工序的责任成本，由班组长负责，按月编制本班组的责任成本报告上交车间主任；车间责任成本由车间主任负责，汇总所属各班组的责任成本，再加上属于本车间的可控间接费用成本，按月编制本车间的责任成本报告上交工厂厂长；工厂责任成本由工厂厂长负责，汇总全厂所属各车间的责任成本，再加上工厂的可控间接费用成本。

（3）责任成本的考核。责任成本的考核是将责任成本的实际数与预算数进行比较，分析产生差异的具体原因，并以其成本管理的好坏作为评价和考核的依据。

责任成本考核的指标主要集中于目标责任成本完成情况，包括目标成本节约额和目标成本节约率两个指标。

第一，目标成本节约额。目标成本节约额是一个绝对数指标，它以绝对数形式反映目标成本的完成情况。这一指标的计算公式如下：

$$目标成本节约额 = 预算成本 - 实际成本$$

第二，目标成本节约率。目标成本节约率是一个相对数指标，它以相对数形式反映目标成本的完成情况。这一指标的计算公式如下：

$$\begin{matrix}目标成本\\节约率\end{matrix} = \frac{目标成本节约额}{目标成本} \times 100\%$$

【例 14－7】 宏达工厂根据各责任单位编制的责任成本预算及实际责任成本报告，如表 14－3 所示。

表 14－3　　责任成本考核表　　单位：元

责任中心	项目	预算数	实际数	成本节约额
一班组	直接材料	269 300	265 000	4 300
	直接人工	198 500	210 200	－11 700
	制造费用	64 200	67 440	－3 240
	合计	532 000	542 640	－10 640
二班组	直接材料	125 200	127 000	－1 800
	直接人工	186 500	165 300	21 200
	制造费用	48 300	42 500	5 800
	合计	360 000	334 800	25 200
第一车间责任成本	一班组责任成本	532 000	542 640	－10 640
	二班组责任成本	360 000	334 800	25 200
	第一车间的可控间接费用	60 000	46 000	14 000
	合计	952 000	923 440	28 560
工厂责任成本	第一车间责任成本	952 000	923 440	28 560
	第二车间责任成本	323 000	333 935	－10 935
	工厂的可控间接费用	100 000	97 000	3 000
	合计	1 375 000	1 354 375	20 625

$$\begin{matrix}一班组目\\标成本节约额\end{matrix} = 532\ 000 - 542\ 640 = -10\ 640（元）$$

$$\begin{matrix}二班组目\\标成本节约额\end{matrix} = 360\ 000 - 334\ 800 = 25\ 200（元）$$

$$\begin{matrix}第一车间目\\标成本节约额\end{matrix} = 952\ 000 - 923\ 440 = 28\ 560（元）$$

$$\begin{matrix}全厂目\\标成本节约额\end{matrix} = 137\ 500 - 1\ 354\ 375 = 20\ 625（元）$$

根据上例资料及目标成本节约额的计算结果，各成本中心的目标成本节约率计算如下：

一班组目标成本节约率 $= -10\ 640/532\ 000 \times 100\% = -2\%$

二班组目标成本节约率 $= 25\ 200/360\ 000 \times 100\% = 7\%$

第一车间目标成本节约率 $= 28\ 560/952\ 000 \times 100\% = 3\%$

全厂目标成本节约额 $= 20\ 625 - 1\ 375\ 000 \times 100\% = 1.5\%$

需要强调的是，为了使责任成本考核更为全面，主要考核指标是可控制责任成本（费用）指标，包括可控变动成本（费用）和可控固定成本（费用），可以分别确定它们的差异额和差异率：对于变动成本首先运用弹性预算形式：确定差异额和差异率，然后分别确定各个成本项目的差异额和差异率；对于可控固定成本（费用），采用总额预算形式，首先从总量上确定差异额和差异率，然后确定构成各项目的差异额和差异率；对于能够模拟市场的责任成本中心，应建立责任利润和成本利润率等指标，以发挥市场机制的调节作用。从考核的配套指标看，成本责任单位可设置如产量计划完成率、产品品种计划完成率、质量合格率、质量成本降低率、安全生产率、能耗、物耗等指标；责任费用单位根据其职责范围，结合岗位责任制的要求制定工作质量指标，可采用评分法，将每项工作质量指标划定标准进行测评。

（4）业绩评价。目标成本节约额和目标成本节约率两个指标是相辅相成的，因此，评价一个责任单位的经营业绩时必须综合考核这两个指标的结果。从上述指标的计算中可以看出，一班组目标成本完成情况较差，目标成本超支额 10 640 元，目标成本超支率为 2%，主要表现在直接人工和制造费用控制不严，未完成预算；二班组目标成本完成情况较好，目标成本节约额为 25 200 元，目标成本节约率为 7%，主要表现在直接人工和制造费用控制得比较好；第一车间目标成本节约额为 28 560 元，目标成本节约率为 3%，较好地完成预算。

为了增强责任成本考核的严肃性、公正性和有效性，应建立严格的责任成本考核奖惩制度，使责任成本考核制度化、经常化。激励是考核的延伸。根据责任成本预算的完成情况，进行必要的奖惩，其目的是调动人们的积极性和创造性。责任成本的激励表现在事前、事中和事后上。事前激励主要是在责任成本预算制定阶段，为各责任中心确定先进合理的成本降低目标，起到目标激励作用；事中激励主要是在生产经营过程中根据各责任中心反馈的信息及时给予绩效激励；事后激励主要是期末根据算出的各责任中心经营业绩，给予奖惩。激励的手段包括精神奖励和物质奖励；这两个方面互相配合，缺一不可。对于未能完成责任成本预算、实际绩效不理想的单位，应给予必要的经济惩罚。

需要说明的是，对于可控的间接费用，各责任中心还应将其划分为固定费用与变动费用两部分分别考核。固定费用总额，在一定相关的范围内，一般不随产量的增减而变动，当实际支出与预算数有较大差异时，应视为不合理超支。变动费用按产量或有关业务量增减比例调整后，实际支出数仍有较大超支差异：隐含着不合理现象。

总之，责任单位的成本考核应以可控成本作为重点，编制各责任单位的业绩报告，据此可方便各责任中心负责人全面了解与其有关的成本。根据业绩报告，可以进一步对差异形成的原因和责任进行剖析，充分发挥信息的反馈作用。这将有助于各个责任中心积极采取措施、巩固成绩、改正缺点，促使其可控成本的不断降低；并根据各自的特点，为实现企业总体目标，互相协调，卓有成效地开展有关活动，最大限度地提高企业生产经营的经济效益。

2. 产品成本考核

企业单纯采用品种法等成本核算方法进行成本核算，成本考核可以按产品种类进行产品成本考核。对企业经营的产品只通过一个车间进行封闭生产，其责任成本考核也可以按该车间的产品种类分别进行产品成本考核，从而实现责任成本考核。产品成本考核的指标有两种：一种是产品目标成本节约额，另一种是产品目标成本节约率。其计算公式如下：

$$\text{产品目标成本节约额} = \text{产品目标成本} - \text{产品实际成本}$$

$$\text{产品目标成本节约率} = \frac{\text{产品目标成本节约额}}{\text{产品目标成本}} \times 100\%$$

计算出的正数为节约额，负数为超支额。

以上目标成本节约额和节约率的计算原理可以结合实际加以应用。如计算预算成本节约额和节约率、预算费用节约额和节约率、可比产品成本降低额和降低率等，用于各种成本费用的考核。

【例 14-8】远大工厂某责任中心封闭式生产两种产品。本月甲产品成本预算为 260 000 元，乙产品成本预算为 150 000 元；月末根据产品生产成本明细账结转库存商品账的记录反映，甲产品实际成本为 275 600 元；乙产品实际成本为 138 000 元。

则两个产品目标成本节约额可计算如下：

$$\text{甲产品目标成本节约额} = 260\,000 - 275\,600 = -15\,600\text{（元）}$$

$$\text{乙产品目标成本节约额} = 150\,000 - 138\,000 = 12\,000\text{（元）}$$

根据两产品目标成本节约额的计算结果，计算出两产品的目标成本节约率如下：

$$\text{甲产品目标成本节约率} = -15\,600 \div 260\,000 \times 100\% = -6\%$$

$$\text{乙产品目标成本节约率} = 12\,000 \div 150\,000 \times 100\% = 8\%$$

从上述成本考核指标的计算结果看，甲产品目标成本超支 15 600 元，超支率达 6%，表明甲产品的成本控制任务完成较差。其绝对数值不小，值得责任中心及企业管理部门特别注意。对如此大的成本上升幅度，必须按例外管理原则处理，在进行处罚的同时，专门分析成本超支原因。一般可使用价值工程法专门研究降低成本的措施。乙产品目标成本完成情况较好，节约 12 000 元，说明该产品成本控制成效明显，应予鼓励。乙产品目标成本节约率达到了 8%，反映其本期成本下降幅度相当可观。当然，为了使考核结果更加公平合理，还有必要了解目标成本修订时间的长短，如果目标成本很久没有修订的话，就很难适应环境的变化，以过时的目标成本来衡量现在的工作业绩，就会实施偏颇。另外，还应考虑有无特殊情况的发生。只有综合考虑的各个方面因素的影响，业绩评价才能做到公正合理，才能收到良好的效果。

在责任成本考核中，贯彻物质利益原则是很重要的。同物质利益挂钩，就是将责任成本指标完成得好与不好同经济利益联系起来，做到有奖有惩，奖罚分明；同时，还要加强职工的思想和道德教育，要求职工树立全局意识，培养敬业精神，提高管理意识。

【同步思考 14－6】

责任成本考核如何与经济利益挂钩？帮助企业降低成本、提高经济效益。

复习思考题

1. 标准成本控制与定额成本控制有哪些异同？
2. 责任成本考核的内容是什么？
3. 如何进行标准成本差异的计算与分析？
4. 标准成本差异核算应如何进行账务处理？

第15章 成本管理前沿

【学习目标】

1. 了解战略成本管理、质量成本管理和环境成本管理的内涵；
2. 理解战略成本管理的内容和方法；
3. 理解质量成本管理的内容和方法；
4. 理解环境成本管理的内容和方法。

【案例导入】

有甲、乙、丙三个不同的企业：

甲企业为朝阳产业（太阳能利用），在产品销售后，产品维修、升级等方面费用较大。

乙企业为制造产业（电器制造），目前正准备进军某电器市场，先要对该产品进行准确定位，若定位为高端产品，则生产量较小，市场份额也较小，但单件产品利润率自然要高；若定位为普通产品，则可以扩大生产规模，实行规模经济，大幅度降低成本，以低价销售来占领更大的市场份额。具体如何定位才是准确的？管理层一时没有定论。

丙企业为资源开发产业（石油、煤炭及其他矿藏勘探开采），生产过程对环境影响极大，修复环境需要很大的资金投入。

请根据上述情况，思考并讨论以下问题：

1. 甲企业和丙企业应分别考虑在哪个领域有针对性地重点进行成本管理？
2. 你认为乙企业应该采用怎样的竞争战略？该企业管理层应如何准确定位产品、如何有效进行战略成本管理？并说明理由。
3. 应如何处理上述不同企业成本核算与管理控制的关系？

随着环境的变革以及成本管理理论和实务的发展，现代成本管理形成许多新兴领域，如作业成本管理、人力资源成本管理、社会责任成本管理、战略成本管理、质量成本管理、环境成本管理等。本章主要介绍战略成本管理、质量成本管理和环境成本管理的理念、特征及方法。

15.1 战略成本管理

15.1.1 战略成本管理概述

1. 战略成本管理的含义

从战略角度来研究与控制成本最初是20世纪80年代初由英国学者西蒙提出，他认为战略成本管理是“通过对企业自身以及竞争对手的有关成本资料进行分析，为管理者提供战略决策所需的信息。”1985年美国学者迈克尔·波特（Michael E. Porter）在《竞争优势》一书中提出三种基本的竞争优势：成本领先（或成本优势）、差异化（别具一格）和目标集聚战略（集中战略），并专章探讨了“成本优势”和“差异化”战略。成本优势是企业可能拥有的三种竞争优势之一。其提出的成本领先和差异化的概念便是战略成本管理赖以建立的基础。

在波特研究的基础上，美国学者桑克（J. K. Shank）等人于1993年出版了《战略成本管理》专著，使战略成本管理更加具体化。该书对战略成本管理的表述为：战略成本管理是企业获得竞争优势的一种新工具，是在战略管理的一个或多个阶段对成本信息的管理性运用，它主要包括价值链分析、战略定位分析和成本动因分析。20世纪90年代以后，这一思想和相关方法体系日趋成熟。

在我国，最早从事有关战略成本管理方面理论研究的当属以余绪缨为代表的一批会计理论家，20世纪90年代开始对作业成本核算和作业成本管理进行理论研究，并取得了一定进展，随后又引入日本战略成本管理模式——成本企划，并就对美日两大模式进行诊断和分析的基础上，提出了以维持、改善与革新三层控制为核心的“现代成本管理论”，并对成本控制方法进行了相当多的思考。2000年夏宽云教授对战略成本管理的内容进行了全面系统地介绍，他认为，战略成本管理是在创造企业竞争优势的同时进行的成本管理，是管理会计人员提供企业本身及其竞争对手的分析资料，帮助企业管理者形成和评价企业战略，从而创造竞争优势，达到企业有效适应外部持续变化的环境的目的。

综上表明，战略成本管理就是为了适应企业战略管理的需要，在成本管理中导入企业战略管理并与之相融合而成的一门边缘学科，它关注成本战略空间、过程、业绩，使用成本数据来开发和识别竞争战略，并在不同战略选择下优化成本管理。其基本要求就是明确企业成本管理在企业战略中的定位，开展企业价值链和成本分析，重视和控制战略成本动因，从战略上寻求降低成本的途径或取得成本优势。

2. 战略成本管理的特点

战略成本管理的核心是成本优势，而传统的成本管理是要实现“降低成本”，这两者有着不同的内涵。与传统成本管理相比较，战略成本管理具有以下的特点：

（1）战略性。战略成本管理是将战略管理思想引入企业成本管理，实现战略意义上的功能扩展和两者之间的融合而成。战略成本管理充分吸纳战略理念，站在战略的高度，明确企业成本管理在企业战略中的定位，从战略的角度研究影响成本的各个环节，寻求降低成本的途径或取得成本优势。因此，这种战略性的特点构成战略成本管理的首要特点。

（2）全局性。战略成本管理是以企业的全局为对象，根据企业总体发展战略制定战略目标，具有结果控制与过程控制相结合的特征。它把企业内部结构和外部环境综合起来，企业的价值链贯穿于企业内部自身价值创造作业和企业外部价值转移作业的二维空间。价值链不同于价值增值，它是更广阔的外在于企业的价值系统链，企业不过是整个价值创造作业全部链节中的一部分、一个链节。因此，战略成本管理是从企业所处的竞争环境出发，其成本管理不仅包括企业内部的价值链分析，而且包括竞争对手价值链分析和企业所处行业的价值链分析，从而达到知己知彼，洞察全局的目的，并由此形成价值链的各种战略。

（3）长远性。战略成本管理的核心是通过获取成本优势来帮助企业取得长期持续的竞争优势，以便企业长期生存和发展。战略成本管理以企业长期发展战略为基准，不断做出调整，有时甚至会不惜牺牲短期利益来追求持久的竞争优势。例如，不断增加持续改进生产技术的成本投入，从传统成本管理的角度来看，这些行为会增加各期成本支出，但从战略成本管理的角度来看，这些支出的发生却有利于增强企业的长期竞争能力，是值得鼓励投入的。

（4）外延性。战略成本管理跳出了单一会计主体这一空间范围，将视角更多地投向影响企业经营的外部环境，这些环境主要包括政治、经济、法律、社会文化和自然环境等。通过收集其主要竞争对手过去和将来的战略经营方针、市场占有率、竞争者如何定价及趋势如何、采用的销售方式及投入的费用如何等信息，并加以分析、预测和估计竞争者的各方面经营状况，从而帮助企业管理当局制定长期发展战略规划。相对传统成本管理的对象主要是企业内部的生产过程，战略成本管理不仅注重对企业内部信息的分析，而且更注重对企业外部信息的分析，以便企业及时调整策略以适应外部环境的变化，重塑企业的成本优势与竞争优势。

（5）灵活性。战略成本管理是一种动态的管理。由于企业战略目标的确定是与特定的内外部环境相适应的，在环境发展变化时，企业的经营和管理都要随其变化而及时做出相应的调整。例如，价值链分析要讨论企业与供应商、顾客之间的联系，考虑上下游相关企业的兼并问题以及他们的期望；又如企业生产中实施“适时生产系统”，及时调整力求“零存货”等。只有对企业所处动态环境进行正确分析和判断，才能预测和控制风险，根据企业自身的特点，灵活制定和实施正确适当的管理战略，主动积极地适应和驾驭外界环境，以变应变，在竞争中取得主动，才能最终实现预定的企业战略目标。

15.1.2 战略成本管理基本内容

战略成本管理模式可细分为克兰菲尔德、罗宾·库珀和桑克三种模式。其中桑克模式得到西方的专家、学者和企业界的普遍认可，并得到广泛采用，其主要内容包括战略价值链分析、战略定位分析和战略成本动因分析。

1. 价值链分析

价值链的概念是由美国哈佛大学商学院教授迈克尔·波特于1985年在其所著《竞争优势》一书中最早提出。波特认为，每一个企业都是用来进行设计、生产、营销、交货以及对产品起辅助作用的各种作业的集合。一个企业的价值链和它所从事的单个作业的方式反映了其历史、战略、推行战略的途径以及这些作业本身的根本经济利益。一定水平的价值链是企业在一定产业内的各种作业的组织。换言之，企业产品的生产过程是费用的发生和产品成本形成的过程，也是产品价值的形成过程。企业生产经营活动的有序进行构成了相互联系的生产活动链，生产经营活动链（也称为作业链）的形成过程，也就是企业的价值链的形成过程。

价值活动是构成竞争优势的基石，对价值链的分析不仅要分析构成价值链的单个价值活动，而且更重要的是，要从价值活动的相互关系中分析各项活动对企业竞争优势的影响，明确各价值活动之间的联系。换言之，企业除分析自身价值链外，还要分析竞争对手的价值链。因此，企业的价值链分析包括企业内部价值链分析、产业价值链分析和竞争对手价值链分析三个方面的内容。

（1）企业内部价值链分析。企业内部价值链往往包括企业内部开展的各项活动作业和功能。图 15 －1 概括了一个企业的内部价值链。

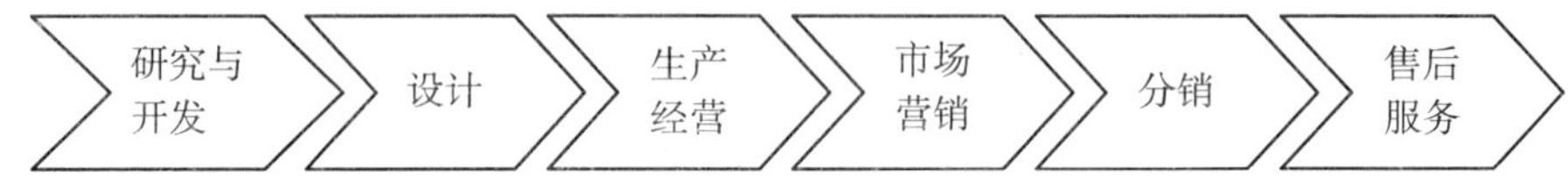

图 15 －1　企业的内部价值链

价值链中的每一项活动都承担一定的成本，都会占用企业的一部分资产。而且活动与活动之间是有联系的，往往一项活动的展开方式会影响到另一项活动展开的成本。如产品设计作业不仅影响生产的成本，也影响到售后服务成本等。因此，进行内部价值链分析要从以下两个方面着手：

第一，分析企业生产经营中的各项作业，将其分为可增值的作业和不增值的作业两类，前者包括产品的设计、加工制造、包装以及营销作业等，后者包括与各种形式的存货有关的作业（存货的储存、维护、分类、整理等）和原材料、在产品、半成品、产成品等因质量不符合需求进行加工和改造而形成的追加作业等。对于所有不增值的作业要尽可能消除；对可增值的作业，要尽可能提高其运作效率，使企业能通过最经济、有效的方式满足顾客需要，从而最大限度地优化价值链、提高企业竞争优势。

第二，关注产品研发与设计阶段。实践证明，产品成本的百分之七八十是由研制阶段决定的。产品定型投产后，要想大幅度降低成本是非常困难的。因此，企业应先了解顾客的需求，以确定产品的功能或质量要求，然后运用价值工程确定最科学的设计方案，保证产品功能与其成本达到最优结合，从而实现既能保证必要的功能，降低产品成本，又能满足用户的要求，提高产品竞争能力的目的。

（2）产业价值链分析。就是把企业与供应商和顾客的关系视为内部价值链的延伸，将企业置于产业这个大环境中，从合理分配利润的角度进行战略规划，分析企业与上游（供应商）、下游（分销商和顾客）价值链的关系，并以此为起点向上延伸到与供应者协作，向下延伸到与顾客协作，通过促进企业与供应商和顾客之间的合作伙伴关系（如并购、外包、整合、互利协作等），充分利用上游与下游价值链活动，建立企业与供应商和顾客之间的战略合作伙伴关系，促进成本降低，使企业获得独特的竞争优势。

（3）竞争对手价值链分析。在一个行业中往往存在生产同类产品的竞争者，它们或者与企业处于同一价值链，或者跨越价值链的几个环节。竞争对手的价值链和本企业价值链在行业中处于平行位置，通过对竞争对手价值链的分析，测算出竞争对手的成本水平、成本构成与成本支出情况，并与企业产品成本一一进行比较，揭示出决定竞争优势的差异所在，从而根据企业不同的战略，确定扬长避短的策略，争取成本优势。例如，汽车生产企业常常采用拆卸分析法将竞争对手的产品（汽车整车）化整为零，分解为各个零部件，以了解其产品的功能和设计特点，推测产品的生产过程，估计产品的成本结构。并将推定的竞争对手的成本结构作为本企业衡量自身业绩、改进自身工作的标杆。

竞争对手价值链分析的主要内容包括：①分析企业在与谁竞争，包括现存的和潜在的竞争对手。②识别竞争对手的价值链以及它们怎样进行价值活动，分析的关键在于确定竞争对手在价值链活动中的有关成本动因及其相对地位，然后运用成本动因的性态来估测竞争对手分析的差异。③分析推测竞争对手的目标是什么？它们将采用何种竞争战略和手段？④分析竞争对手的优势和劣势，这种优势与劣势的根源是什么等。最后，通过竞争对手价值链分析，明确企业自身的优势和劣势，以及面临的机遇和挑战，并吸取竞争对手的经验教训，从消除劣势，保持优势入手，制定在竞争中战胜对手的战略，寻求企业的竞争优势。

【同步思考 15－1】

为什么要进行价值链分析？如何理解产业价值链和竞争对手价值链分析与企业成本管理的关系？

2. 战略定位分析

战略定位就是企业在赖以生存的市场上如何选择竞争战略以对抗竞争对手。战略定位分析就是对企业所处的外部环境、竞争对手以及企业的自身条件进行分析，从而制定出企业战略目标的分析过程。根据波特的竞争理论，企业可采取的竞争战略主要包括成本领先战略、产品差异化战略和集中战略。企业究竟选择哪一种战略，取决于组织的优势和核心能力以及它的竞争对手的劣势。

（1）成本领先战略。成本领先战略是指企业通过在内部加强成本控制，在研究开发、生产、销售、服务和广告等领域里把成本降到最低限度，成为行业中的成本领先者的战略。成本领先战略的理论基石是规模效益（单位产品成本随生产规模增大而下降）和经验效益（单位产品成本随累积产量增加而下降）。企业采用成本领先战略，可以通过使用独特的技术，或者借助于有利的原材料购入渠道，引进更先进的设备，改变产品结构以降低物耗，改善工艺流程以降低能耗，改良销售渠道以降低间接成本，或者利用规模经济，使其成本低于竞争对手，从而可以以稍低于同业平均价格的售价取得大量的市场份额。总之企业应对整个价值链中的任何一个有成本节约潜力的环节都要进行探索，发现和开发所有成本优势资源和渠道，来获得成本优势。如日本丰田汽车公司被人们公认为是世界汽车商中的低成本生产商，它使用了相当多的高效的生产技术和技能，而它的车型定位于中档价位，在这个价位上能够获得高产量，而高产量有助于降低成本。这样该企业就处于“低成本—高市场占有率—高利润技术投资—降低成本”的良性循环之中，从而取得持久的竞争优势。

（2）差异化战略。差异化战略，又可称为差异领先战略，是指企业为满足顾客特殊的需求，形成自身竞争优势，而提供与众不同的产品和服务的战略。该战略具体是指企业在生产经营过程中，将充分发挥和运用其产品或服务独特的某一部分直至全部不同于其他企业的产品或服务的优势，作为指导企业持续稳定发展的方向，从而形成竞争优势的战略。差异化战略一般可分为产品差异化、形象差异化和市场差异化。其差异化来源可以是与众不同的质量、独树一帜的服务、创新的设计、技术的潜在能力或者杰出的品牌形象。例如，麦当劳以其物超所值的产品，劳力士以其名望和特异性，强生公司以其可靠性的婴儿产品，本田汽车以其高质量的品质等，成为了差异化战略成功的典范。

差异化战略的核心是追求与创造特色，是一种“人无我独有”的战略。一个企业想要成功实施差异化战略，就必须认真研究购买者的需求和行为。然后生产或提供包含特定购买者想要得到的属性的产品或服务，或者开发某种独特的功能或能力来满足购买者的需求，又或者生产与竞争对手功能更强、质量更好、服务更优的产品以显示其不易被复制的经营差异。企业可以运用价值工程法和成本效益法分析，在技术、材料、设计、外观、功能、售后服务等方面进行改良创新，使自己的产品或服务与众不同。如我国市场上十分畅销的金纺去静电洗涤剂，由于独具有效去除静电的功能，所以深受广大消费者的青睐，从而在衣物洗涤剂市场独领风骚。

然而，具体实施中为了避免陷入“差异陷阱”，企业还应做到以下三点：第一，企业提供的产品或服务差异应是购买者所希望的或乐意接受的；第二，差异化产品或服务的价格要能被顾客所接受；第三，实行差异化战略带来的溢价要超过相应的额外成本。

（3）集中战略。集中战略又可称为目标集聚战略，是指企业把经营战略的重点放在一个特定目标市场上，为特定的地区或特定的购买者提供特殊的产品和服务的战略。它是前两种竞争战略派生出来的第三种竞争战略，即选择集中特定的细分市场实施低成本战略或差异化战略。实施目标集聚战略的厂商其竞争战略的基础是：①服务于小市场的成本比竞争对手的成本低；②能够给小市场的购买者提供他们认为更好的东西。

以成本领先为基础的集中战略取决于是否存在这样一个购买者细分市场，满足他们的要求所付出的代价要比满足整体市场其他部分的要求所付出的代价要小。以差异化为基础的集中战略取决于是否存在这样一个购买者细分市场，他们想要得到或者需要特殊的产品属性或企业能力。例如，快餐业中麦当劳以汉堡、鸡腿为主打产品，而必胜客以比萨为主打产品，它们在各自的狭小细分市场中都取得了竞争的成功。

要确保集中战略的成功实施，需注意以下一些问题：第一，集中战略被效仿；第二，细分市场的利润可能会被蜂拥而入的竞争厂商进行瓜分或者细分市场的原有顾客群的偏好、需求发生改变或消失；第三，细分市场与其他市场的差异减少或产生了新的细分市场。

3. 战略成本动因分析

开展成本动因分析，就是要在与企业战略结合的基础上，辨别和量化企业活动的成本动因，确定控制哪些重要的成本动因，研究如何重组企业价值链来管理成本。

成本动因（Cost Driver）是引发成本的一种推动力（Force）或成本的驱动因素，也就是引起产品成本发生和变动的原因。因此，成本动因也称为“成本发生因子”（Cost Initiator）或“成本驱动因子”（Cost Promoter），按照成本动因涉及的层面和领域，可分为两个层次：一是微观层次的与企业的具体生产作业相关的生产经营成本动因，如物耗、作业量等，即数量成本动因和作业成本动因；二是宏观层面的战略成本动因，如规律、技术多样性、质量管理等。战略成本动因是影响企业战略管理活动的成本动因，一般可分为结构性成本动因（Structural Cost Driver）和执行性成本动因（Executive Cost Driver）。前者与企业基础结构有关，是决定成本态势与企业基础经济结构的驱动因素；后者则与企业执行作业性程序有关，是影响成本态势与执行作业程序有关的成本驱动因素。成本动因的分类如图 15－2所示。

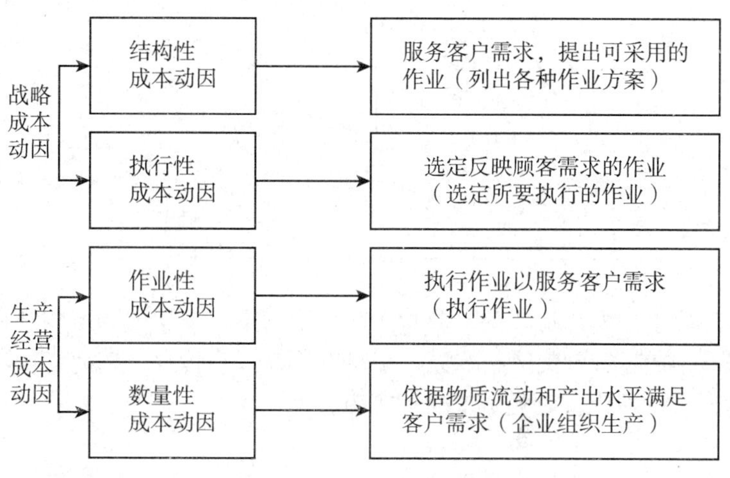

图 15－2　成本动因的分类

（1）结构性成本动因分析。结构性成本动因是与企业基础经济结构有关的成本驱动因素。这些因素往往形成于生产之前，其形成常需较长时间，而且一经确定往往很难变动，这些因素影响面宽，涉及产品成本、产品产量、人力资源、财务、生产经营等诸多方面。

结构性成本动因的内容一般包括构成企业基础经济结构的企业规模、业务范围、经验、技术和厂址等。这些成本动因从深层次上决定了成本发生的基础条件，影响企业的成本地位。对任何既定的产品，结构性成本动因的变化都会改变其成本大小。例如，企业的产品及其组合是否合理、规模确定是否适度、市场定位是否准确、技术运用是否恰当、厂址选择是否科学等，无不对企业的生产经营活动和经营成本的高低产生重大影响，因而结构性成本动因分析实质上是对企业经济结构的战略选择。

（2）执行性成本动因分析。执行性成本动因分析是与企业执行作业程序相关的成本驱动因素。这些因素成立于结构性成本动因之后，且多属非量化性质的软控制活动成本动因。它对成本的影响因企业而异。执行性成本动因若运作得当，可降低成本，否则会使成本提高。

执行性成本动因的内容一般包括参与、能力利用、联系、产品外观、全面质量管理和厂内布局效率等。企业在选择了竞争战略，确定了企业规模、经营范围等与经济结构有关的事项后，主要通过影响执行性成本动因来降低成本。

两种动因对应于两类作业，其汇总如表 15－1 所示。

表 15－1　　结构性成本动因与执行性成本动因

结构性作业	结构性成本动因
工厂建设	工厂的数量、规模、集中化程度
组织管理	管理风格与理念
员工分组	内部工作单位的数量和类型
复杂性	产品线数量、独特流程数量、独特零件数量
垂直整合	范围、采购能力、销售能力
选择和采用流程技术	所采用流程技术的类型、经验
执行性作业	执行性成本动因
发挥员工能力	员工参与程度
提供优质产品	质量管理方法（全面质量管理）
设计工厂布局	工厂布局效率
重新设计和生产产品	产品结构
能力提供	能力利用

企业通过上述成本动因分析，揭示影响企业成本的结构性动因和执行性动因，将有助于揭示企业竞争战略与成本管理的有机联系，确定在不同战略选择下的成本管理方向，寻求降低成本的战略途径，以配合企业竞争战略的实施。

15.2　质量成本管理

15.2.1　质量成本概述

1. 质量成本的含义

20 世纪 50 年代初，质量成本（Quality Cost）一词由美国通用电气公司质量管理专家 A. V. 菲根堡姆（Armand V. Feigenbuam）博士首次提出。在其出版的《全面质量管理》一书中，他认为："工厂和公司的质量成本包括两个主要方面：控制成本和控制失败成本。这些就是生产者的经营质量成本。控制成本包括预防成本、鉴定成本，控制失败成本包括内部损失成本和外部损失成本。"这一观点很快就得到了西方国家很多质量管理专家的认同。

美国质量管理专家 J. M. 朱兰（Joseph M. Juran）博士在其出版的《质量控制手册》中提出，质量成本是"企业为保证和提高产品质量而支出的一切费用，以及因未达到质量水平而造成的一切损失之和"。"质量成本只涉及有缺陷的产品，即制造、发现、返修、报废以及避免产生不合格品等有关的费用"。

20 世纪 80 年代，菲根堡姆进一步发展了质量成本的内涵，他提出质量成本的范围应扩大到产品的整个寿命周期。产品寿命周期包括产品研制设计、技术准备、生产制造、销售和使用等阶段，各个阶段所发生的质量投入、质量损失，凡涉及产品的寿命周期，都应包含在质量成本之中。而美国质量管理协会主席 J. 哈林顿（H. J. Harrington）认为，质量成本是"使全体雇员每次都把工作做好的成本，鉴定产品是否可接受的成本和产品不合公司（或）用户期望所引起的成本之和"。他主张将质量成本改名为"不良质量成本"，其内容不仅包括预防成本、鉴定成本、内部损失和外部损失四项直接质量成本，而且还包括信誉损失、用户损失等间接质量不良成本。20 世纪 90 年代，国际标准化组织 TC176 在 ISO8402：1994 中对质量成本的定义是“为了确保和保证满意的质量而发生的费用以及没有达到质量所造成的损失”。

在我国，20 世纪 80 年代初引进了质量成本并在试点企业加以应用，取得了明显的效果。我国成本管理学家许毅教授提出：“质量成本是工业企业为了保证和提高产品质量而支付的一切费用，以及因未达到质量标准而发生的一切损失之和”。管理会计学家林万祥教授则认为，质量成本是与产品质量活动有关的劳动耗费，是为了保证和提高产品质量的目的而支出的一切有效费用以及未达到目的而造成的一切损失。

综上表明，质量成本具有广泛的内涵，它会随着产品质量适用性和不同质量成本主体所要达到的目的的不同而呈现出内容上的多样性和计量形式上的多样性。在全面质量管理理论指导下的现代质量成本除了讲求企业全员参与外，还讲求质量经济性，即不仅要求及时，有效地反映质量成本，而且还需要进行质量成本的经济效益核算和决策。

2. 质量成本的主要内容及其分类

质量成本一般包括质量控制成本和质量控制失败成本两个基本组成部分。质量控制成本是指企业为保证和提高产品质量而发生的一切费用，它主要包括预防成本和鉴定成本；质量控制失败成本是指由于产品未达到质量标准而发生的一切损失之和，它包括内部损失成本和外部损失成本。

（1）预防成本。预防成本是指为了保证和提高产品质量、防止故障等采取预防措施所发生的费用。具体包括质量工作费、质量培训费、质量奖励费、产品评审费、质量改进措施费和质量管理专职人员工资及附加费。

（2）鉴定成本。鉴定成本是指对产品和形成产品的原材料及半成品进行检测，以评价其是否满足规定的质量要求所需要的费用。具体包括检验试验费、工资及附加费、检验试验办公费和检验测试设备及房屋折旧费用。

（3）内部损失成本。内部损失成本是指产品出厂前因未达到规定的质量要求而支付的费用。具体包括废品损失、返修损失、停工损失、事故分析处理费用和产品降级损失。

（4）外部损失成本。外部损失成本是指产品出厂后因不满足规定的质量成本而导致的索赔、修理、更换或信誉损失等支付的费用。具体包括索赔费用、退货损失、保修费、诉讼费和产品降价损失，以及由于产品质量缺陷而丧失的市场份额和销售额（也即机会成本）等。

此外，随着现代化质量管理发展和现代企业管理进步，在企业与用户订立质量保证时，企业还必须建立外部质量保证成本项目。

以上是按照质量成本的构成要素进行的分类。在这四类质量成本中，（1）~（3）类为企业内部的质量成本，第（4）类为企业外部的质量成本。

除此之外，还可按照不同特征对质量成本进行不同的分类。例如，质量成本可按其表现形式分为显性质量成本和隐性质量成本两种。从价值补偿的角度考察，前者是企业在生产经营过程中实际发生的有形损失，必须得到补偿，它显示于企业的账面，可以从企业会计记录中获取数据的成本，包括预防成本、鉴定成本、内部损失成本、外部损失成本等。后者是实际发生但并未支付的无形损失，主要是由不良质量而形成的机会成本，如由于顾客不满意而丧失的市场份额和销售额等。隐性质量成本是不可计量的，为了满足分析决策之需，只需估计而不必得到补偿。

质量成本按其性质可分为功能性质量成本和损失性质量成本两类。功能性质量成本包括质量保证费用和质量预防费用，其主要作用是保证质量管理和具备鉴定质量功能。损失性质量成本包括产品的内部损失成本和外部损失成本。根据可否避免，功能性质量成本属于不可避免成本，而损失性质量成本则属于可避免成本。从两者关系来看，前者是后者降低的条件，后者是前者发生的效果。功能性质量成本越有效（而不是越降低），损失性质量成本越减少，成为质量成本控制的目的所在。

质量成本还可以从成本控制的角度考察分为可控成本和结果成本两类。预防成本和鉴定成本是可控成本，通过其增减变动对内部损失成本及外部损失成本产生影响。内部损失成本、外部损失和隐性成本是结果成本，是因质量达不到既定要求、控制失效而造成的厂内和厂外损失，它受可控成本的影响。

3. 质量成本与产品成本的相互关系

质量成本是为了保证和提高产品质量水准，使之能符合某种特定要求而发生的耗费与损失之和（质量控制成本同质量控制失败成本之和），而产品成本则是为了生产一定种类和数量的产品所发生的各项生产耗费之和。质量成本和产品成本二者之间既有联系又有区别，其一般情况如图 15－3 所示。

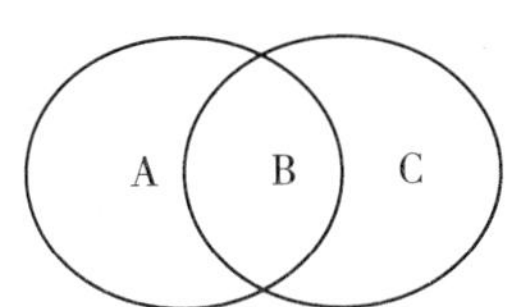

图 15－3　质量成本和产品成本的结合部

图 15－3 中，圆面 A 代表产品成本，圆面 C 代表质量成本，B 为产品成本和质量成本的结合部分。

产品成本和质量成本的结合部 B，对于产品成本而言，它是产品生产（制造）过程中实际发生的生产耗费的一部分，是具体的材料、人工和其他费用支出，其确切的费用项目、数额等重要信息可借助会计核算系统而取得。整个圆面 A 减去结合部 B 所剩部分，通常称为产品的基本制作成本，它可以理解为是在“无质量控制”条件下，有关产品全部（100%）合格时的“产品成本”。从圆面 A 产品成本的面积组成可得：

产品成本 = 基本制作成本 + 产品“显见”质量成本

产品成本和质量成本的结合部 B，对于质量成本而言，它是产品质量控制过程中实际发生的有关耗费，是可以直接计量的“显见”质量成本。这一部分耗费或成本，也就是前述的质量控制成本和因产品质量不合格而追加的有关费用。整个圆面 C 减去结合部 B 所剩部分，相应地，可称为“隐含”质量成本，它是因产品质量欠佳（不合格）而招致的损失或丧失的潜在收益。质量成本中的隐含成本部分，从本质上讲，它是一种并不引起实际费用支付的机会成本，是一种特殊的管理性成本，其成本数额不能借助会计核算系统直接获得，而只能通过特殊成本调查的方式予以估算。从圆面 C 质量成本的面积组成可得：

产品质量成本 = 产品“显见”质量成本 + 产品“隐含”质量成本

由上述分析可得，产品成本与质量成本的结合部 B 就是产品的“显见”质量成本，这一部分成本也是产品成本的必要构成部分，是企业进行产品成本控制的关键点。因为在企业现有生产经营能力条件下，在供应、生产、销售活动正常、有序的情况下，某种产品的单位基本制造成本水平应当是某一常数（或趋近于某一常数）。也就是说，当某种产品的销售价格和制作成本一定时，企业产品盈利的多少将取决于质量成本的高低：质量成本越低，盈利越多；质量成本越高，盈利越少。

15.2.2 质量成本核算和报告

1. 质量成本核算的方式

最常见的质量成本核算方式有以下两个方案可供选择：

（1）双轨制。在双轨制下，质量成本核算和正常的产品成本核算截然分开，单独设置质量成本的账外记录，由各质量成本控制网点进行核算。其中大部分可利用原有资料，如废、次品损失计算单，并在原有的基本生产成本和制造费用等有关明细账内设置分析专栏，根据有关凭证把质量成本数据在分析栏内填列。然后，定期由各质量成本控制网点，根据核算结果编制“质量成本报告”，作为核算和评价该网点业绩的依据。

（2）单轨制。在单轨制下，质量成本核算与正常的成本费用核算结合在一起。在产品成本核算的有关账户内增设“质量成本”一级科目，并在它的下面分别设置“预防成本”、“鉴定成本”、“内部损失成本”、“外部损失成本”，以及“质量成本调整”五个二级科目，前四个二级科目分别核算属于各项目实际支付的有关费用和损失，后一个科目用来调整实际并未支付，但应计入前四个二级账户的隐含成本，以保证“质量成本”总账账户借方发生额完整地反映企业一定时期的总质量成本，作为编制质量成本报表的依据。各二级科目下还可按具体内容设置若干明细项目。

在我国，鉴于企业目前的管理水平和核算能力，将质量成本核算与正常的成本费用核算相结合的单轨制更为适宜，既能满足财务规定的要求又能为内部管理服务提供质量成本信息。

2. 质量成本报告

质量成本报告，是衡量企业在某特定期间的质量成本构成情况的报表。质量成本报告是内部报表，供企业管理人员尤其是最高领导者了解质量成本的大小及构成，以便进行有关决策。质量成本报告并没有固定的格式和方法。

不论企业采取何种方式编制质量成本报告，其内容不外乎以下几个方面：①各质量成本要素占总质量成本的比重；②各质量成本要素及总质量成本金额占销售成本或销售收入的比重；③如果企业制定了质量成本标准，则还需反映实际数与预算数的差额。

对应于不同的报告期间和报告目的，质量成本报告一般可分为短期质量成本报告、多期趋势质量成本报告和长期质量成本报告三种类型。

短期质量成本报告主要用来反映当期标准或目标的进展情况。从形式上，可按质量成本具体项目列示，每一项目分“实际成本”、“预算成本”和“差异”三栏。每年企业都必须制定短期质量标准，并据以制订计划，已达到该质量目标水平。期末，短期业绩报告通过将当期的实际质量成本和预算质量成本进行比较，反映两者之间的差距，从而找出短期质量改进的目标。

多期趋势质量成本报告主要用来反映从质量改进项目实施起的进展情况，该报告通过反映质量成本的总体变化，从而对质量项目的总体趋势进行评估。从形式上，可将期内质量改进项目的进展程度以图表的形式加以表达。一般以横坐标表示期数，纵坐标表示相应时间内的销售百分比，通过对多期质量成本占销售百分比描点，作趋势线，即可反映质量改进项目的执行情况。

长期质量成本报告主要用来反映长期标准或目标的进展情况，在形式上与短期质量成本报告类似，只是该报告对每一质量成本项目分“实际成本”、“目标成本”和“差异”三栏列示。其中“目标成本”是企业期望最终达到的目标质量成本，即达到零缺陷时允许的目标质量成本。每期期末，长期业绩报告通过将该期的实际质量成本与达到零缺陷时允许的目标质量成本进行比较，反映企业质量改进的空间，便于编制下一期的计划。同时提醒管理者，只有确保流程以零缺陷的方式运行，废品成本和返工成本等非增值方面的支出才能消失。

15.2.3 质量成本控制、分析与考核

1. 质量成本控制

质量成本控制是依据质量成本目标，对质量成本形成过程中的一切耗费进行严格的计算和审核，揭示偏差，及时纠正，实现预期的质量成本目标，并进而采取措施，不断降低质量成本。质量成本控制模型一般分为两种：

（1）传统质量成本控制模型——可接受的质量水平模型。传统质量成本管理的目标是寻找可接受的质量水平（Acceptable Quality Level，AQL）。可接受质量水平模型建立在传统的不良产品的概念基础上，允许生产一定数量的不合格的（有缺陷的）产品。

从质量成本的基本构成来看，预防成本和鉴定成本属于质量控制成本，而内部损失成本和外部损失成本属于质量失败成本，控制成本与失败成本两者之间存在此消彼长的关系，当控制成本增加时，产品缺陷率降低，失败成本也将会减少。只要失败成本的减少大于控制成本的相应增加，公司就应该继续增加预防或鉴定等控制。最终，当控制成本与失败成本相等时即实现总质量成本最小，该成本最优平衡点即为“质量成本最佳点”，所确定的成本即为“最佳质量成本”。与“最佳质量成本”相对应的产品合格率，即为“最佳质量成本水平”，也就是传统质量成本管理所追寻的目标：可接受的质量水平，AQL 允许生产并销售一定数量的缺陷性产品。如图 15 -4 所示，当质量改进达到最佳点 A 点以前，总质量成本是下降的；而超过最佳点时，总质量成本又呈上升趋势。

（2）现代质量成本控制模型——零缺陷模型。20 世纪 70 年代后期，AQL 受到零缺陷模式的挑战。零缺陷模式要求将不符合质量要求的产品降低到零。企业生产的不符合质量的产品越来越少，就可以比继续实施 AQL 模式的企业取得更多的竞争优势。我国工业企业从

1978 年开始推行全面质量管理。全面质量管理的推行将零缺陷模式往前推进了一步。

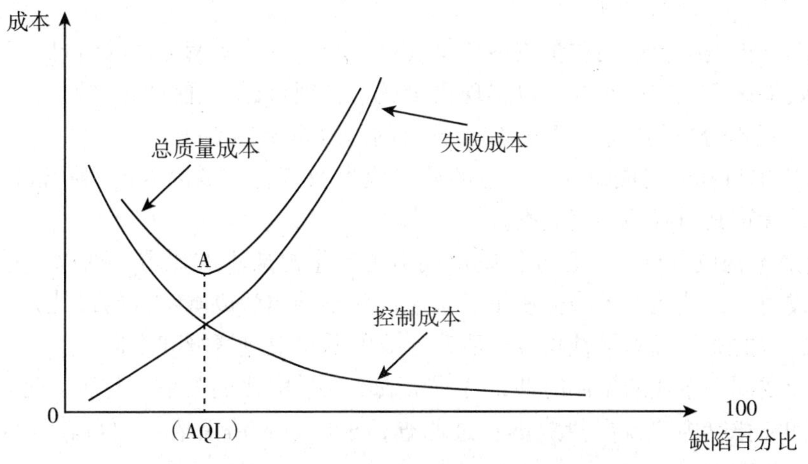

图 15 -4　传统质量成本控制模型

全面质量管理强调顾客愿意接受并支付增加价值的作业，而对于非增值作业应彻底消除。根据现代质量成本观点，内部和外部缺陷作业及其相关联的成本都属于非增值作业，应予以彻底消除。预防作业则可视为增值作业而予以保留；而一部分的鉴定作业是预防作业所必需的，如质量审计，应视为增值对象。在按照零缺陷模型实施成本控制的情况下，质量成本实际上就只包括预防成本和鉴定成本，通常所说的内部损失成本和外部损失成本并不存在。也可以这样认为，零缺陷模型的直接目的就是要彻底消除各种形式的损失成本。

如图 15 -5 所示，最佳质量水平发生在缺陷水平为零时。当缺陷水平为零，产品损失（失败）成本也为零，总质量成本最小。当有缺陷产品的百分比增加时，失败成本也增加，而控制成本线则稍稍上升，而后下降。

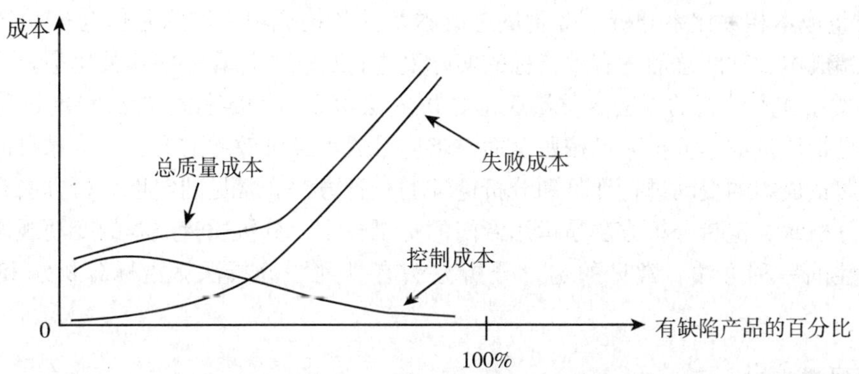

图 15 -5　现代质量成本控制模型

实务中，在全面质量管理的理论指导下，质量成本控制也应实行全过程控制，即对质量成本发生的全过程进行控制。具体来说，质量成本控制一般包括以下几个方面：①产品开发系统的质量成本控制；②生产过程的质量成本控制；③销售过程的质量成本控制；④质量成本的日常控制。

2. 质量成本分析

质量成本分析是综合运用质量成本核算资料，结合有关质量方面的信息，对质量成本形成的原因和效果进行比较、研究，以实现质量成本管理目标所进行的分析。

（1）质量成本分析的内容。质量成本分析的内容主要包括：

① 质量成本目标的完成情况。将总的质量成本及其各构成因素的实际数值与预算目标值进行对比，计算其增减额和完成率。

② 质量成本构成分析。计算各种质量成本占质量总成本的比重，据以分析一定时期质量成本的构成情况，从而寻求降低质量成本途径和改善质量成本结构的最佳方法，寻找适合本企业产品特点的质量成本最佳构成，明确企业的质量改进区域和方向。

不同企业或同一企业的不同时期，各质量成本项目的比例关系会有所变化。美国质量管理专家朱兰和桑德赫姆曾就质量成本作过调查，提出了各质量成本项目较为合理的比例构成，如表 15 -2 所示。

表 15 -2　　各种质量成本在质量总成本中所占的合理比重

质量成本 / 专家	预防成本	鉴定成本	内部损失成本	外部损失成本
朱兰	1% ~8%	10% ~50%	25% ~40%	25% ~40%
桑德赫姆	0.5% ~10%	10% ~50%	25% ~40%	20% ~40%

当然，在实际工作中由于不同行业、不同地区、不同企业，甚至同一企业在不同时期，各质量成本项目的构成比例往往不尽相同。因此，各个企业应根据自身特点和特定产品质量管理的需要，参照上述经验测算标准，制定出适合本企业产品质量管理的质量成本项目比例的控制标准，为企业今后改善质量管理、降低消耗、提高效益指明方向。

③ 质量成本相关比率分析。将质量总成本及其各构成项目的实际值与产品产值、销售收入、产品成本、利润总额等有关指标的实际值进行比较，计算一些相关比率。

（2）质量成本分析的方法。质量成本分析方法可以分为定性分析法和定量分析法。定性分析法是指质量成本分析人员按照全面讲求质量成本经济效益的要求，依靠自己的主观判断对企业质量成本的变动进行评价和分析论证的一种方法。常见的定性分析方法有调查分析法和经验分析法。定量分析方法是运用专门的定量技术，分析质量成本的变动规律，把握质量成本特性的一种方法。常见的定量分析方法有排列图分析法、指标分析法和趋势分析法等。

3. 质量成本的考核

质量成本考核是企业结合内部责任体制的要求，坚持责权利相结合的原则，对各部门、各单位（各质量成本中心）质量成本计划执行情况予以评价的一种的重要方法。对质量成本进行考核，一般要经过计算并确定质量成本差异、分析及查明差异产生的原因、追踪岗位责任明确经济责任三个基本步骤。

15.3 环境成本管理

15.3.1 环境成本概述

1. 环境成本的定义

尽管人们对环境成本已经有足够的认识，但对什么是环境成本却缺乏统一意见，对应于不同的使用目的，各国会计组织、协会等对环境成本的表述各有不同。例如，联合国在“改进政府在推进环境管理会计中的作用”有关会计报告文件《环境管理会计——政策与联系》中，将环境成本广泛地定义为“与破坏环境和环境保护有关的全部成本，包括外部成本和内部成本”①。而环境保护成本指“企业发生的，与预防、处置、计划、控制和改变行为、损坏修复等对政府和人民存在影响的成本。”国际会计联合会 IFAC 在《环境管理会计指南》（2005）对环境成本分为六类：产品产出的原材料成本；非产品产出的原材料成本；废物、排放的控制成本；预防和其他环境管理成本；研究开发成本；无形成本。荷兰国家统计局（CBS）对环境成本的定义是“企业为防止对环境造成不利影响所采取行为的成本”。②该类行为的主要目的不得涉及劳动者的安全或其他安全因素。按该定义，环境成本的范围比较窄。企业中带来净财务效益的环境活动所发生的成本是排除在外的，以保护周围社区住宅安全为目的的行为所发生的成本也排除在外。

目前，比较权威的观点是国际会计和报告标准政府间专家工作组（ISAR）对环境成本的定义，它认为：“环境成本是指本着对环境负责的原则，为管理企业活动对环境造成的影响而采取或被要求采取的措施的成本，以及因企业执行环境目标和要求所付出的其他成本。”③例如，避免和处置废物，保持和提高空气质量，清除泄漏油料，去除建筑物中的石棉，开发更有利于环境的产品，开展环境审计和检查等方面的成本。罚款、罚金和赔偿等方面的成本虽被视为与环境相关的成本，但不属于这一环境成本的定义范围。

综上所述，中国企业应借鉴上述各种观点并结合本企业的特点来界定环境成本的概念。一般来说，企业与周围环境的关系主要表现为企业的经营活动对环境产生的不同程度的影响（环境负荷），降低环境影响成为企业在可持续发展过程中进行各项经营活动应考虑的一项重要的影响因素。因此，环境成本可被描述为以货币价值计量的，为预防、减少和避免环境负荷产生或清除这些环境负荷影响等发生的各种耗费。

---

① United Nations. Environmental Management Accounting： Policies and Linkage. UN，2001，P. 11

② Bouma J. J.，Environmental Management Accounting in the Netherlands，in Bennett，M. and P. James，“The Greeen Bottom Line：Environmental Accounting for Management：Current Practice and Future Trends”，Greenleaf Publishing，1998.

③ 联合国贸易与发展会议制定．联合国国际与报告标准：环境成本与负债的会计与财务报告．刘刚译，陈毓圭校，中国财政经济出版社 2003.

2. 环境成本的分类

从不同的视角研究环境成本，可对环境成本进行多种分类。

（1）根据当期成本是否应由本企业承担，即从不同的空间范围将环境成本分为内部环境成本和外部环境成本。①

内部环境成本指应当由本企业承担的环境成本，包括那些由于环境方面因素而引致发生，并且已经明确是由本企业承受和支付的费用，如排污费、环境破坏罚金或赔偿费、环境治理或环境保护设备投资，等等。

外部环境成本是指那些由本企业经济活动所引致但尚且不能明确计量，并由于各种原因而未由本企业承担的不良环境后果。虽然这部分环境成本没有追加到行为企业，但事实上已经发生了。

（2）根据企业所发生环境成本的不同功能，环境成本可分为三类：即弥补已发生的环境损失的环境成本、维护环境现状的环境成本和预防将来可能出现的不利环境影响的环境成本。②

（3）根据环境成本发生的时间，环境成本可分为当前成本与未来成本。这些成本可能与过去的经营、当前的经营或未来的经营相关。就当期环境成本而言，根据环境成本的会计处理与其实际发生的时间吻合性，又可以将其分为：对过去环境成本的当期支出、对当期环境成本的当期支出和对将来环境成本的当期支出三类。③

（4）根据环境资源流转平衡理论，即企业通过对自然资源的获取和向环境系统排放两个界面层次上对环境成本进行分类。可将环境成本划分为事后的环境保全成本、事前的环境保全预防成本、残余物发生成本和不含环境成本费用的产品成本四种类型。④ 其中，从严格意义上说，第四个项目“不含环境成本费用的产品成本”可能并不属于环境成本的组成内容，但从环境资源流转平衡理论和实务中建立环境成本制度方面来看，也可将其纳入环境成本的范畴。尤其是当前提倡生产“绿色产品”，更有必要将其纳入环境成本。

3. 企业环境成本与产品成本的区别

企业作为一个独立核算、自负盈亏的商品生产者，通过提供自己所生产的产品（含劳务）来追求自身的利润最大化，其成本核算主要是产品成本核算。归集产品在其生产过程中所发生的各种费用，再按成本核算对象分配费用，最后得出各产品的总成本和单位成本。这种核算是以产品的形成过程为成本起因的。而环境成本核算则与此不同，它是以环境负荷的发生和削减为成本起因的。所谓环境负荷，是指在环境经济系统运行中，由于人们（包含组织）的各种活动而对环境所产生的负面影响，包括因企业对自然资源的直接利用及向环境排放废弃物所形成的负荷。目前，由于国内外尚无一个统一的环境成本核算标准，尽管企业存在着环境费用开支的客观事实，但它基本上是归于产品成本核算系统中，致使财务报告难以披露有关环境成本的信息。

---

①② 王立彦．环境成本核算与环境会计体系．经济科学，1998（6）

③ 郭晓梅．环境管理会计研究．厦门大学出版社，2003.

④ 肖序，毛洪涛．对企业环境成本应用的探讨．会计研究，2000（6）：55～57

产品成本核算的目的是确定产品的劳动耗费，而环境成本核算的目的则是对环境负荷减少的资源投入。这两者是有区别的。显然，企业应该同时处理好盈利与环境保护的关系，否则，将有可能对企业的净利润最终产生不利影响。由于环境活动影响具有空间转移特性，所以环境成本由内部环境成本和外部环境成本组成。相对一个企业来说，它负担的是企业内部环境成本，并未包括外部环境成本（或称社会环境成本）。而内外部环境成本边界的划分一般取决于国家环境法规制度的规定和企业自身环境意识的提高。

15.3.2 环境成本的确认、计量与报告

1. 环境成本的确认

环境费用是指企业因履行环境保护责任，为降低产品在其生命周期内产生的环境负荷所发生的经济利益的流出。它可分为环境期间费用与环境成本，前者直接计入当期损益，如环保机构管理费用等；后者则指可按具体产品或服务对象归集的各种耗费，如车间环保设施的折旧及维修费等。

另外，为未来的活动而在当前发生的环境成本，根据其受益期间的长期性、短期性对其进行资本化或费用化处理，与一般会计处理相同。对于不产生效益的费用，则按损失处理，如损害赔偿费用。

2. 环境成本的计量

环境成本既包括当期已支出的环境成本，也包括预计未来要支出的环境成本。当期支出的环境成本，又分为作为当期费用进行处理的环境成本和资本化的环境成本两类。资本化的环境成本，不作为当期费用处理，而是在以后的使用期间内逐步提取折旧或进行摊销。预计未来支出的环境成本，应依据其发生的可能性和金额的合理预计来进行评估，作为或有环境损失处理，或者作为环境负债处理。

企业中大多数环境成本是能够直接以货币来计量的，而有些环境成本，如企业造成的环境污染所带来的损失等可能的未来环境支出，则需要采用以下几种方法进行适当货币化。另外在单纯使用货币难以准确表述的情况下，同时使用实物的、技术的或者经济技术的计量形式也是必要的。

（1）防护费用法。这种方法是用为消除和减少环境污染的有害影响所愿意承担的费用来衡量环境污染的损失。例如，出现了噪音污染，就可能需要对建筑物安装消音装置或做出其他处理，这些处理需要的支出就可以看作是环境污染的防护费用。

（2）恢复费用法。这种方法是用恢复或更新由于环境污染而被破坏的生产性资产所需的费用来衡量环境污染的代价。例如，有的企业将固体废弃物、有害材料堆放在某块场地或者将液体废弃物、有害材料存放于地下，长期存放势必要影响到土地、地下水，在其危害产生明显影响时，自然会要求企业采取某种措施予以恢复或更新，发生一定的支出。其发生的支出属于环境污染成本。

（3）机会成本法。这种方法是使用环境资源的机会成本来计量环境污染所带来的损失。例如，可以以每亩土地用于耕种的收益（机会成本）来计算堆放废弃物或被污染物侵蚀的土地的损失。

（4）调查评价法。这种方法是通过对专家或环境资源的使用者进行调查来估计环境资源遭受破坏所带来的损失。在具体应用时有许多种做法，如针对专家进行调查的专家评估法、针对环境资源使用者进行调查的投标博弈法等。

此外，鉴于目前许多环境成本常常与生产成本并存在一笔共同支出中，因此在协调环境成本和生产成本两种核算之中增加一些特定的计量方法，包括差额计量、全额计量和按比例分配计量。所谓差额计量，是指在进行环境投资支出时，将支出总金额减去没有环境保护功能的投资支出的差额，其后的折旧额也按这种差额的折旧进入环境成本。其典型应用是对带有环境保护功能的耐用资产投资和环境材料的采购等。所谓全额计量，是针对某一环境问题的解决而专门支付了成本金额，在会计上将其金额的全部计入环境成本。例如，环境保护专设机构的费用；环境保护技术的研究开发费用；环境管理体系的构建费用；环境污染治理等专项投资；环境报告的编制成本等。所谓按比例分配计量，是指将与产品生产密切相关的污染治理费用，按一定比例分配计入到各产品的制造成本中去。如作为辅助生产车间的污水治理费用、各生产车间的废弃物处理成本等。

3. 环境成本的报告

环境成本报告模式基本有两类。一类为环境成本与经济效益比较型模式，是反映以获取环保经济效益为主的企业的环境保护支出情况。其环保经济效益来自于环保产品的收入、资源成本的节约、环境损害成本的降低等方面。这种对比均可采用货币化计量，金额比较一目了然。另一类为环境成本与环保效果比较型模式，是反映以降低环境负荷为主的企业环境保护进展情况。其环保效果体现在诸如排污量减少、再资源化提高等环境负荷的降低方面。

环境成本信息披露的内容可以放在企业财务报告内，也可以列入财务报表附注中，在某些情况下，还可以作为其他单独报告的组成部分。对于企业依据对环境成本确认、计量的结果，应将与环境成本有关的会计科目及其余额列示在资产负债表及损益表的相应位置；对于那些可能使企业的环境受到直接或间接的影响、对信息使用者的决策可能有重大影响、无法进行合理计量的环境成本，如对企业环保准备金的计提政策、企业向周围环境废弃物的排放情况、环境标准指标和实际指标、废弃物、污染排放、再循环使用、企业因环境问题涉及的诉讼事件等信息，就需要用非货币指标和文字表述在财务报告的附注部分进一步说明。

复习思考题

1. 战略成本管理的特点与基本内容有哪些？
2. 什么是战略定位分析？如何进行战略定位分析？
3. 什么是质量成本？它与产品成本有什么联系与区别？
4. 什么是环境成本？环境成本有哪些分类？
5. 环境成本报告有哪些基本模式？试对我国企业环境报告进行设想。

参考文献

[1] 罗绍德主编．成本会计学．成都．西南财经大学出版社，2011.
[2] 于富生，黎来芳，张敏主编．成本会计学．中国人民大学出版社，2012.
[3] 杨洛新，欧阳歆，陈秀芳主编．成本会计．北京大学出版社，2012.
[4] 张德容，江金锁主编．成本会计．湖南大学出版社，2012.
[5] 鲁亮升，庞碧霞主编．成本会计．东北财经大学出版社，2014.
[6] 陈良华主编．成本会计．北京大学出版社，2009.
[7] 杨西平主编．成本会计．北京理工大学出版社，2012.
[8] 乐艳芬主编．成本会计．上海财经大学出版社，2012.
[9] 王振华，王生交主编．成本会计学．西南财经大学出版社，2001.
[10] 张力上主编．成本会计．西南财经大学出版社，2004.
[11] 周婕峥主编．成本会计学．清华大学出版社，2012.
[12] 王淑慧，王锐主编．成本会计．机械工业出版社，2004.